U0914447

本书由上海适达公益基金会赞助出版

特奥口述史
Special Olympics Oral History

| 总主编　廖　梅

这一次 请听我说

安养卷

本卷主编　李巧宁

上海人民出版社

谨以此书向致力于
促进智力障碍人士的尊严和社会包容、创造更美好世界的
个人和机构致敬

To people and organizations dedicated to promoting dignity and social inclusion of persons with intellectual disabilities and a better world for all

总　序　一

国际特奥会主席　蒂姆·施莱佛博士

50 年前，一项运动诞生了。

1968 年 7 月 20 日，第一届国际特殊奥林匹克运动会在美国伊利诺伊州芝加哥市战士体育场举行，来自美国和加拿大的 1 000 位运动员参加了比赛。如今，在世界各地，每天都有 108 000 余项运动和比赛正在上演，吸引了超过 500 万运动员。

特奥的历史广阔而深邃，由数百万个人的故事构筑而成，讲述了我们在 172 个国家的成长历程。这是变革的故事：家庭如何从自卑到自豪，运动员如何从面对不公到通过快乐找到公正。这是被告知“你不行”到向世界展示“我可以”的故事。

我们集体的故事编织在一起，创造出一幅美丽的包容之锦。

特奥中国是我们第一个到达 100 万名运动员的成员组织，并继续成为我们在全球的最大家庭成员。这个国度各地人民的故事，印证了为智障人士打开机会之门，是一件多么惊人的工作。愿这些规则改变者激励新一代——融合一代——在这一基础上再接再厉。

总　序　二

国际特奥会东亚区前总裁　顾抒航

我首次接触特殊奥林匹克运动是在1999年，当时国际特奥会、民政部和上海市民政局一起筹划做一个大型宣传活动，呼吁领导人和社会各界支持特奥运动和智障人士，将中国的特奥运动员人数从5万名发展到50万名。我非常荣幸受到时任上海市民政局局长施德容先生的邀请，作为志愿者帮助策划上海站的筹款活动。转眼之间我与特奥结下渊源已经19年了。从一名志愿者，到参与2007年上海世界夏季特殊奥运会，在组委会里负责开幕式、筹款、火炬跑，再到2011年正式加入国际特奥会组织，担任东亚区总裁，我从各个角度体会到了这项工作的意义与艰辛，同时也从各个维度看到了智障人士在学习、生活和工作中所面临的挑战。

无论是作为社会参与者还是专职工作者，我必须说，中国各级政府和社会中坚力量对特奥运动非常支持，也十分理解智障人士亟需解决的问题是融入社会。

基于这一认知，在过去20年里，中国的特奥运动员从5万发展到了近120万。其中相当一部分参与基层特奥运动，少部分参加全国运动会乃至世界运动会。

在我担任国际特奥会东亚区总裁时，承蒙教育界专家和中国残疾人联合会的支持，特奥的课程进入了全国近2 000所特教学校，让社会通过体育运动看到智障人士的能力，并愿意接纳他们。

鉴于亚洲教育的特殊现象，融合教育难以真正在主流学校发展，我们在整个东亚区推出了融合学校的项目，让普通学校和精英学校的同学们与特教学校的特奥运动员一起开展体育运动，增进友谊，同时也让未来的社会引领者更早了解到特殊人群的需求。

虽然因2007年世界夏季特奥运动会在中国举办，特奥的知晓度得到了前所未有的提高，但是我们与特奥家庭成员或者特教学校老师交流，依然发现他们充满各种无奈，生活中满是困惑。当历史学者廖梅博士提出要做一套特奥口述史来纪念特奥 50 周年时，我特别赞同。智障人士因自身特点，无法表达自己的心声；监护人、家长、老师或者朋友、同事也没有更多渠道去分享大家的感受和经历。关于特奥运动的记录，在本书之前大多来自官方记录和新闻报道。因为口述史和特奥口述史项目，首次有了智障人自己记录下来的历史。50 年前尤尼斯・肯尼迪・施莱佛夫人成立特奥会，便是希望通过这项运动向世界证明，所有像妹妹罗斯玛丽・肯尼迪这样的智障人士都应该得到社会的基本尊重和接纳。50 年后的今天，这套特奥口述史除了记载中国特奥发展中的点滴故事，更向社会发表了一项重要的声明——智障人士同样应该成为历史的一部分。

在本书的筹备过程中，我有幸参加了一些访谈活动，再次遇到了让我灵魂为之震撼的特奥运动员家长，也被一直致力于为智障人士提供平等机遇的普通人感动着。我相信这套口述史不仅仅是对过去的回顾和总结，更是翻开了特奥发展史的新篇章。

祝愿特奥事业蒸蒸日上，也感谢每一位为之付出辛勤劳动的参与者。

总 序 三

廖 梅

一

1941 年，23 岁的年轻姑娘罗斯玛丽突然从家中消失了。

兄弟姐妹们不知道她的去向。此后二十多年里，她似乎是一个不存在的人。

罗斯玛丽是约瑟夫·肯尼迪和罗斯·肯尼迪的第三个孩子，第 35 任美国总统约翰·肯尼迪的妹妹，出生时因为缺氧而导致智力障碍。此时，她被送往威斯康星州的一家天主教修道院，由专人照顾。她的父亲再也没有去看望过她。

1960 年代，罗斯玛丽的妹妹尤尼斯·施莱佛夫人在自家后院发起“施莱佛训练营”，带领智障孩子们进行各种体育活动。她立志帮助罗斯玛丽回归肯尼迪家庭，帮助无数像罗斯玛丽一样的人们回归美国社会，结束另一种意义上的“种族隔离”。

这是国际特奥会主席蒂姆·施莱佛在《让生命闪耀》（*Fully Alive*）中讲述的家族故事。蒂姆出生时，罗斯玛丽已成为施莱佛家的常客，一起打牌、游泳、散步，“家人们终于见到她了，美国人民也见到她了”。

邀请那些似乎在公共场所不存在的人，那些总是躲在帘幕后面的人，走到前台，和公众分享自己的人生故事与生命体验，让社会听见智障人士的声音，这就是“特奥口述史”的初衷。

二

现代口述史学发轫于 1948 年的美国。目前，全球范围内的人物口述史在两个领域非常发达，一是精英阶层，一是弱势群体。

口述史的最大特征是主观性，即口述史描述的世界是透过讲述者的眼睛看到的世界。

精英人物往往参与重大历史事件，其口述回忆除了展现个人生平和思想外，还为重大事件和相关知名人物的活动提供细节补充。在研究精英人物个人思想时，其口述史是重要的一手资料。在研究历史事件时，由于记忆误差等主客观原因，精英人物所讲述的史实，必须与现有文字材料或他人口述互证，才值得采信。因此，作为补充性的二手史料，口述史具有天然缺陷。

以往，普通人物很少为官方文档所记载。19世纪以前的历史，可以说是英雄的历史。二战以后，英美学者受到社会史思潮和平权运动影响，开始研究农民、工人、妇女、少数族裔等普通人物和弱势群体，兴起了普通人物和弱势群体的口述史。这些口述史的主要目的，不是为重大事件补充现有文献记录，即不是作为二手史料存在，而是作为理解弱势群体本身的一手材料而诞生，通过口头讲述，让文档未曾记录的社群进入人类记忆，多角度、多层次构建全民历史。因而，口述史又被称为“人民的史学”，被视为是一场追求社会平等的运动。口述史所具有的主观性，恰恰契合了弱势群体研究的需求——真实反映弱势群体的生命体验及其对外部世界的主体认知。一言以蔽之，将口述史用于弱势群体，能够最大限度发挥口述史的特点。

在国内，近年来，知青、抗战老兵、农民、手艺人、少数民族妇女等普通人物和弱势群体的口述史陆续出版，学界、文化界、新闻界、机构厂矿纷纷开展口述访谈。作为蓬勃发展的新兴学科，或者说工具，口述史正在轰轰烈烈开疆拓土。目前，国内尚无残疾群体口述史问世，国外亦无智障人士口述史问世。“特奥口述史”的出版，填补了这一空白，开山辟路，抛砖引玉，希望引起全社会对残疾群体的关注。特奥口述史，不仅记录了特奥运动的璀璨瞬间，也记录了智障人士漫长的人生跋涉和独特感受，呈现智障人士家庭的生活全景。同时，通过智障人士家庭的反馈，帮助人们更好地审视特奥运动以及公共政策对于社会发展的影响与作用。

三

智障人士的亲朋好友，特奥运动的参与者，从边城到北京的残疾事业从业者，或多或少都比较了解智障人士的生活状态和面临的挑战。各大学各机构从事相关研究的专家学者，对于智障群体的困境和未来，也有着十分深刻的解读与展望。

然而，大多数普通民众，没有机会了解智障群体。这一隔膜可能造成恶性循环：父母害怕智障孩子受到伤害，将孩子关在家中。普通民众少见智障人士，在公共场合偶遇一位，便投以猎奇、害怕或厌恶的眼光。不友好的目光刺伤父母，更不愿带领智障孩子出门。

事实上，很多民众只要大致了解智障人士家庭的状况，都会伸出鼓励之手。家长为了锻炼孩子的协调性，为孩子报名游泳班遭到婉拒，站在一旁的游泳教练主动提出无偿教授孩子学习游泳。不知名的公交司机和售票员，看到母亲常年抱着孩子求医问药，或是细心为母子留座，或是特意不收车费……这样的故事大约每个智障人士家庭都能讲出一二。

无知导致恐惧和歧视，沟通带来理解与融合。

当智障人士的家庭以朴实无华的方式，向社会讲述自己的挣扎与奋斗、悲伤与欢笑，必将让更多民众对智障人士的生活感同身受，推动社会和智障人群的交流与互助。

智障人士家庭能够为社会带来什么？带来坚韧、担当和爱。体育项目有世界纪录，若人类的感情世界亦有世界纪录，这个纪录的保持者就应是智障人士的家人，残疾人士的家人。许多家庭所经历的长期的痛苦和折磨可以说触及人类的极限。他们的故事让普通人领悟，人类有着强大的精神世界，有着无限延伸的忍耐力，有着钢铁一样坚强的意志，有着不求回报、源源不断的爱。他们如同榜样，鼓励人们“勇敢尝试，争取胜利”。他们的情感经历是人类重要的精神财富。

智障人士家庭促使人们发掘自身美德，完善自我建设。孟子认为，人天生携带四种善良美好的种子：恻隐之心、羞恶之心、恭敬之心和是非之心。后世儒家追求的修身和教化，便是将内心深处这四棵小苗培育成参天大树。智障人士、弱势群体，以及所有需要包容、帮助、奉献乃至牺牲的人与事，为人们提供了成长的契机，在不断的拷问、内省和磨砺中，人们发掘并涵养同情心等美德，成为具有人道主义精神的现代公民。

智障人士家庭帮助人们培养平等、宽容的理念。一位中学教师从自己智障孩子身上懂得，并非每个学生智商皆高，她从不歧视能力差的学生，最终把一个乱班带成了地区先进集体。智障人士有智力障碍，普通人也不是十全十美，有人学不好数学，有人害怕交际，有人动作慢……每个人都有某些“障碍”，难以弥补。换一个角度考虑，这些障碍，也许并非弱点，而是另一种存在形式。面对障碍，是隐藏还是接受？是歧视还是宽容？物理学告诉我们，能量是守恒的，不会消失，只会从一个物体转移到另一个物体，或者从一种形式转化为另一种形式。我们对待智障人士的方式，很可能形成某种社会风气，最终成为别人对待我们自身障碍的方式。设身处地，推己及人，由人及己，智障人士家庭让我们学会平等和包容。

智障人士家庭、残疾群体促使社会更加关注个人福祉，引领人类的福祉事业不断前行。与普通人相比，残疾人士在生理和心理上需要更多关怀，残疾人事业的唯一服务对象就是人，积累了大量对人本身的探讨。随着科技进步，简单劳动逐渐被人工智能取代，很多传统岗位销声匿迹。一方面，机器解放了人力，让人类有时间发展自我；另一方面，机器也夺走了人类的工作，迫使人类开发新工作。这些新工作的目的，极大可能在于满足日益多元的个体发展的需求。因而，在未来，福祉事业会成为人类的主流事业，而始终埋首于个人福祉的残疾人事业将成为当之无愧的开拓者和领路人。

在受惠于智障人士家庭的同时，社会又能为智障人士家庭带来什么呢？毫无疑问，带来鼓励、支持与发展。普通民众了解智障人士家庭的人生故事和独特需求后，将学会如何与智障人士交流，如何有的放矢帮助他们。所谓有的放矢指的是，过度的关爱和包办会阻碍智障人士的自我成长，最好的帮助是既能提升智障人士的生存质量又能促进个人能力的发展。比如，智障人士经过训练，可以提高认知和动手能力，志愿者和公益组织可围绕这一目的开展活动；智障人士需要鼓励，需要与社会交往，机构学校举办年会和庆祝活动时，可邀请同社区的智障人士前去表演；智障人士能够从事简单劳动，希望越来越多的企业分割出这部分工作，雇用更多的智障员工，等等。

我们生活在同一个地球，相濡以沫，共建家园。促进人们相互理解，成为彼此成长的养分和前进的动力，这是“特奥口述史”的第二个目的。

四

“特奥口述史”于2016年6月启动。计划在3至4年时间内，出版9卷口述史作品，包括就业卷、特奥运动卷、特奥运动会运动员卷、特奥运动员领袖卷、特奥家庭领袖卷、特奥体育教练卷、特教校长卷、特奥志愿者卷和安养卷。其中特奥运动、特奥运动会运动员、特奥运动员领袖、特奥家庭领袖等4卷，主人公都是积极参与特奥活动的家庭。就业卷和安养卷虽然与特奥联系较弱，有些受访者可能从未涉足特奥活动，但是他们代表着智障人士群体的两个极端：前者基本融入普通人的社会生活，属于智障群体中发展最好的人士；后者独自在家，与社会隔绝，是融合程度最低的群体。因而，我们也将这两个群体纳入口述史，希望尽可能广幅地展现智障人士的整体面貌。体育教练和特教校长卷，收录的是参加特奥运动的普通专业人士。教练和校长长期与智障孩子们一起学习、活动，熟谙智障学生和特奥运动员的成长经历，他们将帮助读者从相对宏观的基层教育者、管理者角度，来审视特奥运动在中国的发展壮大和国家各项政策的变迁进步。志愿者卷收录的志愿者，既不是智障人士的家属，也不是残疾事业从业者，他们各有本职工作，满怀理想与爱心，利用业余时间参与特奥活动，反映了现实社会的文明进程。

每一个案的口述史由访谈和观察两部分组成，并附有照片。智障人士家庭口述史的访谈，包括对智障人士家长、本人及其老师、同事的访谈，观察为对智障人士一天活动的客观记录。残疾事业从业者的访谈，包括对从业者及其家人、同事、学生的访谈，观察为对从业者某一时间段内活动的客观记录。

口述史文本采用问答体，不采用第一人称叙述，以便最大可能还原访谈现场。

小括号（ ）内的文字记录受访者的表情和举止动作。中括号〔 〕内的文字为记录者添加的内容。

根据受访者和家长意愿，人物或使用真名，或以姓名的拼音代替。

所有主访谈都经过受访者审阅。有些内容在访谈者看来，真实反映了智障群体的现状处境，但由于受访家长不愿公开，我们尊重家长意愿，做了删节处理。

感谢所有参与特奥口述史项目的家庭和访谈员，感谢提供支持的学校、企业和机构，众人拾柴火焰高，是大家的共同努力，促成了口述史的顺利问世。

感谢特奥口述史团队的成员：国际特奥会东亚区前总裁顾抒航女士、曹忆菊女士、刘卫萍女士、沈澄女士，她们为口述史的动员、组织付出了辛勤劳动。特别是曹忆菊女士，全程协调各方关系，随时提供中英文咨询，效率惊人。

感谢哈佛大学法学院残疾人项目中国项目主任崔凤鸣博士给予中英文方面的专业指教。

感谢上海人民出版社总编辑王为松先生，当我们提出出版智障人士口述史的愿望时，他没有询问任何细节，立刻表示接受。他的果决、信任和支持，鼓励我们将特奥口述史做成一套高质量的作品。

我们热切期盼更多机构团体加入弱势群体的口述史事业。当拥有足够多的口述样本时，可以建立中国智障群体生活数据库。如果将口述史推广到其他残障群体，发起视障、肢障、听障、言语障碍和精神障碍家庭口述史，就可以设立分类口述史数据库，最终形成中国残障人士生活数据库，这对政府建设的残疾人数字数据库将是一个很好的感性补充，也必定会加快社会和残障群体的融合。如果其他国家和地区亦建立残疾人生活数据库，未来，人们就可以在全球合作的平台上，切磋琢磨，取长补短，加强人与人之间的相互了解，推动人类的全面发展。这个前景激动人心。

目　录

总序一 蒂姆·施莱佛 001

总序二 顾抒航 001

总序三 廖　梅 001

本卷主编的话 李巧宁 001

儿子让我有成就感——X 先生母亲口述 王　涵 001

他挺开心的，像个小孩——X 先生大姨口述 021

X 先生观察日记 026

我得善待他——胡泽母亲杨秀梅口述 于凤麟 028

这孩子跟人相处得好——蔡春玲口述 053

胡泽观察日记 058

他过得好就行——苑洪斌父亲口述 陈　晨　张依然 060

全力以赴吧，为了弟弟——苑洪斌姐姐口述 072

苑洪斌本人口述 081

苑洪斌观察日记 085

访谈手记 088

接受她、照顾她——Y 女士母亲口述 李巧宁 090

我们相处起来并不难——Y 女士老师口述（一） 102

这些孩子终生都是消耗者——Y 女士老师口述（二） 105

Y 女士观察日记 107

当妈的逃不了——黄潇母亲薛艳口述　李巧宁　110
对这些娃来说，陪伴就是价值——阳光家园朱老师口述　139
我们的“家庭妈妈”对黄潇的支持和帮助确实挺大的
——阳光家园赵老师口述　143
黄潇观察日记　145
访谈手记　148

我尽量把人做好——D母亲口述　李巧宁　150
这些患者并不是那么可怕——陕西康复医院何医生口述　176
他现在精神分裂……再加上生活不能自理吗？
——陕西康复医院李医生口述　179
D先生观察日记　181

他只是比别人慢一点——蔡勇母亲口述　汤秀秀　洪　静　185
我想出去——蔡勇本人口述　208
这里的同学相处得都还可以——阳光家园社工口述　211
蔡勇观察日记　213
访谈手记　216

我们不会放弃——Z君祖母口述　潘立川　218
我们是引导者，最终要靠家长——Z君送教老师周晓理口述　229
Z君观察日记　233

发现得太迟了——Y君母亲口述　潘立川　235
现在国家和政府对特殊教育的孩子非常重视——瑞安市教育局
义务教育科陈桂芬口述　244
我对她康复有信心，想让她坚持下来——Y君送教老师孙月媚口述　249
Y君观察日记　254

希望有人照顾他——H君母亲口述　潘立川　256
希望有一个环境，能够让他活动、训练——H君送教老师周晓理口述　268
H君观察日记　272

发生了就面对吧——YY 母亲口述　和梦婷　274
他心情好的时候还是很可爱的——YY 任课老师口述　290
他最近进步蛮大的——YY 班主任口述　292
YY 观察日记　295

我老了以后，不知孩子何去何从——P 君母亲口述　马媛媛　299
他还是温顺呢——P 君护工口述　319
P 君观察日记　322

命运的最好礼物——吴锦牵母亲周波口述　魏　冕　326
只要简单快乐，像现在这样就挺好的——吴锦牵父亲口述　358
吴锦牵观察日记　362

本卷主编的话

李巧宁

自 2009 年做口述历史实践以来，我越来越多地体会到口述史所具有的鲜活、接地气等魅力，感受到民间语言的生动，以及老百姓生存的智慧和琐碎的世俗生活里蕴含的丰富人性。从历史学的角度来说，一方面，口述史为挖掘和存留普通人的声音提供了可能与便利，使历史记录不再只是宏大叙事和风云人物，有了更多普通人的身影，有利于展示历史多元性、复杂性和丰富性；另一方面，口述史使史学工作者不再只刨故纸堆，不再只从“死”的史料里做研究，开始面向活生生的人，使历史研究与书写有了更多“人”的温度，变得有血有肉，弥漫着生活的气息。

2017 年春天一个偶然的机会，我从中华女子学院女性图书馆李慧波博士的微信朋友圈得知国际特奥会东亚区上海办公室在全国几座城市组织人力做特奥口述史，西安是其中之一。我在汉中，和西安有秦岭相隔，途经汉中的唯一高铁——西成（西安至成都）高铁尚未通车，去西安最便捷的方式是西汉高速公路，车程约三个半小时。但是，对口述史的喜爱使我愿意克服困难参与这次特奥口述史，去了解更多普通人的深层生存状态。与总主编廖梅老师联系后，廖梅老师很热情地吸纳我负责西安的特奥口述史，并担任《安养卷》的主编。

2017 年 7 月，暑假未到，我就开始准备，一边在学生中寻找合适的访谈员，一边拟订《安养卷》的访谈提纲。令我非常感动的是，负责《安养卷》在昆明、武汉、温州、哈尔滨访谈的巴胜超、蔡丽娟、潘立川、沈一民等几位主编和老师给予了非常积极的配合，他们不仅迅速确定了有责任心的访谈员，而且很快与当地的访谈对象取得了联系，为顺利、高效地开展访谈奠定了良好基础。8 月初，西安的访谈全面展开。为了积累经验，给其他城市的《安养卷》访谈员提供有效的帮助，我承担了西安 4 个智障人士家庭的访谈工作。8 月的西安，空气里弥漫着灼人的热浪，但我沉浸在每一次访谈带来的感动里，和做自己喜欢的工作所拥有的满足中。

2017年秋，其他城市的安养访谈陆续开始。访谈员在繁忙的学业、工作和家事之余，一次又一次与访谈对象沟通，做初次访谈、补充访谈、次访谈、观察，而且在每一次阶段性访谈结束后，花好几倍甚至十多倍于访谈的时间把录音转化为逐字稿，然后捋顺文字和逻辑，再返给访谈对象过目，尊重访谈对象的意见进行删减或修改。到2018年11月底，《安养卷》的访谈基本全部按预定时间完成。

《安养卷》访谈的13位智障人士家庭，均由国际特奥会东亚区联系各地特奥运动的积极参与者，通过后者推荐介绍而来。他们分别来自西安、昆明、武汉、温州、哈尔滨等5座城市。这13位智障人士分别出生于1972、1980、1983、1989（3位）、1990、1992、2003、2004（2位）、2007、2013年。有的是先天性智力障碍，如唐氏综合征、苯丙酮尿症、自闭症，有的是因后天过量使用药物或外力撞击导致的大脑发育障碍；有的是不明原因的脑积水等。有的有最基本的生活自理能力，能在他人指导下做简单的事情，能在阳光家园过集体生活；有的生活几乎不能自理，只能在家人全天候的陪护下居家安养。有的是独生子女，父母或者担心再生一个会影响自己全力照顾好智障人士，或者没有余力考虑再生育；有的有兄弟姐妹，父母再生一个健康子女的初衷大多为了照顾智障人士的晚年。

对这13位智障人士，父母大多没有让他们成婚的意愿，主要是担心他们缺乏承担婚姻的足够能力。所有的父母在得知子女终身智力有障碍后几乎无一例外地难以接受，甚至悲哀、绝望，夫妻之间有过埋怨和争吵，但随着时间的推移，慢慢地接受了现实，一边到处求医问药，一边尝试各种办法以提高子女的各方面能力。最终促使他们打开心结、接受现实的，或者是“我生了他/她，就得抚养他/她”的责任感，或者是通过算命认定“我们上辈子欠了他/她的，这辈子他/她是来讨债的”，或者是从宗教的角度相信“我有一颗善良的心，所以上帝把这样的孩子给了我，让我照料他/她”。当然，也有的父母或祖辈很难打开心结，虽然在竭尽所能地照顾智障人士，但心里充满压抑，唯恐被人嘲笑，主动把自己与熟人和故旧圈子隔绝开来，不让别人知道自己的真实处境。我们没有理由苛求每一位智障人士的家人都能坦然接受命运的安排，毕竟他们和我们一样都是平凡人，肯定会有平凡人的纠结。能在纠结中努力前行，或是用最朴素的智慧化解纠结，已是不凡。

智障人士的成长需要家人付出超常的辛劳，不仅包括日常生活中的耐心和照料，还包括求医问药所带来的沉重经济压力。可以说，智障人士的每一点进步都需要家人付出数倍乃至数十倍于抚育正常人士的心血，他们的进步更多考验的是家人的毅力。家人能顶着周围人异样的目光陪伴和照顾智障人士，不能不谓“勇敢”。家人明知辛苦养育智障人士得不到多少回报、看不到多少希望，却依然不放弃，不能不谓“有担当”。

因为要承受更多的困难和压力，智障人士父母的感情比普通婚姻面临更多的挑战。有的能够齐心协力，共同担起养育和照顾智障子女的责任，且在携手共渡中升华感情；有的一方承受不了看不到子女康复希望的生活，选择了逃避；有的双方均不愿照顾，把智障人士扔给祖辈抚养。

访谈对象竭尽所能的支持和配合是访谈得以顺利完成的重要保障。西安宋女士是在医院的病房里接受访谈的，她离异多年，一直独自陪伴患有重度自闭症兼精神分裂的儿子。为了减少对访谈的打扰，她把儿子带到医院走廊托付给病友照看，自己一面在病房里接受访谈，一面侧耳关注儿子的动态。同样是离异单身的西安薛艳女士打电话请来尚在哺乳期的侄女帮助照顾脑瘫的儿子，才得以脱身到附近的小咖啡馆里和我们长聊。为了 Y 君的母亲曹女士能安心接受访谈，温州瑞安的送教老师孙月媚特地赶到 Y 君家帮忙照看 Y 君。温州 Z 君的奶奶独自照顾瘫痪的 Z 君爷爷和不能行走的 Z 君，还在访谈前抽空找出并整理了 Z 君各个成长阶段的照片，便于我们在采访中有效了解 Z 君的成长状况。

访谈对象的坦诚是保证访谈内容真实、有价值的前提。13 位智障人士的家人虽或多或少有顾虑，但在访谈中的坦率令人佩服。昆明吴锦牵的父母讲述儿子成长经历的同时，不断剖析自己的心路历程。武汉蔡勇的母亲毫不掩饰自己的内心，说到高兴处神采飞扬，提到伤心事泪流满面。

访谈员不仅顺利完成了访谈，而且从中得到很多感悟与成长。本卷的访谈员大多是二十岁上下的年轻学子，此前几乎没有接触过智障人士家庭。这次访谈让他们走近了智障人士，对智障人士家庭的坚韧有所了解，并开始关注与思考智障人士的关怀问题。

本卷文稿按照五座城市的纬度从高到低（哈尔滨—西安—武汉—温州—昆明）进行编排；每座城市内部，按照安养人士年龄从小到大排列，当安养人士出生年份一样时，则随机排列。围绕每位安养人士，有主访谈、次访谈、观察日记，个别的还添加了访谈手记。主访谈是对日常与安养人士一起生活的最主要长辈如父母、祖母所做的访谈。次访谈有两种，一种是对安养人士本人的访谈，一种是对安养人士的其他亲人或日常接触比较多的师长、朋友的访谈。观察日记是围绕安养人士某一天的主要生活内容所做的几个小时的观察记录。观察日记有的是表格式的，简洁清晰，有的是纯文字描述式的，信息更加丰富。本卷尊重访谈员的意愿，未在格式上进行统一，愿让读者感受不同的表达风格。

在个别访谈的最后，访谈员写了“访谈手记”，它不是访谈实录，是访谈员对访谈背景、过程，或是其中某些印象深刻的细节的回顾。虽是“花絮”，却有助于读者把访谈放到特定的环境和氛围中去理解。本卷主编曾尝试让每一位访谈员都能写作一个“访谈手记”缀到访谈稿的最后，可惜只有个别访谈员做了这个工作。

我们的初衷是使这次访谈既给智障人士的家庭提供一个发声的机会和平台，又能增进社会对智障者及其家庭生存状况的关注，同时也能使其他相似家庭从我们访谈对象的生活智慧与经验中汲取营养，更好地陪伴智障的家庭成员。唯愿初衷成为现实。

儿子让我有成就感

——X 先生母亲口述

X，男，1989 年生。唐氏综合征。1994 年前后进入普通幼儿园。1998 年入读特殊教育学校——黑龙江省哈尔滨市燎原学校，2010 年毕业。不久进入哈尔滨市残疾人托养培训指导中心①。有一弟，1996 年生。

口述者：X 母，1963 年生，分别于 1989、1996 年生育两子。现工作于哈尔滨医科大学附属第三医院

访谈者、撰稿者：王涵，女，1995 年生，黑龙江大学 2017 级研究生

访谈时间：2018 年 9 月 15 日、11 月 16 日

访谈地点：黑龙江省哈尔滨医科大学附属第三医院

产前检查没发现问题

问：您是什么时候出生的？

X 母：1963 年。

问：什么时候结婚的呢？

X 母：1988 年。

问：您和您爱人是从事什么工作的？

X 母：我和他都是从事管理工作，都大学学历，属于高级知识分子吧。

问：您现在有几个孩子？

X 母：有两个孩子，两个都是男孩，X 还有一个弟弟。

问：X 是哪一年出生的？

① 哈尔滨市残疾人托养中心是哈尔滨市残联直属公益性事业单位，成立于 2008 年 12 月，服务对象以智力残疾人、稳定期精神残疾人为主。以日托和寄宿的形式为残疾人提供生活照料、生活技能训练、职业康复等服务。

X 母：1989 年。

问：他是在哪一家医院出生的？

X 母：〔黑龙江〕省医院。

问：当时您做过产前检查吗？

X 母：做了，从妊娠五个月就开始检查了，两周一次，后来一周一次，检查中并没有发现什么特殊的问题。

问：您当时是顺产还是剖腹产？

X 母：剖腹产。

问：您还记得当时是什么情况吗？

X 母：各项指标到了，该生就生了，主要是因为臀位，所以就选择了剖腹产。

问：您还记得孩子多重吗？

X 母：五斤四两，两千七百克。

发育比正常孩子慢

问：您什么时候发现他与其他的孩子不一样？

X 母：五个半月吧。我一直以为是因为早产造成他比较弱化，后来他五个半月我要去正常上班了，去给他做检查，医生发现他的头不那么硬实，就建议我们到儿童医院去看看。儿童医院从表面上诊断为智障，这是他第一次被诊断为智障。

问：他是早产儿吗？

X 母：他不算早产儿，比预产期确实是早了十几天，但不是早产儿。后来我才知道，和预产期上下差一个月之内可能都不算早产儿。原来我不知道这个，一直以为他是早产儿。

问：大概五个半月的时候，除了发现他的头不太硬实之外，有没有什么其他不太好的地方？

X 母：应该什么都比较慢吧，就是整体的发育进程比正常孩子慢。比如，别的孩子百天照相的时候，起码脖子都能挺起来，他百天照相的时候需要靠在大人身上。

问：除了去儿童医院，还去别的医院诊断了吗？

X 母：没有。我当时上儿童医院诊断了，儿童医院需要抽动脉血，我不是搞医的，不是特别明白什么是动脉血，就跟他阿姨聊了一下，他阿姨当时也在医院工作，他阿姨说需要孩子哭，哭完之后老百姓讲的青筋暴露，就抽动脉那个血。当时孩子毕竟小，我们没舍得，没抽，而且我觉得诊不诊断无所谓，无论孩子是不是智障，我都会一生去呵护他、养育他。那个时候我内心里其实逐渐地有点接受了这孩子可能智力方面和其他孩子是有一定差距的。

问：医生除了让验血，给了您其他的建议吗？

X母：当时他也没有啥建议，没有啥别的办法，就是让锻炼吧，后天锻炼，说国外不少这类孩子都难以生活自理，建议我们让孩子通过后天的锻炼，把智商慢慢提高一点儿。

问：当时家里是如何应对这个情况的？

X母：当时有点接受不了，但是随着时间的推移，也慢慢接受了。时间能够冲淡一切，你看我现在，说起孩子已经谈笑风生，无所谓了。当时还是年轻，接受不了。医生建议去做染色体检查，但是孩子太小，我们不忍心，一直没有检查。到孩子五岁多，快六岁的时候，去做了检查，发现是21-三体型。

问：当时确诊为21-三体综合征，您和他父亲谁对这个情况接受得比较快呢？

X母：我在孩子五个半月去检查了之后并没有再查，心里逐渐地接受了，等他五六岁确诊的时候，我们就已经认定他是这样的病了，所以能够特别平静地接受这个诊断。没有什么突然的，早就知道是这样的结果，只是进行一下科学的诊断而已。

在燎原学校，智力得到了进一步的开发

问：X上过幼儿园吗？

X母：上过，五岁半左右上的幼儿园，是在我们医院自己的幼儿园，一直在大班上了三四年，从这个幼儿园开始认识的世界。我很感谢我的领导，我家孩子第一天到幼儿园，我们医院的院长就过去了，说一定要好好照顾这个孩子。所以，他在幼儿园里挺快乐的。在幼儿园待了三四年以后，好像是他九岁的时候，进入〔哈尔滨市〕燎原学校上的小学，一直在燎原学校上了十二年，算是职高毕业吧，他拿的是正规的职高毕业证。

问：在燎原学校上学的时候是寄宿还是？

X母：不是，是走读，每天都接送。

问：小学阶段，平时都是您去接送他吗？

X母：我因为工作挺忙，家里一直雇一个保姆，这个保姆我们用了很多年，一直在负责接送他，后来他逐渐大了，就开始雇车接送他。

问：平时他在学校里会有一些小作业什么的吗？

X母：学校的活动很丰富，拿回家的作业当然是我们尽量协助去完成的。我十分感谢燎原学校的老师，孩子是在燎原学校的学习中，智力得到了进一步的开发。燎原学校的老师特别有爱心，平时我们带一个这样的孩子在家都是焦头烂额，自己都没有办法，不知道怎么去管理，燎原学校大部分都是这样的孩子，有很多是21-三体，但是学校、老师为孩子成长做了很多工作。我们孩子毕业之后还很留恋学校的。

问：您能具体说说燎原学校对孩子的帮助吗？

X母：体育老师会根据孩子的特长联系家长，像有个刘老师，是游泳队的，一直找我。我当时有些顾虑，说离松花江那么近，等孩子大了、我老了，我不能每天陪在他身边，他可能会自己上江里去游泳，有些危险，我就没让孩子学。所以时至今日，他不会游泳，我现在其实有些后悔。后来姚楠教练联系我，说可以让孩子学轮滑，我就让孩子选择了轮滑。最早我是2003年开始接触特奥的，当时孩子十四岁吧，作为母亲我就觉得起码轮滑是在陆地上运动，稳定一些、安全一些，再说咱们是冰雪之乡。

问：除了练轮滑，他还练了一些其他的东西，是吗？

X母：地滚球、旱冰、篮球、乒乓球、曲棍球、雪鞋走，反正创造各种机会让他练习各种体育运动。

问：在学校里，主要的学习内容是什么？

X母：当时我们国家还没有正规的智障孩子的教材，现在有没有我就不清楚了，燎原学校的老师自己编写了一套叫《孩子》的特殊教材，还发了很多小学的课本在学习。

问：他在燎原学校里，受到过哪些表彰？

X母：有很多，我儿子很让我有成就感的，他获得过哈尔滨市南岗区的文明少年，这在小学生中是不太多见的，这个奖状现在还留在家里。燎原学校比较注重培养孩子的组织能力，比如在班级当个干部啊什么。有一年学校开联欢会，老师说我们班有一个小书法家，我家孩子就上台写书法去了，我感觉写得特别好。我说这老师怎么给他培养的，他能写得这么好。老师有自己的一套方法：老师用铅笔写上字，让他用毛笔在这个铅笔字上刷。我有了正常孩子之后，对这个差距也特别认同了，知道有很多事情对智障孩子来讲很难很难的，可能比登天还难，终生都是不可逾越的。

问：您还记得学校一年的费用大约是多少吗？

X母：时间太久我有些记不清了，只记得开始很少，没过几年，国家好像有“三免一补”[①] 政策了，几乎所有费用都免了。到后期要毕业的时候，我记得国家还给钱补助。

问：在学校时，他有没有关系很好的同学？

X母：那多了，现在也有，男孩子很正常的，喜欢哪个女孩或者是喜欢哪个老师，他都会跟我说。这个孩子他很善良、很单纯的，谁对他好，他从内心来感受，他也比其他人内心更加细腻。

问：什么时候不去燎原学校了呢？

X母：毕业了，燎原学校也不再收了。其实我们希望他在学校能够继续学习下去，但是毕业之后，学校就不再留了。我没有办法，让他在家待了一段时间，后来就让他去哈尔滨市残疾人托养中心了。

问：他离开学校是什么时间您还记得吗？

X母：他二十二岁毕业的。

天天去托养中心，挺高兴的

问：哈尔滨市残疾人托养中心在您家附近吗？

X母：在学府三道街，离我目前工作的地方大约两公里吧。

问：他在托养中心待了多久了？

X母：我真是记不太清了，大概有六七年了，这中间有时候间断过，比如说身体不适，或者说家里有什么情况突变了，他可能就一段时间不去。

问：费用大约是多少？

X母：托养中心的费用非常低，一个月好像两百多块钱，但是我包个接送他的车一天要四十块钱，一个月下来总共一千多块钱吧。现在好像托养中心不收费了，一分也不收了。今年他一直到现在都没去，身体不好。他4月份生病住了一次院，托养中心6、7月份进入了维修状态，把孩子们送到一个养老院，

① “三免一补”指免课本费、免杂费、免文具费，提供生活补助。这项政策最初针对义务教育段的农村贫困户、城市低保户、烈士子女、孤儿、残疾人家庭子女及随班就读的残疾儿童少年等，目前在不少省、市已经全部覆盖九年义务阶段的学生。

我没让孩子去，因为我自己家也有这种条件，可以让他在家里生活。最近开的会，说是要把孩子们从养老院搬回来了。搬回来体制有变化，不是市残联在办，是委托第三方代办。我目前还没有最后决定让孩子去不去。

问：在托养中心的时候，他中午要回家吗？

X 母：不回家，在那里管一顿饭。

问：那里也是班制吗？

X 母：对啊，按照兴趣爱好分班，有武术班、音乐班、舞蹈班等，他在美术班。美术班大概能有个十多个人吧，十一二个人，不会超过二十的。

问：他在美术班里都做些什么呢？

X 母：平时就是画画。

问：会接触一些其他班的同学吗？

X 母：音乐课他也上，他还参加了哈尔滨市的智障青年俱乐部，每周一次聚会，基本上是跳舞唱歌。

问：从学校到托养中心，您觉得他有什么变化吗？

X 母：我倒是觉得他的学习能力有点弱化，因为学校是传授知识的地方，托养中心与学校不一样，两个地方是有差异的。

问：去托养中心的时候，他每天的生活是怎么安排的？

X 母：他上的托养中心是日托。托养中心的任务主要是一种看护吧，寓教于乐，它和学校不太一样，娱乐的项目比较多，他文体项目参加得挺多。晚上回来，周六周日在家。我儿子比较喜欢画画，而且画得也挺好，也愿意写字，我有时候瞅他写字比我写得还好呢！这个你得说燎原学校做得还是很不错的，胡锦涛主席后来到这个学校参观了，它有一些课程，是老师自编的教材，因地制宜嘛，有独到的地方。孩子的兴趣，应该说在这个学校得到了发展。

问：您是从什么时候发现他喜欢画画？

X 母：他一小我没啥事就买些简笔画，跟孩子一起画、折纸，慢慢地，我感觉他画得挺好的。当然他这种“挺好”跟专业孩子没法比，在他这个群体中还是可以，他自己也比较喜欢，现在在家也是经常画。

问：您有特地送他去绘画班之类的吗？

X 母：他弟小的时候，他和他弟一起去过一个艺术班，听了几次，人家进度快他就不行了，跟了几天跟不上，影响人家正常的进度，老师也不喜欢。其实他许多还是在燎原学校学的，社会上没有太多给这些孩子的班。我一直在培养他艺术方面的能力，他去学萨克斯，我就特意买了个萨克斯，几千块钱买一个。我们单位当时有一个朋友一直在教他，但是学到一定程度的时候，他再推进就难了，比如说哆来咪发梭拉西哆，简单的他都会了，但是连起来他只能机械地背一段曲子，你换一个曲子对他来说就非常难，什么高音低音、识谱就更不可以了，遥不可及。葫芦丝，我也买俩，我学，他也学，我俩一起学。我不太懂乐理，他学了学也没有太好的发展，放弃了。他父亲会吹小号，小号也让他去练过。美术也是一样的，他只能凭自己的想象画，他自己边看边想，想到了就去画，有时候画得也挺好。像我们家养了一个乌龟，他画乌龟就很像，说明他会注意观察自己周围的生活，观察力、想象力他应该都有，就是稍微差一些。

问：小乌龟是他自己养的吗？

X 母：我们家那乌龟是他弟弟很小的时候养的，大概今年得有二十年了吧，小乌龟已经变成大乌龟了，他画这个比别的画得像。他在观察，观察多一些，画得就好一些。

问：他平时会负责喂乌龟？

X 母：会喂的，我们干什么他会跟着。这样的孩子很善良。

问：父亲会吹小号，他对音乐的喜欢是父亲培养起来的吗？

X 母：也不是，他音乐也不怎么好，我们没把他培养出来，但是起码家里有些氛围吧，为这样的孩子也舍得投入。应该是有家长的付出在里面，但是至今也没成功，在寻找其他的路径。

有时候像小孩，有时候还挺成熟的

问：他生活方面的一些自理是什么时候学会的，比如说穿衣服什么的？

X 母：我儿子这个病不算太严重，他很小就已经会穿衣服了，生活自理没什么问题，他还经常帮助家里做一些工作，比如扫地。有一段时间他还学了做饭，他们班上教了，学校里教烹饪，他上完那节课回来，就帮助我做饭，但是做得稍微慢一些。他在某一方面比如说生活自理能力，可能比正常孩子还强，而他的算数能力大概只相当于小学二年级或者三年级的程度。他各种能力是不一样的。

问：他都给您做过什么饭？

X 母：做了很多，手撕大拌菜、炝花生、芹菜花生米……他都会做。他要比正常孩子慢一些，大概我自己做十分八分钟就完成了，他可能需要半个小时或一个小时，甚至更长时间。我有时候也陪着他去做，但是说起来很惭愧，我真是没有太多的时间陪着他，因为我和他爸爸都在上班。我现在有时间也让他做，他乐在其中，动手能力一直在培养，只是有的时候我忙不过来，就自己动手了。

问：他现在喜欢到处走走吗？

X母：我是尽自己的能力有时间就带他出去，每周除了他在托养中心之外，赶上休息日、节假日一定会带他出去走一走。今年五一的时候我们带他去了大连、山东玩，烟台、威海、荣成转了一圈，他挺快乐的，基本上比较听话，带他出去他就会跟我走。

问：他有没有提到过学校或者周围的小朋友对他有一些看法？

X母：好像没有，他并没有另类的感觉，没有觉得别人用异样的眼光看他。正常的孩子他接触得不多，基本上都是我的亲属，其中稍微小一点的孩子会跟他一起玩，像我外甥女或者我外甥的孩子，或者他父亲那边亲戚的孩子，再下一辈的都会跟他在一起玩，喜欢他。平辈的人是在照顾他，像我小儿子现在跟他哥哥也不能玩在一起了，他是在照顾他哥哥，不是一起玩。

问：他现在还和以前的同学有联系吗？

X母：有联系啊，他有电话啊，都会跟他们联系的。他跟以前的学校不会特别联系，只是有什么活动才联系，因为残联的活动也很多。上周他还参加了一个活动，是"轻度残疾人就业启动仪式"，哈尔滨市残联搞的。我在省残联担任副主席，残联的活动基本上我都会带他去参加。

问：他会使用智能手机吗？

X母：会使用，但是使用得不太好，现在有些退化了。原来我儿子发微信发短信发得挺好，现在有点儿不愿意动了，我感觉智力有点退化了。他有一个手机，但是现在欠费停机了，我准备近期马上给他续费，得让他用。

问：他会玩游戏吗？

X母：现在这种太智能的，他不会玩。原来我们家有一个游戏机，他玩得比我还好呢。后来在电脑上打游戏，他也会。现在我看他不怎么玩儿了，我还和他弟弟说："赶紧的，把你哥都教会，让你哥必须得用脑。"我小儿子给他哥买了一个遥控小汽车，我说这不行吧，你哥这么大岁数不能玩这个了吧。小儿子说，哎呀，我哥在家没意思，让我哥玩儿。我看他给他哥还买了一套奥特曼，那个小玩具，他说他哥特别喜欢奥特曼，天天在家没事就看奥特曼。X有时候像小孩，有时候还挺成熟的。我有时候和他唠，他似懂非懂的，也不知道他是不是理解我的话。

问：您愿意让X去参加工作吗？

X母：我以前很想有合适的就让他去，但是目前，我感觉他的状态不太适应。前几天他们有一个老师来问我要不要让他去工作，我还没有想好，不太想让他去上班，怕他胜任不了。

问：他自己有上班的意愿吗？

X母：他没有特别明显的工作欲望，但是要是让他去，他也能被动地接受。可是适合孩子的工作太少了。他天天去托养中心，挺高兴的，要是不去他就想去，比如说周日他就说："我周一该去了。"

家庭成员关系都比较融洽

问：平时是谁照顾他？

X母：现在没有保姆了，孩子大了，我在照顾他，然后我母亲。我母亲八十几岁了，就在我后楼住，平时他跟他姥姥一起，我是一天三遍，早上中午晚上都过去，两边跑。我自己在上班，有时候渴望早点退休，能给孩子更好的照顾、更好的生活，但是有的时候身不由己。带这样的孩子挺不容易的，还是应该有一个组织来照看他，应该让他回归集体生活。我也在找一个出口，看看他到哪儿比较合适，原来一直在简单地依靠这个托养中心，现在也许有更好的托养中心，我在选择。

问：平时他喜欢和谁待在一起？

X母：好像也没有特别的选择，所有的家庭成员关系都比较融洽。特奥讲究体育融合运动，就是正常人和残疾人在一起联合的体育运动，我们家在家庭中就可以开展了。他弟弟很小的时候就和他一起去轮滑，而且他弟弟受我的影响，是一位特奥志愿者，今年研一，有什么活动都会去参加，大一的时候获得过全国特奥优秀志愿者。X这孩子给过我心酸，也给过我快乐。2007年他去上海参加世界夏季特奥运动会的时候，开幕式上，中央电视台现场直播，胡锦涛总书记的画面之后，接着就是我的孩子，当时正在奏国歌，他把右手放在左胸前，我的许多亲人和同事都在电视里看到了。当时我和他父亲都在特奥会的现场，没看到电视直播。孩子第一次参加那么大型的特奥会，那是世界级特奥会，当时亲人都看到他的画面了。回来之后残联领导挺重视，邀请他参加各种座谈会，我当时觉得他可能智力弱一些，没想到他在接受记者采访时非常自如，后来电视上播的时候，我有的同事就调侃我说："你儿子比你还好，你还有点紧张。”我很感谢特奥这项运动，姚楠老师是他的教练，一直在教他。后期他的运动能力越来越弱，比正常人衰退得快，所以弱了一些。

问：您和X说过开幕式上这件事儿吗？

X母：说过，我说：“儿子，你太出彩了，演完胡锦涛总书记就演你！”我说：“老师讲的升国旗要那样吗？”他说：“嗯，升国旗仪式要这样的。”他自己也特别有自豪感。这个比赛给他带来了不少的信心与力量。

问：他爸爸平时陪他吗？

X母：他爸爸也陪，平时下班后陪他聊聊天儿，下五子棋、跳棋，陪他看电影、看电视。他特别喜欢看《白娘子传奇》，喜欢《金刚葫芦娃》那种过去的动画片，也看打日本鬼子的。我们家是没什么事儿就领他出去玩儿，如果他有活动，谁有时间就谁去陪他。原来在学校，车会接送，到托养中心之后，我也是包车接送，现在俱乐部、残联组织的活动，我们家是谁有更多的时间谁就去陪他。有时候我们三个都会陪他去，一家四口都出动的时候也挺多的。

问：您现在与您爱人在教育X上有什么差别或者说分歧吗？

X母：没有，我们是尽力而为吧，一直就是这样。我是从开始的不愿意接受到后来的坦然面对，再到今天竭尽自己的力量让自己的孩子生活得更好。我们家对这个孩子都有些溺爱了，所以我家的老二非常自立，什么都不用管，我和他爸爸基本上把精力和爱都给了老大了。有时候我觉得挺愧对老二的。

问：您还能记得您是怎样从不愿意接受到坦然面对的吗？

X母：印象最深的是参加东亚地区的家长论坛，当时有一个领导叫陈雪娅娜，好像是美籍华人，她要求每个家长去分享自己孩子成长的故事。我开始还受不了，一谈到孩子我就会流眼泪，感觉到特别悲哀、难过，不愿意分享自己的想法，但逐渐这样的机会多了，感觉自己心情好一些了，敢正面去和人谈。像今天我谈到这个孩子，心里已经没什么障碍了。我是共产党员，应该是唯物主义者。美国的陈雪亚娜女士信教，她说你有一颗善良的心，上帝才把这样一个孩子给了你。这一句话让我释然，我觉得“上帝”把这样一个孩子给了我，我一定尽自己最大的努力培养他，让他生活得更幸福一些。

如果有特别合适的，他也应该有正常人的婚姻生活

问：您有没有考虑过X的婚姻问题？

X母：目前我感觉21-三体的孩子好像没有成家的，没见过成家的，女孩

子可以做感情中被动的一方，男孩子我没看到有成功的例子，也不想去冒这个险。

问：他有正常的生理需求吗？

X母：语言上有，但是行动上我觉得他没有。有时候看到谁结婚了，他说："妈妈，我也该结婚了吧？"我和他说："儿子，咱们是残疾人，得比别人晚几年。"仅此而已，他没有什么太过激的想法。

问：您说等几年是哄着他的意思吗？

X母：我觉得如果有特别合适的，他也应该有正常人的婚姻生活，我也特别渴望孩子能有正常人的生活，虽然他不正常。只是这种事情是可遇而不可求的，目前没有碰到特别好的。

问：他有经历过青春期的叛逆吗？

X母：还可以，来得晚一些。我的孩子，外界说我有点太惯着他了，他想怎么就怎么，基本上没太惹过他，有两次是生气摔东西。

问：当时是因为什么事呢？

X母：就是莫名其妙点儿事儿，说他两句他就生气了，就摔东西，所以现在我不惹他，和他商量。我儿子算比较懂事的，和他谈，基本上能谈明白。发了几次火之后，他也知道不太好。现在我们不会把他激到发火的程度，所以基本上没有这种情况了。

弟弟对他的关爱一点都不少

问：弟弟是哪一年出生的？

X母：1996年。他们俩正好差七岁，他是1989年出生的。

问：生弟弟的时候有没有顾虑呢？

X母：是有顾虑的。我怀他弟弟的时候，有做染色体的检查的技术了，怀了三个多月的时候我在〔哈尔滨〕医〔科〕大〔学〕遗传教研室做了这种检查，确定他弟弟在智力、染色体、遗传上没有什么问题，就生下了。

问：当时是您想生二胎，还是他父亲和老人的主意？

X母：我们家给我的环境很宽松，我爱人一直说有没有都可以，我好几年没要，后来怀上了，我说那既然来了就留下，政策也允许要二胎。

问：弟弟对他的影响应该是很大的？

X母：他俩小的时候一起玩，我开玩笑说，融合运动我们自己家就搞了，他轮滑，他弟弟也跟着他们滑，一起玩，一起打球。他们俩差七岁，但是小的时候他们俩能玩到一起。他弟弟现在读到研究生了，跟他智力差距特别大，弟弟拿他当小孩儿，但是各方面还是给了他很大帮助。比如说原来哈尔滨市智障青年俱乐部没有活动，他弟每天会给他留一个简笔画什么的，比如说在手机上拿的图形，给他哥画一遍，然后告诉他哥说："哥，你再照着我这个画。"然后监督他哥照着画。我小儿子是特别优秀的，我对他很满意。他对他哥哥的关爱一点都不少，只要有时间，就会回来陪他哥聊天儿，给他哥做一些力所能及的事情。他参加中考高考的时候很忙，有时候学习学到很晚，他哥哥就老去用渴望的眼神瞅着他，希望和他玩。从他对他哥哥的帮助方面看，我觉得我生小儿子是一个很正确的选择。

问：您比较宠着老大，对老二是不是也一样呢？

X 母：我家老二基本上是自由成长。我们家整体上，从我婆婆家、我母亲家，到我自己家，都是对这个老大关爱有加，甚至高看一眼，比对正常孩子更多关怀。我出去代表残联和大家进行交流，这一点我挺骄傲自豪的。

问：老二会不会比其他孩子更独立一些呢？

X 母：我家小儿子特别懂事，自立能力也很强。他自己也说，如果没有他哥就没有他，一般他这个年龄的人，家里有一个正常的孩子，就不会要第二个了，所以他从小就有关爱哥哥的思想。我小儿子也一直参与特奥活动，在大学一年级的时候，曾获得东亚地区的优秀志愿者。我有的时候工作忙，他哥哥有什么活动他就会跟着，寒暑假他自己带着他哥哥。2016 年吧，我记得我工作特别忙，在温州召开全国十二省市的特奥体育运动会，正好赶上我小儿子暑假，我说你能不能带着你哥哥去温州，妈妈现在实在是太忙了，没有时间。他就带着哥哥去了，待了一个多星期。回来之后，那些家长跟我说，他把哥哥照顾得特别好，他不但照顾他哥哥，还照顾其他孩子，因为其他家长也年纪大一些。温州 7 月份也是热，孩子的脖子都有晒伤，在外面挺累的。我小儿子回来还和我交流，指出我对他哥哥教育方面的缺失，说我对他哥哥的包办溺爱太多了。其他家长对我小儿子有相当高的评价，都说怎么教育的，这么好的孩子！我有的时候开玩笑说，要和孩子示弱，我老说自己忙，老说自己累，反正我们家就这个成长环境，他就自己知道他应该照顾他哥哥。

问：哥哥和弟弟小时候容易吵架吗？

X 母：我小儿子小的时候如果提一些要求，我不满足他，他就经常通过他哥哥，说："哥哥，你去和妈妈说！"他俩有吵过架，但很少。

问：您的关爱主要偏向老大，老二有和您说过您偏心吗？

X母：没有，要不我怎么说他很懂事儿呢。他从来没有和他哥哥争宠过。我也和他聊过很多次，我说妈妈把你带到这个世界上，让你带着责任来的，他说很正常的，没有我哥哥就没有我。到今天他也是这种认知。他这种认知挺好的。

问：弟弟会带着哥哥去参加他朋友圈的一些活动吗？

X母：在弟弟小学中学，甚至高中阶段应该都有过，但是到大学之后，不多了，基本上没有了，因为他俩现在差距有点儿大了。

问：您觉得有这样的哥哥对弟弟的成长有什么影响吗？

X母：有一些负面的影响，但培养了他的责任感，和同龄的孩子比，他的责任感更强一些，比同龄孩子更加懂事。我小儿子考研都没有用我去管，两个半月没回家，我中间要去看他，他说："妈妈，你千万别来。"冬天比较冷，他两个半月没回家，自己考完研。我小儿子很自信，我当时问他会不会考不上。他说，妈妈，我不是考上考不上的问题，是读学硕还是专硕的问题。我每年都听说有不少孩子考研落榜的，但是我儿子一次就成了，那种自信不是空穴来风，是他自己实力的展示。哥哥这种特殊情况，对他有一定的压力，但是同时又让他有一个成长。

他参加了三届世界特奥会

问：X是什么时候开始参加特奥的？

X母：2004年第一次，2004年年末。他参加了三届世界特奥会，两届冬季特奥会、一届夏季特奥会。有时候上饭店的时候，他跟人家说他去过美国、日本、韩国，这三个国家他会记住，他会问人家去不去，他挺有自豪感的，老幸福了，告诉人家他获得了多少金牌，为国争光、为学校争光，挺有荣誉感的，挺快乐的。

问：他平时有什么体育运动吗？

X母：现在有点少了，一是目前他年龄比较大了，身体状况不好，二是我的工作情况也不太便于经常去陪他。之前有十一年时间没间断过，冬天去滑冰，夏天去轮滑，最频繁的时候是每天晚上练一小时，一直在坚持。要不我怎么说特奥运动考验的是家长的毅力？家长每天都陪着他。室内滑冰场的温度很冷的，夏天需要穿上棉袄、棉裤，家长要陪着他跟他一起滑。有家长跟着，他才容易坚持。

问：他是从什么时候开始和姚楠教练训练轮滑的？

X 母：2004 年。

问：第一任教练就是姚教练？

X 母：对。

问：一般是在哪儿训练？

X 母：像滑冰，就是在体育学院体育馆，离我家不算太远；最初训练的地方很远的，我不会开车，打车带孩子去滑一个小时，再打车回来，很不容易。

问：他喜欢训练吗？

X 母：我感觉他挺愿意的，起码他没拒绝。他如果拒绝，我肯定不会坚持让他练下去的。训练特别辛苦，比如说一个小时需要擦好几次汗、喝好几遍水，不停地滑。夏天大部分是在会展①那训练，一般都是在阳光下暴晒，特别热，孩子很辛苦，一身汗。

问：他训练过程中有什么您印象特别深刻的事情吗？

X 母：也没有什么，就是情绪一直跟着孩子走，孩子高兴自己就高兴。训练是为了比赛，他参加过很多比赛，每一次比赛都很认真，得的奖牌四五十块是有的，每一块奖牌都看得很重，得到奖牌的时候，觉得自己的付出值得了。

问：训练过程中，教练是怎样激发孩子坚持下来的呢？

X 母：姚老师很有办法的，多半是鼓励嘛。你像我家孩子 2004 年参加的第一次世界比赛，应该是 2003 年开始练，才十四岁，姚老师付出了很多，不仅很有办法，而且很理解孩子。有一年好像是 CCTV 搞体育人物的评选，姚老师获得了一个奖项，是对她这么多年开展特奥活动的一个认可吧。这么多年，姚老师带了一帮孩子在训练，有的孩子可能比我家 X 大个十岁八岁，有些孩子可能比他大不了这么多，有些孩子比他高一脑袋。姚老师挺不容易的，这么多年在训练中跟这些孩子、这些家长建立了深厚的感情。在培养孩子方面，她的心得比我们做家长的要深一些。我是挺感谢姚老师的。虽然现在她已经不在燎原学校从事教育工作了，但是特奥这块儿她始终没放下。

问：X 参加特奥的主要项目是轮滑吗？

X 母：主要是轮滑，还有硬地滚球。今年他身体不太好了，我年龄也大一些，再没让他练了，不太舍得。而且，他的年龄有点儿大了，运动员有一个推

① 指哈尔滨国际会展中心。

陈出新的过程，现在特奥发展非常迅速，运动员的数量增加很快。

问：您还记得他第一次参加世界比赛的情景吗？

X 母：2005 年 2 月在日本举行的第八届世界冬季特殊奥运会他参加了。因为是全国的运动员组成的代表团，而且每个运动员有一个工作人员陪伴，所以代表团的队伍挺大的。

问：当时您也和他一起去了吗？

X 母：没去，出国这几次我都没去，在国内的比赛，每一场我家都有人陪在他身边的。

问：国内的比赛中有什么事让您特别记忆深刻吗？

X 母：2007 年 10 月份参加上海的世界夏季特奥运动会之后，2008 年母亲节那一天，《新闻夜航》采访了我，我很快乐。那个时候我确实很兴奋，孩子取得这样的成绩，大家都来关注孩子。2007 年上海那一次，是我第一次参加世界特奥会，当时运动员和家长是分开住的，我的心情挺好，有一天说没有比赛，我说出去溜达溜达吧，刚出去溜达，又说有比赛了，说再比一场。那天我没在现场，他就得冠军了，第一回，金牌，挺兴奋的。2007 年他正好十八岁，生日就是在上海嘉定过的，嘉定区的领导还给孩子买了花，给他煮了面条。参加那次特奥会后，我真正认识了特奥会，也希望自己的孩子在这条路上走得更远一些，真心地愿意去付出。那一届特奥会组织了一个家长论坛，当时王铁成①和秦怡②都参加了这个论坛，我印象特别深，秦怡有一句话我记得很清楚，她说“我坚强，因为我是智障孩子的母亲”。其实只是一句一点也不华丽的话，但是我觉得她说到我心里了，我也要做一个坚强的母亲。王铁成的孩子也是智力有障碍。前几天我看了余秋雨写的《门孔》，是写谢晋导演的，四个孩子有三个孩子是智障，只有老大是正常的，后来也五十八岁就离开了，女儿稍微有点儿智障，两个小一些的男孩子是很严重的智障。像谢晋这样的名人，都能在世界大人物面前把他的孩子介绍给他的朋友，其实挺伟大的。接受智障孩子是一个过程，一开始不愿意向大家承认，然后逐渐面对这个现实，把更多的关怀、更多的爱给孩子，也是挺大的一个转变。我也代表黑龙江去其他的省市，作为一个家庭信使，传递育儿经验，让我可以把我的故事和其他孩子家长去分享。

---

① 王铁成，原名王铁城，男，1936 年生，知名演员。

② 秦怡，女，1922 年生，知名演员。

问：他从国外比赛回来会和你描述吗？

X母：会呀！他第一次从日本回来唱那个“五星红旗，我为你骄傲……”那个歌，唱得五音不全，但是他始终在唱。我记得记者采访他，他说得特别清楚，他说去比赛是为学校争光，为自己争光，为国争光。他说得特别好！2008母亲节的时候，他还谈感谢妈妈，记者问你最想对妈妈说些什么呀？他说我念一首诗，就是“慈母手中线，游子身上衣。临行密密缝，意恐迟迟归”。他念这个，我当时就感动，想要哭。当时记者就说，这个孩子感情真细腻，他每一次说话都看着你的脸说，等待你给他一个指示，他按照你的要求去做。

问：参加特奥之后，您发现他有什么变化吗？

X母：有很多的变化，心理上有很大的提升，体格更强壮了，他更愿意去过集体生活了。这样的孩子都是伴随有很多先天疾病的，参加体育运动之后，他身体强壮了，患病的概率低了。我儿子参加特奥比较早，大家对特奥没有什么认识的时候，他就已经参加了，已经起步了。特奥这件事情，能坚持这么长时间，考验的是家长的智力、坚持和毅力。跟孩子的坚持也有关系，但我感觉最主要的力量还是家长。我家孩子应该是从2004年开始接触特奥会，2004年参加一个小型的冬季特奥会，他参加的是“雪鞋走”① 项目，获得两个小宠物、两块金牌。参加完之后，他特别激动，晚上睡不着觉。那时候我就觉得他除了正常学习之外，还需要运动方面的激励，我就开始支持他学速度滑冰、学轮滑、学硬地滚球。硬地滚球也是特奥会的一个项目，他打得也比较好。2006年全国第四届特奥运动会在哈尔滨召开，他获得了两块金牌。就是那一年，邓朴方主席来哈尔滨了，他们在一起合了影。至今，那张照片还留存着，一直放大了挂在我们家墙上。这是我儿子的一个荣耀。2007年，他去上海参加了第十二届世界特奥运动会，代表黑龙江参加了硬地滚球项目，也获得了两个金牌，回来之后，黑龙江电视台、《都市零距离》《新闻夜航》等很多电视节目采访他，有一些刊物也报道他。2006年黑龙江发行的一个小册子，名字是《大爱无疆》，到现在我还留着，那上面也在介绍他们。当时黑龙江省硬地滚球队有8个“唐宝宝”，都是21-三体的孩子。特奥运动给这些孩子带来了不少欢乐，对他们的智力开发、身体健康都起到了一定的促进作用。

问：他在特奥中交到什么朋友吗？

X母：特奥，一个是孩子间的交流，一个是家长间的交流。孩子们成了好

---

① 雪鞋走，特奥运动会的一个项目。运动员穿着特制的雪地用鞋，在雪地进行长、短距离的比赛。

朋友，我们许多家长也成了好朋友，谁家有事我们都会互相帮忙，每年还会在一起聚一聚，在自己家也聚一聚，大家组团在一起，寻找更深一层的爱。

智障青年俱乐部每周一次的聚会主要是唱歌跳舞，无忧无虑地唱跳

问：哈尔滨市智障青年俱乐部每周一次的聚会一般有什么活动？

X母：主要是唱歌跳舞，无忧无虑地唱跳。我儿子跳舞的点踩得特别好，模仿能力非常强，看见别人跳什么，很快就能学会。他有很多优点。和这种孩子在一起，挺净化心灵的，我觉得我自己很坚强，很善良。除了参加智障青年俱乐部的活动之外，俱乐部里我们有六家常带孩子一起活动，出去旅游，或者是在哪个公园儿联欢。每年5月第三个星期日是全国的残疾人日，每年9月24号是肯尼迪妹妹——特奥运动创始人纪念日，12月1日是国际残疾人日。这些重要的纪念日，残联只要有经费，都会组织活动。还会参加一些小型的运动，有的是大学的活动，有一些是民间的。像上周，就是6月12日刚开了培训轻度智力残疾人的“就业梦想启蒙大会”。

问：他跳舞有没有什么特别拿手的曲目啊？

X母：他跳《中国功夫》，有时候在家，我手机一打开这个音乐他就会唱跳，挺无忧无虑的。大概这样的孩子考验的是家长，他自己真的不知道他和别人的差异。有的时候他和我说，我知道我是残疾人，但是他理解的残疾人是比较表面的，他知道他叫残疾人，他特殊，更深一层的东西他好像并不知道！

问：X是什么时候加入哈尔滨市智障青年俱乐部的？

X母：好像是2010年。

问：据您了解，俱乐部成员现在大概有多少？

X母：29个。每次有活动，家长都会跟着参加。

问：那您是和孩子一起参加的吗？

X母：对，只要有活动，我能脱开身的，我就一定会陪伴孩子去参加，尽量给孩子创造这样的机会。

问：俱乐部有活动的时候，通过什么方式联系大家？

X母：有个微信群，通过群组织大家。

问：那俱乐部的活动收费吗？

X母：不收，都是免费的。

问：在俱乐部，X会上去吹乐器吗？

X母：不，他吹得不太好，一般不上去吹。他喜欢练武术、唱歌，虽然唱得特别跑调，但是很投入，特别愿意唱，所以有啥活动他唱跳都行。我感觉他挺有韵律的，我自己有点五音不全，又不会跳舞，但是我儿子能踩上舞点儿，特别喜欢这些。

问：他当时是怎么加入这个团体的呢？

X母：他去哈尔滨市托养中心以后，就是在那儿，我们几个家长商议共同成立这个组织，就报名参加了。现在这个托养中心，我说点儿不应该说的话，有点在变了，比如今年几月份的时候说要维修了，但没修，原来日托一个月200多块钱，现在大概是从这周开始吧，要开始委托给第三方，整托变成1 800元一个月，日托变成1 200元一个月了。可能对有些家庭来说，就是经济上的负担了，孩子就会少一些了。

参加特奥活动和残联工作以后，我的眼界、心理都有了明显变化，为孩子骄傲

问：您之前一直从事残联的工作。请问一下，您是从什么时候开始参加残联工作的？

X母：十年八年应该有了吧。我在南岗区做了两届，差不多有十年。

问：当时是什么契机让您接触到这的呢？

X母：其实都是为了孩子，残联有的时候搞活动，我就会去参加，参加的过程中做一些工作，后来省残联领导看到我这么热心公益事业，就说能不能做残联工作，我说可以，就接触了残联这些社会工作。2013年开始，担任了五年黑龙江省智协[1]副主席。

问：省智协副主席这个工作您具体是负责哪一块的？

X母：智协是由有智力缺陷〔孩子〕的家长亲友组成的，工作挺宽泛的，比如说维权、开展一些活动、解决智力障碍者的实际困难。我做得并不好，但是我有一份热心，也愿意去做一些力所能及的工作。

问：这份工作给您带来了什么样的变化呢？

---

① 智协，智力残疾人及亲友协会，是残疾人联合会下属的五大专门协会之一，代表智力残疾人的共同利益，成立于1989年。

X 母：责任感和存在感增强了，有的时候做一些事情，感到自己还有这方面的能力，自己也愿意投身其中。另外就是真正走出去之后，看到了更多家庭的不幸，自己也会释怀，不那么痛苦了，感觉到虽然我有这样的孩子，但他每一次的进步都让我骄傲和自豪，心情也豁然开朗了。

问：您认为特奥活动有什么值得改进的地方吗？

X 母：这个活动非常好。我的孩子今年已经二十八周岁了，我的目标有点转移了，我关注更多的是孩子的就业问题。现在我和他父亲工作都比较忙，没有特别想让孩子去上班，因为这样的孩子出去一个就得搭一个，母亲可能就一直离不开他，就总是去看他。不过有很多孩子家里特别困难，特别希望孩子能对家庭的经济生活有帮助。

问：参加特奥活动以来，您的心态有什么变化吗？

X 母：参加了特奥活动之后，尤其是在 2007 年前后，那时候活动特别多，我们做家长论坛，和施莱佛女士的儿子和她的女儿，她的女儿是施瓦辛格的爱人，在一起座谈，然后推举我去发言。我说我一开始不愿意让人知道这个孩子，但参加特奥活动和残联的工作以后，我的眼界、心理都有了明显变化，我为我的孩子感到骄傲。然后施莱佛女士说，到底有多少母亲像这个母亲一样，能以她的智障孩子为骄傲？说心里话，跟着这个孩子，我头上增加了很多光环，全国第六届残疾人代表大会，当时习近平总书记和所有的政治局常委都参加了这次会议，我坐在第四排，习近平总书记是离我非常近、非常近的，见到总书记特别激动，能和总书记一起商讨国家残疾人发展这一大计划，非常自豪。邓朴方主席和张海迪副主席基本上是天天见面的，我们当时住在京西宾馆，只有开幕式闭幕式在人民大会堂举行，其他都在宾馆的各个会议厅举行，每一个会议邓朴方主席和张海迪副主席都会参加。我觉得我的光环和机会都是我儿子给我的，不然我也不会见到领袖，不会有那么多荣光。

渴望未来有更好的社会保障体制

问：X 从小有没有接受过社会的帮助啊？

X 母：社会的帮助肯定有啊，像他在燎原学校时候有“三免一补”学费的补助。他的补助比较晚，因为我家的经济状况还算比较好。省残联一位领导对我说：“有不少家庭因为这样的孩子解体了，你们夫妇还能在一起，把共同的爱给这个孩子，你这个家庭做得很好！”婚姻生活是一笔财富，我是一个很乐观阳光的人，心态比较好。我们国家有我们国家的困难，希望未来给智障孩子更好的帮助，把父母从痛苦中，从繁重的抚养孩子的过程中解放出来。为什么我愿意接受这次采访？我是希望能把这部分家长的心声，通过你们这个课题表达出来，向国家层面输送更多信息。

问：您孩子的出生，对您和他父亲的感情有负面影响吗？

X母：没有。刚发现孩子有病的时候，我们俩人难以面对；后来应该是一份责任在里头吧，俩人共同牵手走过，我们夫妇的感情应该说得到了深入和升华。走过来不容易，也就更珍惜家庭的稳定。

问：您和他爸爸是大学同学吗？

X母：不是。我们也是别人介绍的。

问：对X以后的生活，您和他爸爸有什么规划吗？

X母：也没有太多的规划。原来曾经想过他能工作，现在来看，好像基本上不太可能了。我觉得现在给残疾人成长的路还是窄了一些。残疾人是弱势群体，智障者应该是弱势中的弱势。对于智障孩子的政策，国家顶层设计肯定是好的，但是我们省在具体执行的过程中，可能难一些。我知道像哈尔滨市水泵厂什么的接受这样的孩子，但是工作难度挺大的，我不太舍得我孩子去这样付出。我也没给这孩子参加劳动保险，我和他父亲做好了由我们来养他的准备，未来也是这种打算。生了他吧，就得养他，就是渴望未来有更好的社会保障体制。国家公立这一块儿有好的，比如说像原来的托养中心，未来可能连这个都没有了。残联由社会组织来办也可以，但是政府应该去买服务，减少残疾家庭的经济负担。另外，这种孩子的低保问题，实际上都没有解决。黑龙江始终是把这种孩子和父母绑定的，所以很多孩子不容易有低保。像我们这个家庭一定不会有低保。

问：您把X培养得这么好，您对其他家长有什么要说的吗？

X母：对这样的孩子，大概你需要比别的孩子付出十倍、百倍或更多的努力。虽说一分耕耘一分收获，但是在这样的孩子身上花上十倍或百倍的耕耘不一定有一分收获。作为家长，不言放弃，孩子每一步成长都考验着家长的毅力。

他挺开心的，像个小孩——X 先生大姨口述

口述者：X 的大姨，女，已退休

访谈者、撰稿者：潘南君，男，1997 年生，黑龙江大学 2016 级本科生；姜楠，女，1998 年生，黑龙江大学 2016 级本科生

访谈时间：2018 年 11 月 29 日

访谈地点：X 家

问：您今年多大了？

大姨：我今年都六十多岁了。

问：那您家孩子比 X 大多少？

大姨：我家孩子属猪，1983 年生的，今年三十六岁了。我儿子儿媳妇没和我住在一起，我只要有时间就经常过来看看 X，帮我妹妹减轻点负担。

问：X 的妈妈是您的第几个妹妹？

大姨：我就俩妹妹，她是第二个，我大妹妹在青岛。X 写字写得挺好，也挺听话的，有大人领着，让他干什么他就干什么。

问：他的字能让我们看看吗？

大姨：可以啊，这就是他的屋，他的屋挺利索的。他每天在家写字、画画，有的时候也看看书。你要是给他一个本，他拿着就能画。没事的时候，他在家里除了写就是画。

问：他平时在家玩什么呢？

大姨：他平时在家不怎么玩东西，有时候看一些书、画一些画，有时候玩一些能组装的模型、积木，有点开发智力的那种。

问：他平时都看一些什么书啊？

大姨：他有时候看一些动画、拼音什么的。他挺听话的，不是像有的孩子你说什么他都不懂，他是你引导他做什么，他都能去做。普通的手工什么的他也能做，就是慢一点。简单的都可以做。早上起床后，说让他扫扫地、擦擦地这些活，他都可以。如果说领他出去锻炼锻炼，他也跟着走，但是他自己不出去。

问：平时出去是不是在周边转转？

大姨：出去的话，我有时候领他去周边玩，有的时候领他跟团走，旅游啊，这种事都可以。

问：您和他去过哪里啊？

大姨：我们去年领他去三亚，跟当地的旅游团到附近的地方玩。

问：去的地方有哪些他特别感兴趣的东西吗？

大姨：没有特别感兴趣的，他主要是跟着大人，但是他对很多事物好奇，就看看这，看看那，也是很开心的，很听话。他出去参加活动，有时候是自己出去的，当然是由老师领着，是封闭式的训练，家长都不在那，老师引导他们去做什么，他们都能顺利完成。总的来讲，这种孩子大人就要多付出一点，老师也是一样。

问：您家的孩子与他相处得怎么样？

大姨：我儿子小的时候和 X 可亲了，总在一起玩，但是现在上班了，就不怎么玩了。有时候过年过节的时候会聚在一起，平时工作很忙，很难凑到一起。我家的小孙子一个月我才看见一次，平时周六周日啊，他还补课。

问：您儿子小时候，您家离 X 家远吗？

大姨：小的时候我们离得不太远，主要是到我妈这里来。

问：您儿子的年纪和 X 差得大吗？

大姨：我儿子比他大六岁，我大妹妹家的孩子比他大三岁，他们小的时候都是在老家一起长大的。X 还有一个弟弟，比他小七岁。他弟弟特别关心他、照顾他，可懂事了。

问：他小的时候什么样您还记得吗？

大姨：小时候没看出来他智力存在缺陷，越大越明显了。

问：他小时候有什么让您印象特别深刻的事情吗？

大姨：有一次挺有意思的，在他十几岁的时候吧，我们就想锻炼一下子，看看他自己能不能找到家，就跟他说，今晚上不能接你回家了，你要自己回来。他自己回家了，他应该是能认路。他挺小的时候，我妈家在天鹅饭店，他能自己坐车坐到省医院，多坐了一站，不知道再坐车返回来，就知道顺着这个路再走回来。他快走到我妈家的时候，我家人也出去了，正好碰到他。我当时就觉得，如果我们放手的话，他自己一个人也行。

问：他妈妈说很后悔对他的呵护太多，没有放手让他自己做一些事情。

大姨：对。在托管中心的时候，他能自己一个人回家，他知道从托管中心的院里一出来就有107路公交车，知道是坐107路回家。我们每次送他是坐107路，平时也告诉他怎么走，他自己能记住。尽管这样，我们对于这样的孩子还是不放心，万一有点闪失，真的挺麻烦的。两三年前吧，有一次他妈去开会了，做结算中心主任，累还不说，工作挺杂挺碎的，那天我也没来，X就自己打车去托管中心，他告诉司机托管中心在学府三道街16号，也不知道是他没告诉明白还是司机没听明白，把他拉到了学府三道街的车站。车站与托管中心的方向是相反的，有个十字路口，他就找不到路了，给他妈打了电话，他妈问他在哪呢，他认字啊，就说了自己在哪，他妈说你看看附近有什么标志、有什么牌号啥的，这些他都能知道，他妈就给他说，在107站牌那再坐一次107，坐到景阳街下车，我告诉你大姨妈上车站接你去。他能自己一个人坐公交车。我们最不放心的是他自己过红绿灯不安全，其实他知道这些，学校里也教。他在学校里学了很多，会画画，会写字，会唱歌，还会跳舞。原来他参加很多活动，现在年龄大了，就不想参加了。

问：您觉得他的性格怎么样？

大姨：性格还行吧。他没有什么忧伤的事，一天到晚乐乐呵呵的，这样就挺好的了。现在他的智力有点退化了，不如小时候，最近身体状况不太好，所以他妈不让他参加一些剧烈的活动。

问：您觉得社会对这些孩子的关注够不够？

大姨：社会上对这些孩子的关注还是不够。前一段时间，他们托管中心开了好几次会，他妈太忙，都是我去的，收费标准提高了，好多家长都承受不了这个费用，尤其是一些单亲家庭。托管中心现在和社会上有一个“友好互助”，联合到一起办学，因此，费用提高了，一个孩子要是日托的话，可能是要两千多块钱，整托的话可能费用更高，大概要两千八到三千块钱，很多家长接受不了。你要是说是双职工的家庭，现在平均一个人收入两千五左右，最高的也不到三千块钱，然后加上家里乱七八糟的开销，水电啊之类，孩子再用去一大部分，怎么办？他们好多都去找残联协商这件事情。X冬天这一段时间暂时先不去了，再说冬天来回接很麻烦，我们之前是给他包了一个车，早上送去晚上接回来，这样大人省点心，他妈在家庭和单位之间都不耽误了，家里还有老二要照顾呢。包那个车一天四十块钱，可能司机不太愿意拉这样的孩子，一段时间以后就不想干了。打车吧，你有一个等车的时间，这样的孩子身体弱，我们就想着这个冬天先不去了，正好我有时间，帮着照顾一下。我们每年冬天都去三亚，前几天想去，结果他身体不太好，就没去。

问：身体不好是从今年开始的吗？

大姨：就今年开始。

问：在他之前，您知道“唐宝宝”吗？

大姨：没有关注。有了他之后，我们才特别关注这样的孩子。原来说他参加特奥会，我也不懂，什么叫特奥会啊？现在知道了。他现在身体不太好了，以前他去参加比赛都拿过很多名次的。看一些报道，这样的孩子年龄大了，身体会出现很多问题，如果再参加一些剧烈的活动，就容易受伤，所以他现在在家喜欢干点啥就干点啥，开开心心的就好。在家以前还看电视，现在都不看电视了，就是看点书、画会画、写写字，不像以前爱好广泛了。他很听话，不像有的孩子出去乱跑，家长找不着，他不太出去，就是每天吃完饭，领他出去在院子里走走，有时候中午领他去超市啊，到附近转一转，也让他接触点社会，不要总在家待着，本来就跟社会有点脱节。每次他们学校或者托管中心、残联有活动的话，我们都参加，他妈如果忙，我就跟他去，我退休了，也没啥事。

问：对于学校或者残联的活动，他自己喜欢吗？

大姨：喜欢啊，他可高兴了，你要告诉他今晚上你早点睡觉，明天早上有活动，他就早早地睡了，第二天早上早早地就起床了。我有时候和他妈俩人领他出去，周边这些风景区什么的，基本上都去了。这个孩子，周围很多人都照顾他，不缺少关心和爱，家里这一块不用说，社会上学校里对这些孩子也是很关心的，老师特别有耐心，正常孩子可能说一遍说两遍能接受，他们的话，你可能说十遍他都不一定能接受，反应慢。有一些小孩做手工，我看做得挺好，像穿珠子啊，他以前也穿过，把什么小猪、小兔工艺品，拿绳穿。他们托管中心也挺好，课也很多，如果要学的话好像是一节课十块钱吧，好像是孵化机构开始联营了之后就收费高了，有好多孩子就去不了了。

问：如果他不去机构，在家是不是也是挺大的负担？

大姨：对啊，在家需要有人看着他，没人的话也不能整天把他锁在屋里。好多双职工家庭拿托管中心当成另外一个家，孩子托付在那特别放心，现在收费标准一提高，很多孩子都去不了了。

问：这种情况可以向残联反映一下？

大姨：他们打报告去找了，相关部门找了好几个了，都没有什么解决的办法。那个托管中心办得真的挺好，经常上报纸什么的，现在跟孵化机构一联营，我就觉得差了很多，社会舆论也很多。他们托管中心在学府三道街 16 号温馨家园，现在主要接收有低保的孩子。低保是国家给拿钱，可能拿的还挺多，一个孩子好像是一千八，低保孩子在托管中心，家里负担就减轻了。要是自费，很多家庭承担不起，就不去了。有的孩子在一起待多少年了，从成立到现在有个十年八年了吧，不去了很难过，有些家长也舍不得，开会的时候孩子哭，家长也哭，那场面挺心酸的。我们想等天暖和了，他如果愿意去我们再把他送去，因为在那块，活动丰富一点，家里太单调了，就自己玩，在家就盼着周六周天出去玩玩，平时只能在院里走走，有时候去超市遛遛。他自己一个人也能走着去，大人在后边跟着，大人不放心。

问：托管中心的朋友现在有联系吗？

大姨：同学的电话都有，平时联系不多，程度轻一点的，有的上班了。

问：他现在的文化程度相当于什么水平？

大姨：他语文比较好，就是数学不行，对数字不太敏感。语文的话，我觉得三四年级不成问题，你看这些书他都能念，诗词都能读。他的数学估计连一年级都不如，什么两位数的加减法，还有乘除什么的，根本不会，怎么教也不行，十个以上的数就有点数不过来了。他在托管中心主要是写、画。

问：平时如果不去托管中心，他在家几点起床、吃饭？

大姨：早上七点起床，中午有时候睡有时候不睡，累了就躺一会，晚上九点十点钟睡觉。我觉得他挺开心的，像个小孩似的，有时候我小孙子来逗他玩，跟他说：“大叔，我给你块巧克力，可好吃了，皮我给你扒了。”然后给他放嘴里。

X 先生观察日记

观察时间：2018 年 11 月 29 日

观察地点：X 先生家

观察者、撰稿者：潘南君，男，1997 年生，黑龙江大学 2016 级本科生；姜楠，女，1998 年生，黑龙江大学 2016 级本科生

8:30　我们来到 X 家，X 和姥姥、大姨在家。他已经起床了，正在书桌前坐着写字。X 的大姨一边煮粥，一边很热情地告诉我们，因为 X 父母工作忙，X 一般和姥姥待在一起，大姨经常来帮忙照顾。X 书架上除了一些儿童益智类读物和几个模型外，还放置着他参加特奥运动会得到的各种奖牌和纪念品。

9:00　X 吃完早餐回到自己的房间。大姨说，他不是很爱出门，平时比较喜欢看书、画画和写字。大姨还给我们聊起了 X 和她一起去旅游的故事，说本来今年计划也是要去玩的，但是 X 今年身体开始退化，不太能出门了。

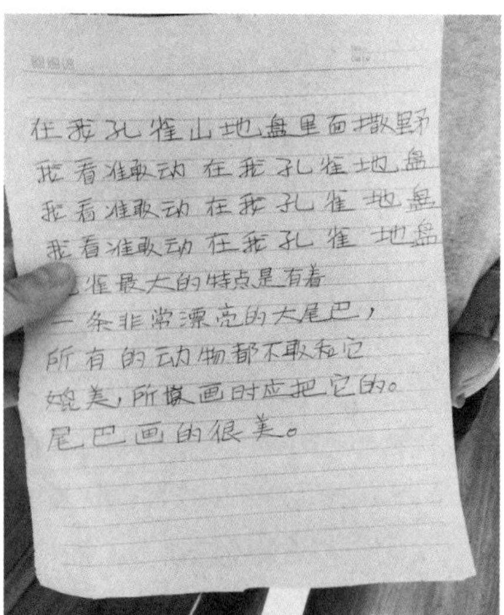

9:10—11:00　X 在房间写字。他写得很工整，每个字都能看得出来他的用心。他写字的速度比较慢，写一页字大概要比正常人慢五分钟左右，不过他写得很开心。

11:10—12:00　X 来到客厅，大姨开始准备午饭。我们问起 X 下午准备做什么，X 笑了一下，回答说准备在家玩，然后给我们看了他平时经常在电脑上玩的游戏。

12:30　午饭大概做好了，我们和 X 以及 X 的大姨、姥姥道了别，离开了 X 家。

我得善待他

——胡泽母亲杨秀梅口述

胡泽，男，1989 年生。独生子，自闭症，二级残疾。1998 年在普通小学——黑龙江省哈尔滨铁路三小一年级上学一学期。2004—2007 年入读特殊教育学校——哈尔滨市树仁学校。2009—2013 年在哈尔滨市残疾人托养培训指导中心托养。2014 年至今，居家安养。

口述者：胡泽母亲杨秀梅，1962 年生，2012—2017、2018—2023 年为哈尔滨市道外区智力残疾人及亲友协会主席

访谈人、撰稿人：于凤麟，女，1995 年生，黑龙江大学历史文化旅游学院历史学专业 2016 级本科生

访谈时间：2018 年 9 月 25 日

访谈地点：胡泽家

怀孕、检查、生产全都正常

问：阿姨，您好！您多大年纪结婚的呢？

胡母：二十七岁。

问：胡泽爸爸和您同岁吗？

胡母：同岁。

问：当时国家是不是在倡导晚婚？

胡母：对，毕业以后想着女同志先干两年工作再说，生完孩子还能干什么工作？所以就没着急，我们有的同学就结婚太早了。

问：胡泽是哪年出生的？

胡母：1989 年。

问：您和您爱人从事什么工作呢？

胡母：我是城市市政工程的，市政行业；他是物资管理，属于管理。

问：您是哈尔滨人吗？

胡母：是的。

问：您就胡泽这一个孩子？

胡母：对。

问：您在哪个医院生产的？

胡母：中心医院，就是哈尔滨市道里区新阳路妇产中心。

问：胡泽出生之前，产检什么的都正常吗？

胡母：全都正常，产检的时候没发现什么。再说，那个年代技术也不行，就是现在，虽然能把唐氏综合征胎儿检查出来，但有些智力障碍胎儿查不出来。我家孩子找不出问题来，因为我从小到大身体特别好，从来不生病，怀他的时候没吃药，也没感冒，我这么一点个头还正常生产，他生下来六斤多呢，啥症状都没有。

三岁四岁时发现他和别的孩子不一样

问：他多大的时候家里面发现他不一样的呢？

胡母：从三岁四岁的时候。一两岁小孩都是吃饱了就睡觉了，根本看不出不正常。

问：怎么发现他跟别的孩子不太一样的呢？

胡母：小时候别的孩子不都说话嘛，说成串的话，他说单字，比如“玩”“吃”“饱”……他不像正常小孩说“妈妈，我想吃啥，你给我买”，他不说，上商店瞅着某个东西，他眼睛一看，我就知道他要，或者他用手指，不说话，就语言表达能力特别差。而且，他小时候不走，拔腿就跑了，没影了，一会就嗖嗖没影了，都不知道跑哪去了。领他出去，我真挺紧张的，怕他跑丢了，再怕让坏人给领走了，那时候担心。通过这么多年的观察，我发现他有他的世界，他有他的玩法，实际对他来讲他觉得很安全。咱们担心，他自己觉得自己很安全。

问：胡泽三四岁的时候，您发现他和正常孩子不一样，心理落差是不是挺大的？

胡母：对呀。因为我从小家庭环境很好，成长的条件也很好，这孩子生下的时候，医院大夫都说：“哎呀，这小伙可精神啊，可棒了。”说实话，他生下的时候满脸红，小汗毛可重了，跟小老头似的，我想着这孩子能有什么好。但是人家医生老是接生，说这小伙长大挺精神挺漂亮的什么的，家里当时就形成了“这孩子方方面面挺好”的认识。

后来出现这个问题，家里都接受不了。知道吗？谁能接受？谁也接受不了！我不智障，我爱人也不智障，怎么就能出现这样的孩子！但是只得正确面对呗，他爷爷奶奶和他爸都不承认孩子有问题，和其他孩子不一样，都把胡泽当宝，就说他没问题，说孩子都这样，所以领胡泽去看病都是我一个人带的。为了他，我把全部积蓄都用上，哪都去看病。做母亲都这样。但是到最后没什么效果。

我现在是这么想的：毕竟孩子能吃能喝、能带出去，比那些躺在家里的还是强的。这样一比，我还是很幸运的，是吧？所以我和其他家长不太一样，反正我挺乐观的，胡泽来到咱家了，这不就缘分嘛，我得善待他。

问：胡泽几岁会说话的？

胡母：说话跟正常孩子差不多，大概一周岁多。正常，但是他不像人家能多说的。

问：会说话的时候一个字一个字说吗？

胡母：会说“妈妈”“爸爸”“姥姥”，他从一开始说话就特别清楚，尤其叫“姑姑”、叫“姥姥”很清晰，发音可准了，如果说单字，他说得挺准的，没看出来什么特别不一样，就是不多说。

问：胡泽从小语言能力就差？

胡母：对。平时你不问问题他不回答。有些时候，我就寻思，小孩都问“妈妈这啥”“妈妈那啥”，他从来不问。我就问他：“胡泽你看那是啥？”他才回答我。实际什么公交车什么小轿车汽车他都知道。我说：“那你咋不问？”其实他的意思是“我都知道，问你干嘛？”我觉得他比一般的孩子要聪明。过来了，我才意识到他虽然没问、他也不问，但是他就明白，有的小孩得问完了，等大人告诉了才知道。他好像认知能力比别人好一点。从我家胡泽会说话开始，我就教他英语，一岁多吧不到两岁我就教他认字，然后教他写字，他两岁半不到三岁就能看儿童读物，能写字。

问：胡泽现在的语言表达能力怎么样？

胡母：现在还行。这些年我没少给他教，我现在不用中医给他调理了，我觉得他现在思维能力啥的要比以前好多了，能跟上了，你说话他能接话了。原先你说啥好像跟他没关系，他都不带吱声；现在你说“上”他能给你接“下”，思维能力能够跟我同步了。这就是进步。

问：胡泽现在不太喜欢跟别人沟通，是因为他不太喜欢跟别人说，还是因为他的语言表达能力有障碍，或者是因为他沉浸在自己的世界里？

胡母：他倒不是有障碍，你要是问他，他也说，但是你不问他，他不主动找你。实际每天他很开心，他玩得可好了。

问：他从学步开始就跑，不走？

胡母：对，开始就跑，就是个跑，等到自己能走稳的时候拔腿就没有了，出门“嗖”就没影了。他属于不走道的那种，上哪都跑，小步跑，不会一点点地走。

问：医生有说这是什么情况吗？

胡母：也没说明白。他跑，从小不摔，平衡能力还好。有时候我觉得很奇怪，正常小孩走道还有摔的，他干跑不摔，还不穿鞋。他不穿上鞋，都是踩着鞋，他的好鞋、坏鞋、新买的鞋，都是踩着，跑还不摔。大家都说我家胡泽真神奇。

从小就一直在给他治疗

问：他三四岁时，您发现他语言表达能力差、只跑不走这个情况之后，有没有看过医生呢？

胡母：我一点都没耽误，发现了以后就直接带他去了儿童医院。那个时候儿童医院儿科一把手是吴现，我们是朋友嘛，我就直接上他办公室看，没挂号。胡泽就在他办公室里不停地跑，小脚丫哒哒哒一会桌子上一会沙发上踩，到处都是他的小脚丫印。我说：“别跑！”吴大夫对我说：“不用管他，没事！”他意思就是他要看看胡泽的表现，他才能知道他啥样。当时在吴大夫办公室，胡泽把抽匣挨个开，打开、关上，重复动作，他就是好奇。他旁边有个饮水机，他就上那拿水杯接水，接完了倒了，再来接再倒掉。吴大夫不让我阻止胡泽，后来他说这孩子是不是多动症，怀疑他多动了。毕竟都认识，吴大夫就说：“我给拿了一种药，对脑神经挺有影响的，凡是这些药都挺刺激脑神经的，你给孩子吃两天看看，如果没有效果就别吃了。”吃完以后，真什么效果都没有，吴大夫就说：“那就是药不对症，不吃了。”他找了四个主任给胡泽会诊，什么脑电图、CT 全查了一遍，没有问题。那时候胡泽好像很兴奋，不睡觉，没法做检查，就灌肠让他睡，灌完以后就睡着了。

胡泽六七岁、七八岁的时候，我领他找现在哈尔滨很知名的做心理咨询的曲伟杰做过咨询，那时候曲伟杰没现在这么出名；也找过哈尔滨研究心理学、出过书的赵友业教授。另外，还找哈尔滨做智残儿童训练的高原给胡泽做过一对一的培训。一对一培训很贵的，一周两小时，一个月四堂课八小时八百多元。在高原那里做了两个月培训，他通过拣豆子让孩子精力集中，比如说把一百个绿豆和小豆放到一个盆里，让胡泽把绿豆拣出来搁到小盆，或者让孩子走平衡木。我一看这么简单，在这还得花钱，就领他回家练习。

后来又领着胡泽上哈尔滨第一专科医院检测智商，这些孩子们都归第一专科医院检测嘛。那时候张聪沛还是第一专科医院的副院长，他比我小两岁，跟我说："姐，你别看了，这孩子你面对现实就行了。连美国都没有特好的治疗办法，你不要白花钱了。你不如好好地引导他，领他接触外界，开阔视野。"我说："那行！"当时有一种叫"脑力智宝"的药一千九百八十元，那一盒可贵了，他跟我说那你就给孩子吃一盒，如果吃完一盒不见效，咱就不吃了。那时候湖北智力有障碍的指挥家舟舟在给这个药做广告。我工资低，一个月不到一百块钱。我给胡泽吃了一个月，就是吃了一盒嘛，没什么效果！张聪佩院长说："姐，你别给孩子吃了，如果有什么好的特效药或者什么治疗方法我就告诉你。"我说："胡泽是不是染色体有问题？"他说："染色体要是有问题，你查有意义吗？"我一想也是，再查没啥意义，折腾来折腾去还把孩子折腾够呛。

要说我家胡泽从小被耽误了或是没有发现有异样，还真不是。这么多年我们和这类孩子家长啥的唠嗑，还有和医生交流，都说实际我家胡泽发现挺早的，而且也正常渠道去就医了，都查了，没查出来什么问题。其他国家也有可多这样的孩子，像美国日本都有，我打听过，也没有特殊的治疗方法，而且都找不到病因。

问：您带着胡泽看了这么多医生，具体没有诊断出来是什么原因引起的吗？

胡母：没有原因，只有结果。

问：这些医生都给您一些什么建议呢？

胡母：就是说让我回家好好带他，拿他就当两三岁小孩哄，慢慢培养，一天有一个进步就好。尤其张聪沛院长说："你家孩子如果智力障碍的程度不发展，你就赢了。"就是说一天比一天有进步，那就是我的成绩，如果他一天不如一天，也正常。张院长是 2012—2017 年那一届的哈尔滨市精残[①]主席，我是智协主席，我俩经常一起开会，他一见着我，就说："姐，我看到你家孩子

① 精残，精神残疾人及亲友协会，是残疾人联合会下属的五大专门协会之一。

了，挺好的，你赢了，主要是不发展你就赢了！”他关注我的微信朋友圈。听他这么说，我很开心，确实我觉得胡泽挺好的，他今年都二十九岁了，正常小孩到这个年龄应该已经智力到顶峰了，该往回走了，对吧？我家胡泽不但不往坏的方向发展，而且一点点往好的方向走。

我跟我们这些家长说：“以后，你就别老盼望咱们孩子一天比一天好，也别期望一天一个模样。咱的孩子这棵树现在已经长成了，不往坏的方向发展，就不错了。”我们有一个孩子前两天生病，病得挺重的，家长跟我说：“这孩子咋整有病了？完了！”我说：“你要有心理准备，因为每个人都是一天一天在衰老，对吧？这些孩子也是，发育期到头以后也是往回走，人的生长是个抛物线，到顶了就往回走了，这是自然规律，你必须得面对。你要是说想一直一天比一天好，除非出现奇迹。”

这些年我了解到，北京有一个北大的博士生，他孩子和胡泽年龄差不多，有和胡泽一样的问题，因为孩子，他班都没上了，把单位辞了，在北京办了一个学校做培训，专门针对这种孩子。有不少孩子都上他那去学了，因为他宣传挺好的，都觉着他那么好的学历，班都不上了，为了孩子，牺牲很大。但是，到现在都没有什么特别的效果。

问：现在清楚胡泽是属于哪一类的了没有？

胡母：他不是唐氏综合征，他属于智障、自闭。今年6月24日，我代表我们黑龙江去杭州开“2018东亚民间社会论坛”，去了4天，各种智障孩子的家长在一起探讨，我感觉胡泽算是好的，因为他从小我就一直在给他治疗，而且在陪着他嘛，又领他找了心理医生。咱作为妈妈嘛，能尝试咱就尝试到，过后咱不后悔，说真的我就是该做的都做了，都没见效，所以后来我年年都领胡泽出去玩，有机会就带他去外面转，什么华东五市啊，昆明啊，西藏啊，西宁啊，青海湖，我们家胡泽都去了。我这么想的：这孩子来到咱家，就是跟咱们有缘分，虽然呢孩子算是有一些问题哈，但是呢我得让孩子享受到他可以享受的，给他创造最好的环境，给他创造最好的经济条件，带他出去玩，所以说每周我带这些孩子搁这搞活动嘛。

爸爸也陪胡泽玩

问：胡泽现在能工作吗？

胡母：不能工作，要是能工作就好了。

问：有没有想过让他去尝试一些工作呢？

胡母：社会上没有什么他们能做的工作，我想以后看看能有啥适合的再说。

问：他自己有没有说过以后要工作啊、上班什么的？

胡母：没有，他没有这个意识。

问：他现在心智相当于多大的孩子呀？

胡母：也就六七岁。

问：他爸爸现在忙吗？

胡母：忙，他爸爸现在在学校打工。

问：有周末吗，周末休息吗？

胡母：休息。

问：爸爸下班或周末的时候会不会陪着胡泽？

胡母：陪，他也得陪。

问：胡泽喜欢和爸爸在一起吗？

胡母：喜欢，但是还是愿意跟我。

问：爸爸平时陪他的时候做些什么呢？

胡母：就陪他玩，哄他玩，做游戏什么的。有时候背个唐诗什么的，我家那口子是书呆子。

问：知道胡泽这个情况后，您和他爸爸有没有想过再生一个孩子？

胡母：我俩都没有想再生。一开始我妈说的，再要一个能照顾胡泽，我说要把全部的爱都给胡泽，我妈听了就说也对。你看我们这里也有孩子是两个的呢，他们都问我为啥不再要一个，我说不能要，我只带一个孩子多好，对待两个孩子，首先一人一半爱就容易偏衡，对吧？两个孩子中间肯定有矛盾。把爱全部都给他，就没有其他问题了。

他上过小学，勉勉强强上了一学期

问：他上过幼儿园、小学吗？

胡母：哪上幼儿园呢？就找私人看的那种，别人五十元我得交一百，人家不收他我求人家。那你不看孩子我咋上班啊？他上过小学，勉勉强强上了一学期。

问：您接送他去幼儿园吗？

胡母：接送，奶奶有时候接。后来给他送到特教学校，就为了送他上学，我家在学校对面也就是三棵树饭店对面买的房子，过道就上学，要不离得远孩子遭罪。

问：胡泽几岁上学，在哪个学校上的小学？

胡母：他八岁正常上学，就是铁三小[①]，三棵树饭店那块的铁三小。第一年上学学校没有收他，报名都没报上，一看见这样孩子人家不收。第二年我找他们校长去了，我说："任何人不能剥夺我家孩子学习的权利！你必须得收他！你是国家教育基地，就得让我们孩子上学！"那校长辩不过，没招了就收他了，就给他放到教导主任那个班，是比较好的老师，是个老太太，可负责任了。

但是，咱得说咱自己孩子不行，咱不能说人〔家〕老师，下课了胡泽出去玩去了，上课了他不知道站队，人家孩子都站队，他没影了；老师进屋一上课，怎么缺一个孩子，一看在操场自己玩呢，老师给他找回来，下次下课老师就领着他，上完厕所就给他领回来，他才知道回来；上课他也不听，就往窗外望啊溜达呀，老师问他："胡泽你干嘛呢？查查咱班几个男生几个女生。"班上多少男生多少女生他能查出来，别的小孩不懂；别的小孩不认字他认识，发作业本，班长不会发，胡泽发，他知道谁谁谁名字他就把作业发给谁。后来他们老师找理由找不出来，一看他有溜号就让他上来做题，数学题什么他都会做，字都认识，作业难不住他。老师没办法，说："我教不了，你快领家去吧！"我说："为啥呀？坐不住板凳啥的，小孩都有这个过程，你就得慢慢改他，不能给我退回来。"

勉勉强强待了一学期，后来老师找我谈，说："你看这孩子吧，和其他孩子不太一样。咱出于对孩子的保护来讲，我不能天天看着他，如果其他孩子把他打坏了，或者是背后说啥了，万一出点啥事呢就给孩子造成伤害了。"我一听他从这个角度考虑，我是孩子妈妈呀，我也觉得现在一家一个孩都是挺有个性的，我和老师能容胡泽，别人不一定容，所以我就给领回来了。

但是现在来讲，咱们国家残联有一种制度，就是说这种孩子一定要上普通学校，不能把他们看作单独另一类[②]。现在国家逐渐在容纳这些孩子，他们也是国家的一员，也是中华人民共和国的公民，公民就要享受接受教育的权利，

---

① 铁三小，指哈尔滨铁路职工子弟第三小学校。2006 年 4 月更名为哈尔滨市南棵小学校。

② 指残疾儿童少年进入普通学校，和普通孩子在同一个班级接受教育的"随班就读"政策。随班就读有利于残疾学生与普通学生互相理解、互相帮助，提高残疾学生的生活、学习和交流等各方面能力，促进残疾学生和社会的融合。

是不是？这个权利谁也剥夺不了。

问：他上学的时候家里人天天接送吗？

胡母：对，跟着啊，接送他上学比我上班都累，我什么都不能干就接送孩子。

问：他上小学的时候，作业什么的完成得怎么样？

胡母：他作业在课堂就能完成，他拿那都不当作业，写得可快了，就交给老师了，回家说作业写完了。他就是喜欢写字，你不让写他还写呢。做题也是，你一出题，他用口算就能算出来，而且错误还很少有。他有他聪明的地方，加法减法就搁脑袋加减，两位数加法特别快，上一年级的时候口算答题全学校他第一，谁都比不过他。

他在树仁学校上了三年，然后大多数时间我上班带着他

问：胡泽上了一学期一年级就不上小学了，到他 2009 年去托养中心前，这十年左右的时间都是您上班带着他吗？

胡母：没有，他十多岁的时候在树仁学校上了三年。为啥我家在这附近买房子，因为对面就是树仁学校。满十八岁树仁学校不收了，2007 年他就回家了，在家待了两年。2009 年，我打听到有托养中心，建立第二个月我就带他去了。因为我老打听，有一天正好去办事，有个朋友说他刚参观了，有个托养中心，我说在哪，他说在学府三道街。第二天我就去托养中心了，正好李科长接待的我，我一看挺好的，就把胡泽送去了。

问：胡泽在家待的几年，您上班都带着他吗？

胡母：一开始有快一年把他在家锁着来着，没带着，他奶奶中午给他送饭。他奶奶不愿意看，谁都不愿意看，说实话。中午给送饭，他中午吃饭能解决；下午我单位基本没啥事，就早点回来陪他。胡泽和别人不一样，我给他放家，他自己打打游戏或者是打字、写字就能待一天，他不像别的孩子什么跑蹦出去。他在家水电都不动，我挺放心，要不不敢让他自己在家。后期他大了，我上班就带着他。

问：您带他到单位，他听话吗，会不会乱动、乱跑？

胡母：那不得，他就在办公室门口玩。我办公室大，或者是我们同事谁有时间谁就带他了，全单位人哄着他，我要一开会去，他们就说“你去吧，我看着”。我一看有人看着我就放心了。我有啥事得跟他说了，他就自己在门口玩。

比方我说“妈妈马上要走要开会，你就在这玩，别跑远了”，或者说“哪个叔叔看着你”，或者“跟着哪个阿姨”，他就跟着。我们单位有个小伙比他小两岁，别人他都叫叔叔叫舅舅叫阿姨，就管那个小伙叫大哥哥，跟着人家上哪跟哪，可听话了。现在在家他也是不乱跑，你要说：“胡泽，自己下楼玩!”他不去，他不走。这点挺好的，所以我放心，要是他跑出去被谁给拐跑了劫走，多揪心!

他在托养中心待了六年，2014 年回来的

问：胡泽是 2009 年去的托养中心?

胡母：是 2009 年，那时候他都二十岁了，学府三道街的〔哈尔滨市〕残疾人托养培训指导中心才建立不久，条件还没那么好呢。为啥给他送这个托养中心，其实我也不想送，但是那时候他奶奶在世，我又要照顾老人又要照顾他，照顾不过来，我就把他放在托养中心了。

问：他在托养中心是寄宿吗?

胡母：对，周一送周五接。

问：费用高吗?

胡母：费用高啊，像低保的孩子可能就可以免费，像我们这办不下来低保的就得交钱，费用是单交吃饭费和看护费，然后上课费另交。你不能让孩子天天八小时那么坐着，得再上课嘛，上课就要交上课费。它那分班，有微机班、音乐班、体育班、穿珠班等，体育班和音乐班贵，十五元一次，其他的课十块。比如说你上一次微机班，就要另交十块钱。

问：胡泽一个月下来大概要多少钱?

胡母：那得一千多吧，一千七八百，也挺贵的。因为一堂课十元，不可能这一天就上一堂课吧，最起码得让孩子上两堂吧，那一天就二十元上课费，一个月下来挺贵的。他最早在微机班，因为他认字嘛，微机打得挺好的，我叫他在微机班，那时候是崔红老师带微机班，崔老师对孩子特别好。后来她结婚生小孩去了，休了一阶段，回来调班了，胡泽就上其他班了。

问：他在托养中心的时候，哪方面表现比较好?

胡母：唱歌啊。他在托养中心的时候，我们的智障青年俱乐部已经有了，每个周五下午接孩子的时候，家长都知道中心下午搞活动，就把孩子接到俱乐部，我们这些家长在一起教孩子们唱歌啊跳舞啊，让孩子们肢体和语言能协调

一下。

问：胡泽在中心跟同学、老师关系怎么样？

胡母：他属于不合群那种，大家玩的时候他在旁边一坐，就写字，两岁多就能写。他的爱好是写字，走哪就写字，他的本子和笔不会丢的，不吃饭不睡觉行，没有本子不行，必须拿本子，就是拿一张小纸他也能写字，拿一个纸片也写，就特别爱写字，写日记，写今天干嘛了……而且，他字写得特别好，一般人模仿不下来。从他日记可以看出来老师对他好不好、一天吃什么啦、干嘛的了，都记着了。

问：胡泽什么时候离开托养中心的？

胡母：那时候我婆婆跟我住在一起，我婆婆和胡泽都得照顾，照顾不过来我就送他到托养中心了。等他奶奶去世以后，胡泽自己就不去了，一看奶奶不在家了，早起我送他去托养中心他都不去。

在那待了六年，2014 年回来的，就在家待着。之所以让他回来，之所以我后来成立这个叫"腾飞智协"的活动中心，就是为了让我们家长和孩子们在一起，因为我觉得家长最了解孩子，孩子一举一动一个眼神，家长都懂，托付给别人，不是不相信别人，而是任何人都不如妈妈。妈妈对孩子的爱是不一样的，是不是？咱不能说别人没有爱心，也有爱心，但是他们的爱心呢是暂时性的，肯定比不上妈妈对孩子的爱，是不是？

胡泽在托养中心的时候，很不愿意在那待，因为有两个老师打孩子，胡泽在那也被打了。孩子好动嘛，早上五点钟就起来了，在床上动嘛，影响别人呗，老师就给他在厕所罚站去了。然后，胡泽不愿意在那待了，就偷往回跑，老师不让，拿着长棍给我家孩子腿这块打这么长一道楞子。周一送周五接嘛，接回来洗澡，唉，那么长一道青的楞子，我拍好照片就给他班主任发过去了。我说："要是正常孩子就不到这个学校来了，胡泽在学校再不对，你打他也不能下这么大死手啊，是不是？老师肯定要有爱心，对不对？"那道楞子可青了。

他自己回来说老师踢他了，一开始踢肚子，然后又回来拿的棍。拿棍我也问别的孩子了，因为那屋里八个孩子嘛，别的孩子说电视旁边摆的吃的啥，老师在那拿的棍。孩子们说得可真可切。他们这些孩子们实际都不会说谎话的，这样的孩子特别真诚。我跟他班主任说完以后去找那个老师，老师不承认，说："胡泽，我那么喜欢他怎么能揍呢？"我说："揍也好，没揍也好，他身上伤疤是怎么来的，那肯定是有出处的，是吧？"我说我也不追究你们，但是你们得凭心做事凭心做人，是吧？另外，有个女老师教他们跳扇子舞，胡泽不听话嘛，老师就踢孩子，就把他小腿那块踢这么长一个口子。这都是体罚。按道理不允许这样，孩子有他人权，对吧？老师不能这样的。所以我就把胡泽领回来了，我没跟方主任说。

现在托养中心换主任了，以前是方主任，我在残联兼主席。那年在伏尔加庄园[①]开冬奥会嘛，他看到我了，他说："你家胡泽咋不来了呢？"我就说主要是奶奶去世了，家里条件允许在家了。后来他说："胡泽什么时候回来我都欢迎，我们都挺喜欢他的！"我说："就因为你们老师揍胡泽了！"他问我是谁，我说："我怕你为难，我这人向来都是替别人着想，我要说了你挺为难的，你把她辞退了还是不辞退，你要是辞退了呢，你缺老师，你要不辞退，你觉得有点对不住我，我知道你挺为难的，所以我就没有跟你说。"

那几年熬过来也挺不容易的！

问：您和您爱人在对胡泽的教育方面有没有什么分歧？

胡母：那倒没有，因为我俩都挺好学习的，都是两个人一起商量之后就这么决定，没有什么大的分歧，但是都是我管，他没时间，他也不管，胡泽也不和他爸爸出去，胡泽出去跑啊跳啥的，都是我领他不领。反正就是跟着我多，跟他爸少。我一开始一看胡泽和别的孩子不太一样，就领他去看医生，当时他爸爸、他奶奶都不承认胡泽有问题。我领着这看那看的，一个人可无助了，因为人家都说没问题，不愿意我领孩子看病，说领到这看那看是瞎花钱。

那几年熬过来也挺不容易的！等到我家孩子上学，第一年不没上成吗，我就说："你们说没毛病，你认为你孙子很好没问题，为什么上学上不了？好孩子谁都能收。"他奶奶不吱声了，才认识到问题严重。我家老婆婆是国高[②]毕业，有文化，也是党员，工作各方面都挺好的，她也希望自己家孩子优秀，一看上不了学，对她打击挺大的。

问：他爸爸是怎么慢慢接受这个事实的呢？

胡母：摆在面前就得接受，你孩子就这样！但是主要是我面对，别人都是有时间性的，只有妈妈是随时随地跟随的，跟随一辈子的。别人不能天天面

---

① 伏尔加庄园位于哈尔滨市，是一个以俄罗斯文化为主题的园林。
② 国高，伪"满洲国"时期的国民高等学校，相当于现在的高中。

对，我天天睁开眼睛都是面对的。

问：我知道陪胡泽的过程一定特别艰难，压力特别大。您能具体说说吗？

胡母：从我小时候的家庭教育和家境来讲，我没像别人生活得很困难，我这人从小挺积极向上的，遇到问题我想得挺明白的，我清楚人生中肯定得遇着不顺的事，得正确面对。〔我的情况〕主要好在哪？我在金钱上没有困难过。人到啥时候都得经济独立，你自己有经济来源就可以，即使全家人都不赞成，你自己有钱，领着孩子哪都能去看。

其他方面的困难呢，我就是自己忍受。我送孩子上幼儿园，小孩不〔是〕哭嘛？我家老婆婆后来就说："我孙子本来挺好的，是你送着上幼儿园给哭出问题的。"那时候我就挺伤心的，知道吧？还有一次，他奶说："我孙子好好的，都是你祸害的，好好的孩子你给祸害出毛病来。"所以，我要遇到事吧，我在家就不吱声，我从来不跟他奶和他爸两人正面吵闹的，因为我觉着咱这家庭教育在，不可能跟老人去吵。我家老婆婆因为动迁，搬到这边来就跟我住了，一直在我家，俺家大伯哥不要。她在我这，我就啥都正确面对，她一说我，我就跟胡泽说："你要知道岁数大的人可磨叽了。"你没结婚不知道，结了婚你就知道了，老婆婆要跟你磨叽起来，可磨叽了，你上厨房她跟到厨房，你上卫生间她跟你上卫生间，不停地叨叨你。完了我就跟胡泽说："胡泽，妈妈得出去一会儿，我实在受不了了！"我出去遛遛去，胡泽一开始不理解不明白，看我要走他就害怕我把他扔下，从小谁说话大声他都以为是吵架。我说："妈妈出去转一圈，一会就回来。"每次我都那样，后来胡泽就明白了，他奶一叨叨，我说我走了就赶紧穿衣服走。那次他奶奶说孩子我给祸害的，你说我能不伤心吗？给我气得穿上衣服又往外走。

出来以后我打电话给我大学中学最好的同学，她知道我家孩子这样，就问我："你干吗呢？"我就跟她说我家老婆婆叨叨我，我气得不行了，然后我就学这事，拿着电话在这边眼泪一串一串的。后来她说："可别上火了，你往上走我往下走，咱俩出去玩。"她家在军工大厦附近，她往下走我往上走，我俩就碰着了，然后出去吃顿饭唠唠嗑宣泄一下，晚上回家就没事了。我这人反正心大，但是他奶奶一叨叨，真的，我心里就翻江倒海了，因为老人遇到家庭问题往往都推卸责任，她知道我家是高干家庭，老怕胡泽的事我埋怨到他家去了。实际我没说这事归谁不归谁，这个也不重要，孩子已经这样了。可她就老说是我给引起的。你说谁家小孩不上幼儿园？上幼儿园哪个孩子不哭？别的孩子哭也没出问题。

还有，胡泽该上幼儿园那时候，我家老婆婆不让上幼儿园，她自己看着，我觉得孩子必须得上幼儿园，受教育你不能只在家。那次我俩生气了！我前脚刚把孩子送到幼儿园，他奶奶就给接回来了。我们单位知道胡泽的情况，对我比较照顾，下午一般我可以早点回家。那天下午三四点我去幼儿园接孩子，人家阿姨说他奶奶把孩子接走了。我赶紧往家跑，回家一看，他奶奶在我家坐着，拿医保卡扔我床上，我就问："医保卡怎么跑这儿来了？"那时候必须有亲子检查手册和医保卡，孩子才能入幼儿园。他奶奶说："我孙子不去了，我给他决定了！"那次把我气得都不行了：我是孩子妈妈，你怎么有权力决定我儿子上不上幼儿园的事？我送幼儿园可不容易，人家不收，好不容易跟人家说好了，别的孩子学费比如说 50 元我要交 100 元，我都多别人一倍，你又给我领回来！我可伤心了，他爸回来了，我得跟他说，他跟他妈站在一个立场，说那就不去幼儿园了。把我气得不行，我说："不去孩子怎么办？"他说："咱妈看着。"当时我说："本来这孩子就特殊，他上学校是过集体生活，在老人跟前学的东西不一样，知识面是窄的。"再一个我说我考虑到别让奶奶太累，不是心疼他奶奶吗？

就那次，他爸和他奶串通一气，我可生气了，我不跟他说话我也没妥协，他们知道谁也整不了我。我又领着孩子上我家前面一个私人幼儿园，我给他们谁也没告诉第二天照样送走了，自己送自己接。我婆婆跟邻居说："你看梅梅把孩子都送哪去了？送幼儿园了还是送哪了，我想看都不让看。"我心想你看啥去，孩子上幼儿园你看啥？他奶奶就想看一下去，我就没让她去。既然我能生我家孩子，他从小到大我就一定为他负起责任。我也不牵扯她精力，我自己接自己送，到最后她没找着孩子的幼儿园在哪。我怕她再给领回来。

后来我给他爸爸说："这个问题上我很生气，你都做得不对！"他也承认了。我说："面对问题必须一家人齐心协力。我知道你妈妈也是咱们一家人，但是这个问题上老人是不对的，你还能跟着跑，所以你没有立场。"这个事以后，在孩子的教育上，基本上我说啥他爸爸不反驳了，他一看反驳没用。

他现在写字，大家都说他写天书

问：他喜欢写字，写的哪种字？

胡母：他写字分阶段，他原先写大方格写大的书法那种字，现在开始写小字，变成软笔小字，都他自己发明的，都自己写的，没人告诉他。他写小字我说：“你这字太小了，眼睛能看着吗？把眼睛不累坏了吗？瞅你不吱声还写小的！”过两天他让我看他写的字，我不看，我说：“我看不见，太小了。”他没办法，又写大了。他现在写字，大家都说他写天书。

问：他是从什么时候开始喜欢写字的？

胡母：从他三四岁我就让他写，那时候对他期望值可高了，没想到他有问题，你知道吧？

问：您和叔叔有没有想过让他在写字或者书法方面有什么发展？

胡母：书法上实际我没想那么多，没考虑，我就寻思写字能让他静下来。原先他老跑，从小就跑，一写字就稳下来了，所以他小时候我就给他买个字霸[①]，字写得好了我们就表扬：“真棒！真好！”他就坐那写字，不乱跑了。再一个，他也不能像一般人那么有长性，让他老坐那这么写，要让他当任务写，他肯定不爱写了。像现在这样只是个爱好，他想写就写，不想写就不写，他自己随意，任他发展。

邻居孩子弹钢琴，他听见了就能弹出来

问：胡泽玩手机吗？

胡母：不玩，平时大人的手机他都不玩，顶多比如说有好视频让他看的时候他过来看，看完他自己就走了，你要是不让他看，他从来不主动看手机。他好像对手机不感兴趣。

问：胡泽玩电脑吗？

胡母：玩，电脑上什么打字画画他都行。

问：您之前跟我们说过他在托养中心报过计算机的班，微机班是吧？

胡母：对！第一年他们刚成立微机班，他在内有五个学生，他打字打得可快可好了，别的小孩都不知道怎么开机，他不吱声就打开了，就在上面画画。老师一瞅，问：“胡泽，干啥呢？”他说：“画画。”问他画的啥，他给指出啥。他画完以后不保存，删了就没了，下次再画。

问：胡泽打字用的是什么输入法？

胡母：用拼音。小时候教会了他拼音，他打字打得可快了。

---

① 字霸：一种练字本。

问：26个字母在键盘上顺序什么的他都知道吗？

胡母：英语他会。我也是高智商，从他会说话开始，我就教他英语，想让他最起码掌握两门语言，咱不是说非得崇洋媚外出国什么的，至少以后出去交流，在语言沟通方面没有障碍。他从小我就教，想着小孩学东西快。他不当负担地学，虽然发现跟我期待的不一样，但是我也没放弃，我就一直教他学。英语我教他读没教他写，但是他能拼出来，我就觉得很神奇。你看，就像小猫是cat，中国China，“爷爷”“奶奶”写起来挺长，没人告诉他，他都能拼出来，我奇怪他怎么知道的。

问：他还有哪些让人惊讶的地方？

胡母：他四五岁的时候，我们单位儿童节发口琴，一人一个，我就把口琴拿出来教他吹，我不会吹别的，就会《东方红》，我说你把口琴一吸一呼就能吹出歌来。等隔了没几天他就能吹出歌了。胡泽八岁的时候，我们家邻居弹钢琴，他伴着人家的钢琴声音入睡。有一天我带他去隔壁邻居家给邻居孩子补课，我们楼里小孩都找我补课，他跑到人家放琴的屋子去了，就奔钢琴去玩，我从来不让他去的，因为咱家孩子特殊，你乱动啥的，人家又不好说。人家全家那种眼神，不愿让他动也不好意思不让他玩。他就用一个手指头弹到头，能弹出贝多芬《交响曲》。可神奇了！我们都在听，闭了眼睛听是对的，但是看指法全是不对的，因为他没学过他听过，天天听啊。

问：您两家是邻居，他在家就能听到邻居孩子弹这个音乐？

胡母：晚上睡觉隔一道墙，你这边睡觉，那个在那边弹，他听见了然后就能弹出来。当时教那个孩子的老师说把这个乐章能背下来就很神奇，一般人背不下来，他能背下来，音节音拍都能背下来。会唱的歌他能辨出音来，后来我领着他上商场，商场不是摆的电子琴吗？我说：“胡泽你去弹一个呗！”他就去了，我说个他会唱的歌他都能弹出来。等给他买电子琴放在家里，他不玩了。所以我说这孩子有时候你想培养培养他，不行，得随他性格，让他学他就不学了，等不让学的时候又去弹去了。

问：他平时喜欢体育活动吗？

胡母：还可以。拍球打球什么的，撇飞镖撇得好，都不用瞅，从小扔东西就准。我家撇飞镖的就在门口那，出门前站在门口等着我的时候，他就拿一把飞镖啪啪撇完再出门，而且每次都撇在靶中心。

问：除了扔飞镖之外，还有什么体育活动？

胡母：我一般领他徒步锻炼身体。今年我们智协领这些孩子参加国际马拉松了，哈尔滨主办的，我们和北京融爱融乐[①]联手搞的。

2014 年我成立了这个叫“腾飞智协”的活动中心

问：您说有一个智障青年俱乐部？

胡母：智障青年俱乐部这几年不怎么活动了，现在就是我这个叫“腾飞智协”的活动中心了。名义上这主要是道外区智障人士活动的地方，实际全哈尔滨市的这些孩子都可以来活动。

问：您这个活动中心是哪一年成立的？

胡母：我 2012 年开始任道外区智协主席，五年一届，2014 年我成立了这个活动中心，一开始没起名，就叫“智协亲友协会”，后来才正式用现在的名字。

问：咱们活动中心只是每周五下午活动？

胡母：实际天天都可以搞，但是家长得上班，没时间。我们这些孩子必须家长带着，不能一个人来，所以就规定每个周五下午活动。除了每周五下午的常规活动，平时不定期地也有一些，比如周六、周日、大的节假日，也会有大型活动。

问：中心一共有多少个成员？

胡母：一共三十多智障孩子。

问：运营方面有困难吗？

胡母：没啥运营的困难，反正全是我自己，没别人。我个人出钱买了一些绘本、写字本给孩子们在中心用。去年特奥日活动给孩子们发服装，也是我自己买的。那天领他们去唱卡拉 OK，也是我自己的钱。有的家长说：“不行咱们 AA 制。”我想：有的家长拿出三百五百很容易，有的家长经济不好挺烦恼的。本来孩子出来就挺不容易，再要花钱，说不定就不出来了呢。

问：这个活动中心有社会上的资助吗？

胡母：没有。但是如果残联在这里搞活动，残联会给经费。

问：大家出去活动的时候，是您统一找车？

---

① 北京融爱融乐，全称为北京市海淀区融爱融乐心智障碍者家庭支持中心。2011 年，心智障碍人士的家长自发创建。2014 年，注册成为民办非营利组织。它致力于为心智障碍者家长提供培训和交流平台，组织心智障碍者参加融合性文体活动并提供专业支持，协助心智障碍者在融合的环境下平等就业。

胡母：没有，我们是各自想办法，到活动地点集合。我们活动中心现在好很多了，以前确实挺简陋的。你看我们这孩子，里边这些玩具有些是爱心奉献的。

问：给予咱们中心爱心奉献的是一些社会组织还是个人呢？

胡母：是我们道外区联合体。前两天过中秋，又有两家道外区的企业加入了道外区联合体，现在已经十四家。

问：那天我在朋友圈看到胡泽跟您一起出去送东西，胡泽抱着东西往前跑。

胡母：对，什么事我都要胡泽接触。每次只要有机会带他出去，不管他行与不行都让他去，去完回来一定要表扬他说："你真棒！你太棒了，做得真好！"他就可高兴，美的。实际好与不好我自己知道，我表扬他就可高兴，下次会比这次更好。就像咱们正常人一样，你一办事，没等办完别人就说你这个不对那个不对，是不是咱就没信心了？所以说，对这样的孩子更得鼓励。

问：2017年道外区智协换届，您又连任了，是吗？

胡母：对，我当选道外区智协主席、哈尔滨市智协副主席，是大家投票选的，就跟政协委员选举一样。

问：咱们智协的主要工作是什么呢？

胡母：我主要就是服务于智障孩子。咱们现在残联下面存在五大协会，有智协、肢协、盲协、聋协，还有精残协会。

穿衣服啥的都可以，但是比正常孩子晚

问：他什么时候能自己穿衣服啊刷牙这些的？

胡母：穿衣服啥的都可以，但是比正常孩子晚，都上学了都十岁了也是穿不好，得我帮穿。鞋带到现在系不好，他就系扣的东西不行，别的像洗脸啊，吃饭都行。

问：是谁教的呢？

胡母：都得我一点点教。

问：教他的过程难不难？

胡母：得反复教，今天教完第二天还得教，都会了我也得跟他再说一遍，就慢慢不用教了，一看他都知道了，就不用管了。像理发呀什么呀都是我，他

从小都是我给他理发，拿剪子剪，今年一年我拿电推子给他剃头。

问：他现在会做家务吗？

胡母：哎呀，不会，会啥呀，就他自己的东西能收拾，像他那些作业本什么的，一张纸都不能丢，他都不拿本，就拿单张纸，一张一张放一起的。我偷摸扔两张，他不说话，他开始找，说“丢了没有了”，我说：“啥丢了没有了？”他也不说，就开始找，就知道上垃圾桶找去，到那一看又拿回来了。后来我就再不扔了，扔了他再去找回来！关键他能知道缺哪张，记忆力挺好的。

问：您上班的时候他可以单独在家吗？

胡母：可以，中午饭给他准备好就行。

问：是回去给他做饭吗？

胡母：不，是给他留出来就行，自己知道吃，就直接吃了。

问：平时他会不会用钥匙开门呢？

胡母：不开，从来不开，我没让他开过。

问：假如他在家，您在外边敲门，他会开吗？

胡母：他知道开，来人了都知道，我就怕陌生人敲他也开。他特别单纯，不知道好坏。在这些孩子心目中，人都是善良的都是好的。

问：他一天的生活大概怎么安排？

胡母：他一般早上起来先不穿外衣，就开始写字了，写够了再穿，自己说“穿衣服起床喽！”自己穿，穿完起来洗脸，洗完脸等着我做饭，他告诉我他想吃啥，我就给他做。吃完饭了，接着再去写字。写完了就惦记上哪玩，我带他去哪玩。

问：您现在是退休了吗？

胡母：我今年刚刚退休。

问：退休就有更多时间陪他了。平时您照顾他多一点？

胡母：对。我上班的时候，他从托养中心出来以后，我单位如果不是太忙，我就带着他去单位。如果单位工程特别忙，事特别多，我还得出去办事情，就不能领他了，就放家。大多数时候我上班带着他。

胡泽挺好相处的

问：他平时性格怎么样？

胡母：性格挺好的。

问：他平时交往的范围广吗？

胡母：他不和谁交往。我带他出去玩，他想跟别人玩，但是别人得愿意跟他玩，跟他没法沟通。

问：胡泽容易相处吗？

胡母：还行，挺好相处的。

问：平时喜欢跟谁在一起？

胡母：就愿跟妈妈在一起啊，除了妈妈，再就这些同类的孩子们了，要不就去姥姥家。他最大的愿望就是上姥姥家。我上面有一个哥哥一个姐姐，他大姨家和他大舅家都有个姐姐，两个姐姐哄着他玩。那俩姐姐都比他大一岁两岁，都对他挺好的。

问：他两个姐姐跟他一起玩什么？

胡母：做游戏哄他唱歌。两个姐姐主要是哄着他，胡泽大姨家那个姐姐从小学舞蹈的，北舞[①]的，爱跳，我们家一聚会那个姐姐又唱歌又跳舞，胡泽在旁边瞅着。我说："胡泽，该你表演了！"别的不会，他就唱英语歌，什么唱《祝你生日快乐》……中文英文的。我哥家孩子演节目诗朗诵。我们家一团聚就让三个孩子表演节目，哄小孩玩。胡泽背唐诗也行，他从小背唐诗背得好，小时候我就教他，他记忆特别好，所以说《唐诗三百首》从小就行。如果他不说单字，谁也看不出来他有问题，能从小写字，小孩有几个能写的？他这两个姐姐都不如他小时候认字多，他小时候就认字。

问：胡泽跟他两个姐姐玩的时候有语言沟通吗？

胡母：反正那俩姐姐让他干嘛他就去干嘛，两个姐姐问他啥说啥。有时候玩藏猫猫，因为我妈妈家大，她俩藏起来让胡泽来找啊，胡泽就去找去，要不就让胡泽藏起来，她俩找，就那样玩，哄着他。俩姐姐跟他玩还行，陌生人基本上没咋玩过，陌生人也不敢跟他玩。那时候谁敢跟他玩？就跟俩姐姐玩，玩得还挺好的，有时候跳舞了，姐姐说："等着一会表演，排练。"跟真事儿似的，还排第一个节目是谁演，第二节目是谁，第三个节目是谁，告诉胡泽"我俩演完就你的"，他能知道。她俩唱完了轮到胡泽了，胡泽就知道站在中间给大家表演。他小时候长得就漂亮，大伙说"多好的小孩"，就是举动和别人不太一样。

---

① 北舞，北京舞蹈学院。

他小时候净惹事来着

问：除了跟您出去，平时在家他会不会自己出去散步或者出去玩？

胡母：不出去。比如说夏天周六周日我在家，开门开窗都方便，如果他在院子里玩，我可以看到他。我问他想自己下楼玩不，他不去。我猜想他小时候吧肯定受过伤害，要不为啥我说胡泽自己下楼玩，或者在门口玩，他不去。

问：家周围的小孩子或者大人有没有欺负过他？

胡母：没有。都觉着这个孩子不跟人玩，但不讨厌，我们邻居啊啥的都对他挺好的。有时候我们下楼，他先出去了，每次都他先往楼下跑，邻居看见就问："胡泽干啥去啊？"他说玩去，邻居一看后边肯定有妈妈跟着。

问：您有没有见过他跟别人发生冲突什么的？

胡母：那倒没有，但是小时候净惹事来着。他小时候跑得快，飕飕跑，乱扔石头，有一天他先下楼，等我下楼发现他扔一个石头打着一老太太脑袋了，给人家脑袋打出血了。我领老太太上医院看病去，后来人家儿女找来了，说给他妈妈打坏了怎么整，要检查什么脑震荡、CT 的。那老太太挺善良，给他儿女说："你看带个这样孩子，孩子不是正常小孩，一般谁家小孩能把石头往脑袋上扔？这个妈妈也不容易！"我领老太太看病，老太太说："没事！"我不好意思，就给人家买了点东西。

他小时候经常惹事儿，也有人不理解。反正我都习惯了，就是现在领他出去，说啥的都有，看白眼啊都不算事了，我都无所谓了！有一次我姐和我姐夫跟我一起带他去中央大街江边，不少人坐在江边玩嘛，铺个床单坐着乘凉。我姐和我姐夫跟我坐在长凳子上，胡泽好动嘛，在边上跑，他从小呢就跑，不走。一跑不就带风了嘛，有个铺个床单躺着睡着了的人起来就说："在我这跑啥啊？"那男的火气可大了，坐起来给他臭骂一顿，老磕碜了一顿骂。我走过去说："这孩子是特殊孩子，你跟他一样计较，你不就和他一样了吗？"那江边人都围着看，胡泽害怕，吓得躲我后边，就说："妈妈，他骂人。"我说："那你赶紧跟叔叔说对不起。"怎么说那人都不行。我后来说："我给你赔礼道歉你都不行，孩子从那就跑了一下，在一个公共场所，我们跑又能怎么着？"我姐夫生气，跟我和我姐说："哎呀，以后我可不能跟他出来，真老丢人了，这么多人都瞅着围着都看！"那一次以后，他大姨夫再不跟我们出去了。

他没有性需求，就像个孩子一样，不懂

问：有没有考虑过他的婚姻情况？

胡母：没有，没考虑。像我们这类孩子有的考虑，但是我没考虑，因为我认为本来咱这孩子就特殊，再找一个对象，到时候负担会更重。

问：胡泽今年虚岁三十岁了，他有没有男女性方面的需求，有这种表现吗？

胡母：没有，他就像个孩子一样，他不懂。但是我们这里有一些孩子懂，有孩子专门让妈妈找对象，或者瞅漂亮女孩什么的。家长就说这咋整，我说那没办法，人的本性你没办法。好几年前有个家长跟我聊，她家是女孩，每次来月经弄得到处都是，尤其女孩在托管中心住宿，老师不管。家长说很烦人，问我："杨姐，你说吃点什么药能让月经回去？"我说："你当妈能那么样吗？这是人的生理特征，你这么想就属于侵权了。这是自然法则，你不能违背自然规律。你要是给把月经弄回去的话，孩子就衰老得快了。你不能用这种方式，你可以正确引导。"有好多这类女孩的家长都说不愿意孩子来月经，说男孩多好。我说："各有各的烦恼，女孩比男孩听话。"实际上，这类女孩真存在这问题。

取报纸、买奶，这算今年两大惊喜

问：胡泽心算能力很强，他平时会出去买东西吗？

胡母：不买，每次我俩出去都是我给他买，他不买。每次我领他去他姥姥家，都给他姥爷买奶，就固定地买完达山臻纯奶，而且总上那一家奶站买，那家奶站的两口子认识胡泽。半个月以前我们又去我妈那，我妈说："你怎么没买奶？"我说："没事，一会让胡泽买去。"我给胡泽拿了五十块钱，让他去买奶，第一次考验他。我妈说："能买回来吗？"我说："没事。"

我和我妈在阳台望着，过道他知道看看车，没车了他才过道。我妈家在五楼，我们远远地光看他怀里抱着东西回来了，看不清抱的啥。我给我妈说不管咋地他买回来了。单元门口的门铃，他没按，不知道跟谁借光上来了。进屋前知道按我家门铃，我给开门了，我问："胡泽买的啥？"买 AD 钙奶回来了，AD 钙奶是七块钱，找了四十三块，他把找的钱给我了。然后我说："妈妈不是让你给姥爷买奶吗？这是姥爷能喝的吗？"他就不吱声，坐那了，把奶给我

扔门口柜台上了。我说："不对，这不是给姥爷买的，再去一次。"我问他："奶站是那个男的还是女的在？"他说是男的，是叔叔。完达山臻纯奶是三十九块，我拿了四十块钱给他，说："你去了就说买姥爷要喝的奶。"他就去把完达山臻纯奶拎回来了，上楼后我表扬他"真棒"。我说："你刚才为啥买那个奶？那是你要喝的还姥爷要喝的？"他说："胡泽喝。"

第二天我下楼去问卖奶的人，我说："昨天我家胡泽来咋说的？"他说："我也不知道他来了，因为他从来没自己买过。我问他你买什么，他就要 AD 钙奶。"我一想也对，那个人问他要啥，他当然要他自己喝的了。最起码他会买了。

问：胡泽知道应该找多少钱吗？

胡母：知道。

问：钱的面值他认识吗？

胡母：他小时候就认识钱。上次买东西是第一次，以后我让他接着买，每周都要他下楼去买，锻炼他，他带上钱就去了，也知道找多少钱。现在给姥爷买奶的任务就是他的了。

还有今年"六一"，我领他上姥姥家，我爸不愿下楼，让胡泽去单元门口报箱给姥爷取报纸去。他真拿报箱钥匙下楼去了，开完报箱把报纸拿完以后，又把报箱锁上，开门上楼的。我告诉他："胡泽，你得开单元门进来。"我发现他竟然单元门没锁，用脚挡着，取完报纸不用开门就进来。我一瞧，跟我妈说："你看他挺聪明的！"这证明他能想办法把事办完。我爸在那躺着看电视看报纸，胡泽回来了，把报纸给我爸送过去。我妈给我爸说："你知道吗，今天是胡泽给你取的报纸！"一家人可惊喜了，都表扬说："胡泽，你真棒！"那天他可自豪了！我回家跟我爱人说胡泽给姥爷取报纸了，他问胡泽："你自己取的？"他爸可吃惊了，挺兴奋的，说胡泽比以前进步了。取报纸、买奶，这算今年两大惊喜。

特奥活动应该更接近这些孩子，应该更大众一些

问：他参加过特奥活动吗？

胡母：参加过，都是集体的，像"蜗牛赛跑"[1]、拔河这种。我们不是有

① 蜗牛赛跑：针对特殊儿童的一项团体趣味赛跑项目。

俱乐部嘛，集体一块参加，没有单项的。有说让他报速滑，我没报，怕他受伤。

问：大概是什么时候参加的？

胡母：2010、2011、2012、2013、2015 年，这几年年年有。

问：特奥会是几年一次，怎么会年年都参加？

胡母：特奥会每四年一次，但是每年都有他们这样孩子的活动，有活动我就带他们参加。

问：您怎么知道特奥运动会的？

胡母：最初我们俱乐部里有两个孩子参加特奥运动会，后来我们全参加了，都是像什么踢球、拔河这种集体的运动，没有单独的。

问：胡泽如果需要去外地比赛的话，谁跟着呢？

胡母：我们还没出去过。我给你们找照片，是我们这些家长带孩子们在江边音乐广场那里参加国际马拉松活动时拍的。

问：胡泽挺喜欢这种活动的？

胡母：对，他跑得快，体力也行，爬山、徒步都可以。他从小我就领着他上五台山爬山。

问：参加这些活动之后，他有没有什么变化？

胡母：就是挺合群的了，比以前好多了，融合亲和力好一些了，更愿意跟人交往。

问：他参加特奥活动以后，您的心态有没有什么变化？

胡母：肯定是看着孩子好我们家长就开心了。

问：您比较支持胡泽参加这些体育活动？

胡母：对呀，必须的，这都对身心有好处，出来参加活动毕竟比在家里要好得多，在家里是小范围的，人必须得走出来。

问：您觉得特奥会有什么需要改进的地方吗？

胡母：特奥活动应该更接近这些孩子，应该更大众一些，因为这样的孩子大多数是不健全的，对他们来说成绩不重要，得第一第二都无所谓，关键是让孩子们参与。这些孩子家长已经走出来的还是不多，应该让更多的孩子都参与，不在于几个冠军几个亚军。咱们国家现在残疾人是八千多万人，智障的孩子必须走出家庭，家长也必须走出来，所以一个运动会不能就几个人参加，应该大众一些。

问：家长自己组织的这类孩子的活动都有什么？

胡母：有时候去江边徒步走、出去旅游玩玩，但这些是小范围。

以后我们不在的时候，孩子们怎么办？

问：阿姨，胡泽有残疾证吗？

胡母：有。他办得早，办第一代残疾证他就有。上树仁学校、去托养中心都是没有残疾证不让去的。

问：具体是哪一年办的呢？

胡母：2003、2004 年。

问：胡泽是几级残疾？

胡母：二级。

问：在咱们哈尔滨，有残疾证胡泽会得到哪些照顾或者优惠？

胡母：这些孩子坐车就半价，人家有的城市免费，咱们半价。

问：还有没有别的照顾？

胡母：没别的。

问：他小的时候有没有受过社会上的帮助？

胡母：我们社区这两年过年的时候来看看孩子。小的时候没有。

问：您对胡泽以后的生活有什么想法或者期待？

胡母：当然希望国家对这些孩子有优待优惠政策。随着我们家长年龄变大，我们不能永远陪伴孩子们，以后我们不在的时候，孩子们怎么办？这是主要问题。

问：您有想过对他以后生活的一些安排吗？

胡母：现在不好说。希望国家有一个机构，有个监管部门，比如说把房子抵押照顾孩子，那得有监管部门，比如说我家孩子一个月生活费用一千元，有的家是五百块钱生活费，条件特别好的想要给孩子每月两千块钱生活费，这个谁来掌控，谁来监管？

问：您希望胡泽以后能进步成什么样子？

胡母：我希望他越来越好，最希望的是他以后就跟正常孩子一样。

这孩子跟人相处得好——蔡春玲口述

口述者：蔡春玲，女，1986 年生下患有唐氏综合征的女儿。2016 年以来，经常带领女儿参加胡泽妈妈杨秀梅女士组织的智障人士的活动

访谈者、撰稿者：于凤麟，女，1995 年生，黑龙江大学历史文化旅游学院历史学专业 2016 级本科生

访谈时间：2018 年 11 月 30 日

访谈地点：黑龙江省哈尔滨市道外区南直路 396 号某餐厅

问：阿姨您是干什么工作的？

蔡：我单位属于食品厂。

问：您是工人吗？

蔡：对。

问：您现在退休了？

蔡：退休了。

问：您是哪一年参加工作的？

蔡：我是 1981 年参加工作。

问：您跟胡泽妈妈认识几年了？

蔡：是从我进这个群里开始认识的，到现在将近两年多了。

问：您是哪年加入胡泽妈妈办的这个活动中心的？

蔡：我是 2016 年几月份来的。是搞活动的时候，别人介绍进来，加到道外区微信群里头。

问：那次是针对特殊人士的一个活动吗？

蔡：对。这个中心有各种各样的孩子，有唐氏、有自闭……胡泽是属于自闭，我家孩子属于唐宝宝，我家孩子今年三十二岁。

问：咱们加入这个活动中心的时候，咱活动中心大概有多少个孩子？

蔡：道外区微信群有二十多个孩子，我家孩子不属于道外区，不在中心群里头，有啥事的时候，关系比较不错的就邀请我们参加活动。如果邀请，我就去，如果没有邀请，咱就不能去。这个活动中心好像有二十三个人属于道外

区，别的地方还有呢。

问：您的孩子喜欢到这个活动中心玩吗？

蔡：喜欢，我家孩子更热闹，她会中国武术扇，教胡泽他们。还用扑克叠成大小盒子。胡泽现在中国武术扇练得可好了，等哪天让胡泽拿扇子给你表演看看。他脑袋不空，你要教他，他可像样了，那姿势可好看了，打开扇子就这样立起来。

问：每次你们孩子参加活动都是您带着去吗？

蔡：我家孩子他爸爸带得比较多，我带得少。

问：咱们大概都参加过这个活动中心的哪些活动？

蔡：有一年活动中心组织马拉松比赛，我们参加了。还一起去过 KTV，去过两回江北大剧院，科技馆也去了。科技馆那些工作人员，对这些孩子更好，这些孩子一般都是老人带着，很多新东西不懂，不会整，工作人员很耐心的。

问：有意义的活动真的挺多的。

蔡：可好了，我们第一次去江北大剧院是自己坐车去的，回来的时候微信群里头有一个家长开车去的，每次都捎着胡泽和他妈妈，我们顺路，那次他就捎上我和孩子，一共去过两次。第二次又去了一次。还有就是在安升街包馄饨，胡泽妈妈忙活，又拿盆子又拿碗啥的，让这些孩子全都站边上，她给讲怎么和面，讲演完之后就让孩子们用筷子一点点搅和，看边上都没有干面了，就都和到一起了。胡泽妈妈可有耐心了，拿盆教这些孩子和馅，先搁什么后搁什么，都放完之后，把这馅儿搁那控一会儿，最后在里头放点盐。这些孩子都可自觉了，按胡泽妈妈的要求都去卫生间把手洗干净了，之后胡泽妈妈开始擀皮，他们抢着包。胡泽那次包得可好了，他妈妈说，他在家不包，那次一会拧一个，一会拧一个。

问：馄饨都煮了吗？

蔡：煮了。煮完都吃完了，大家伙吃的。最后胡泽妈妈过来说："孩子们，你们吃得咋样？"孩子们都说："可香了！"又问："味道咋样？"孩子们说味道好极了。胡泽妈妈可有耐心了！

问：还有别的活动吗？

蔡：还有一次胡泽妈妈他们组织一个刷车活动，领这些孩子去一个地方刷车。又有一次，他们联系的擦皮鞋，整得热火朝天的。作为家长，以前对孩子还有点放弃，现在看孩子有点进步了，看别的家长都不放弃自己的孩子，咱也觉得不能放弃，有点艰难也得坚持。

问：胡泽妈妈弄的这个小范围的活动中心，您觉得对咱们这些孩子有哪方面的提高，或者说有啥比较有意义的方面？

蔡：像我家孩子，以前早上起来被子都不叠，来这里参加了活动以后，有时候我早起去早市买菜，她能把屋子收拾利索了，有时候看我不在家，她偷偷干。那天还说："妈，你把肉馅缓上。我不是在安升街学包馄饨了嘛，我就可以给你包。"

问：您还记得您第一次见胡泽的时候吗？

蔡：第一次看见胡泽，当时他叨咕说着火了，烧房子了，问我，搁什么灭火。我跟他对话，我说搁灭火器。后来再问他，他说用灭火器，火就灭了。他能答上这个，我一看不错，这反应能力挺好。现在有时候我也跟他聊，我说："胡泽，妈妈天天带你容易吗？"他说不容易。我说："胡泽，你得听妈妈话，妈妈带着你风里来雨里去不容易。"这一帮孩子，搞活动时候全都围着胡泽的妈妈，所以我说她真是好样的。

问：您第一次见胡泽的时候，胡泽的性格大概是什么样的？

蔡：胡泽有时候蹦蹦跳跳，一看人多就兴奋，蹦蹦跳跳，比这时候厉害。那时候可厉害了。

问：怎么厉害呢？

蔡：有时候在这说话，一会儿他就去别的地方自己叨咕，我喊他，我说："胡泽，你干啥去啦？"他瞅瞅我，坐那不吱声。现在他有时候叨咕："我不听话了，爸爸打……"我一听，我说："你爸爸是爱你的，你在家听话，爸爸不打你，你小姐姐在家有时候淘气，她把手伸过来，我都不舍得打，爸爸不打你。"他妈妈在那笑，说他有时候在家里蹦，他爸就说你再蹦我就打你了，他就记住了。

问：胡泽现在性格跟以前有什么变化？

蔡：在我的印象中，比原先好得多了。我以前见他的时候，跟他说话，他就不抬头，低着脑袋，眼睛还总闭着，现在和他说话的时候他能看着你的嘴，听说话的声音，能增加反应能力。他现在也能坐住了，在我们搞活动的地方，胡泽一进屋就拿笔写字，特别能写。有时候我问胡泽："你就坐在这写，去不去卫生间啊？"我这一问他就去了，回来还写。这孩子不讨厌，不像别的孩子。

问：胡泽在他妈妈办的活动中心里，跟其他小伙伴们相处得怎么样？

蔡：这孩子和人相处得好，为人处事什么的也挺好，看见我就叫蔡阿姨，有时候拽着我，去哪都拽着我。那天我逗他，我说一会搞完活动，你跟小姐姐换了，你上我家，我就有儿子了。我闺女搀着她杨阿姨刚出去，我那么一说，胡泽反应过来，赶紧拽他妈妈。

问：胡泽有没有跟别人发生冲突的时候？

蔡：没有，从来没有过，这孩子不讨厌。

问：您的孩子和胡泽交流多吗？

蔡：我家孩子教他舞扇，他可听话了，她让胡泽下蹲，他就下蹲。

问：他们俩喜欢在一起玩吗？

蔡：喜欢，他能听懂她的语言，有时候他妈说他，都还有点听不懂。

问：胡泽跟您的孩子还挺愿意在一起玩的？

蔡：可愿意了，因为他俩以前在一个学校，都是树仁学校。

问：他俩在一起除了玩扇子，还玩别的吗？

蔡：有时候还玩象棋什么的。

问：他们都会玩象棋吗？

蔡：他俩也玩不明白，就是摆着来回走棋。

问：您跟胡泽的爸爸有接触过吗？

蔡：他爸爸我还真一次没见过，因为都是他妈妈来回带着他。

问：胡泽的妈妈有没有跟您提起过他爸爸对胡泽怎样？

蔡：他爸爸对他各方面都很好，他妈妈说，出去的时候，他爸爸就给孩子打车，怕坐公交车挤到孩子。现在胡泽他爸领胡泽出去，胡泽看见出租车过来，就说打车，从小都养成习惯了。

问：胡泽在咱们小范围的活动中心表现得怎么样？

蔡：表现挺好，挺主动的，有时候扫地什么啦，抢着扫，扫得不一定干净，扫完就撮起来了，挺有进步的。

问：在活动中心里让他们表演的时候，胡泽积极吗？

蔡：积极。哎呀，其实胡泽这孩子有天赋，活动中心现在有琴，有时候胡泽去得早，他妈妈就把电源插上，他就弹琴，弹得可像样了，曲调找得可准了。有的时候还唱歌，这孩子真行。他还是聪明的，如果不是自闭症，会非常优秀。

问：您比较喜欢胡泽的哪方面？

蔡：我喜欢胡泽善良。有一天在安升街，有个孩子说，咱们去中央大街吧，我们就去中央大街了，我走步比他慢，下台阶的时候胡泽赶紧扶着我。你说他现在是不是懂事了？还有他的聪明劲，学东西非常快，有时候我就逗他：“你这孩子将来是个当官料。”

问：您对胡泽他们这一类的孩子有什么期望吗？

蔡：我希望他们就像咱们一样正常生活，就像有个口号“你行我也行”。我作为家长，不能因为孩子是残疾，就把孩子放弃了，还得好好照顾。

胡泽观察日记

观察时间：2017 年 12 月 22 日

观察地点：哈尔滨市道外区大有坊街

观察者、撰稿者：于凤麟，女，1995 年生，黑龙江大学历史文化旅游学院历史学专业 2016 级本科生

13:30　我如约到达大有坊街腾飞智协亲友协会，胡泽和妈妈杨女士已经抵达。活动中心当天来了 8 个孩子 8 个家长，胡泽穿着灰色毛衣坐在长条桌子外侧第三个椅子上，见到我好像有一些陌生。妈妈问他："你记得这个姐姐吗?"他大声说："记得!"妈妈再问："这个是不是上次来采访妈妈的姐姐啊?"胡泽回答："是。"活动中心的另一个女孩子也大声说："我记得！她是上次那个长头发姐姐！她去过我们学校。"也有孩子直接问我："你是谁？你叫啥?"我说我叫于凤麟。胡泽一直坐在那里写字，不说话。

14:01—14:26　杨女士组织孩子们画画，给他们发用来涂色的绘本。其中几个孩子都想要同一本绘本，杨女士和孩子家长劝说他们互相换着用。胡泽拿了一本有关汽车的绘本，开始认真地涂颜色。杨女士告诉我："胡泽在做一件事的时候，注意力很集中，不能打扰他。"其间，其他小朋友涂一会玩一会，东张西望看看别人的本子是什么样的。

14:28　一个男同学过来要看胡泽的本子，胡泽不让看，但是没有发生冲突。

14:29—14:35　胡泽很快涂好了手里的绘本，过来给妈妈看，也给我们展示了他的作品：五颜六色很有创意。妈妈夸他真棒，让他继续努力，给他写了一个"优"，胡泽微笑着，让再打个 100 分。胡泽想再去拿一个绘本，妈妈说："每个人只能画一本，你的画完了就不能再画了。"胡泽不吱声，妈妈让他在本子上练字。

14:36—14:40　胡泽要去卫生间，杨女士带着他去，胡泽一路都是碎步跑着走。胡泽的鞋带开了，鞋是靸着的，脚后跟露在外面。杨女士告诉我，胡泽一直是这样穿鞋的。

14:41—14:50 胡泽从卫生间回来后依旧不说话。一个女同学问我："姐姐你会唱歌吗?"我说："我不会啊!"这位女同学给大家唱了一首歌，带着肢体动作。女同学唱歌的时候，胡泽和大家一样观看，轻轻鼓掌。我问胡泽："你会什么才艺啊?"杨女士引导他，他说："琴!"杨女士告诉我们他会弹电子琴，家里有，活动中心没有。

14:51—15:00 有两个家长带着两个孩子进来，胡泽和其他同学扭头看。有几个同学问怎么才来，胡泽没问。其中一位家长问胡泽："你们刚才做什么了?"胡泽说："画画。"两个刚来的同学换下衣服和胡泽他们坐在一起。

15:01—15:06 杨女士让胡泽把写的字给我们看，胡泽很听话地拿过来，但是一直不说话。杨女士说："他写的字只有他自己认识。"我问他其中一个字，他告诉我是太阳的"阳"。杨女士又让他写几个字给我们看，他写得很小，拿笔的方式、下笔的力度都和普通人不一样。

15:07—15:31 活动中心的屋子里放了很多爱心人士捐赠的衣服，摆得高高的像一堵墙。杨女士让家长和孩子们挑选合适的衣服带回去，家长和孩子们纷纷找衣服、试衣服，杨女士给胡泽试了一件黄色外套。胡泽全程都不太说话，也不和其他孩子争衣服，很安静。

15:32—15:35 天已经快黑了，活动也要结束了。

15:40 我们离开活动中心，杨女士让胡泽和我们说再见，胡泽笑着和我们说了再见，杨女士送我们走出活动中心门口。

他过得好就行

——苑洪斌父亲口述

苑洪斌，男，1972 年生，先天性智力障碍。1980—1986 年在家附近普通小学——苏宁小学上学。1992 年前后在黑龙江省哈尔滨特殊学校——曙光学校就读两三年。1996 年、1997 年在哈尔滨第二工具厂打扫卫生，约一年。后在附近阳光家园待过一段时间。现在家安养，和父亲同住。

口述者：苑洪斌父亲，1940 年生，1968 年结婚，1968 年生一女，1972 年生一子名苑洪斌。退休前为哈尔滨第二工具厂工人

旁听者：苑洪斌姐姐，1968 年生。已婚，无子女，2018 年 10 月退休

访谈者、撰稿者：陈晨，女，1998 年生，黑龙江大学 2016 级本科生

访谈时间：2017 年 11 月 25 日上午

访谈地点：苑洪斌家中

他是大脑缺氧

问：您是哪一年出生的？

苑父：我是 1940 年出生的。我是河北省乐亭县的。那时候我父亲当兵去了，我母亲养活不了我和我弟弟妹妹。我十岁的时候关里[①]刚解放，我姨回关里看她的亲戚，就把我带到东北来了。我刚来的时候，什么也不知道，就知道玩，淘气。亲戚养我，供我生活。我上完小学，十六岁就上班了。

问：您上过几年学？

苑父：我是小学毕业后进了工厂，工厂培养我，然后又接受了教育，去过几个夜校，换着上，后来干脆就全日制了，就上哈工大那里去了。我毕竟是工

① 关里：山海关以南，主要指河北、山东一带。

农出身的，底子也不好，就是一个小学生，学习上有点吃力。那时候我们工农啊什么，都叫工人阶级。

问：您夫人现在不在了？

苑父：不在了，都走了十多年了。

问：她是哪一年出生的？

苑父：她也是1940年出生的。她是双城人，满族。她从小没有父母，有个姥姥，她是姥姥照顾长大的。

问：你们是什么时候结婚的呢？

苑父：我们1968年结婚的，是通过别人介绍认识的。她之前的工作挺好，是双城县政府的会计。后来有了孩子，我们夫妻得团聚啊，她就从双城调到我们工厂了，当时我是工厂的工人，她是工厂的一个会计，我们都在哈尔滨第二工具厂上班。

问：家里总共有两个孩子么？

苑父：两个孩子。1968年生了一个女儿，现在嫁出去了，得出去住。苑洪斌是第二个，1972年在双城县医院出生的。

问：苑洪斌当时是顺产么？

苑父：好像是顺产，没啥太大的毛病。当时孩子生下来，我没看着。我在哈尔滨，他妈在双城，我们俩当时分开，她伺候两个孩子。她调回哈尔滨，我们才团聚。他都出生一个月了吧，我才见到他。

问：他出生之前，产检什么的都是正常的吗？

苑父：那我就不知道了，我在哈尔滨上班呢。过去了我也不知道他的情况，那时候我年轻，〔不懂这些〕，但是应该没有大问题，因为他妈妈是会计，那个时候也算有文化的，对生孩子的事懂。

问：他的名字有什么意义么？

苑父：当时取这个名字没什么意义，就是觉着顺口。我那时候在工厂，别人问我这孩子有没有取名字，我支吾半天没说出来，我的同事就说，叫苑洪斌。算是众人起的这个名。

问：他生下1个月以后看着健康吗？和别的小孩一样么？

苑父：和别孩子一样，没什么区别。你现在看看他，有什么区别？冷不丁看不出来，就是一说话就完了。大约在他六七岁的时候，他妈告诉我说这孩子不一样，智力方面不行。我们就想办法给他治，那时候都上班工作，带他去看过两三次，儿童医院也去过，没什么办法。后来到哈医大去看医生，说要吃大力丸子①。当时孩子太小，连一点小药片都不能吃，那大力丸子他吃不了。

问：医生说他智力不行是属于什么原因？

苑父：他是大脑缺氧。

苑姐：我问大夫了，大夫说可能是大脑缺氧造成的。具体原因我也不知道。

问：当时知道孩子的情况，家里是什么感觉？

苑父：感觉，不太痛快呗。那时候就担心，这孩子长大怎么办呢？嗯，不太痛快。

问：家里亲戚对这个事怎么看呢？

苑父：我又没什么亲戚，我是一个人，十岁就来了哈尔滨，寄住在亲戚家，也没人关心我这个事。他妈有个弟弟，平时也不走动。

问：他小时候，您和您夫人谁照顾多一点？

苑父：孩子他妈呗。当时我们都得上班啊，她上班之前把他送到托儿所。

问：他小的时候，您和您夫人教育方法有什么不一样的么？

苑父：教育啊，唉，没什么教育。那个曙光学校也去不了。

问：小时候有因为他比别的孩子慢，打过他骂过他么？

苑父：说一点没打过他，那不现实。有坏孩子教他在家里头偷钱，他偷到钱，买烧饼吃去。家里买的烧饼不吃，偷着上外面吃去。打几回，他就不敢啦，不敢啦。

他上学到小学毕业呗，稀里糊涂毕的业。然后上了曙光学校

问：他几岁上的幼儿园？

苑父：我们那时候叫托儿所。我们工厂直属的第二工具厂托儿所，就在我们住的地方附近，他挺小的时候就去了，一直到上学了才不去了。他不喜欢去，但是他不去我们没办法上班。他那时候特别能哭，一哭起来，别的小朋友跟着他一起哭。

问：他几岁上的小学？

苑父：八岁上学了，就那个苏宁小学，离这不远。刚开始我还送他过去，

① 大力丸子：一种据说可以醒脑的药丸。

后来就不用了。

问：他在学校跟老师和同学相处得怎么样？

苑父：怎么相处啊？老师对他不正常对待，那么多学生呢，他什么也不会，什么也不是，老师不愿意管他，他一放学就背着书包赶紧往家跑。上学什么也没学到，什么也不知道，同学们都欺负他。现在也有人欺负他，走着路呢，就有人拿着锹出来说："就站这，过来，拍死你！"你说这叫我在这怎么住啊？没办法，我就过去，说："你给我出来！"吓得那个拿锹拍他的孩子不敢出来了，不知道跑哪去了。

问：他小时候，在学校有没有什么事情跟您说过的，您记得比较清楚的？

苑父：他告诉我谁欺负他，谁打他，谁骂他。经常有人欺负他，叫他吃石头："你不傻么？吃石头！"总有小孩这么欺负他。他不吃，他们就揍他。没办法，他就只能含着，咽不下去。那石头能咽下去么？回家之后跟我说了，我就找学校老师去了。老师让我把欺负人的孩子叫过来。我怎么叫去啊？我一去找，那些孩子跑得比兔子还快，看见汽车也不管。我要去追，汽车再把那些孩子给撞了，你说我怎么办啊？他自己都知道他办错事了，别人来找他算账他跑了，我抓不住啊。两三个孩子呢，他们能耐，让我孩子吃石头！

问：他想过不上学吗？

苑父：他不愿意去也得去啊，我上班，他妈也得上班。不愿意去也得去，愿意去也得去，就这么个情况。

问：当时老师跟家里反映他在学校的表现吗？

苑父：当然反映啊，反映他和别的孩子不一样。

问：入学的时候，学校直接接收他了吗？

苑父：不管怎么样，他在托儿所待过，上学的时候，不就查几个数么，1、2、3、4、5、6、7、8、9、10……他都能查清楚，反正就查得慢一点，学校就接收他了。一年级的时候还跟别的小孩一样，他能跟得上。到后面学习就跟不上了，他回家写作业的时候也独立完成不了。我和她妈要做饭，还有一堆乱七八糟的事，也没时间教他，他不会写，就一直写不完。老师也不怎么样，不愿要他，叫我把孩子带回家。那带回来，我让孩子待在哪啊？

问：他上学大概上到什么时候？

苑父：小学毕业呗，稀里糊涂毕的业。没有毕业证，什么也没有。

问：毕业之后去过特殊学校吗？

苑父：上过那个，叫什么学校来着？

苑姐：残疾孩子上的那个学校呗，叫曙光学校。

苑父：具体哪年去的我忘了。他小学毕业在家待了一段。学校也不要了，上不了学了，就在家待着呗。结果他跟坏孩子玩，那孩子偷东西，他也跟着偷东西，那孩子偷家里钱，他也跟着偷。他因为这事挨了不少揍。后来曙光学校到我们办事处来招生了，我就知道那个学校了，把他送去了。

问：特殊学校是收费吗？

苑父：他那时候有低保，每个月给三十块钱，后来还办的二级残疾证，学校就不收钱了，周一到周五待在那，供吃住，周末回家。

问：在曙光学校，主要都学什么东西？

苑父：学生活的知识。学了半天，他也没学到什么，口算题都学不会，还学什么啊？老师也想办法教他，但他不会啊。他在曙光学校的时候，学校开过好几次会，记者也采访过我们。现在他和那个学校还有联系呢。

问：他跟曙光学校的老师和同学相处得怎么样？

苑父：反正学生一个个都呆呆的，能咋相处？老师挺好，都非常正常，他们这些学生都是，哎呀，一个比一个木，一个比一个木，就是跟木头一样，站那就不说话。

问：他所有的生活起居都是老师在照顾吗？

苑父：起居是保育员管，老师主要教课。

问：后来，大概什么时候他不去特校了呢？

苑父：到岁数就不去了，三四十岁吧，学校不要了，他就回家了。

问：他现在是一直在家里？

苑父：那有什么办法！

问：您觉得特殊教育学校对他有什么好的影响吗？

苑父：要说是一点没学回来，不客观。学回来点，但是不多，他看电视特别厉害。

问：有没有比以前在家里时强一点的地方？

苑父：说不强，那是瞎话，强点。但他强点也不行。

他上过一年班，去工厂搞卫生

问：他工作过吗？

苑父：上过一年班。

苑姐：1996 年、1997 年的时候，我妈还在上班，带着他去单位搞卫生。

苑父：那时候我们第二工具厂成立二分厂，要招工，国家有政策，这样的残疾人收 7%，我们就赶紧让他带着残疾证去了。上了一年多班，工厂就黄了①。

问：之后再没找过工作吗？

苑姐：没有，找不了啊。找谁啊，上哪找去啊？找也不会干。

苑父：上哪找？找到他也不会干，上工厂干活不会干，扫地也扫不好。

问：当时他上下班是自己过去，还是？

苑父：他妈领着，那时候有他妈在啊。

问：是坐公交车吗？

苑父：厂子有通勤车。

问：当时那个工作有休息日吗？

苑父：有。

问：那时他工作的时候跟同事相处得怎么样？

苑姐：还行吧，我妈带着上班下班的。

苑父：谁跟他一样的？工厂没人欺负他，招惹他。

问：那他现在和同事还有联系吗？

苑姐：没有。

他每天在家看电视。看着有什么活也干点……有时候听收音机

问：他平时都喜欢做些什么？

苑父：喜欢吃好的呗，吃面条。

问：那平时比较喜欢干点什么事，比如做体育活动？

苑父：啥也不干，就喜欢看电视，找节目，找什么《亮剑》《西游记》……他喜欢看打仗的。

问：主要在家看电视娱乐？

苑父：对，看电视。看着有什么活也干点，看地埋汰，扫扫地。

苑洪斌：听那玩意，收音机。

---

① 黄了：指倒闭解体了。

苑父：啊，有时候听收音机。

问：他说的是收音机里的故事吗？

苑洪斌：电影。

苑父：电视里的电影，呵呵，《小兵张嘎》，你们不记得；还有《铁道游击队》，你们没看过。

问：现在他的活动范围是只在家里，还是也出去？

苑父：出去，走。围着大道走，两三圈。还有劫道的人，拿锹要拍死他。我们也出不去。怎么出去啊，出去要拍死他，拿锹。

问：他现在生活自理方面，比如穿衣服什么，都自己干吗？

苑父：对，那能行。他小时候是我和他妈俩人帮他穿。他成年了以后就学会了洗脸、刷牙、穿衣服、吃饭。

苑洪斌：喝牛奶。

苑父：在特殊学校那，老师教过这些，但他现在穿得也不利索。

问：在家里会干一些家务吗？

苑父：刷碗。吃完饭，我把碗往桌子上一推，他就主动去刷碗了。这就是他的活。看着地埋汰，他就扫扫。还有拖地，整点水，他就拖拖地。还帮着扔垃圾。这都不用我做，也不用我嘱咐，不用我说。

苑姐：原来烧煤的时候，他找煤、倒灰。

问：他现在每天大概的生活安排？

苑父：吃饭、睡觉、干干活……

问：我看桌子上有口算题卡，他现在是在学这个么？

苑父：太难，学不了。你刚才也看见我教他了，我没法教了，教不了了，我也挺生气。教他也不会，我就生气，就不教了。

问：现在只学数学吗？

苑父：教过不少呢，但现在来讲，有什么意义呢？他不一定能听懂。这些字他都认识，但是比一般人理解的差。他数学不会，就这个算术题，我也不行啊，我老了。你看，这是他前天算的题，这玩意太难！我整不了！你看，他不会花钱，什么也不行，这怎么办你说？就这个口算，50 以内加减法，他也不会。给我气得我也不教了，不整了！我这些日子就盼着你们来啊！就这个 29 + 8，这 8 你看，他写的是鸭子啊，还是 8？这 28 你看，像 28？像这种孩子吧，我们一个礼拜或者两个礼拜有个聚会，杨老师也不教什么。像算术题这样真正有点用的东西，一点他也学不会。反正他每天就在家里待着，吃点面条，自个乐呵的。你吃点喝点我没意见，你得会点啥啊。啥也不会！没整了！他也不是啥都不会，他要是一点都学不进去，我也就不生气了。他看着还行。你看他像那个智障非常严重的么？刚才你们敲门，他告诉我外头有人敲门。

问：刚才您说的杨老师，是学校的老师吗？

苑父：不是学校的。残联有一个小组织，就把他们这样的十个八个孩子聚在一起，任命杨老师带一带他们。杨老师也有一个这样的孩子。这类人是社会上的负担啊，社会挺照顾、挺关心他们。你说，像他这个年纪了，能工作么？什么也不行！唉，一天天就要吃要喝，我也没法。我希望有大学生来教他，关心关心我们这种。你看他数字写得像小鸭子似的。鸭子？画鸭子他还画不出来。

平常和我在一起待着。他姐来了，跟他姐，他姐带着他

问：他性格怎么样，安静啊还是淘气的那种？

苑父：你要惹到他，他就暴躁。尤其是外面人欺负他，回家里他就暴躁，生好半天气。你说，有的人，三四十岁了，比他大的，还欺负他。我要是使劲说那人，那人把头一低。哎，要过了一阵又开始欺负他了。反正，不论走哪个地方，有时候就出来这种坏人欺负他，我出去一找，骂一顿，那坏人老实两天。过两天，又出现这个问题，又过来欺负他，“拿锹拍死你啊，整死你啊，打死你……嗯，我杀了你，我剐了你……”就这样。

问：现在，小区附近还有人欺负他，是吗？

苑父：怎么没有呢？他出去就有人欺负他。

问：没有人管一下这个事情吗？

苑父：谁管？他回家告诉我，我说我去找。有好多人欺负他。

问：很多人欺负他吗？

苑父：就那么两三个人就行了呗！还多少个？两个就行了呗，呵呵。都是不怎么样的人，你要是骂他一顿吧，他就老实了。你要是不骂他一顿，见到苑洪斌他就欺负。

问：一般都是吓唬他，骂他吗？有人拿东西丢他吗？

苑姐：啥样都有。

苑父：反正那些不要脸的人，见他就想逗他、欺负他。

问：家里人跟他相处容易吗？

苑父：容易啊，很好处，听话。

问：他会主动跟您交流吗？

苑父：交流。外面谁欺负他了，他回来告诉我怎么回事怎么回事，我就出去看啊。有好几次这个事，开饭店的啦、乱七八糟的啦，没什么正经活的那样人，就欺负他。我看到了就说："你怎么回事啊？别总做这种〔欺负人的〕事啊！干什么啊，挺大个人的。"说了他，还没脸，有时候，还欺负他。

问：那些人欺负他，他除了回来跟您说，会"丢"回去吗？

苑父：不会。

问：他妈妈在的时候，他和妈妈相处得怎么样？

苑父：挺好！他妈妈天天带他玩去，陪着他走一走什么的。她妈也残疾，年纪大了脑出血。

问：他妈妈是什么时候生病的？

苑姐：哎哟，想不起来了，我得慢慢想。好像是 20 年前，1998 年得的脑出血，2009 年去世的。

问：他平常喜欢和谁在一起待着？

苑父：平常和我在一起待着。他姐来了，跟他姐，他姐带着他。

问：那你和他两个人待在一起做什么事情呢？

苑父：睡觉、吃饭……。刚开始我教教算数，教教语文。后来，我教不了了，这算数他怎么也不会。他告诉我，这个这么难啊，太难了这个。

问：现在，家里面还有亲戚来往吗？

苑父：没有谁来往。

问：有的时候，您会带他出去溜达、玩吗？

苑父：哎哟，我带他出去啊，玩啊。我们老年人有个歌场啊，唱歌啦，我做什么都带着他。他在旁边也跟着唱。

问：那他喜欢跟您一起出去吗？

苑父：他不出去能怎么办呢。在家就这么待着啊，没完没了。早上，起来了，就在这屋里待着，晚上睡觉，闭上眼睛还在这屋里待着，能行吗？

问：他和以前的同学还有来往吗？现在有朋友吗？

苑父：没有。

问：就一直和您、和他姐姐在一起？

苑父：对。

糖尿病、这颈椎……现在他大脑缺氧，脑袋总疼、迷糊，然后脚麻

问：现在照顾他的时候，您有特别需要注意的地方吗？

苑父：没有什么需要注意的地方。他有时候要吃的东西多，小食品什么乱七八糟的。过去给他买，现在不敢买了，去化验，发现他得糖尿病了，你说这样我怎么给他买啊？他就不愿意了，在外面要，要这个，要那个的。这你们看是一小部分〔吃的〕，我一会儿给你们打开看看，特别多，这个吃的，那个吃的。我呢，老了，岁数在这着呢，工资也不太少，这就一个孩子，我就花吧。

问：他得了糖尿病，现在是一直在吃药吗？

苑父：对，吃药，慕容黄片，那边那个黄盒，他就吃那个药①。他脖子疼，迷糊，得住院去，去中医药二院。

问：是近期脖子不太舒服吗？

苑父：他总是这样低着头。

（苑洪斌一直是弓着身子，脖子向前下方伸的姿势）

问：他现在吃药有报销吗？

苑父：没有报销的。吃药不管，住院30%的费用国家担的。因为他是残疾人，社区给办的残疾人的劳保。现在还说不清这个事怎么处理呢。反正去住院按30%报销。

问：一会儿是要去医院吗？

苑父：联系好了就去，没联系好呢，什么时候去我也不知道。住院也是这么住，早上去，打打针，吃吃药，大夫给检查检查，做做理疗乱七八糟的。他这身上全是拔火罐的印。身上拔一次，八个〔罐〕吧。今天拔八个，明天拔八个，十六个么一共，全身都是。

问：他现在身体状况怎么样？

苑姐：你要听实话我就跟你说了，不好，糖尿病、这颈椎……要不是你们来，他昨天就住上院了。这颈椎导致脑袋受压迫，没看着他脑袋这样的么？现在他大脑缺氧，脑袋总疼、迷糊，然后脚麻。

问：您现在身体怎么样？

---

① 那个药：指盐酸二甲双胍片。

苑父：我身体，唉，也不咋的，脑梗，天天吃药。到时候犯了病，孩子怎么办？

问：您一家的支出都是靠您的退休工资吗？

苑父：对。

主要是家长自己给他们组织的活动

问：他小时候得到过社会的什么帮助？

苑姐：没有。

苑父：没有帮助。社会净欺负他，帮助啥啊？

问：给他们组织活动没？

苑姐：很少有。主要都是家长自己组织的，这样孩子都不少呢，有三四十个吧，有的时候礼拜五就搞个活动。都是自发组织的。

苑父：五六年前[1]有个特奥大学计划。就是各个学校的大学生带着这些孩子去公园玩，讲故事。特奥会的时候，有两个老师带他们搞搞活动。残联学校有个王老师带着他们，曙光学校给批钱，带着他们去坐车，买吃的，去玩。现在残联学校，周五带着活动，有两个老师，一个杨老师，一个马波老师。杨老师有个孩子和我儿子一样，她很热爱这个工作，带得好，在道外大水晶街，有一个挺大的房间，带着在校的和已不在残联学校的孩子做活动。马波老师现在不带了，说不定哪天高兴了，再带带〔孩子们〕。现在是杨老师带着，冬天次数少，要不然就一个礼拜一次。那些孩子有的会弹琴，有的会唱歌，会这会那的。他啥也不会，但得参加啊，在那听点，要不干啥也不是。

问：政府补助也没有吗？

苑父：没有。

苑姐：现在就是这个残联学校有时候有活动什么的，〔他可以参加〕。

问：他参加过活动吗？

苑姐：就是在那个学校，做些个小孩的活动，简单的。有时候发个奖状什么的，鼓励鼓励他们。

问：政府有补贴吗？

苑姐：没有。

---

① 五六年前：指 2012 年左右。

问：低保？

苑姐：低保是我们自己主动去找，才办的，不找也没人管。

我们送他到那样〔一个养老〕的地方去，让他生活吧，还能怎么办？

问：有考虑过让他结婚吗？

苑父：嗯，不考虑，他也不考虑。我们有时候有这种想法，但他没有。他对女孩子没有什么感觉。

问：您对他以后的生活有哪些担忧？

苑父：担忧啊，哎呀，担忧。共产党领导下，其实也没什么可担忧，担忧什么啊？他姐需要费点心事，送他去一个〔养老的〕地方呗。那怎么办，就这个主意了。不像你们，能找工作，他能行么？他什么也干不了。我们送他到那样〔一个养老〕的地方去，让他生活吧，还能怎么办？

问：您对社会有什么期待吗？

苑父：对社会当然有期待了。这社会对我们这样的照顾得够好的了，够好的了，我们承认，够好的了，现在什么事都照顾。就是有这些坏孩子，有这些劫道的人欺负他。

苑姐：找个好的养老院，把我弟弟送去，给我弟弟安度晚年，有病什么的，都能给医治。社会上那坏人能管得了？

苑父：怎么管不了？揍他！

苑姐：揍得动么？都比你有劲。

苑父：比我有劲，我找派出所处理他。

全力以赴吧，为了弟弟——苑洪斌姐姐口述

口述者：苑洪斌姐姐，1968 年生，已婚，无子女，2018 年 10 月退休
访谈者、撰稿者：张依然，女，1998 年生，黑龙江大学学生
访谈时间：2017 年 11 月 25 日
访谈地点：苑洪斌家

我们家全靠我妈……就我们姐弟俩……我爸在哈尔滨第二工具厂工作到退休

问：苑洪斌叔叔是哪一年出生的呢？

苑姐：1972 年 1 月份，属鼠的。现在四十六岁。

问：您还有其他兄弟姐妹吗？

苑姐：没有。

问：他有办残疾证吗？

苑姐：有啊，二级残。

问：能简单介绍下自己的情况吗？

苑姐：我是苑洪斌姐姐。我是 1968 年的，属猴的。我是大专学历，当时技校毕业之后就上班，在粮食局的化验室做化验员，又在东北农业大学上的成人教育，读了两年。那时候我二十八九岁，白天上班，晚上上课，周六周日也要上课。2002 年，全国粮食部门的都下岗了，我就回家了。之后又找了一份工作，在道外区社区上班，做社保方面的工作，今年 10 月退休了。

问：您是哪一年结婚的呢？

苑姐：1993 年，二十六岁结婚。

问：能介绍下您丈夫吗？

苑姐：他也是哈尔滨人，我们是别人介绍认识的。他家里有父母和弟弟妹妹。他大学毕业之后，在哈尔滨车辆厂工作，是技术员，做火车的，现在是高级工程师。当时〔工厂〕在道里〔区〕，现在搬到化工路了。

问：现在工作忙吗？

苑姐：挺忙的。

问：有休息日吗？

苑姐：有啊，周六周日休息。

问：您有几个孩子呢？

苑姐：我没有孩子，我身体不好。

问：您可以和我们说一下您的母亲是哪一年出生的吗？

苑姐：1941 年，她是哈尔滨本地人。

问：她读过书吗？

苑姐：读过，水平挺高的，读的初中。那时候我妈妈算很有文化的。我妈原来当过小学的老师，教的语文，后来这个学校解散了，我妈就去工厂当会计了，就在会计岗位退的休，好像 1996 年退的休。她平时血压高，1998 年就突然得脑出血了，偏瘫，一侧偏瘫，但是也能行走。

问：您觉得妈妈是什么样的人？

苑姐：我妈妈非常优秀，是个女强人型的，精明能干，家里家外的，我们家全靠我妈。我妈最大的悲剧就是生了这么个孩子，她那么个要强的人，生这么个孩子，她也觉得受不了。哎呀，没办法，那就得接受了，后来就带着了，带着他去上班。哎呀，不能讲啦，我现在一讲到我妈妈还是受不了。

问：您爸爸是哪一年出生的呢？

苑姐：1940 年，属龙的。

问：爸爸老家在哪呢？

苑姐：河北乐亭县，后来打工来的这边，经人介绍后认识的我妈妈。

问：您爸爸以前是在哪工作呢？

苑姐：哈尔滨第二工具厂。这个工厂什么都做，什么都有，车刀、铣刀什么的，就是那些车床上用的东西。他一直在那工作到六十岁退休。他今年七十八，就是 2000 年退休的。

问：他现在身体状况怎么样？

苑姐：脑梗后遗症。他血糖没毛病，血压高，他得终生服药，血压高就要一直吃药，不能停。

问：什么时候发现他生病的呢？

苑姐：血压高是 2012 年，5 年前发现的。脑梗也是 2012 年，那时第一次发现他脑梗。

我以前领着他玩儿，他就笨笨的，玩儿的时候他跟不上

问：您是比弟弟大四岁是吗？弟弟出生的时候您还记得吗？

苑姐：记得，我记事儿了。我妈在家生的他，但是来了个医院里的大夫。我妈那时候挺有能力的，都认识这些人，就没去医院。生我弟弟的时候用了挺长时间的，他出生了以后，倒是长得挺好看的，胖乎乎的。但是等他越来越大，就发现他智力不行了，越来越不行。

问：您当时知道自己有了一个弟弟，是不是挺高兴的？

苑姐：哎哟，我那时候是小孩儿，知道什么呀！

问：弟弟多大的时候，家里人发现他智力不太正常的呢？

苑姐：那应该是有两三岁吧。他比别的孩子反应要慢，说话走路都慢。当时我们也没想他智力有问题什么的，就是觉得他慢。

问：他多大时候学会走路了呢？

苑姐：那我是忘了，我那时候也是小孩儿呀，我也不知道。我妈能知道，我是不记得了。

问：发现他智力不正常后，去医院看过吗？

苑姐：看了，也没看出啥。那时候的医疗条件不是很好，毕竟是七十年代，医疗条件非常差，医生就说他缺钙。回来也给他补钙了，那时候只能吃鱼肝油。

问：爸爸妈妈带他去医院看病的情形您还记得吗？

苑姐：我不记得了。

问：您自己大概是在弟弟多大的时候发现他不太正常的呢？

苑姐：我也是小时候，我以前领着他玩儿，他就笨笨的，玩儿的时候他跟不上。

问：后来在您成长过程中，有过“哎，这个弟弟怎么这样呢”的心理吗？

苑姐：有过呀，当然有过了。

问：弟弟上学之前主要是谁带呢？

苑姐：那个时候没有幼儿园，就托儿所，我妈把我弟弟给送到托儿所待着了。晚上，有时候我就去给接回来了。

问：您当时也是在那个托儿所吗？

苑姐：没有。因为政策原因，我爸单位是这么安排的：一个家庭只能有一个孩子去这个托儿所。我家俩孩子，我弟弟去了，我就不能去了，我在家待着，直接上的小学。

问：他小的时候您经常带他出去玩吗？

苑姐：出去玩。他去托儿所的时候，我就自己玩我自己的。

问：那您带他出去玩的时候，会害怕别的小朋友笑话你们吗？

苑姐：那时候不知道，我那时候也不懂。

问：您看见过别的人笑话、欺负他吗？

苑姐：没有。他白天不在我身边，晚上回来我就带着他了。有我，谁敢欺负他呀？

问：他和小伙伴打过架吗？

苑姐：没有。

问：他小的时候喜欢玩什么呢？

苑姐：没什么特别喜欢玩的，也没什么印象了。我就领着他走啊溜达呗，也就这样。

问：他的性格是喜欢自己一个人玩，还是和别的小朋友一起玩？

苑父：和别人一起玩，和坏孩子玩。好孩子不和他玩。

他上完小学六年级就不上了

问：您弟弟几岁开始上学的呢？

苑姐：八岁，苏宁小学，就这附近的普通小学。

问：进小学困难吗？

苑姐：那时候还行，老师开始没说啥，但是越上越不好了，老师就来找家长了，就说他跟不上。

问：老师打骂过他吗？

苑姐：不知道。

问：他有喜欢的科目吗？

苑姐：没有。

问：他在学校调皮吗？

苑姐：不调皮。

问：和同学相处得还可以吗？

苑姐：还行吧。

问：有同学欺负他吗？

苑姐：他有时候回家说，小孩抢他东西了，打他了什么的。

问：留过级吗？

苑姐：没有。

问：他上小学的时候需要家长接送吗？

苑姐：不需要，学校离得近。

问：上到几年级后不上了呢？

苑姐：上完小学六年级。

问：他自己想上学吗？

苑姐：想上，他现在都还想上，关键是没地方要啊。

问：他去过阳光家园这类地方吗？

苑姐：刚离开小学的时候，不能让他就这么在家里待着，就自己打听学校，二十多岁去的曙光学校，在那住，一个星期回来一次。待了好几年吧，后来我就不知道了，是我爸经手的。

问：他喜欢这家学校么？

苑姐：他没说喜欢也没说不喜欢，他挺愿意去的。

问：那里的老师对他怎么样？

苑姐：哎哟，就那么回事呗，我也不知道到底啥态度。〔老师〕就看着他们呗，我感觉是这样。后来，我去接过他几次，我看也就那么回事吧。我们只要他别磕着、别碰着，就行。

问：他从曙光学校出来之后去过阳光家园，又是怎么联系上的呢？

苑姐：我忘了，我忘了是我爸咋联系的，谁也不知道是怎么联系上的，就说有这么个地方。

问：他在阳光家园待了多久？

苑姐：也待了好像三四年吧。后来岁数大了阳光家园不要他了。要是阳光家园要，现在他还去。

问：您弟弟是哪一年被选进特奥大学生计划的呢？

苑姐：我看看他的特奥大学生计划奖状……啊，2012 年。

问：他是怎么被选入这个特奥大学生计划的呢？

苑姐：我们不是去上那个阳光家园了吗？阳光家园里面给整的。具体的我也不知道。我弟弟还没有那些孩子聪明呢，我看那些孩子比他都小，也都比他强。现在他们也都在一起活动。

问：现在都有什么活动？

苑姐：现在是每周五，在道外大水晶街，残联组织的，搞点小活动，带孩子做做游戏什么的。我正好在道外区做社区工作，就把我弟弟也带过来了。

问：都做什么呢？

苑姐：啥都有，弹琴，唱歌，诗朗诵，还有教太极扇。

问：您弟弟都参与什么呢？

苑姐：哎哟，哪个他也不参与，他就在那看着就得了。

问：之前是有大学生来教学习吗？

苑姐：黑龙江职业技术学院有两个学生来，教他算术什么的，现在结束了，也没有了。

也干不了什么呀，就在单位挂个名儿，我妈天天上班带着他

问：他小学毕业后，在家待了多长时间后去工作的呢？

苑姐：他在家待着，没有地方去，就寻思着让他在残疾人学校上了一段时间。后来正好我妈单位招工，全是家属，就让他去我妈单位搞卫生了。其实是照顾家属，他也干不了什么呀，就在单位挂个名儿，我妈天天上班带着他。

问：他能胜任这份工作吗？

苑姐：胜任什么呀？就是照顾呗，看住他呗就是。

问：后来因为什么原因没有再继续这份工作了呢？

苑姐：下岗了。整个国有企业全都解聘，别说他，正常人都回家了。我们也是下岗回来的。

问：他工作的时候和同事相处得还好吗？

苑姐：你不惹他，他还挺友好的，你要是惹他，他就不好了，他就急了。也跟他们打仗。

问：下班之后，他会和单位的同事有联系吗？

苑姐：我妈就带他回来了，坐自行车就回家了。

问：他不上班的时候，一般怎么消磨时间呢？

苑姐：晚上回家看电视呗、睡觉呗，还能干什么呀？

和人相处还行

问：他现在没有工作，是吗？

苑姐：没有。

问：他现在生活能够自理吗？

苑姐：简单的还行，做点家务，刷刷碗，有时候拖拖地，再细致的就不会了，我爸也尽量不让他做那些危险的，比方碰火、电什么的，都不让他做。我爸让他干嘛他就干嘛呗，能干就力所能及地干呗。

问：您可以和我们描述一下他平常在家里的一天是怎么度过的吗？

苑姐：他现在早上起来，自己洗漱，当然洗漱得也不是那么干净，肯定是。完了就吃饭呗，吃完饭看电视，看够了躺着睡一觉，起来再看电视。我爸要是愿意领他去老年合唱团唱歌去，吃完早饭我爸就领着他上老年合唱团了。中午回来，也是吃饭，下午看电视，也就这样呗，完了就睡觉了。

问：他的爱好就是看电视？

苑姐：就是看电视，看看《西游记》《小兵张嘎》……打仗的。他没别的爱好啊。

问：他有没有特别好的朋友呢？

苑姐：没有。

问：他现在是和父亲两个人一起住，是吗？

苑姐：对，和我父亲一起住。

问：相处得还可以吗？

苑姐：有的时候也闹脾气。嗯，就正常人有的时候还磕磕碰碰呢，他俩有的时候也吵架闹脾气。平时我爸出去买菜啊，就带着他去。有的时候他也耍脾气，要是说他了，他也不高兴了、不愿意了。

问：您母亲在世的时候，他和母亲相处得呢？

苑姐：也这样，也不能说，一说就生气了。

问：他会主动和家里人沟通吗？

苑姐：还行吧。谁欺负他了，他就告诉我，他挺愿意说的，我回来他和我说哪哪疼，脑袋疼啊、头疼啊什么的。

问：他和您亲近吗？

苑姐：还行。

问：您的丈夫和他相处得怎么样？

苑姐：也还行，最起码，不讨厌他。

问：亲戚知道弟弟这种情况后，对他的态度有变化吗？提供过帮助吗？

苑姐：没有，没态度，也不来往。就一个舅舅在农村，也不联系了，不怎么来往。

问：他和邻居的关系怎样？

苑姐：还行。谁和他计较啊？

我经常回来，有事就得回来，只要是一个电话就得回来

问：能和我们简单介绍一下他现在的健康情况吗？

苑姐：他现在身体不太好，有糖尿病，现在天天都得吃糖尿病降糖的药，盐酸二甲双胍片。他还有颈椎病，导致他头晕，头晕脚麻的。周一就马上得去住院去了，要不然他总说他头晕。

问：已经检查过了，是吗？

苑姐：检查过了，片子已经出来了，颈椎病特别严重。

问：大概是什么时候发现的？

苑姐：今年 7 月份发现他得了糖尿病，血糖都挺高了。还有甲状腺结节，你看他脖子，两个大包。颈椎病是 3 年前就发现了，也说头晕呗，脖子疼，我们就领他查去了。

问：我看他现在有一点点驼背，也是因为这个颈椎病引起的吗？

苑姐：对呗，就是压迫的。他没有颈椎病之前背是直立的，然后现在越来越弯、越来越弯，就弯成这个样子了。

问：他下周一去住院的话，照顾是您来吗？周一您不是要上班吗？

苑姐：对呀，我都不知道怎么办了。我现在上班这个单位挺轻松的，能调换休息日。再说，反正明年我也就退休了，说实话，我现在是爱去不去，就这样吧。单位要是管得严，实在不行，我就辞职了，就不干了，没招了。全力以赴吧，为了我弟弟。

问：他住院是要做手术还是？

苑姐：先做按摩，做正常的理疗呗，能不手术就不手术。给他手术，咱就不说经济上的，手术完了之后，这个脖子再导致瘫痪，我怎么办？那我更没办法了。先保守治疗呗，再说了，手术之后会疼痛，这正常人咱还能说说，一会儿就过去了，他不行，你跟他说不行，他不能听，他疼一点儿也不干。

问：您现在的家离这里远吗？

苑姐：远，到这得四十分钟呢，我现在住在道外区。

问：您是需要经常回来吗？

苑姐：哎呀，经常回来，有事就得回来，只要是一个电话就得回来。一整就是他不得劲儿了。他不是脑袋疼吗？我爸说他脑袋疼，那我就赶紧回来呗。

问：他现在四十多岁了，您自己也有工作，您还需要经常回来照顾他，这会对您自己的工作和生活有什么影响吗？

苑姐：哎，那我就不管工作了，我管不了那么多了，我只要我弟弟身体好就行。不过我也很累。那天我给他洗个澡，累得我都快虚脱了。这两天，他马上就要去住院去了，给我累得呀，今天早上我实在是累得快不行了，浑身疼得都不行了。我是没办法啊，没招儿。对我生活也当然有影响了。我自己就不能正常地、痛快地生活了。我没有我的生活，我的生活就是他，就是围绕着他。我有啥生活呀？我有我自己的家庭，但是他这一有事儿就找我，我就得来。他要是没事儿我还行。

问：您这样照顾您弟弟，您的丈夫支持吗？

苑姐：我丈夫还行，他现在还没说什么，以后我不知道。

政府能不能建立一个像养老院那种的机构，那样我们负担就轻一点

问：家里考虑过给他介绍对象吗？

苑姐：原来寻思着给他找一个脑袋好使的，但是也没遇到合适的呀。现在没有这想法了，他自己也没那个想法。我照顾他我都照顾不过来，更受不了再来一个了。

问：他现在这种情况，国家、单位对他有什么补助吗？

苑姐：自己去办了一个低保，一年收入几百块钱。没有其他的了。

问：家里对他以后有什么打算吗？

苑姐：哎呀，这个，就看政府能不能建立一个像养老院那种的机构，那样我们负担就轻一点。把他送去，我一个礼拜去看看他，或者接他、给他买点吃的，给他洗洗澡什么的也行。这就是我最大的期待了。再就是像他这样的人要是生病了，国家能够给减免就好了。要不然我自己也承受不了啊，花钱太多了，我上班挣这点钱，都给他看病了。我都没有自己的生活了。

问：他现在生病吃药住院，国家给报销吗？

苑姐：就有一种城镇居民医保，住院报销30%多，不是住院不给报。

苑洪斌本人口述

口述者：苑洪斌，男，1972年生，二级残疾
访谈者、撰稿者：陈晨，女，1998年生，黑龙江大学2016级本科生
访谈时间：2017年11月25日
访谈地点：苑洪斌家

问：你叫什么名字？

苑洪斌：苑洪斌。

问：你现在工作吗？

苑洪斌：没有。

问：以前在哪里上的班？

苑洪斌：扫地来着，工厂。

问：离家里远吗？

苑洪斌：还行。

问：你喜欢扫地这个工作吗？

苑洪斌：喜欢。

问：为什么喜欢它？

苑洪斌：挺好。

问：一个月能挣多少钱？

苑洪斌：够，歌吧唱歌的。

问：那你是每天都去上班吗？

苑洪斌：每天一早〔去〕，后来不去了。

问：那是去一会儿就回来吗？

苑洪斌：半天。

问：坐公交还是有专门的车？

苑洪斌：二工具厂〔有厂车〕，在那个8区那块，不就在那个桥洞那，8区那块。

问：你喜欢和你的同事一起工作吗？

苑洪斌：喜欢。

问：不上班的时候，你一般都干什么？

苑洪斌：后来谁也不去了，都下岗了。

问：那你平时不去工作的时候，在家都做什么？

苑洪斌：刷碗、刷筷子、擦擦地、出去买个烧饼，去外头。会下面条。

问：你喜欢运动吗？

苑洪斌：喜欢。

问：最喜欢做什么？

苑洪斌：以前买点丸子，带汤的，熬汤。

问：刚才了解到您比较喜欢看电视，喜欢什么节目？

苑洪斌：那个《平原游击队》，有李向阳。《开枪为你送行》。不去日本，龟田。

问：比较喜欢战争类节目？

苑洪斌：嗯。像那个《闪闪的红星》，看过。

问：上学的事情你还记得吗？

苑洪斌：记得。

问：大概上到几年级不上了？

苑洪斌：小学六年级。

问：还记得后来为什么不去上学了吗？

苑洪斌：就不去啦。扫扫地，上班。不干了。

问：还记得的小学是在哪里上的吗？

苑洪斌：我，上学，就这个学校，后来就不去了。在歌吧唱歌来着，唱《美丽的传说》，我家就有那歌。

问：你上学的时候喜欢班里的老师吗？

苑叔：喜欢。

问：有喜欢的课程吗？

苑洪斌：喜欢。

问：能说一说喜欢哪门吗？

苑洪斌：那个语文、数学。那吃饭还行。那饭菜可好了，有排骨，有锅包肉。

问：那是学校一起吃饭？

苑洪斌：嗯，吃完饭就睡觉。礼拜五接。

问：当时班里有人欺负你吗？

苑洪斌：那个毕松，那孩子可缺德了，老欺负我，他和王茂茂老欺负我。

问：那你能说一下，当时是怎么欺负你的吗？

苑洪斌：他们可坏了，有个毕松的孩子。那啥，我在那坐着，他坏，那孩子，说“等哪天我收拾你”。我都不愿意理他。我一见他，就烦他。没人理他，就那样那孩子。

问：妈妈走的这些年，你想妈妈吗？

苑洪斌：想。接走了[①]，要不还活几年呢。

问：和爸爸亲近吗？

苑洪斌：亲。

问：喜欢和爸爸一起做什么？

苑洪斌：有时候爸唱歌，带我去，唱那个《美丽的传说》什么的。

问：你特别喜欢唱歌，是吗？

苑洪斌：嗯，《过节》也唱过，我姐她不唱歌。

问：有的时候会和爸爸吵架吗？

苑洪斌：没有。

问：喜欢姐姐吗？

苑洪斌：喜欢。我去我姐家，她结婚了，他俩结婚了。要我妈没死，还能活几年。接走了。

问：喜欢姐姐的家里人吗？

苑洪斌：她家在九道街。我看过那什么电影，《狼牙山五壮士》，还有烈士在那。我去看《西游记》，有孙悟空、猪八戒、唐僧，压五百年。李玲玉就西游记里的，那是她唱的，《天竺散花》[②]。

问：现在外面有人欺负你吗？

苑洪斌：那日本有飞机大炮。

苑姐：现在走道有没有人欺负你？

苑洪斌：没有了。

苑姐：没有了？那前面走道的地下室，不有人欺负你么？

苑洪斌：他有时候不出来。

---

① 接走了：指过世了。

② 《天竺散花》：应为《天竺少女》。

苑姐：他原来欺没欺负过你？

苑洪斌：欺负。

苑姐：他怎么欺负你的？

苑洪斌：他说“拿锹拍死你”，就这句话。我本来想找几个人，让派出所的来，给他吓得，他不敢吱声。

（因为苑洪斌的情绪已经很激动，脸憋得通红，我们结束了访谈。）

苑洪斌观察日记

观察时间：2017 年 12 月 20 日

观察地点：苑洪斌家

观察者、撰稿者：陈晨，女，1998 年生，黑龙江大学 2016 级本科生

2017 年 12 月 18 日晚上，我们打电话和苑洪斌的父亲联系，商量 12 月 20 日下午对苑洪斌进行观察。

12 月 20 日中午 12:30 左右，我们带了点水果，就往苑洪斌家出发。到达他家的时候，看到的是一栋特别旧、大约建于上个世纪八九十年代的老楼，楼梯里很黑，四楼的楼道里弥漫着一股做饭的油烟味和煤气味。四楼四家住户中，苑洪斌家的门最为简陋。我们敲了很久，苑洪斌父亲才听到，很热情地给我们开了门。

屋子不大，约 30 平方米。进门是一个不到 2 米长的小过道，过道边上放了小煤灶，作为小厨房。过道左边有一个特别小的屋子，关着门，后来得知是一个储存被子和衣服的杂物间。里屋是父子俩居住的地方，空间不大，简单地搭了两张床，特别拥挤。两张床并排靠两边墙放着，大一点的是苑洪斌的，小一点的是父亲的，两张床中间放着一张直径一米的旧式可折叠的三角红圆桌。房间最里角有一个旧柜子，上面摆着一台挺大的电视，这台电视大概是屋子里最新的东西。电视旁边堆着一大叠复印的歌词纸，是苑洪斌父亲参加老年合唱团用的。电视前放着一堆药和两个大水杯，柜子脚的地上放着一个水壶。对门有张矮桌子，也堆着药盒、水壶、杯子之类的杂物，桌子底下的地面上排着很多酒瓶子。房间墙皮脱落，墙面拴着绳子，上面随手搭了五六件衣服。因为供暖，门窗都关着，屋子里空气很浑浊，光线也不是很好。

苑洪斌正坐在床上看电视上播放的新闻。苑洪斌父亲身上穿着一件印着广告的短袖，很旧，已经洗得发黄了。两个人的毛裤都很旧，有的地方已经破了。

13:25　里屋很小，苑洪斌父亲让我们坐在他的床上。苑洪斌在对面自己的床上坐着，很羞涩，不说话。苑洪斌父亲随便调了台，坐在红圆桌旁跟我们

聊天。苑洪斌坐在一旁看电视，电视里播的是广告，他应该是不感兴趣又不敢提出换台，时不时摸摸鼻子、摸摸头，眼神飘忽，注意力不在电视上。我们提出让苑洪斌自己调喜欢的电视节目。

父亲将遥控器交给他，他自己调台，调得很快，中间起身拿起电视旁的杯子喝过水，又重新调台。调到CCTV-15音乐台时，正在播放《精彩音乐汇》，歌手乌兰图雅出来，苑洪斌指着电视让我们看，主动给我们介绍了歌手的名字，然后静静坐在床上津津有味地听歌。苑洪斌父亲跟我们聊天，说他每天大概十一点多会带着苑洪斌出去溜达，自己是老年人，买车票不要钱；每周三到周五上午会带着苑洪斌去社区活动室跟别的老年人一起唱歌，不过最近路上积雪多，就不去了。父亲拿了歌词本给我们看。苑洪斌的注意力还集中在电视节目上，放了三首歌后开始播广告，他就不看了，眼神飘了一会儿，偶尔侧头看看我们，手上拿着遥控器换台。

换到CCTV-14少儿频道，正在播他最喜欢的《西游记》，他很高兴，看得很认真，时不时看看我们，似乎想说什么，又好像说不出来。一集结束时，他很高兴地跟着结尾曲低低地哼歌，时不时瞟瞟我们。广告期间，苑洪斌跟着广告念了一句“给你一个拥抱”，然后笑了。西游记节目再开始时，他提醒我们看，自己看得很认真，看到有趣的地方会笑起来。

14:00　苑洪斌下床，自己从开水壶里倒了一杯水，并主动说要倒水给我们喝。我们婉拒后，他接着坐在床上看电视，看得非常认真。看到有趣的地方，会看我们，似乎很开心地想跟我们分享。

14:13　苑洪斌喝水，但眼睛不离开电视，放水杯之前，也要瞄一眼电视。我们和苑洪斌父亲聊了苑洪斌最近住院的情况。父亲告诉我们住院花了五六千，报销了30%左右，医生给开了很多药。我们询问住院的治疗效果，父亲无奈地摇摇头，说没有什么大作用啊。我们聊天的时候，苑洪斌偶尔回头看一下我们，再转回去继续看电视。

14:45　苑洪斌起身去了厕所，回到里屋时《西游记》结束了，他抬头和我们讲：“没有了，只有两集。”父亲和我们解释CCTV-14少儿频道每天下午只播两集西游记。他听完也不再说话，眼睛盯着电视，过了一会儿，少儿频道开始播《急速少年》，讲的是孩子在一起进行知识和体育方面的比赛，他可能没有什么兴趣，看得不大认真，在床上动来动去。

15:00　苑洪斌父亲拿过遥控器，调换别的台，他还是没兴趣，眼睛直直地看别处。最后父亲换了自己喜欢的新闻频道，苑洪斌不愿意看，就四处乱看，注意力不在电视上，也不说话，好像在自己想什么。

15:10 父亲发现苑洪斌不想看新闻，换了台看《包青天》，苑洪斌兴趣来了，很开心。播到沈让自杀的时候，他情绪很激动，“啊”了一声，在床上扭动身体。这时有人敲门，父亲去开门，苑洪斌则继续看电视。苑洪斌的姐姐进来了，很匆忙的样子，一进里屋，一边脱衣服一边和我们打招呼，很快要给父亲常用的收音机换电池。苑洪斌看见姐姐，没有说话，但是很高兴，坐在一边看着姐姐和父亲，再看一看电视。

15:15 父亲换台看《地雷战》，苑洪斌很喜欢看打仗的电视，笑了，又一次起身喝水。

15:25 姐姐给收音机装完电池后着急地说要走了。姐姐离开后，苑洪斌的注意力不在电视上了，四处看了下，调回《包青天》，又换到《林海雪原》，继续换台，调到《闯关东》时停了下，又继续调台。苑洪斌父亲一直给我们看他老年合唱队的歌词本。因为一直没有调到想看的节目，苑洪斌抱怨了一句说“没有《喜来乐》”，父亲拿走了遥控器，随便换了一个台。苑洪斌看到没有自己喜欢的节目，就凑过来看歌词。父亲把歌词拿走后，他只好继续看电视剧，但眼神一直飘，小动作不断，一会儿摸摸脸一会儿摸摸头，注意力不完全在电视上。

15:35 苑洪斌起身喝水。苑洪斌父亲对《林海雪原》很有兴趣，看到地主婆坐在炕上往脚底敲烟袋时，很有兴致地笑了，苑洪斌也跟着嗯了一声，但是眼神一直在乱飘，偶尔跟着我们笑一下。

15:55 苑洪斌父子一天只吃两顿饭，早上八九点钟吃第一顿，下午三四点吃第二顿，父亲起身准备做饭，并表示要留我们一起吃饭，我们婉拒后离开，结束了这次观察。

访谈手记

张依然、陈晨

我们一共去了苑洪斌家三次，对他的了解有一个渐进的过程。第一次访谈前，我们拿到的家属资料上是一位女性的名字，以为是苑洪斌的母亲。微信和电话联系后，才知道苑洪斌已经四十多岁了，与近八十岁的老父亲一起居住，母亲早已过世，资料上写的是苑洪斌姐姐的名字。姐姐出嫁后居住在哈尔滨的另一个区，为了配合我们的采访，姐姐特意抽空回到娘家。

采访过程中，苑洪斌父亲告诉我们，他们居住的房子是他退休前单位分配的。我们和苑洪斌父亲说话的时候，苑洪斌一直坐在对面床上看着我们，勾着背嘿嘿地笑着。他父亲和姐姐都说他有颈椎病，近几年越来越严重，但是考虑到经济条件和手术风险，没有做手术，一直在按摩治疗。姐姐和我们谈起照顾苑洪斌，叹息道："哎！我是已经结婚了，但是我一点个人生活也没有。只要一个电话，我随时随地都要回来。只要我弟弟好。"他父亲则用很平常的语气告诉我们："是我儿子，我就带着。吃饭睡觉、出门买菜都带着。也有人欺负他哇，楼下就有好几个，别人一说他傻子，他就生气，他也知道别人说他。倒是他不敢回〔骂〕人家，也不打人家，就回来告诉我。我得找那些欺负他的人去。……谁欺负他，我都得找人家去，什么开饭馆的、乱七八糟的人，都好几次了。谁欺负他都不行，我找警察去。"

访谈苑洪斌时，他利索地从电视机前转过身子，一直笑着，非常认真地回答我们的问题，尽管回答得很简略，但是可以看出来他有思考。讲到他会下面条时很自豪，讲到欺负他的人时激动生气。

后两次的采访中，苑洪斌的姐姐没有参与。从进门开始，父子俩就很开心地迎接我们，苑洪斌一直看着我们笑，父亲嘴里一直念叨着："就盼着你们来啊，等着你们打电话。"

我们给苑洪斌拍照时，父亲特意让他换上新外套，背靠贴着两张纸的墙，一张是苑洪斌参加特奥大学生计划的奖状，另一张是他在特殊学校时的画。能感觉到，苑洪斌哪怕只有一点点进步，父亲也很开心和自豪。

这个特殊的家庭有艰辛和酸楚，也有亲情和守护。知道有人欺负儿子，父亲无论多年迈，都要去给儿子讨个说法；姐姐无论在哪，只要有娘家的电话，就一定赶回来。

对苑洪斌的访谈也让我们对智障人群有了一定了解。他们的能力低于我们，但他们是完整的人，需要被平等对待，需要尊重和帮助。

接受她、照顾她

——Y女士母亲口述

Y，女，1990年生。先天性智力障碍。1996年进入陕西省西安某大型企业残联特教班[①]就读至今。

口述者：Y女士母亲，1965年生，1989年结婚。1990年生一女，取名Y；1995年生一子，小名C。2015年退休。退休前在西安某大型国企工作

访谈者、撰稿者：李巧宁，女，1971年生，陕西理工大学教师

访谈时间：2017年12月14日、2018年1月14日

访谈地点：陕西省西安某宾馆房间

怀她、生她的时候，一切一切都没有异常

问：你是哪一年出生的？

Y母：我是1965年的。1989年结婚，1990年3月生的Y，1995年生的C。

问：你1989年结婚的时候，国家应该在提倡晚婚吧？

Y母：有啊，我二十三周岁生日那天领的结婚证。我是1965年的，我老公是1962年的，比我大三岁。女的满二十三周岁，男的满二十五周岁就算晚婚了。我们是国家单位嘛，计划生育管得严一点，要求晚婚晚育。

问：结婚的时候单位就给你们分了房？

Y母：对。当时我们单位有一套三室一厅的房子，我们和另一对年轻夫妇合住。那时候烧水、做饭都是用的蜂窝煤，不是用电，也没有天然气。我们不用做饭，经常回我妈那儿去吃饭，我妈家就在跟前。我在客厅里生了煤炉，只

① 2009年该特教班更名为阳光家园。

是用来烧点开水，自己喝方便，来了客人也好招呼。放炉子的地方离我们的卧室很近，煤气就从门下面进到卧室去了。有一段时间，我几乎天天早上起来头都闷闷的，到外面去吹一吹就又好了。我一直身体好，根本没当回事儿。直到有一天，早上起来，我头特别不舒服，就给我爱人说，他说："那你睡吧，我去帮你请假。"他一边说一边从床上起身去开窗户，手刚伸出去，就一下子蹿倒了。他这才意识到：我们中煤气毒了。从那开始，我们就把煤炉放到厨房了，就注意了。

后来怀孕了，我也不知道，不懂，那个时候这方面的知识特别少，再加上我本来周期就不准，总是推迟。到怀孕第二三个月的时候，觉得例假好久没来，去我们单位医院看医生，医生说是怀孕了。我就没当回事，把之前中煤毒之类的事早都忘了。怀她的那个冬天好像也一直生着炉子，没想到煤气会影响胎儿。

问：生Y时需要准生证不？

Y母：那个时候我们单位严格地要求晚婚晚育，我们按规定晚婚了，单位就给了生育指标。

问：你怀着Y的时候，胎动之类的都正常吧？

Y母：都正常。我参加产检，每隔一段时间都去检查。一切都正常，我也根本没想到会不正常。

问：生的时候是顺产吗？

Y母：顺产，在妇幼保健医院生的，生得很快。一切一切都没有异常。Y生下以后，我老公问我娃像谁，我说不知道。我就没看，就没想到要看，因为根本就没想到会生个不太好的娃，没想到会有什么问题。

她五岁多的时候，我才确信她智力有问题

问：Y生下以后好带吗？

Y母：她能吃能睡，吃得跟个黑胖子似的，脸可大，不闹，睡觉时间长。"三翻六坐"之类的她都正常，别的孩子开始说话的时候，她也说话了。只是到三岁时，别的孩子能说连串话了，她不行，她的话好像都是蹦出来的，说得很短。我们带她去看医生，医生说她智力有问题，以后的智力最高只能达到十二三岁的程度。我还可生气，不承认，心想"啥狗屁大夫!"因为外形、眼神什么的一点也看不出来有什么不正常，所以我根本不相信大夫的话。再加上，

那个时候有不少老人说："有些孩子天生说话晚，没事的。"甚至还举例说谁谁到好几岁了才说话的，长大了一样很聪明，所以我们就没太在意。

问：到啥时候她说话好一些的？

Y母：她到现在都是交流有障碍的，能说，但不能像正常人这样流利、顺畅。到她五六岁的时候，他和正常孩子的差距就很明显了，无论是语言表达呀，还是智商各方面，都差距越来越大了。这种孩子越小的时候和同龄的孩子差距越小，慢慢长大，和同龄孩子的差距会越来越大，因为这种孩子的智力增长很慢，正常的孩子一年就增长很多，小的时候孩子们都是那样不知道啥，长大了以后差距就明显了。

她五岁的时候，我们跟前医院的医生就说让给Y做个CT看看。结果出来以后，发现她的大脑不太饱满。医生就问我怀Y的时候生过什么病、吃过什么药没，我说："没有。"我们就追究她出问题的原因：双方家里，往上推几代都没有过这种情况。医生问我是不是怀孕期间中过煤气，我这才想起来了，才知道当时怀了她，胚胎发育的时候我因为经常中煤气，缺氧，影响了她大脑发育。

问：三岁多到五岁的时候，医生说她大脑有问题，有没有给开药？

Y母：没有。

问：医生给了什么建议？

Y母：就是说多补脑，主要是在饮食上，补一下肯定有用。可惜咱那时候不知道咋补。要是知道的话，我就把核桃仁打成粉给她放饭里头吃。而且，刚生下的时候，如果知道她不好，也可以打补脑的针。虽然会花一些钱，但是会让孩子好一些。我现在一直没给她断过鱼油、松胶。

问：鱼油、松胶这些贵吧？

Y母：贵也得给她吃呀！现在想让她完全正常是不可能了，只能是尽力。咱是个普通人家，也没什么高品质要求，咱是有多大能力办多大事，有多少钱过多少钱的日子，能给娃吃得起什么就吃，吃不起的咱就不吃。

怪只怪自己知识太少，当时一点也不懂优生

问：五岁多的时候做的CT结果出来了以后，你有没有觉得难以接受？

Y母：我好像没有那种特别的感觉，只是觉得这也没办法。我一直心大，有点没心没肺的。另外，之所以接受了，也是有一个过程：她小时候，只是看

起来像个男孩，别的方面跟正常小孩差异不大，咱没想到她会智力发育有障碍，会像现在这样，咱当时只是想到她比同龄人差一点。没想到，随着年龄增长，她和同龄人之间的差距越来越大。事实上，人家一直在发育，随着经历增多，各方面能力都在增加，而她停滞不前。

问：面对Y，你有没有怨天尤人，比如说心里想着这种事怎么会摊到自己身上呢……

Y母：从来没有。我怪也只怪自己知识太少，当时一点也不懂优生，不懂该注意些啥，不知道像现在的年轻人一样在怀孕前做一些功课。我当时就傻乎乎的，啥也不懂。

问：好多父亲在遇到孩子有这种情况的时候，会对妻子有怨气，甚至会想到放弃婚姻，Y爸爸有没有过这种想法？

Y母：的确，好多男的会这样，我也遇到过好几个这种孩子的爸爸都离了婚，把孩子撂给了妈妈。Y的爸爸从来没有埋怨过我，也从来没有想过要放下Y不管，他比我对Y更心细。

生二胎……我一直心大，一直觉得我们自身没有问题，不会生出不好的娃

问：啥时候决定生二胎的？

Y母：最开始我们没有想过要生二胎，都很单纯地响应国家的一胎政策。更何况，Y生下以后看着很健康，脸胖嘟嘟的，我们就更不会想到要生二胎了。后来生C，是因为Y智力不好，说话不行，我们想再生一个给她做伴。

问：咱平常说“一朝被蛇咬，十年怕井绳”。你生C的时候，心里担忧不？

Y母：有这个担忧，但不大。为啥呢？因为后来知道Y出现问题是我怀孕的时候中了煤气了，不是基因有问题。也因为这个，我生二胎的时候离生Y只隔了五年。像他们阳光家园，有些这种孩子的家长就很担心，不敢生二胎，二胎和一胎之间甚至有相差十几二十岁的。我一直心大，一直觉得我们自身没有问题，不会生出不好的娃。再说了，怀C的时候，我做了各种正常的检查，医生都说好着的，我就没再管。我皮实，C还在我肚子里，我经常挺着大肚子骑着自行车到处跑，后座上绑个竹座座，让Y坐上。

我对某企业阳光家园真挺感激的

问：我记得你上次说Y是六岁开始上某企业残联特教班的。那她六岁之前上过幼儿园之类的吗？

Y母：上过，但是等于被赶出来了。她上的厂矿幼儿园，去上厕所，正常的娃上完就回来了，她就一直在厕所玩水。那时都是自己带的被褥，老师干脆就不让她去上厕所了，就让她尿到床上。一尿到床上，老师就给我们打电话：“你娃尿床了，快来拿！”我们就去拿被褥回来洗，再把她接回家。我们成天就干这事。这人和人之间确实有差异，有的老师对娃挺好的，有些老师就让娃在床上尿，完了就给家长打电话：“你娃尿床了！”后来我们就没再去了。

问：Y那时知道自己要上厕所吗？

Y母：她知道。

问：六岁送她去特教班，你是怎么知道这个特教班的？

Y母：之前某企业残联就有特教班，我知道的，具体怎么知道的我记不清楚了。她六岁的时候我们就把她送去了，班上大约有十几二十几个孩子，给买的有教材，从一册给教，一册、二册……

问：Y能跟上吗？

Y母：认字她能认简单的，也会写，但数学能力弱，这些孩子普遍数学能力弱，“数”的概念很差。到现在，你问她：“你多大了？”她有时还会说“九岁”“十岁”……

问：在特教班都学些什么？

Y母：语文、数学、常识、手工、画画、音乐、体育。残联也给他们买了不少体育器材，天气好的时候孩子们天天都有体育课。某企业残联在全国都很有名气的。他们这个学校挺好的，该上文化课就上文化课，该活动就活动，到点了老师会提醒孩子们喝水，每个人都有自己的杯子。某企业残联特教班就是特殊教育班，2009年发展为“某企业残联阳光家园”，Y一直在那。我对某企业阳光家园真挺感激的。

问：她在课程方面有没有特殊的喜好？

Y母：没有，她就是经常趴在桌子上写字。家长们在一起开玩笑，说这些孩子“字没认下几个，铅笔用了几万根”。Y写字，坐在那，一天可以写完两个本子，就在那个32开的生字本上写，全写到田字格里，还特别干净，本子上某一个字，少一撇的全都少一撇，多一横的全多一横。

问：老师每天会布置家庭作业吗？

Y 母：老师知道他们的程度差一些，都不要求。她回来了我也不让她写，让她在学校里写。她喜欢写。

问：在音乐、体育方面，她有突出的地方吗？

Y 母：她平衡能力强，跳绳跳得挺好，也爱唱歌。歌词她记不清，但是哼哼调子什么的，她还行。

问：Y 现在早晚刷牙、洗脸这些能自理吗？

Y 母：能。最开始刷牙洗脸这些不主动，我就训练她。比方说，她喜欢睡觉前让我给她写几个字，像“Y 明天七点起床”“有时间了爸爸妈妈带 Y 去‘家世界’”……这个时候，我就给她说：“上床前必须刷牙洗脸，要不我不给你写字。”她就赶紧去了。时间长了，就养成了她主动刷牙洗脸的习惯。洗澡她也能洗，就是不仔细。我们家的洗发水、香皂都用得特别快，是因为 Y 洗澡的时候弄一大疙瘩洗发水弄到头发上，就站在喷头下面边洗边冲水，冲完了她再弄一大疙瘩，再冲；香皂也是在喷头下面边抹边冲水。

问：有些孩子小时候会把家里的菜油、洗发水、搽脸油倒得到处都是。Y 有没有过？

Y 母：没有。Y 也从来没有像有些孩子小时候一样到处乱写乱画过，你不让她画她就不会画的，家里的音响她不会弄，也从来不乱动。Y 现在基本沟通还行，就是自理能力差一些，这我有责任。我想着我能干就多干一些，没怎么锻炼她去干。

欺软怕硬，在她身上也有表现

问：Y 在阳光家园跟人相处怎么样？

Y 母：她爱笑，面相看着可善良。好多人一看她眼睛，说：“这娃可纯了！”眼睛很清澈的，一点杂质都没有，不像一般正常人眼光里会有狡黠的成分。

问：她在阳光家园不和别人起冲突吧？

Y 母：起呢，她有时候会打人家。她打人家嘛，我就赶紧给人家赔礼道歉。他们班的孩子都不很机灵，说不定什么时候谁惹着谁了，就打起来了。Y 班上一个娃见了人喜欢用手把人打一下，那娃的妈说：“她不是打人，是跟人亲热呢！”但不管是不是打人，Y 那天不愿意了，她过去咚咚咚就给了人家几下。那娃的妈跟我说:“你娃一点都不吃亏!”我只能笑笑。你说这吃亏不吃亏又不是咱教的,是她自己的一种保护意识。在家里,有时候我责备她几句,她会问我:“你为啥要说我?”

问:Y打那个同学,那她骂人吧?

Y母:她不骂,就打。我没看到,我是听她的一个老师说的:“哟,我今天第一次发现,你家Y咋那么厉害,人家娃‘咣’打了她一下,她劈头盖脸就打。她个子又大,又胖,使劲打人家。”

问:她以前没打过人吗?

Y母:打过。她本身就厉害一点。欺软怕硬,在她身上也有表现。孩子们在一起,比她弱的,她也会欺负,比她厉害的,她不敢胡来。

问:她小时出去玩,别的小朋友会欺负她吗?

Y母:她小时候我们不让她自己出去玩,有时候让她跟她弟一起就在楼下玩一玩。慢慢地大了以后,她自己不愿意出去玩,正常的小孩看她、笑她,她是知道的。她一看到那些小孩在一起,对她指指点点的,她就躲到一边,拉着我的手就走。有时候我说:“Y你咋不去玩?”她说:“不去!”

问:要是跟爸爸妈妈弟弟一起出去,她喜欢吗?

Y母:她喜欢。

问:一起走亲戚,她喜欢吗?

Y母:喜欢。

血缘亲情是割舍不了的,那是天然的,不是培养的

问:你们兄弟姐妹们一起吃饭、谝的时候,Y跟你哥哥姐姐的小孩一起玩吗?

Y母:玩,他们也互相都熟悉,在一起不打架的。她跟她弟在一起,吵架,但不打架。我们平时总是对她弟弟说:“你要对姐姐好一点,因为有姐姐才有的你。如果姐姐很正常,我们就不可能生二胎。你长大了要照顾姐姐,要挣钱给姐姐花。”现在他在外面上大学,有时候打电话回来,跟我说话了以后,就会问我:“我姐姐呢?”我说:“在旁边。”他就让我把电话给他姐姐,两个人说一会话。

问:现在姐弟俩也聊天?

Y母:对。比方说,他弟去学校了,到了以后打电话回来给我说他到校

了，他姐把电话一拿，就问："C，你啥时候回来？你回来了吃什么饭……"她不知道他去学校了不会很快回来，她没有那种概念，只是跟个家长一样，问些非常简单的话。

问：C小的时候，知道姐姐智力有点不太好以后，有没有嫌弃姐姐？

Y母：很小的时候，他意识不到姐姐有什么不正常，他上小学去学校要经过Y的学校，他就顺路把姐姐送到以后自己再去上学。他考上大学以后，第一次去学校，还特意说："妈，我想让姐姐也去送我，咱全家人一起。"为此，我们从亲戚处借了一辆车，我大伯的孩子是司机，开着车带我们全家沿途到河南、河北、北京、山东、大连，边走边玩，拍了很多全家照。

问：C小学时候和姐姐一路去上学，他们在路上会和别人吵架吗？

Y母：一般不会，因为Y她不惹别人。

问：C看到别人嘲笑他姐姐，会生气吗？

Y母：小的时候会生气："妈，你看那人看我姐的眼神！"我说："人家正常着呀，人家觉得你姐不好，多看她两眼很正常呀！我要是看见一个不太正常的人了、事情了，我也会多看两眼。"后来我儿子慢慢也就接受了。

问：你觉得C有没有因为姐姐而对智力有障碍的特殊群体特别能够理解和体谅？

Y母：有这点。他因为有个姐姐，就更懂得分享，更懂得去关照别人。对Y来说也一样，她因为有个弟弟而少了很多独生子女容易有的那种霸道。

问：Y对C有没有姐弟的那种感情？

Y母：那还是有，毕竟有血缘关系。血缘亲情是割舍不了的，那是天然的，不是培养的。

问：Y能表达对父母的感激吗，比如说父母给她买个啥，她激动地把父母抱一下呀之类的？

Y母：能，她有这样的表达。

我真是天天跟娃在一起！

问：Y从小一直是你管的？

Y母：嗯。怀着C的时候，Y也一直是我管。我骑个二六型的飞鸽车子，后座上绑个小孩用的竹座座，Y坐上，我挺个大肚子骑着。白天我去上班，有时把Y送到我妈那，有时送到我老公他妈那儿，晚上又接回来。

问：这么些年，家务主要是你做还是她爸爸？

Y 母：我俩分担嘛。后来我儿子的学习都是他管，我就家务多做些。

问：Y 从小上特教班、阳光家园，都是家里人接送吗？

Y 母：都是早上把她送去，下午再去接回来。

问：大人出门办事，如果把 Y 一个人留在家里，担心她会出门走掉吗？

Y 母：不担心，她不会自己跑出去，而且一般家里会留人陪她，或者我出门都带着她。前几天下雪，我要出门办点事，带着她不方便，我就给她说："你在家里呆着，我把门给你反锁上，我一会会就会回来。"然后我给她放些吃的在跟前，我就快快地出去办事。我回家的时候，她早已经在窗口等着我了，一看见我就喊："妈——"这种把她单独留在家里的情况很少很少。

我们老年大学动不动大家一起出去玩，到澳大利亚、到日本……我到哪儿都不能去，要去就得把姑娘带上，否则就得把她撂给她爸。他一个男的带个大姑娘本来就不方便，更何况他要是工作一忙，还不躁[①]了？

我真是天天跟娃在一起！我就算不想让她成为我生活的一部分我都没办法，我想甩都没地方可甩。我甩给谁去？万一我有个啥事，给我姐或者我哥说一声："姐，哥，你来帮我把 Y 看一下。"咱又不好意思把娃送到人家家里。我姐或者我哥可以过来看个半天，给娃做个饭啥的。这就是最好的了，因为是自己的亲兄弟亲姐妹，可以这样。要是搁外头人，我好意思麻烦人家吗？

问：C 小的时候，Y 帮助你看管过弟弟吗？

Y 母：她不行，而且我们也从来没让她帮过，没靠她干过什么。她现在二十七岁了，我们也从来没让她干过。你让她拖个地，她拖两下，把拖把往那一扔；让她扫个地，她扫两个，把笤帚往那一扔……她会扫，但指挥不动。

问：那她自己的房间，她收拾吗？

Y 母：不会收拾。

她性格温和，但是发起脾气来厉害得很，闹，谁都管不住

问：她性格挺温和的？

Y 母：对！

问：肯发脾气吧？

---

① 躁：急躁，发火。

Y 母：一般不发，但是发起来厉害得很，闹，谁都管不住。她发脾气大多是因为她的愿望没有得到满足，她当时也许没发脾气，但过一会她总要撒出来的，找理由她也要撒出来的。

问：她会怎样撒气？

Y 母：她就闹嘛，说她要干啥干啥，提些无理要求，大人不让，她就哭，就大声哭。

问：会摔东西吗？

Y 母：我们家不允许摔东西，我自己就从来不摔东西。

问：Y 和弟弟在一起生气了会打弟弟吗？

Y 母：没打过。他们在一起好像很少争吵，因为我每次分东西都平均，而且 Y 一直都跟我们在一起，所以有啥矛盾我们大人都给他们处理好了。偶尔我们不在家，弟弟会看着她。事实上，我感觉随着弟弟个头长大，她是怕弟弟的，毕竟弟弟是男孩子，块头在那放着呢。

问：在 Y 成长的过程中，有没有你印象比较深的事？

Y 母：好像没有。自从她六岁开始上学了以后，日子几乎天天就是这样：早上起来送她去上学，下午放学又接回来。没有什么大起大落、大悲大喜，都是些很普通的日子。

问：Y 周末不去阳光家园了，她的生活一般怎么安排的？

Y 母：我们还是和周内一样的作息，早上七点起床，在家吃早饭，然后洗澡、洗衣服、买菜。我和她爸做家务的时候，Y 就趴在那写字，或者翻看影集，我们家的影集有二十多本，她喜欢看。

问：家里有客人来的时候，Y 高兴吧？

Y 母：可高兴了！她就喜欢热闹。有小孩来家里玩，我给递吃的，如果小孩不要，Y 就把人家小孩的衣服弄开，给把吃的塞到衣服里。

问：你们大人去唱 KTV 的时候，她去吗？

Y 母：我们都带着她，她也唱，她唱儿童歌曲，像《小螺号》什么的。她从小我就给她放儿童歌曲，她写字的时候也听着，慢慢地灌着耳音，就会唱了。

她是四级残疾，最轻的

问：Y 多大的时候，咱们给她办的残疾证？

Y 母：大约十几岁了吧，是阳光家园统一给办的，不是我们自己办的。

问：残疾证的用处主要在哪些方面？

Y母：用处可多了。国家现在政策好，对残疾人的福利也多，比如凭残疾证，到旅游景点可以免票或半票，坐公交、坐地铁不要钱。

问：Y办的残疾证上给她定的是几级残疾？

Y母：是四级，最轻的。她当时办证的时候，年龄还小，程度还轻一些，现在她大了，程度比那个时候重了。

问：Y现在除了智力发育迟缓以外，其他的健康问题主要有哪些？

Y母：她还有糖尿病、饱满性胆结石。我准备过了年带她去医院住院，看看能不能给她把胆结石取出来，但我担心她头脑不清楚，打麻药的时候医生难以把握剂量。有一次她骑自行车摔倒了，腿两处骨折，大夫不敢给她做手术，说是她表达不清楚自己的真实感觉。一旦麻药过量，她就可能睡过去了，醒不来；如果麻药量不够，又不起作用。后来就没给她做手术，三个医生硬是用手拔开给她接，没想到接得很成功。

问：Y这种情况，你们单位每年进行困难补助的时候，你们申请过没？

Y母：没有。我们也没想过要申请。因为她爸爸在单位收入算中上，我也有工作，有些人比咱困难大多了。

这是我们自己的娃，我们有责任去接受她、照顾她

问：你有没有过这种心理："我的娃不太好，我不告诉别人"？

Y母：我没有。好多这种家长会有这种心理，压根就不让娃下楼，甚至不带到公众场合。我们都是把两个娃一起带着出去玩。我是这样想的：你越无所谓，你的同学朋友也越无所谓。养一只小狗还需要带出去遛一遛呢，更何况她是个人，你得带她出去转转，要不还不把她憋死。我就无所谓："我娃就是这个样子！我也不想让她成这个样子，可是她已经成这个样子了，我只能带着她。"

问：说起来道理很简单，但我想你迈出这一步一定不容易！

Y母：你说得对。我们也是最开始接受不了，但时间长了，不得不接受。最开始带她出去，偶尔在公众场合，她闹的时候，我就不理她。没见过的人说："呀，你咋脾气这么好呀！"其实，我越不理她，她反倒闹一闹就平静了；如果我打她，她就闹得更凶，她知道我不能在公众场合很厉害地打她；如果我往前走了，她就会疯了似地追我。慢慢地意识到她的脾性之后，她在公众场合

闹的时候，我就摆出一副姿态："行，你要闹就闹吧！"我就原地站着，扭头看别的地方，不看她，脸上平静地，任她在那儿哭闹："想哭你就好好哭，你就大声哭，你就把人都惹过来看着你哭！"过一会，她闹过了，她就会过来说："妈，我好了！"好了就走。就等于是冷处理她。如果她闹的时候，你也生气，那岂不是给大家看笑话，让人觉得这一对母女咋是这样子。她自己一个人闹，人家觉得是她不懂事，另外她自己也觉得没意思，就不再闹了。这也是磨合，时间长了，就慢慢摸索出来知道怎样有效对付她。

问：她还乖，自己闹完了知道认错。

Y 母：是的。

问：她爸爸平时会单独带她出去吗？

Y 母：会。他比我心细，我心大，他比较细腻，给他娃干个这干个那，我都是随便，觉得差不多就行了。

问：夫妻之间的态度也许会互相影响，一个人能接受孩子，另一个也就接受得快一些？

Y 母：我们俩在这方面也没有什么统一的感想之类，好像都是很自然地觉得："这是我们自己的娃，我们有责任去接受她、照顾她。"我们也没觉得谁多付出了，谁少付出了，都是尽力多做一点。

问：你参加过咱同类家长的联谊组织吗？

Y 母：参加过，也喜欢参加。

我们相处起来并不难——Y女士老师口述（一）

口述者：王老师，女，四十多岁，中等个子，随和、干练，是Y班上的四位老师之一，自1992年以来一直在某企业残联工作

访谈者、撰稿者：李巧宁，女，1971年生，陕西理工大学教师

访谈时间：2017年12月15日

访谈地点：陕西省西安市某企业残联阳光家园

问：王老师，咱班上总共有多少个孩子？

王老师：十九个，八个女孩，十一个男孩。最小的是2000年生的，十七岁了，最大的一个是1969年生的，唐氏综合征，四十八岁了。之前还有一个老头，1949年生的，去年去世了。

问：一个班几个老师？

王老师：四个，两个人一组，无论什么时候要保证有两个老师到班。我一般上的是正常班，早上八点半到十二点，下午两点半到五点多。

问：学员坐座位是？

王老师：随意坐，喜欢坐哪儿、愿意跟谁坐都可以。

问：你刚来这儿工作的时候，心里有担忧吗？

王老师：1992年刚开始来做这个工作的时候，我心里确实怕，担心学员会不会打人。现在有些陌生人到这里来，对这些孩子也会有这种恐惧。有些志愿者刚来的时候就有点怕。其实，接触了以后，就会知道，这些孩子很善良，不会无缘无故地打人，而且他们对你好就是好，不会要花样，不会见什么人说什么话。

问：你现在在这里上一天班，是不是特别累？

王老师：还行，现在习惯了，在这儿二十多年了。刚开始接触他们的时候，确实很累，因为不知道怎样对待他们，怎样和他们相处，把握不住那个“度”。毕竟他们和正常孩子不一样，不能像约束正常孩子那样太约束他们，但还要想办法让他们都有提高。把每个孩子的个性都了解了之后，和他们相处，就能把握好松紧度，就好多了。再一个，时间久了，这些孩子和我之间已经形

成了一种默契，见到我都可听话了，我们相处起来并不难。

在管理中，必须得注意孩子们的情绪。哪个孩子情绪特别不好的时候，我们该退就得退一步。对这些孩子，该哄的时候就得哄，该来软的就得来软的。Y 有时候情绪会有波动，你看她好好地在那玩呢，忽然她就会着急，一着急她就打自己。你问她怎么回事，她说不清楚。这个时候去哄她，给她把高帽子一戴，很快就好了。我就给她说："Y 呀，老师可喜欢听话的孩子了。你想不想让老师喜欢你？"她说"想！"我就说："那你就得听话呀，首先不能打自己。"咦，她立马就不打自己了。我再夸一下："你们看 Y 多听话！"她马上情绪就好了。

问：我可佩服你了，带这些孩子这么有经验，这么有耐心！

王老师：经验吧，这么多年了，毕竟会积累一点。干这个工作，首要的是耐心，没有耐心就干不了。

问：Y 在班上总体上是？

王老师：中不溜吧。原来 Y 上课的时候注意力还能集中一会，现在不是很集中，喜欢自言自语，好像多多少少有些智力退化。她以前学唱歌嗓音很好，学得也快，现在你教歌，她要能记住一句都很困难，而且现在自言自语比以前明显严重。

问：我以为孩子们会不断进步，毕竟才二三十岁，怎么会退化呢？

王老师：会的。比如我们这有个学生，1988 年生的，原来至少能认二三百字，也会写，数学 100 以内的加减都能算，进位退位都会，这三四年不停地退化，现在一点都不会了，而且你让他去关窗户，他会去开灯，中午吃完饭他会把勺子、缸子扔到垃圾桶；能感觉到，他时而有些思维糊涂。

问：Y 在学校里和同学起冲突以后会打人吗？

王老师：你不惹她了她不打人，她乖得很；你要惹她了，她一点亏不吃。别人从她旁边过的时候把她碰一下，她就觉得是打她了，非得过去把人家推一下不可。有一次，有个女同学把她碰了一下，她过去噼里啪啦就把人家打了好几下，打完她就坐那儿了，她觉得把气出了就没事了。

问：我看你上课很有经验，能调动起孩子们的积极性！

王老师：孩子们情况不一样，有的是重度的，有的是轻度的，有的是中度的，不能因为有重度的就放低对轻度孩子的要求，得尽量把他们都往上拔。但是，这样对重度的来说就有些困难，就需要针对他们的情况提起注意力。

比方说有个男生，上课听着听着就注意力不集中了。我发现他在本子上写了好多“女朋友”，我就问他：“这是啥字呀？”他说：“女朋友嘛！我长大了要找女朋友。”我就给他说：“好！但是你要找女朋友，就得学一定的文化，要充实自己。如果你啥都不会，女朋友不跟你。”他就可认真了。教认钟表的时候，我给这个男生说：“你要学会认表，这样你和女朋友约会的时候才能知道时间。”他赶紧用心。学数字、学加减法、认钱……只要你给他说“如果学不会这，女朋友会嫌弃你，咋办？”他就会说：“老师，我学！”这个男生是1998年生的，数学能力弱一点，他一直也想学，也努力，但就是对他来说有些难，1到10的数字认不全。

这些孩子明显的特点就是注意力不集中，集中的时间也很短，一点点小的动静就会分散他们的注意力。我们给他们教的都是一些常识性的东西，比如认钱。简单的钱他们能认识，复杂一点的尤其是怎么用，他们就不行了。后来我给他们说，你们都有手机，手机上有计算器，用计算器就可以。我还在琢磨怎样教他们用计算器呢。我也给家长说，让回家后给孩子们少给一点钱，让他们试着去买小东西，去实践。

问：这些孩子有的三十岁上下了，有的四十岁了，他们会有性的意识吗？

王老师：少数、个别会有，大多数没有。

这些孩子终生都是消耗者——Y女士老师口述（二）

口述者：王老师，女，四十岁出头，短发，神情有些忧郁，是Y班上四位老师之一。她女儿是Y班上的同学，长得白皙、秀气，自闭症患者，语言能力很弱，很少说话，喜欢一个人坐在教室后面拿一副扑克牌玩

访谈者、撰稿者：李巧宁，女，1971年生，陕西理工大学教师

访谈时间：2017年12月15日

访谈地点：陕西省西安市某企业残联阳光家园

问：王老师，你每天来上班都带着女儿一起来吗？

王老师：嗯，早上来带着她，下午放学回家也带着她。

问：你没有再生一个吗？

王老师：没有，没精力，带她一个就已经够累了。

问：我想了解一点Y的情况。

王老师：Y的能力算是比较不错的，她有语言能力，运动能力还行，但她总是不时会打自己，有时也会打别人。Y妈妈给我们说，她有饱和性胆结石。我猜测她可能是胆疼，身体不舒服，又说不出来，就会烦躁。

问：她上厕所这些没有问题吧？

王老师：没问题。班上有上厕所不能自理的。上厕所能不能自理，是判断一个孩子残疾级别的重要指标。你看到的班上这些孩子，算是这个群体里情况比较好的。有好多程度很严重的，根本就没办法离开家人、出家门。

问：学员们在学校里会走掉吗？

王老师：很可能，所以根本就不能离开人，我们老师也是一直看着的，楼下面的门也都关着。这些孩子太单纯，很容易被人带走。有一次我带着我女儿在公园，我走前面，我女儿跟在我后面，有一个人起了坏心，把我女儿带上从另一条路上走到前面去了。等我发现，撵上去，那个人跑了。

问：真令人担心！

王老师：多年以前，这些孩子中程度好一些的，还可以进普通学校；教育产业化以后，学生的成绩和对老师的考评挂钩，这些孩子就很难进到普通学校

了，因为会影响班上的成绩；这几年，特殊教育这一块不断发展，这些孩子进学校的机会又增加了。

这些孩子现在主要由家人负担，父母在的时候父母照顾，父母不在的时候兄弟姐妹照顾。对父母来说倒也罢了，自己生的孩子自己可以任劳任怨，但是对孩子的兄弟姐妹来说，太不公平了，他们的负担无来由地多了一重。可以直白地说，这些孩子终身都是消耗者，这种消耗对家庭来说是很大的压力和负担。我们家长要求政府能在社会照顾这一块给这些孩子多一些倾斜，因为我们担心当我们不在了的时候这些孩子怎么办。这些孩子大多根本就发不了声，自己也没有基本生活能力，如果社会不照顾，父母不在了他们真的就只能自生自灭。更何况，满十八岁以后，他们就是公民，应该有他们最基本的权利。

我知道我的孩子永远不可能好，我如果有一天去世，留下她怎么办？

Y 女士观察日记

观察时间：2017 年 12 月 15 日

观察地点：某企业残联阳光家园

观察者、撰稿者：李巧宁，女，1971 年生，陕西理工大学教师

2017 年 12 月 12 日，我电话联系 Y 女士的母亲，询问她 14 日是否有时间接受我的访谈。临近岁末，她所在的老年大学经常有各种排练，每天的时间排得满满当当，但她还是很爽快地答应 14 日下午接受访谈，并简单介绍了一下女儿 Y 的情况。

14 日早上，我乘坐 6 日刚刚正式开通的西成高铁从汉中前往西安。中午十一点多，我风尘仆仆地赶到和 Y 女士母亲约定的见面地点时，她已经在路口的寒风中等着我了。初次见面，她直爽、开朗、实实在在的性格便展露无遗。我们在她家附近的一家饭馆简单吃了点米饭，便在旁边的快捷宾馆订了一间房开始访谈。下午四点多，她要去某企业残联阳光家园接 Y 放学回家，顺便带上我，一是为了让我认一认去阳光家园的路，二是为了向阳光家园的老师介绍一下我，便于我 15 日早上去阳光家园观察 Y 的生活。路上，Y 的母亲告诉我，女儿 1996 年进入某企业残联特教班，2009 年某企业残联特教班与工作疗养站合并为阳光家园，Y 也就成了阳光家园的一名学员；某企业残联的工作一直在西安小有名气，阳光家园也比较正规；Y 一个月只需给阳光家园交三百元，中午饭包括在内。

我们步行约十五分钟到达阳光家园时，家园里只剩下王老师和三四个学员。Y 的母亲向王老师介绍了我，王老师同意我 15 日一早来观察 Y 在阳光家园的生活。

12 月 15 日早上 9:00　我到阳光家园，Y 已经在教室了。见到我，Y 远远地望着我笑。老师告诉我："班上共十九人，今天早上来了十四人。"我数了数，共有四个女生、十个男生，有的在教室，有的在过道上。Y 站在自己常坐的位子前，两手插在棉衣兜里。同学们看到我和老师说话，很好奇，有的假装路过，盯着我看，有的问老师："她是谁?"有两个男生直接问我："你姓啥?"

我笑着回答："我姓李。"

9:25—9:47 同学们一起朗读《弟子规》，有几个程度稍好一点的同学逐个领读；老师坐在长桌一头，收拾同学们前一天做的手工。Y 一直没有领读过。老师要求同学们边读边指着书上的字，但不少同学根本盯不住字，只跟着张口大声念。也许，他们不理解念的句子是什么，但大都能体会到一起大声诵读的快乐。Y 虽然张口念，但注意力不集中，时而用手打一下自己的脸，时而用书拍打一下自己的头，时而扭头看一下坐在教室角落的我，时而抖腿。

9:48—9:57 老师说："今天的《弟子规》就念到这儿!"同学们纷纷站起来，到另一小房间去放《弟子规》教材，Y 也去了。约一分钟后，同学们陆续回到大教室，有的喝水，有的东张西望。Y 笑嘻嘻地站在自己座位前，无目的地张望，上课期间挨着 Y 坐的一个女生默默地把 Y 的水杯递给她，Y 接住，抱在怀里做暖手状，时而无目的地喊一声。

9:58—10:03 老师讲"一年有多少个月"。Y 坐在桌前，但注意力不是很集中，偶尔用手打一下自己的脸或下巴，不时自言自语，或自己低头在本子上写字。

10:04—10:09 老师和同学们一起数每个月有哪些节日，数到九月的时候，同学们说"教师节"，Y 斜坐桌边，小声反复自言自语"教师节，教师节……"老师已经讲到 12 月的节日了，她依然掰着手指说"教师节"。

10:10 老师对一直侧身坐着的 Y 说："Y，坐端正。"Y 没有动。教师接着问："现在是几月?"有个同学回答："12 个月。"老师纠正："12 月，不是 12 个月。"Y 安静地坐着，没看老师。

10:11 老师问："今天是 12 月几号?"Y 忽然提高嗓门："15 号。"

10:12—10:20 老师挨个问每个同学的生日，并纠正。同学回答对了的时候，老师就让大家鼓掌，Y 也一起鼓掌。老师问到 Y 时，她说："3 月 12 日。"老师表扬了她。她小声自言自语三四遍："Y 会写自己生日。"过了一会，她回过头把自己本子上写的"3 月 12 日"给我看，我指指老师的方向，示意她认真听讲，她就转过头去，但一直低着头看自己本子或书。

10:21—10:30 老师挨个问每个同学多大了。问其他同学时，Y 或自言自语，或不时自己笑一下，偶尔会用手打自己的脸。问到 Y 时，她站起来说："三十岁。"其他同学回答问题时都是坐着的。

10:31 老师说："下课!"同学们纷纷起身，去另一个房间放书本，或者去上厕所。Y 慢慢地站起来，放了书本，笑嘻嘻地回到教室。有两个同学到我跟前跟我说话，其中一个十九岁的小伙子问我："你下次什么时候来？"我笑着说："星期五。"他又问："星期五几点？"我说："九点。"他一边"哦"地答应，一边把头探到窗边看自己放在外面的自行车是否还在。另一个四十八岁的男同学是唐氏综合征，头发有点花白，人看上去很和善，看到我的大衣兜被手机、数码相机、笔等撑得鼓鼓的，就把他自己的棉衣襟窝进去，把肚子两边鼓起来。我不解其意，对他说："把衣服弄下来哦，窝进去不好看。"他把衣服放平，但很快又窝起来，并轻拍了好几下肚子两边鼓起的衣服，我这才意识到，他是在提醒我不要把衣兜弄得那么鼓。我赶紧一边说"谢谢"，一边掏掉了衣兜里的东西。其间，Y一直站在自己椅子边看着我笑。

10:35—10:45　老师播放广播体操音乐，同学们站在教室的空地上做操，Y也跟着做，但基本跟不上节拍。

10:46　另一位王老师喊上课，同学们都坐下来，Y对一个站在一边的同学大声喊："上课了！"

10:46—11:30　老师一遍一遍地领读课文，Y自顾自在本子上写字，间或用书或手拍打一下头或脸，也会不时回头笑嘻嘻地看看我。

11:31　老师喊下课，同学们纷纷离开教室准备吃饭，我和老师告别，特意向Y摆手说再见，Y笑着望着我离开。

Y在2018年西安智障人士特奥趣味运动会上

当妈的逃不了

——黄潇母亲薛艳口述

黄潇，男，1989 年生。脑瘫，青春期后出现精神分裂现象。1998—2004 年一直在各民办特殊儿童教育机构进行各种康复训练。2004 年至今在陕西省西安慧心阳光家园[①]学习。

口述者：黄潇母亲薛艳，1964 年生，小学毕业，1988 年结婚，2012 年离异。家住西安。有一子一女：儿子，黄潇；女儿，1995 年生，2017 年大学本科毕业

访谈者、撰稿者：李巧宁，女，1971 年生，陕西理工大学教师

访谈时间：2017 年 8 月 8 日、2018 年 1 月 10 日

访谈地点：陕西省西安西稍门皇家咖啡馆；陕西省西安 7 天连锁酒店西稍门店

孩子生下来以后，大夫没说有什么不好的

问：你是哪一年出生的？

黄母：我 1964 年的。带这样一个娃比一般人操劳得多。

问：娃是哪一年的？

黄母：1989 年的。我是 1988 年结的婚，1989 年就生的这个孩子。

---

① 西安慧心阳光家园：西安慧灵的一个分支机构，服务对象为中重度智障人士，实行的是社区服务模式。西安慧灵，即“西安慧灵社会工作服务中心”，民办非企业单位，成立于 2002 年，依托西安市新城区慧灵阳光家园、西安市莲湖区慧心智障人士阳光家园、西安慧灵智障人士服务工作站、西安市莲湖区慧灵智障人士托养中心等多个服务机构，为智障人士提供日间活动、职前训练、庇护性就业、支持性就业、晚间家庭式住宿、艺术调理、喘息服务等，以此促进心智障碍人士融入社区，挖掘自身潜能，增强社会适应能力，提高生活品质。

问：生他之前咱检查了没？

黄母：包括婚前检查、生孩子之前的检查，都进行过了，都没有异常。但孕期我窒息过。我体质一直不好，从小气管炎，怀了黄潇以后，反应特别强烈，天天头疼，吃啥吐啥，一直到六个月，反应才慢慢没有了。怀孕三个月的时候，有一天我特别难受，忽然就啥也看不见、啥也不知道了，过了一会，大约也就两三分钟又好了。到我们厂医务室去检查，胎心啥都好着的。我这种短暂窒息的情况发生过几次，都是在路上。怀孕四五个月的时候，正是年底，很冷，我参加我们单位搞的会计人员培训，和一个同事去钟楼下面的“同盛祥泡馍馆”吃泡馍，吃完以后走了几十米去坐公交车，车上人特别多，我忽然难受得不得了，我同事就说：“你紧紧抱着我，别动！”下了车以后，我让她给我买了一根奶油雪糕，我吃了以后就好了。

后来我准备要二胎的时候，去做全面检查，给医生说起我怀黄潇时的这种情况，医生说：“那个时候有那个症状，你就应该补点葡萄糖增加一下养分了。你缺氧胎儿也缺氧，那正是胎儿大脑发育的时候。”

问：整个怀孕过程中，你吃过药吧？

黄母：没有。也没感冒过，就是一直不舒服。到七八个月的时候，我特别能吃。估计黄潇生下的时候有七斤四两是因为我能吃；但是他大脑发育期，我反应强烈，吃的全吐了，营养跟不上，又有几次短暂窒息。

问：你生黄潇的过程艰难吧？

黄母：那天中午我就不舒服，说干脆去医院住院吧，因为我已经过了预产期一周，而且那天刚好是星期三，好多单位星期三下午都政治学习，我妈怕我去医院晚了没有医生，怕有什么危险。我就去住院了，别的还好，就是有点下坠感。

下午六点多，我妈说：“给你买点啥吃一下吧！”我说那就吃包子。我老公去买包子了，我妈陪着我，我想去厕所，在厕所里就发现流血了，刚好旁边有个护士，赶紧告诉我：“快去待产室！”

我就进了待产室，宫口开了两指、三指，难受得我！也没使用催产素之类的，就一点一点地捱着，到晚上 11:40 生了，是顺产，头先出来的，也没有说头大出不来要用产钳啥的，是给我做了产道侧切。临产前，只听医生说羊水不太好，有点浑浊，问我们：“如果发生意外，是保孩子还是保大人？”我觉得这应该不是什么大问题，因为产程中稍微有点不确定因素，医生都会让家属签字。孩子生下来以后，大夫没说有什么不好的。孩子头发黑黑的，哭呀啥的都正常。我当时没有用麻醉药，整个过程都知道。

生完以后，因为有侧切，好几天我都不能正常地坐，要侧着，只一边屁股蛋挨床。生下四十来天的时候吧，儿童医院派人来家里做保健，也没发现娃有啥问题。他吃奶也一直很正常。

那些年我们没过过一天安稳日子，一直都是给他看病

问：这样的孩子小时候大多会有癫痫、抽搐，黄潇有过没？

黄母：没有，他看着非常正常，没有谁看到他会觉得这孩子有啥不对劲。只是在我印象里，他婴儿期一直跟人没有对视，叫他的时候没反应。可惜我那时候没有经验，没能根据这一点做判断。

另外，他一岁在室内照相留念的时候，特别软。当时我想着，我妈说我小时候照百天照也是很软，头都支不起来，所以我也就没在意。黄潇比我弟的女儿大 100 天，我弟的女儿三翻六坐九爬的时候，黄潇还没有。我弟的女儿特别瘦，黄潇特别胖。

一岁左右，同龄的孩子已经开始懂点事了，他眼睛发直，我觉得有点不太对，就带他去做了检查。儿童医院的大夫就说："他太胖了，一个孩子一个样，你的孩子各方面迟一点应该没问题。"到一岁一两个月了吧，黄潇还是没有翻、坐、爬，我们就说到妇幼保健院去查一下。去了以后，那个医生很有经验地问我："他吃谁的奶？"我说："吃我的。"医生问我："认人不？"我说："不认人，这个孩子谁抱他都行。"医生有点怀疑他是脑瘫。

问：按医生的说法，孩子吃你的奶就应该黏你，有感情上的依恋？

黄母：对。正常孩子如果一直吃的是母乳，肯定是早早地就黏妈妈了，但我的孩子没有。妇幼保健院的医生那样说了以后，我们又到第四军医大学附属医院找了我妹妹的同学认识的一个大夫——王大夫，给黄潇做了 CT，结果孩子大脑发育明显不好。医生当时没有直接跟我说，是回避我，给我妹说："给你姐说让她放弃这个孩子吧！"因为如果是大脑有问题，治疗一般没有多大效果。医生只给我说："我给开点健脑的和营养神经的药。"

你说我怎么放弃？根本就没办法放弃。黄潇没有说是从面部看出来有什么不好，根本就看不出来有什么问题。我一直就想着他只是发育不好，就一直努力、努力。那些年，我们就想着孩子是有病嘛，就看病、吃药、打针。从他一岁半开始，隔天就去儿童医院打一种针，叫"胎脑"，说是从引产的胎儿大脑

里提取出来的一种东西，必须得早去，去晚了就没有了。当时儿童医院那个药不是很贵，我们打了好长一段时间。然后又带他去扎针、按摩，到儿童医院让医生开中药，然后到同仁堂去做成药丸，回家化成水给孩子喝。他七八岁的时候到铁路医院去做贴耳针。还用过一些神经生长因子那样的药，一盒就是一百九十八元。那个时候收入低，但我们一直坚持着，总是抱着希望：有一天也许就好了！我们把该想的办法都想了，能跑的医院也都跑遍了。现在我都惊讶："那些年的日子都不知道是咋过来的！"想想就觉得那些年我们没过过一天安稳日子，一直都是给他看病。

问：这样的治疗有多久？

黄母：在孩子八九岁之前，一直都在治疗。比如，在报纸上看到哪个地方有什么做脑子康复的，或者有什么药，就去尝试。以前家里订的有《家庭医生报》，在上面看到北京呀，上海呀那些大城市这一类治疗的信息，我们就去找。有一个中医说是吃中药有效，我们也给看了……反正该做的我们都做了，孩子也是把罪都受了，长期吃中药、扎针……尤其是扎针，扎得满身、满头都是，我们家没有人敢带孩子去，我去，因为我想着孩子有病了么，不这样咋办！

他四五岁的时候还走不了路么。他一岁多的时候，我们就扶着让他走，到四五岁了都放不了手。我记得他四岁多，我带他到上海的康复中心去的时候，就一直把他在身上抱着。他那个时候才隐约有了一点跟我的亲密感，才开始有点认人了，别人一抱，他就哭。

我最大的失误是太大包大揽了，一个人把孩子的事都揽了下来……

问：你一直没有上班吗？

黄母：从孩子五六岁的时候开始，我就没去上班了，一直带他。结婚后我一直和黄潇他爷爷奶奶住在一起，1996 年我们一家三口搬到我妈那儿住了。没多久，我妈他们搬到单位分的新房子去了，就把她原来的平房全部给我们一家三口住，一直住到 2005 年我们买了自己的房子。之所以搬我妈那儿，是想着我妈那儿是平房，来来往往的人多，小孩也多，这个叫一下，那个说一下，黄潇跟别的小孩玩一玩，可能会有所改善。

问：知道孩子有病后，他爸爸埋怨你不？

黄母：咋说呢，只要不影响他爸爸的自由，他爸爸就不说。我带黄潇到北京、天津、上海、青岛去看病、扎针，他没有一次跟着去。黄潇一岁多的时候到北京、天津看病，是我妹旅行结婚，我和黄潇跟着一起去的；两三岁左右到青岛去扎针，是我的一个同事陪着去的；四岁左右到上海康复中心看病，刚好是我们单位有个同事出差，我们一路相陪。花费全是我父母这边贴的。他爸不去，也不说不让我去。再加上，大约 1996 年、1997 年，黄潇他爸调出了仪表厂，跑医药，开车往宝鸡、延安送药，当时又没高速路，路上花费的时间很长，他也忙，很少回家。

问：你好勇敢，两个人的孩子你一个人承担！

黄母：我最大的失误是太大包大揽了，一个人把孩子的事都揽了下来，不仅自己累，还不能使孩子他爸体会到我的累。那个时候，我是想，让他陪我去给孩子看病，他会抱怨，还不如我一个人去，虽然我累一点，但清静。我带黄潇到儿童医院扎针，扎三个月，然后停一下，再扎三个月，这样扎了半年多，天天去，一直是我一个人带黄潇。偶尔有一回，他来接我们回家，看见孩子一头的针、满手的针，就气得不行，埋怨我："你为啥要给孩子扎针？"孩子有病，你说我不给看行吗？

我给现在的年轻人说："婚姻中，对孩子的事、家里的事，一定不要一个人大包大揽，要让另一个人参与进来分担！"现在我组织了六七个智障孩子的家庭在一起，那些爸爸们说："以前自己不带孩子的时候，不理解妻子付出了多少；现在自己带了才知道。"还有一个爸爸，带孩子到外国去上学的时候，孩子妈妈的签证没下来，不得已，他一个人先带孩子走，独自在国外陪了孩子三个月。他说："以前都是我挣钱，我老婆一个人管孩子。这三个月下来，我真正了解了我儿子的病况，很多状况出现的时候我是那么无助，我才体会到我老婆有多伟大！"他的孩子程度算好的，可是，上幼儿园被退回去，他老婆跟园长死磨硬缠、哭，求人家把他们留下来，让他们体验一下，实在不行了他们再走。他老婆一直是陪着孩子上幼儿园的。

问：另外，我以为他爸不陪你去给孩子看病，但钱是从他爸包里出来的呢。

黄母：那时我们俩在一个单位，每个人每个月的工资就一百来块，我们跟孩子他爷爷奶奶住，每个月还要给他爷爷奶奶交六十来块钱生活费，根本承受不了到处看病的花费，所以我父母这边贴钱给我们："先拿着给孩子看病。"后来我们家就形成了一种习惯，不管我舅、我姨，还是兄弟姐妹，一听说是给黄潇看病，见面了都会给我们钱："拿上，先给娃看病去！"

问：亲情浓得呀！他爷爷奶奶这边……

黄母：爷爷奶奶是单位的工人，早早就退休了，经济条件不怎么好。我们跟他们住在一起，他们经常给黄潇买各种吃的。说良心话，对爷爷奶奶我很感激，他们对黄潇确实好，把他爱得呀，从来没有因为他有病而嫌弃。爷爷后来病了，还天天带黄潇。奶奶 2010 年去世之前，每到周五就在窗前等黄潇从阳光家园回来。

办“心心幼儿园”和“拉拉手特殊教育中心”很有成就感，但也很辛苦

问：黄潇小时候，西安有没有针对这些孩子的幼儿园、学校之类？

黄母：没有。那些年西安什么都没有。我儿子九岁左右，也就是 1998 年，我才知道北京有个“星星雨”[①] 在做智力障碍孩子的康复训练，我开始动心：是不是可以在康复训练这一块给孩子做一做？后来，我在报纸上看到西安雁塔区幼儿园有几个家长在做这个，就去找，就把孩子送到那儿。那个地方最开始是几个家长在幼儿园里面租了一个教室，收了五六个孩子，雇了一个同样有特殊子女的陈老师，大家共同训练这种孩子。然后，我就带黄潇参与到那里面去了。

问：那个时候，你把黄潇送那儿费用高不高？

黄母：那个时候好像是一百多块钱一个月。我们几个家长一起，一边自己学习，一边培训孩子，效果蛮不错的。黄潇以前大小便都不知道，在那儿大小便的时候开始有一些提示，学着吃饭呀啥，都挺有长进的。1998、1999 年我们一直在那儿待着，后来，雁塔区幼儿园从公办转成了民办，幼儿园承包给了个人。承包以后，人家就怕影响生源，就不让我们在里面待了。因为有些正常孩子的家长来了以后一看，这里怎么有这样一群孩子，就心里不乐意。有一个家长在经济管理学院免费给我们提供教室，我们就去经济管理学院待了一段时间，但教室有些小，这些孩子生活都不能自理嘛，要家长陪着，吃饭、睡觉、上厕所都在那么一个小教室很不方便。我们几个家长就在一起商量，能不能出去办一个幼儿园：前面做正常幼儿园，后面做我们这样的特殊孩子的幼儿园。

① 星星雨即“北京星星雨教育研究所”，成立于 1993 年，是一家为孤独症儿童及其家庭提供服务的民办非营利机构。

1999年，我们三个，就是最初在雁塔区幼儿园办这个班的苏老师、现在“心心特教中心”的张晓强老师、我，在三爻村租了民房，继续雇陈老师，办了一个幼儿园，我给起的名字——心心幼儿园。因为我想着三个人办的，互相有个约束，就用了人心的“心”。苏老师和陈老师搞教学，张晓强跑外围，我管后勤。当时张晓强老师认识的人多，加上她跑外围，注册的时候我们就说让她当法人。

问：注册要钱吗？

黄母：不要，但是租房要钱。当时我们三个人一人拿出两万块钱，一共六万块钱，交房租、前期的筹备、基本的运营就够了。最初的一年多我们办得不错，但是在经营的过程中，三个人理念不一样，再加上各种各样的原因吧，大约2001年我和苏老师就退出了，张晓强一个人办。现在“心心”还在办，就是“心心特教中心”。

问：你们办的时候，心心幼儿园只收小孩子还是……？

黄母：当时收的是三岁到十五六岁之间的。因为孩子在三岁以前，还没办法确诊是不是特殊儿童。我们在前面做的是心心幼儿园，后面楼上就是我们这样的孩子。我们预想前面的孩子能把后面的孩子带一带，正常孩子玩耍，我们这些孩子就可以跟着模仿；另外，办正常幼儿园也能从经济上给我们补贴一点。从“心心”退出以后，苏老师和陈老师就带着自己的孩子去上海了，因为上海有融合的幼儿园和学校，西安没办法待：正常的学校和幼儿园都不要这种孩子。苏老师和陈老师的孩子能力都比较好，属于轻度的智力障碍。

2001年左右，我从心心幼儿园出来以后，碰见了张涛老师，她儿子是自闭症。当时张涛老师邀请北京“星星雨”的老师来西安给这边的家长做讲座，问我有没有家长愿意参加，我说“有”，我就通知一些家长参加了“星星雨”的短期培训。培训结束以后，我一看，这个东西可以继续做。张涛老师的理念跟我挺一致的。2002年，我就和张涛老师投资创办了“拉拉手特殊教育中心”。最初，拉拉手特殊教育中心是按家长活动中心做的，因为我一直觉得这些孩子的康复训练主要在于家长。就像正常的孩子一样，家长的观念比较超前了，就能带动孩子，家长坚持了，孩子才能坚持；家长是孩子的第一任老师。我们最开始没有场地，一个家长就免费让我们在她家里，由一个老师和各家的保姆或妈妈带这些孩子们训练。后来转移到绝缘厂幼儿园，在那里租了地方，人手也增加了。绝缘厂幼儿园要拆迁的时候，我们又重新找房子。考虑到至少要让我和张涛老师中的一个人方便，保证每天我们俩中至少有一个人在特教中心，就在东门——张涛老师家附近租了民房。当时我们一人拿出两万块钱，说能坚持下去就做，坚持不下去就关门。我一直是量力而行，没有想到我要投资做多大。我们在东门待了一年多，又要拆迁，我们又换了地方。

中间有一段时间，张涛老师带他儿子到山东临沂去做大运动训练，碰到提出“大运动训练”这个理念的刘宏白了，就跟他沟通，问他有没有到西安发展的想法。刘宏白答应了，到西安来考察、讲课、给我们培训老师。我们拉拉手特教中心相当于加盟刘宏白的“大运动训练”一样。这个“大运动训练”特别以人为本，根据每个孩子的特点量身定做，订出个人训练计划、长短期目标。它的理论基础是：一个人的智力如果没到那个水平，教什么都没有用；通过运动和训练，智力达到一定水平了，才好给教东西。比如说，为什么要把孩子上学的年龄基本定在六七岁，就是因为到了这个年龄，智力达到一定水平了，才能接受一定的教育任务。

2003、2004 那几年，我们拉拉手特教中心的训练效果特别好。那一批参加训练的孩子大都是 2000 年前后出生的，三四岁参加大运动训练很受益。很多孩子来的时候没有语言能力，或者有各种行为问题，我们就有针对性地通过对接球、走平衡木、匍匐前进、手绕圆等运动来训练他们。那些运动都挺苦的，对孩子们来说就跟我们现在练瑜伽一样，难度很大。但是，确实有效，孩子们长进很大，家长也看到了希望。我们那一批的孩子中有一个后来考上西安高新一中了。那一批家长也特别好，把孩子往我们那儿一送，就义务帮我们做咨询和接待，把拉拉手特教中心当自己的家。这样，“拉拉手”就一步一个脚印地往上走。当时西光幼儿园的刘园长特别支持我们的工作，让“拉拉手”在西光幼儿园待了一年多，使这些特殊的孩子能很幸运地和正常孩子融合。

回想起来，1999—2009 年，办“心心幼儿园”和“拉拉手特殊教育中心”很有成就感，但也很辛苦。很多家长现在见到我还说：“当年你在‘拉拉手’的时候，成天都在打吊针。”我这个人，心特别小，事情不处理完、学生不全部被家长接上、老师没全部下班离开，我就不能走，不安心。这种心小，不适合做“心心”“拉拉手”这样的工作，太累，导致我经常生病打吊针。

问：其实，这种工作刚好需要你这样细心、尽责的人。

黄母：2009 年的时候，西安已经有十几家特殊教育的机构了，再加上对专业水平的要求越来越高了，社会工作专业的学生、教育学专业的学生都涌现出来，可以参与进来了，我就感觉到我这种非专业的该回到我的位置了，所以 2009 年我退出了。张涛老师至今在做“拉拉手”。

问：真是很佩服你，又能干又坚强！

黄母：要不然有什么办法？在黄潇他爸看来，我是一事无成：我训练孩子没有把孩子训练成正常人；办了好几个机构，人家都在办，我都退出了。他看不到孩子细微的变化，他没有把心放到孩子身上去感受。他总感觉孩子应该有翻天覆地的变化。这些年我们做特殊教育，能理解他这种心态。有不少家长把孩子给我们送来，就想着我们应该有灵丹妙药，很快就能给孩子教会很多东西。过一段时间，家长发现孩子没有多大变化，就下结论说我们的办法没有效果。事实上，智障这一块是很难短期见效的，付出的多，回报少。盲聋哑的康复训练效果会好一些，因为人家大脑是健全的，智障者没有健全的大脑。

1998 年以后，黄潇一直在这种特殊孩子的康复班里

问：你做“心心”“拉拉手”的时候，黄潇在哪里，谁在照顾他？

黄母：2004 年以前，他一直跟着我在我们办的康复班里，我早上去的时候把他带去，晚上回来的时候把他带回来。你想，他一直到八九岁了大小便都不知道，哪个正常幼儿园会收他？记得他四五岁的时候，我带他到北京去看病，在外面吃饭，他一吃完就拉肚子，拉得到处都是。把我狼狈得！别人不理解，觉得我们在吃饭的地方咋这样。那时我年轻，不明白，现在才知道他脾胃弱，吃了油腻的东西一见空调就拉肚子。直到现在，我无论是出去旅游也好，到亲戚家去也好，随时包里都会给黄潇带上换洗的裤子。当然我也一直在训练他努力地控制自己。

2004 年的时候，我把黄潇送到西安慧灵了。一是他已经十四五岁了，长得又高，“拉拉手”的老师弄不动他了。好多训练的动作都得老师帮助，比如说翻跟头、在麻绳上蹲站……这些训练老师都已经抱不起黄潇帮他做了，他不适合在“拉拉手”了。二是我在“拉拉手”管后勤，琐碎繁杂，成天忙得很，管不上他。三是我想让他在慧灵过一种新生活，锻炼他的生活能力。“拉拉手”全是小孩子，他把人家用力推倒他还高兴得活蹦乱跳，你说多恐怖！如果把哪个孩子摔伤了怎么办！我都为这个愁死了。我说，不行，“拉拉手”这边他绝对不能呆了，所以 2004 年我硬是下狠心把他送到了属于西安慧灵的慧心阳光家园。刚开始我还想着让他在“慧心”日托，但是那边下午四点半就放学，就得去接，我在“拉拉手”这边还没忙完，走不开。没办法，只有让他全托。最初怕他不适应，有一段时间我三天接他回家一次。

问：西安慧灵是啥时候办的？

2002 年，广州慧灵[①]来西安，想跟我们合作，但是我们“拉拉手”针对的孩子是三至十六岁的，他们针对的是十六至四十岁的特殊人群。后来广州慧灵在西安办起了西安慧灵，拉拉手特教中心毕业的孩子好多就到了西安慧灵。西安慧灵非常好的一点是社区化服务，白天孩子们在日间服务中心，下午四点半回住的地方，住在单元房里面，一套房里住六个孩子、一个家庭妈妈、一个助教老师，模拟的是家庭式的生活。家庭妈妈负责做早饭、晚饭，打扫卫生，收拾，孩子们回来后陪孩子们。

问：黄潇他们在日间服务中心干啥呢？

黄母：跟学校一样，晨练之后有各种各样的兴趣课，能力好的孩子还贴画、画画、做一些手工制品，有一些训练呀等等。刚开始慧心阳光家园的日间服务中心在莲湖区糖坊街的天主教堂里，后来搬出来了。

问：孩子们做手工有报酬吗？

黄母：没有。他们做的涂色、穿珠这些都没有创造任何价值。现在“慧心”有庇护工厂了，能力好的学员在老师监管下干一些力所能及的事，比如给蛋糕装盘子、装蜡烛，一个袋子里装十个小塑料盘子，另一个袋子里装十根蜡烛。

问：黄潇能做这个吗？

黄母：做不了。因为做这个不仅要有“数”的概念，还要有一定的手眼协调能力，否则那个蜡就断了，那个蜡很细。黄潇属于脑瘫的孩子，没有“数”的概念，协调能力不是很好，运用手指的能力不是很强。

问：穿珠子黄潇能做吗？

黄母：能。但是他手不够灵活，拿东西经常用手抓。我现在训练他吃瓜子，就是因为吃瓜子只能用前两个指头捏，可以练他手的灵活性和精细性。他用筷子用得很好，夹鹌鹑蛋有时候我夹不起来，他可以。我做针线的时候，让他去给我拿针线盒子。

问：黄潇在阳光家园感兴趣的是……

黄母：他穿点珠子，有时候涂涂色。他最感兴趣的是热情地接待人，只要有家长来，他就特别热情。老师开玩笑说，应该让黄潇到哪个地方去当门迎。

---

① 广州慧灵：全名“广州慧灵智障人士服务机构”，是一个非政府、非营利的草根机构，成立于 1990 年。为满足不同地区智障人士的需求，广州慧灵分别在北京、西安、西宁、天津、长沙、重庆、兰州、万州和清远开设服务实体，帮助更多的智障人士及其家庭。

问：那也挺好！

黄母：但是他的动作没办法控制，总是幅度特别大，会把陌生人吓着。

问："拉拉手""慧灵"的收费高不高？

黄母：我们那个时候"拉拉手"是按期收费，三个月是一期。现在怎么收费我不知道。"慧灵"收费低，2004年的时候，"拉拉手"一个月的费用是900元，"慧灵"寄宿一个月才收450元。我儿子是2004年到"慧灵"去开始寄宿的，一周接送一次。像他这种已经去了很长时间的，现在是一个月2 040元，其中有300元由残联补贴，所以家长只需要交1 740元。"慧灵"在一定程度上是靠各种项目、一些基金会在支持，是半公益性质的。

问：进"慧灵"难吧？

黄母：不难。现在"慧灵"已经发展得比较大了，跟"拉拉手"的规模差不多。"慧灵"有慧心阳光家园、慧灵阳光家园，还有职前训练、庇护工场等，黄潇现在就在慧心阳光家园。

问：去慧心阳光家园以后，黄潇进步大吧？

黄母：进步非常明显。黄潇以前好多东西不吃，而且总是他奶奶喂饭，他不会搛菜，也从来没搛过。送到慧灵以后有一年左右，有一次在家里吃饭，他奶奶要给喂，我没让喂，让他自己吃。其中有一个菜——红烧肉，吃得只剩一点了，黄潇站起来直接把那一点倒到他自己碗里了。他奶奶当时激动地说："奶奶放心了，你将来不会被饿死了！"他奶奶以前总说黄潇不会自己吃饭、不会主动搛菜，最终是会被饿死的。我想，去慧灵以后，肯定不像在家里那样被细心呵护着，他有时可能动作慢一点了就吃不饱，所以就激发出他主动吃的能力。而且，从去了慧灵以后，他再也不挑食了，啥都吃。我现在在家里爱做冒菜，里面放的各种菜，黄潇啥菜都吃。

和小时候对比，他发生了翻天覆地的变化

问：黄潇小时候在家里和康复班以外的地方玩吗？

黄母：玩。

问：正常的孩子会欺负他吗？

黄母：也会，但是黄潇只能跟那些特别小的小孩，比如说三四岁的一起玩。六七岁的小孩，单纯一些的也会跟他玩，但有些就会说："这个哥哥傻傻的。"

问：现在别人说他他能听懂吧？比方说咱俩在这里说话，他如果在旁边，他能听懂吧？

黄母：差不多能听懂一些，也会影响他的情绪。

问：他现在认家人和亲戚朋友怎么样？

黄母：没问题。包括认路，只要是去过的地方，他一般都能记住，再走到跟前的时候，他就会告诉我这是啥地方。我妈家在西京医院附近住，回我妈那儿，一拐过那个弯，他就说："奶奶家！"我据此知道他能认路。他姑有一段时间在他奶奶的院里租了个平房，他奶奶领他去了一回，第二回他就能把他奶奶领去。我姥姥去世有十年了吧，现在带他去我姥姥以前住的地方，快到跟前的时候，他还能知道。

问：那他可以独立出门坐个公交什么吗？

黄母：在中国这种情况下，没办法放他单独出门，我也从来没放过。再一个，他语言表达不清楚，他只能发叠音或词语像"爸爸""妈妈""爷爷""奶奶"……

问："我要吃饭"他能这样表达吗？

黄母：不行。他只能说"吃饭""刷牙""喝水"……说不了完整的句子。他表述的意思不容易被听懂，他一看沟通不了，就不想说了。

问：如果哪天你不想做饭，给他一点钱，让他去小区门口吃点啥，他能行吗？

黄母：不行。他对钱没一点概念，再加上他表达不清楚。以前我曾经训练他买馍：我给小区门口卖馍的先说好我要多少馍，然后让黄潇拿着钱去。至多只能训练到让他知道要找钱，至于找多少钱，他不知道。

问：现在黄潇生活自理的程度怎么样？

黄母：必须有人陪，没有人陪根本不行。洗脸、刷牙的程序都能走；饭做好，给他放那儿，他也能吃；衣服洗了叠好放在床上，他无论正反都能套到身上……但必须有人陪，否则很可能里面穿的是外衣，外面穿的是内衣。

问：你替他做了事以后，他能对你表示感谢吗？

黄母：亲一下、抱一下，他能做到。

问：你哭的时候，他会安慰你吗？

黄母：他会坐在我身边，一直看着我微笑。

问：放在童车里的宝宝他能哄吗？

黄母：不行，他动作大。但是他很爱这种小宝宝，这种小宝宝也很爱他，也许他们之间能沟通。

问：家里来了客人了，他高兴不？

黄母：他特别热情："阿姨，坐！""阿姨，吃！""阿姨，喝！"……忙里忙外地招呼，所以我们这些家长特别爱到我家来。

问：他自己在家里能玩不？

黄母：可以。麻将，他在家里能摆一会；给他放点音乐，他也能听一会；扑克牌，我跟他坐那儿，一张一张地揭到手上，然后我出一张他出一张，也能玩一会；我们家旁边刚好是小区的路，路旁边有个运动场，经常有人打篮球、打乒乓球、遛狗，他就站在窗子那儿看，有时还会过来给我说。我们隔壁那个爷爷爱养鸟，他看见人家回来了，他就给我说："妈，鸟爷爷……回来了……"他最喜欢的是坐在窗户跟前看外面的车和人来来往往，能坐在那儿看好长时间。现在我有事出去的时候，就给窗户跟前放个桌子，桌上摆些瓜子之类吃的，水壶也给他放跟前，他就在那边吃东西边往外看。等他东西吃得差不多的时候，我就已经回来了。他十岁左右的时候，产生了不安全感，走着走着，会忽然回过头来看看大人是不是在他身边。现在好了，有时候我有事出去，让他一个人在家里待一两个小时没问题。

问：在慧心阳光家园，和小组其他同学相比，黄潇更能主动和人交流？

黄母：是的，他喜欢和人交流。在家里，他一会"妈妈，妈妈……"一会"妈妈，……来车了！"一会"妈妈……车走了！"一会"妈妈……鸟回来了！"……不停地说。只要他在家，中央十五台的电视一直从早开到晚，那个声音让他心里挺安稳的。

他还有个特点是爱操心。如果一伙人出去，哪怕一个人没跟上，他都会站在那儿等，等大家都上来了他才往前走。

问：也说明他能认人？

黄母：他的确会认人。他把他们小组的同学都能认识。组里谁的爸爸、谁的妈妈他都错认不了。他认东西不知道从哪个方面认的，但他能分辨不同。比如说，同色同款的车在那儿，他能找到他坐的那辆车。

问：他对事物的差别这么敏感，我估计如果给他教字，他能记住？

黄母：不行，他的注意力持续时间很短。现在吃药呢，好多了，以前他就静不下来，就像多动症一样，我家的东西，全都得放到大柜子上面他够不到的地方，要不他不管是洗洁精、抹脸油、洗面奶、菜油还是什么，全都倒出来。现在他吃了一种泰国生产的精神类的药以后，理解能力好多了，也能静一会儿。也可能是他能静下来了，就有思考的时间了，有助于理解能力的提升。

问：这个药他吃了多长时间了？

黄母：快八年了。现在每天给他吃点维生素 C、B_2，再吃 1/3 片那个药。

问：周末从阳光家园回家来，黄潇能干哪些家务？

黄母：我现在尽量让他做一些事，简单的家务都让他做。比如说扫地、叠被子、拖地、洗自己的裤头和袜子，做得怎么样不说，就要让他知道怎么做。虽然洗个小衣服他能弄得泡沫到处都是，叠被子的时候把被子在床上扇呀扇，不停地给我说："妈妈看！"最后只是把被子卷个疙瘩……但是让他去做。扫地他现在还行，先不说他扫得彻底不彻底，最起码知道把垃圾扫到簸箕里了。早上他能自己从五斗柜里拿袜子、裤头。但衣服的正反他还是认不出来，颜色也辨识不来。我看重的是他做事的过程，他去做事了，就会少一些对家人的不断要求。他不做事的时候，就会不停地"妈妈""妈妈"……要求人去满足他。他一做事，注意力就会转移一些。

他精细性不行，比如擦屁股擦不干净。每周回来裤头上脏脏的。阳光家园每周三让这些孩子洗个澡，给换一身干净衣服。

问：你有没有给黄潇考虑婚姻？

黄母：没有。你想，正常的家庭有些事情承担不了的时候，人都会选择逃避，这样的孩子，像我儿子这样的能力，不可能有人愿意来和他一起生活。他到现在，洗澡还需要我来给他洗，否则他用水冲一下就出来了。我也在教他：洗澡主要是好好洗洗你的头和屁股。

问：黄潇有性别观念吗？

黄母：没有。他也不知道羞。现在我就教他：妹妹都那么大了，你到了厕所以后要关门。

问：总体上说，黄潇现在还挺能干的。

黄母：和他小时候一对比，你就会发现他发生了翻天覆地的变化。他小时候不会叫人，吃我的奶长大，连个"妈"都不会叫；我们第一次去雁塔区幼儿园的时候，他直接把桌子给人家掀翻，根本就没有是非意识；五六岁以前，你给他吃，他就吃，你不给他吃，他也不知道要，好像不知道饥饱。他奶奶那时经常说："这孩子将来是被饿死的！"现在他知道饿和不饿了。

问：他啥时候能力上有明显变化的？

黄母：九、十岁开始训练以后。2002—2004 年他变化很大，最开始我们用卡片去教他认人的时候，他根本就不认识，2004 年前后，他就有感觉了。

而且，在知觉上，他长进很大，比如说大小便，他能自己控制了。2004 年把他送全托以后，变化更大。刚开始送他全托，我一回家就牵挂他，就睡不着觉。之前他一直吃喝全靠我，忽然不在身边了，我就放心不下，晚上经常到外面逛到十点、十一点，回家倒头就睡，不让自己想。（泪流满面）过了一年多将近两年，我才适应了。

问：用卡片教他认人，卡片上是人还是字？

黄母：是人，比方说爸爸妈妈的照片。他到现在都不认识字。

问：我去阳光家园，发现黄潇现在走路特别谨慎，脚抬得高高的，好像惟恐踩空了似的？

黄母：前一阵院子里有雪，他摔了两跤，现在怕了，走路很小心；再一个，他小脑已经开始萎缩，平衡功能不好。刚开始我看到他走路这个样子，以为他视力有问题，还带他去省残联的康复医院做了视力检查，护士说没问题。回家以后，他站在阳台上往下看，楼下的猫呀，狗呀，他也都能看清楚，我才放心他的视力了。后来有个医生告诉我，他小脑的萎缩使他判断能力下降，影响平衡功能。

问：残联给他划定的残疾级别是……

黄母：他应该算挺严重的，但残联认为一级就是谁都不认识，啥都干不了，我儿子还能认识妈，还能去阳光家园，所以就给他定的二级。

他精神出问题，很大程度上是情绪受压抑

问：黄潇今年夏天有约一个月没去阳光家园，是因为发脾气吗？

黄母：是。他之前一直说："妈坐飞机。妈坐飞机。"我说我带他坐飞机出去玩一下。那个周五下午我把他从阳光家园接回来，准备周天和两个妈妈一起带这样的孩子去杭州玩，把票都订好了，啥都准备好了，周六晚上他发脾气，我不得不取消了周天的行动。我摸不清他到底啥原因发的脾气，担心他第二天在飞机上再出现这样的状况，又没办法控制，就影响到别人了。上上个礼拜他又出现一次情绪异常。所以这一段时间一直没送他去阳光家园，想让他和我在一起，我观察一下到底是什么原因导致他最近频繁发脾气。

问：那个周六晚上他发脾气是……？

黄母：那天晚上他要去上厕所，妹妹冲过去说："你等一下，我先上。"他一下子就上去要打妹妹，我赶快挡在他俩中间，把他两个胳膊狠劲控制住，他

打不成人了，就把我手咬了。他这次持续的时间很长。以前每次他发脾气的时候，我就赶紧拨通他爸的电话，让他跟他爸说几句话，一岔，他情绪就过去了。这次我把电话给他，他直接就把我电话摔了，但电话没断，这边他又叫又闹的声音他爸应该是听见了。没过多长时间，他爸就来了。

现在他只要单独跟我在一起，情绪就基本可以，但稍微有一点不如意，他就会对着窗户底下骂、大声喊叫、骂保安。上次我妹跟我说，你可以试着模仿他的方式，让他觉得有人能理解他。我想着有道理，这是他的一种发泄，又伤不到人，我就模仿着他的方式，跟他一起站到那儿骂，他的声音大，我的声音小。他一看，笑了，慢慢情绪就好了。我觉得这个方式好，现在他一站到窗户跟前，我就模仿他，跟他一起。

他精神出问题，很大程度上是情绪受压抑。怪我！以前他有很多奇怪行为，比如见人激动地晃。两年前，他所在的阳光家园有个老师做行为治疗，效果特别好，我就强烈要求把他分配给这个老师做行为训练。后来他那些行为问题确实没有了，但他发脾气这个事情出来了。实质上，可能那些奇怪的、大幅度的行为是他情绪的一种表达，纠正了那些行为，等于把他释放的渠道给堵住了，导致他精神出了问题。最近这一两个月，我一直在反思自己，意识到是我给老师的压力，让老师解决黄潇的行为问题。老师压黄潇，让他改。但是我和老师当时都没有想到应该同时教给他另外的表达和释放方式。

我也担心他这次发脾气是不是身体哪儿不舒服，就找了个中医大夫给他调理一下，让他在家里放松一下。他现在走路都不行，好像又回到原来了，不稳当。不过，他最近一直吃的一种控制行为的药的副作用里也有这个，就是说会影响走路。但我们又不能不让他吃这个药。

问：他发脾气会乱扔东西吗？

黄母：他打人。

问：我以为，黄潇只是智力有点问题，没想到他精神分裂。

黄母：山东一个特教机构的负责人告诉我：据研究，智力障碍的孩子到青春期、成年以后，容易出现精神分裂的症状。现在回想一下这个说法是有道理的。我小时候在回民坊那一带长大，住的都是平房，周围有好几个智力有障碍的，他们小的时候我们还经常见他们到处捡着吃，但不打人，大了以后见不到了。我现在估计，大了以后，他们可能被送到精神病院去了，因为他们一是打人，二是经常把自己脱得精光满大街走。

问：孩子一旦精神分裂，家长的负担更重了。

黄母：是。他小的时候不好管，我想着他大了就好管了，没想到他大了以后事情更多。我们这些家长年轻的时候还能赚钱，管个这样的孩子虽然困难但也就过来了，现在我们到五十多岁连个工作都找不到，想打份工都没人愿意要，怎样养活孩子？

问：在阳光家园的老师眼里，黄潇是怎样的？

黄母：在阳光家园所有的老师、家长眼里，黄潇都是特别热情、特别乖。黄潇现在出现精神上的问题，大家都很不理解。其实，刚开始他出现大发脾气这样的事情时，他爸也不相信，说我："你一天胡说啥嘞！娃好好的怎么会出现那种状况！"我就有意识地给他爸说："周六、周天娃不去阳光家园的时候，咱俩一人带一天娃。"我就想让他体验一下这些年我一直在干啥。在他爸带的过程中，出现了一回这样的状况，他爸才相信了。

问：发脾气只是偶尔出现？

黄母：对。之前也是偶尔出现。

问：这种情况在阳光家园出现过吗？

黄母：没有，在家园他特别乖。我想，他在阳光家园一直在压抑自己，回家见了亲人就发泄自己。他现在看见穿制服的，像警察、城管、保安，他就发脾气。以前我带他走路回家，经过西稍门这一块，有几次一看见警察他情绪就来了，扑着要打交警。没办法，后来出门只有坐车。他打保安，可能以前在哪里有保安对他有不友好行为，或者他爸爸开车带他出来进去的时候跟保安有过摩擦，或者他看见过有人打保安，或者看见过城管在街上的暴力行为，所以他不高兴的时候可能就在想我是不是也可以这样子，可以打人。出租车司机他也打，这个我知道原因。他小时候，出租车司机倒车，他不知道从哪学来的站在车跟前说"倒、倒、倒……"人家喊他让开，他不知道让开，人家就生气了，下来踹了他一脚，他回家的时候屁股上有鞋印。当时我们院子有个小孩跑来给我说："姑姑你快去看，出租车司机打黄潇了！"我跑出去的时候，出租车司机已经走了。那是黄潇小时候的记忆，但他一直到现在忘不了。有一次我带他坐出租车，我们刚一上去他就手伸到前排去打司机，把司机吓得说："你们赶快下！"现在我都不敢带他坐出租车。

问：他小时候你能带他出来坐车吗？

黄母：小时候坐公交车、出租车都没问题。

问：他打骂穿制服的人是从什么时候开始的？

黄母：打骂人是从青春期开始的，有针对性的打骂是这几年开始的。

他青春期，再加上我的婚姻发生了变化，家庭环境使他烦躁

问：他什么时候开始有大发脾气的现象的？

黄母：青春期的时候开始，经常发，但是我觉得是青春期，有点烦躁属于正常。再加上，那个时候我的婚姻发生了变化，家庭环境使他烦躁。

2005年我去台湾，走了二十多天，他爸爸就跟和他一起共事的一个人走到了一起。我和他爸爸本来都是西安仪表厂的，后来我找人把他调到医药公司，他开始做药品生意，业务多，接触的人也多，那个女的也是做药品生意的，要他帮着进医院，一来二往，两个人就走近了。刚开始他还可以，经常接送我和孩子。2006年，我就感觉到他有些不一样了，但看不出来他要放弃我们这个家庭。2008年，有朋友给我说："那个女的离婚了，你注意点你老公！"到2009年，他就已经表现得很明显了。当时他的生意不好了，经济也达不到了，钱他不给家里了，孩子也不管，从很多方面，我就觉得不对，不能再过下去了。也怪，那段时间他生意一直不好。我要求他给家里拿钱，他就说："挣钱就是这样子！"就是说，做生意一方面会时好时坏，另一方面就得押钱进去。医院的药钱不是付现的，要压三到五个月，自己需要有钱周转。我在"拉拉手"挣的工资刚够给黄潇交学费。2009年我从"拉拉手"出来，跟他做了一年药品生意，我是想，他有业务我也可以给他帮忙嘛。但是，我看他心不在焉，而且，我要求他给家里干个啥，他情绪就不好，没办法调整自己的状态，我就说干脆算了，这个婚姻我放弃吧，图个清静；闹起来伤害的都是孩子。2010年我们开始分居，2012年就离了。

我在"拉拉手"的时候有一个自闭症的孩子，妈妈是小脑萎缩，在铁路上工作，爸爸是上门女婿，正常人，外地的，没有工作。后来，这个孩子的外爷闹着要孩子的爸妈离婚。我奇怪："这样的妈妈，能找到一个健康的丈夫多不容易！"爷爷说："不行！有这个爸爸，这个孩子和他妈妈随时都有生命危险！"爷爷说，孩子的爸爸一直把那个孩子和妈妈看成负担，有图财害命的企图；有一次，那个爸爸带着孩子出门，爸爸回来了，孩子没回来。我后来理解了，爷爷看着家里一直不和谐，他宁可孩子的爸妈离婚，让家里安静一点，让孩子和他妈妈少一点危险。后来爷爷就让孩子的爸妈把婚离了。现在那个孩子被放在养老院里。当年这个养老院的院长买车的时候，这个爷爷给资助了一些钱，所

以这个院长感激，给爷爷说：“你随时想孙子了，就给我说，我开车给你带回去，你看一看，你愿意让他在家待几天了让他待，不愿意了我把他再给你拉到养老院。”

问：黄潇能感觉到爸爸妈妈关系的变化吗？

黄母：实质上，我们黄潇老早就感觉到了。婚姻出现问题之后，我和他爸之间经常会有一些口角、争执，我们儿子总是要动手去打他爸爸。

问：黄潇打他爸爸，他爸爸会怎样反应？

黄母：他爸爸就会去控制他。

他对情况的隐瞒其实就是一种嫌弃

问：在有外遇之前，他爸爸经常带黄潇吧？

黄母：怎么说呢，他奶奶给他爸的观念就是：“孩子我跟薛艳管，你去挣你的钱就行了。”他爸在家里有时就干一点拖地、洗衣服这样的事情。他奶奶一直护自己儿子，在家里帮他儿子承担了不少家务，也把他儿子的一些事瞒着我。他们家早都知道他在外面有外遇的事，但一直瞒着我。

问：爸爸不常管黄潇，那爸爸有没有嫌弃的心理？

黄母：我觉得他有。他家过年、父母过生日的时候都会在外面包饭，吃饭期间，黄潇如果要上厕所，小时候是我陪着去，如果我让他去陪，他就带着那种很不耐烦的表情对我说：“你去吧！”黄潇大了以后，我如果还带他去女厕所不太好，我就让他爸陪着去男厕所，他爸不去，让自己哥哥姐姐的孩子陪着去。我们离婚的时候，在法庭上，黄潇站起来要去厕所，他爸爸没反应，我请的律师是男的，赶紧说：“走，黄潇，叔叔带你去。”他爸爸没有说过他嫌弃黄潇的话，但从这些表现里可以看出来他有那种心理。

再一个，最开始他给那个女的一直没有说他有一个这样的孩子；他也没在朋友跟前说过他有这样一个孩子，他现在的朋友除了跟我们住一个院的以外，都不知道。他对情况的隐瞒其实就是一种嫌弃。

另外，他很少在家带黄潇，如果让他带一天，他就会对黄潇大喊大叫，连他妈都看不过去：“哎呀，你走吧！”他也很少带娃出去，他带娃出去不是去我妈家，就是去他妈家，要不然就开车带他转一圈。他去农家乐，去这去那，从来没带黄潇去过。我们快离婚的时候，我给他说：“周末黄潇从阳光家园回来两天，咱俩一人带一天。”从 2010 年分居到 2012 年离婚，他基本上是每个周末带一天黄潇。这一天，他都是把黄潇带到他妈妈以前的那个房子，他妈妈已经不在了，他让他二姐来给黄潇做饭，白天就在那屋里待一天，晚上带回来睡觉。他二姐一直很好，即使现在我有事了，叫她过来帮一下我，她都来。

问：你遇到的亲戚都很好。

黄母：都是这些亲戚、朋友在帮我。这几年我生病、住院，都多亏亲戚朋友们的帮助。黄潇也知道远近亲疏，周末回来，先给我妈打电话，接着给我弟的姑娘打电话，再下来是给他姑姑打、给他爸爸打。以前我是要求他给爸爸打电话，能说两句就说两句嘛，毕竟是他爸爸；现在我就征求他意见："给爸爸打不打电话？"他一般说："不打。"有时候他会说"打"。

如果社会的保障好一些，家庭的负担不那么重了，家庭就可能矛盾少一些，和谐一点

问：如果对这些孩子的社会保障建立不起来，家长就一直疲于奔命，没什么生活质量……

黄母：对。所以，有这样孩子的家庭发生变故的非常多。并不是每个人都能承担责任，有些人承担不了就逃避。如果社会的保障好一些，家庭的负担不那么重了，家庭就可能矛盾少一些，和谐一点。我们这些家长里面，有些本来是大学老师、法官、银行高管，因为要照顾孩子，就把工作辞掉了，放弃了很多。那些年，孩子就近没有学上，比如本来家在雁塔区，到临潼区才有学校上，而且是这样一种必须花费更大精力和耐心去照顾的孩子，你让家长怎么工作，怎么照顾家庭？他们顾了这头顾不了那头。没有了工作，家里的收入少一份，矛盾自然多一些。

我这些年一直是游江湖，学校在哪儿，我跟孩子就在哪儿。我的婚姻发生变故，我也有责任，我顾了孩子，没顾上经营夫妻感情。但我顾不了！办学校的时候，那么多事要做，回到家孩子还是得我管，我哪里有多余的精力？就算回家了有老人能帮我管一下孩子，我哪有心情去谈情说爱？面对这样一个孩子，你心根本就闲不下来。

我记得有一次，我们幼儿园有个老师说："哇，今天又是星期五，明天后天我可以好好睡两天！"人家是正常家庭。我当时听了好羡慕：我周一到周五在学校里狠命地做这做那，周六周天还要管我儿子，照顾他的一切；甚至我有点害怕周六周日，因为周一到周五还有老师在帮我管孩子，周六周天完全得我

管；就连生病，我周末都没办法去打吊针，办“拉拉手”的那几年我就周一到周五之间在“拉拉手”抽时间打吊针。2008 年，黄潇生病在家，没去阳光家园，我要照顾他，我自己重感冒了没顾上去看，拖了半个多月，后来就得了病毒性心肌炎，晚上喘不上来气，爬起来坐到冰凉的地板上好像才好受一点，还不敢惊动孩子他爸，人家要休息，第二天还要工作呢。（泪流满面）

离婚的时候，对我打击挺大的

问：你的同龄人在生育年龄的时候，国家虽然是“一孩化”政策，但第一胎是这种情况，可以要第二胎……

黄母：但绝大多数都没生第二胎。单从经济上来说，达不到养二胎的水平。这类孩子享受不到九年义务教育，是家长自己掏钱给孩子做康复，还要花钱到处给孩子看病、经常买药。而且，有这样一个孩子，夫妻两个中的一个就得放弃工作专门照顾孩子，靠另一个人工作养活全家。照顾这样一个孩子已经让人筋疲力尽，哪有精力去再养一个？更何况，生二胎如果还是这样的情况怎么办？即使第二个孩子是正常的，会不会从遗传的角度影响到第二个孩子以后的婚姻和生育？现在医学上好多问题都没有明确的诊断。现实中，这种家庭在姑姑、舅舅、姨姨找对象的时候，对方都会想：“你们家出现这样的情况，是不是说明你们家族基因有什么问题？”

问：黄潇他爸爸家族里之前有黄潇这种情况吗？

黄母：没有。我们这边家族也没有。

问：你离婚的时候判他爸抚养黄潇了吗？

黄母：离婚的时候什么都给我了，包括两个孩子，他等于是净身出户。2012 年我离婚的时候姑娘正读高中，还有一年高考，我就把所有事情都瞒住了。那时姑娘没跟我们一起住，跟我妈住一块。直到姑娘考上大学以后，我才把我跟她爸离婚的事给她说了。我和她爸闹，姑娘是知道的，但那年离婚的时候她不知道。实质上，姑娘一直劝我离，说那样的男人一点责任心都没有。

我女儿自身是相当不错的，也是从小摔打惯了，没有像人家有的姑娘那样被娇惯。她一直很努力，也很自立，报大学、选专业、找工作所有的事情都是她自己做主的。我们家的状况，没有人帮她，我只能把儿子和我顾住。她今年大学毕业，学的西北政法的金融专业。我这么好的女儿，对找对象一直可自卑，她觉得我们家是一个单亲家庭，又有她哥哥这样一个孩子，怕别人挑剔。我倒是挺坦荡的，我给她说："你只要开心就好！哪怕单身，只要你开心。婚姻不是最终的归宿。"

问：我感觉你很自强，就像一棵树一样，我的根扎在这儿，风来吹，我还在这儿。

黄母：其实当时离婚的时候，对我打击挺大的，我一百二十来斤将近一百三十的体重，一下子瘦到一百斤，很无助，气得我，整夜整夜可以不睡觉，整天整天可以不吃饭，老怕别人说是老公不要我了，老公因为有这样一个孩子不要我们娘俩了；也想着，自己一手把人家支持着、帮助着走了一路，人家现在不理我了；担心自己一个人带着这样一个娃，日子过不下去。心里那个气，那个委屈，感觉整个天塌下来了！

后来，我慢慢想通了：夫妻之间没有血缘关系，如果过不到亲人之间那种呵护的程度，在一起意义不大。就像闺蜜、朋友间一样：人家不跟你玩了，你凭啥非要人家跟你玩？而父母子女之间，有血缘关系，不玩不行。所以我就跟黄潇他爸说："咱俩现在的关系已经这样了，粘都粘不到一起了，但是黄潇是咱俩共同的孩子，咱得把黄潇的问题解决好，怎么抚养、谁来抚养，这些问题解决好了，咱俩的离婚问题自然就解决了。"他说："那咋办？"我说："如果你不想管黄潇，那我来管，但你得给我一百万。有钱的出钱，有力的出力，如果既不想出力又不想出钱，没门！"他听说要出钱，就说他来管。我说："行！但是以我目前的经济状况，抚养费我只能按月给。因为之前我一直带黄潇，没有多少收入，而你是专门出去在外面挣钱的。"上法庭后，第一次没离成，因为我说："坚决不离，这种家庭必须得有一个人看孩子，另一个人挣钱。如果离了，没人挣钱，我一个人带着孩子咋过？"半年以后，他妈去世了，他再次起诉。我提出要一百万，我的律师后来替我做了主：五十万。他爸说他只有二十万。后来法官给他做工作，他就同意了。哎呀，有时候难免觉得自己的大半生是失败的。

问：哪里！你的环境虽然艰难，但你一直很努力地把自己该放的光彩都放出来了！如果碰到合适的人，你会选择再婚吗？

黄母：你想，可能吗？孩子的父亲都不能承受和这样的孩子一起生活，别人怎么可能？我看到的我们这种家庭的解体太多了。我们有一对家长，跟我同龄，西安交大研究生毕业，原本都是大学老师，后来下海了，生意也做得不错，但爸爸一直接受不了有这样一个孩子，总觉得："就是这个孩子让我在人面前抬不起头、说不起话!”就硬硬地离婚了。这样的家庭解体以后，孩子大多数由妈妈或爷爷奶奶带。

现在我完全过的是自己的日子，喜欢怎么过就怎么过

黄母：想一下，我离婚那个决定做得挺好的：现在我完全过的是自己的日子，喜欢怎么过就怎么过。要是没离婚，我老是到我妈那儿去照顾我爸妈，他可能会有意见，我老是把闺蜜们带到家里来，他也会有意见。现在，只要我自己会生活，谁也不用依赖，啥都不怕。

想开了之后，躺在床上的时候，我也感激黄潇他爸，至少是人家给了我们这套房子，让我们娘仨有个遮风挡雨的地方，让我可以没有后顾之忧地看着两个孩子成长；在我该孝敬父母的时候，可以不受任何人唠叨地去孝敬父母。想到这，我又觉得特别满足。回想一下，即使婚姻还在，也未必能像现在这样安宁、宁静。

问：你离婚就意味着他爸也对黄潇脱离抚养关系了吗?

黄母：虽然孩子是判给我了，但是他也脱不开关系，因为这个孩子终生要人监护，他也有义务监护。关键看我了，如果我过得去，我就带着孩子过了，如果过不去，他就得来承担。比如说，这几年我身体还好着，我就可以把带黄潇这个事揽着，过几年我如果身体不好了，我连我自己都顾不了了，就可以到法院去起诉，把监护权给他。

问：现在你如果忙了累了，可以要求他带黄潇吗?

黄母：他不可能。

问：孩子他奶奶 2010 年去世后，他爸家里那边还有其他人能帮你吗?

黄母：唯独黄潇他二姑有时候能来帮我一下。你给他爸无论啥时候打电话，他都说他忙得很，一年四季不主动见孩子。不过，现在比原来好一点了：上周下雪，打车打不上，叫车也叫不来，周五下午我就让他爸去接黄潇回家，他爸去接了，我当时提了两个包，他爸还给黄潇说：“帮你妈提个包嘛!”

问：你娘家那边能帮上你吗?

黄母：现在就主要靠娘家和这些同类孩子的家长帮忙。我爸八十多岁了，偏瘫，我妈也快八十岁了，家里请的保姆。我们姊妹三个，唯独我退休了，我弟和我妹都还在工作，我就两边顾着，儿子去学校了，我就去父母那边，儿子

回来了，我就在家管儿子。我住了两次医院，叫他爸爸带一下黄潇，都叫不到，后来我干脆放弃叫他了。

黄潇特别让我省心的一点是，到现在没有打过吊针，感冒什么的吃点药就好了。他只要咳嗽，至今我都给他买儿童医院的“咳喘2号”糖浆，一喝就好。还有，这种孩子的好处是单纯、天真，没有任何抱怨，特别容易满足，我给他一块糖，他就高兴得连蹦带跳。

我们姑娘从来没嫌弃过黄潇，也不怕人知道她有这样一个哥

问：女儿和她哥相处得怎么样？

黄母：她对她哥可好了！有一次我骑着电动车带她和她哥哥从外面回来，我去地下室放电动车上来，她哥哥拉在地上，我女儿在地上给收拾，连她哥的屁股都给擦了。我看见以后很感动。

问：那个时候女儿多大了？

黄母：应该十九、二十岁。

问：妹妹对哥哥有嫌弃心理吗？

黄母：我们姑娘从来没嫌弃过黄潇，也不怕人知道她有这样一个哥。她说：“我哥就这样！”但他俩差了六岁，一起玩的时间很少。她自从上了小学，就各种作业，压力大，她又做得比较慢，没有时间出去。我回想起来，那些年好像我们一家四口只出去玩过一回，好像根本都没有时间：他爸工作的时间不稳定，我在办机构，周末周天机构里有时也有孩子，姑娘上学又都是在我妈那边。

只是她现在大了，觉得压力比较大：父母老了她得管，哥哥也需要她管，她还要有自己的家庭。我开导她：“你不用担心！现在中国的社会保障这么好，我和你爸都有养老金，至于你哥哥这样的残疾人，将来社会的救济政策会越来越好。父母在的时候，哥哥用不到你；父母不在的时候，哥哥的监护人就落到你身上了，那也只是他有病了，需要你看望一下，他有大病了，需要你到医院去签个字。”同时，我也给她说：“你必须强大！只有你自己强大了，你才不怕；如果你自己不强大，你就会担心各种压力。”我的朋友们担心我老了以后，我和黄潇怎么办。其实我不担心。担心又能怎么样？我只要把现在做好就行了。生命真的就是体验，体验自己走的那条路上的东西。

黄潇长期焦虑……这种孩子不知道怎么释放

问：黄潇现在睡眠有障碍吗？

黄母：有。我本身就是神经衰弱，可能会对他有遗传。再一个，我们这种单亲家庭，不是孩子想要的母爱父爱健全的家庭，可能会带给他一些不安全感。更何况，我很难做到一直平和，有时候会有情绪的波动，这种波动也会给他带来负面影响。

我和黄潇都是很容易入睡，但睡得很浅，稍微有一点动静就会醒。他在家的时候，我们生活很规律，晚上九点睡觉，我早上五点半醒来祷告、读经，黄潇睡到七点醒来。在阳光家园，他也是早上七点多就起床，因为八点半要到日间活动中心。

问：黄潇现在经常会有焦虑情绪吗？

黄母：他长期焦虑。晚上我和他至今睡一张床，因为他晚上有个习惯，爱把衣服全撩起来，我怕他肚子受凉，要经常给他盖被子。别人说我："你说你需要晚上给盖被子，那他在阳光家园怎么过来的？"我说："阳光家园我没办法管他盖被子，但我知道他每周从阳光家园回来都拉着肚子，至少他在家里把被子能盖好就不拉肚子了。"他睡着以后，我稍微一动他就醒了，就靠药物让他睡得稍微好一点。

当然，他去阳光家园解决了我很多问题，比如说如果我有个头疼脑热的，他就有去处，我就能得到休息。现在他吃抑制精神分裂的药，情绪好多了，以前他随时都可能出现问题，我就得随时关注着他。

问：按我的理解，这些孩子内心非常单纯，心特别大，所以我以为他们不会焦虑。

黄母：这种孩子对事情不理解的时候，糊里糊涂，就像咱一样，别人骂咱，咱没听懂，咱就不在乎，也惹不到咱生气；但他理解了以后，会老是放在心里。这种孩子不懂得释放，不知道怎么释放。谁惹咱生气了，咱可以哭一下，可以骂一下，可是这种孩子不知道怎么释放。我认识一个这样的孩子，最开始不高兴了他就打自己头，打得全是包，他妈妈就教他："不高兴了可以哭。"这个孩子现在生气了就哭，一哭就是好几个小时。

我现在一直在考虑，怎么样教给黄潇一个合适的发泄渠道。我教过他用哭来发泄，这样不会伤害到他，也不会伤害到别人。这几天我也给他放一些特别刺激的音乐，让他跟着音乐运动，他手舞足蹈地乱扭乱跳。我想，这也是一种排解。

我感觉我离婚以后，家里的氛围更和谐了，没有他爸爸那种高声吼叫了。可是黄潇可能觉得："我爸爸怎么突然没了？以前他开车带我出去，现在怎么就忽然不带了？"他现在经常说："爸爸开车。爸爸开车。"我就担心成为单亲家庭对他有不好的影响。我还为此问过心理老师，心理老师说："不会。"

问：他可能想爸爸。那他爸爸会经常来看他吗？

黄母：2016年国庆节之后，一直到2017年4月份，他爸才见他一次。

问：那黄潇想爸爸了会给爸爸打电话吗？

黄母：我们刚离婚那会，他每周从阳光家园回来都给他爸打电话，让我拨通他说话。但是他爸从来就对孩子不用心，所以听不懂孩子说的话，只对他反复说："嗯，你听话哦，你乖乖地哦！你听话哦，你乖乖地哦！"孩子觉得没意思，就把电话给我，就不说话了。现在黄潇已经不经常给他爸打电话了。有时我问他："你想不想给爸爸打电话？"他不打。

问：爸爸老是不在他的生活圈出现，他慢慢就跟爸爸疏远了。

黄母：对。再一个，他可能慢慢就接受了现状，也理解了现状，只是他比我们常人要慢一些。而且我感觉这几年我离婚以后，我儿子比以前懂事了，理解能力提高了，又进步了一些。以前他对我的面部表情不在乎，现在我一掉脸，他就有反应，我一流眼泪，他就会看着我。他好像知道关注妈妈了。

我在经历了一些事情之后喜欢静下心来"悟"，不断地反思

问：黄潇成长中有哪些可爱的、令你感动的事情，你还能记得的？

黄母：原来我好像一直都没顾上去感受孩子成长中的乐趣，最近几年才静心地去体会。前一阵我感冒，头疼，可难受了，躺在床上望着他流眼泪，他就不停地叫我："妈妈，妈妈……"我说："我头疼得很，你给我拿点头疼粉吃了就好了。"他竟然不仅给我拿来了头疼粉，还把热水瓶提了过来。也不知道他怎样从我那一抽屉药里找出头疼粉的，他又不认识字。呀，我感动得忍不住就哭了，觉得真是和黄潇相依为命；而且，我忽然觉得黄潇能指靠了，只是以前没有指靠过他，没给他机会让他展示自己的能力。

问：有这样孩子的家庭不少，但像你这样不断努力、不断尝试、不断体会的家长不多。

黄母：关键是好多家长静不下心来“悟”，不少经历过去了就过去了。我在经历了一些事情之后喜欢静下心来“悟”，不断地反思。带这样的孩子，父母太重要了。就像黄潇今年发脾气的事，如果我作为父母不深入地去观察，仔细分析原因，他们肯定会把精神类药的量加到两片，用加大药量的方法来抑制他。你想，老师毕竟没有养育过这样的孩子，而父母是一点一点把孩子带大的，肯定比老师对孩子的了解多；再一个，老师没有父母和孩子之间那种血浓于水的关系，不可能非常耐心地疏导孩子，老师如果情绪不好，对孩子可能会比较武断。家长必须自己用心地去观察孩子，尽到一个家长对孩子该尽的责任。

现在这些阳光家园也非常难，基本上经费都非常紧张，既要生存，又要出资培训老师，同时因为无力给老师提供较好的工资待遇，难以招到专业的老师。作为家长，我们必须经常和老师沟通，既要理解老师和阳光家园的难处，又要提出我们的要求，使阳光家园在能生存下去的前提下不断提高品质。慧灵作为一个全国性的机构，已经做得很不错了。很多机构都需要成长，慧灵也是。我现在是慧灵家长委员会的，不定期地把家长叫到一块，沟通一下：你的孩子出现什么问题，我的孩子出现什么问题，咱应该怎样和慧灵协调去解决这些问题……慧灵的创办者，包括不少老师都是有信仰的。信仰有助于人内心的平和，也让人心中多了一点爱。

融合教育也是文明教育，需要赶快普遍做起来

问：听说你这些年除了办了一些机构之外，还一直通过别的方式在为智力障碍孩子做一些事情……

黄母：从 2010 年以来，我们有几个家长一直在为这些孩子的权利奔走。我会定期带一些家长去残联、政府沟通。政府办学校也好、办阳光机构也好，是为了改善孩子们的能力，让他们一天比一天强，一天比一天能做一些事情，尽量让他们接近正常。但是，这些孩子一般不可能变成正常孩子。那么，等我们做父母的百年以后，这些孩子怎么办？就算我们能给孩子留很多财产，他们也没有能力支配。谁来监管我们留给孩子的财产能有效地用到他们身上？怎样才能保证我们现在的很多政策，比如残疾人的养老、生活保障、护理补贴等，在家长去世以后，能继续落实到这些孩子身上？再一个，九年义务教育，这种残疾孩子怎样能享受上，是融合教育还是小班制？怎样保证这些孩子也享受到义务教育的权利？……我们希望在我们这些家长还活着的时候，能看到国家有

一系列政策与行动，使这些孩子小时候有幼儿园上、有学上，让家长能安心地工作；他们生病了，能有医保卡去看病；他们就不了业，国家能有就业保障金；到这些孩子该工作的年龄，他们的保险、养老金这些，国家该帮他们交多少、家长该给交多少，都能明确规定，保证他们老了的时候，能像我们拿到退休金一样，拿到保证他们基本生活的钱。

然而现在，在陕西这边，社会普遍认为："你生了这样一个孩子，这就是你的事，你就得从头到尾负责到底。"这样的孩子和家长就被终身捆绑在一起了，跟国家没关系。

民政局本身就是救弱济残的。谁弱谁残？老年人、残疾人、病人是弱势，需要救助。可现在很多时候，低保成了有些正常人的零花钱了：正常人不去努力、不去工作、没有房子，竟然可以来申请低保！婚姻法规定智力残疾的人不允许结婚，户口法规定没有完全民事责任能力的人户口也不能单列，所以，智力残疾的人永远跟父母在一起绑着。父母管到什么时候是个头？没有头。（抽泣）生了这个孩子你就一直得带着。我一个月两千多块钱的退休金给他往阳光家园一交，我吃什么？

我们这些家长同时也在为智力障碍孩子争取受教育机会。以前西安就是西安市第二聋哑学校和西安盲哑学校里面一共有两个班接纳智力有障碍的孩子，接纳能力很小。大约 2004 年的时候，我们写提案，要求市政府建特殊学校。当时市政府答应了，就规划，规划了好几年。有一个王爷爷的孙子也是这种孩子，他那些年就一直为这事奔走，后来都成偏瘫了，这事才慢慢启动。2012 年，我们好些家长去市政府上访，我们提出，如果当年 9 月特殊教育学校——西安启智学校不能开学招生，我们到时就把孩子们都带上，坐到市政府门前来。9 月 1 日那天下雨，我们好多家长带着孩子去市政府门前，政府派人一再跟我们说："因为后期的施工，还有一些工作实在是没做完，10 月初我们一定开始招生。"

那年我们硬是那样三天一上访、两天一上访地推动，启智学校终于开门了。当时西安市教育局也给我们去上访的人承诺：以前没办过这种学校，所以得一点一点来，先招的人少一些，先从招义务教育段的孩子开始，不断总结经验，不断扩大规模。我们觉得市教育局说得有道理，不可能让这个学校一下子就能招收多少人、规模多么大，得让它有个发展的过程。

我们上访、写提案不是在闹事，是在帮助政府把特殊教育这一块做好。他们不知道、没想过，我们给他们说，给他们提供材料和思路。这几年这么开放、信息这么畅通，北京、上海这些地方的经验我们完全可以学，完全可以做得更好。

我们也跟西安市教育局下面的教研室发生关联，每次有关于智障孩子教育或培训的活动，我们会请教研室的老师来，让他们了解相关情况，获得这一类信息，让他们观念变化之后，能愿意为这些孩子们做点事。比方说，“拉拉手”每年都有论坛，会请国内国外的专家来讲些东西，这个时候，我们就会请教育局、教研室、残联的工作人员去听，去学习。可惜这几年政府工作人员变动太频繁，一批工作人员刚把这方面的情况熟悉了，又不在这一块干了，到别的部门去了；甚至我们刚和一个工作人员熟了，他刚把这个事情的来龙去脉了解清楚了，知道这个事该怎么弄了，又换到别处去了，我们又得重新来，哎！但是我们一直没有停。我们就是希望政府知道，这个方面的工作必须得做，而且有人在后面催着呢，不能牺牲了一批孩子的教育，再牺牲一批……这些年，我们碰到一个非常好的政协委员，每年都提交为智障人士争取教育、生存、养老等权利的提案。

康复训练和教育让专业人士去做，我们这些家长应该为这些孩子的权利去呼吁，这样协作起来，才能让这些孩子生活得更好。

问：这次的特奥口述史也是想为这些特殊孩子做一点事，促进他们与社会的融合……

黄母：我喜欢“融合”这个词。为啥？现在我们这种孩子出去玩，往往引起围观，正常人觉得新奇。有融合，就不会了，因为如果正常的孩子和这些孩子从小就在一个学校里，从小就在帮助这些孩子，不仅对正常孩子心灵的成长有帮助，而且他们从小就见过这样的人，就会以很平和的心态对待这样的人。现在的封闭，把两种人隔绝开来，很不好。融合教育也是文明教育，需要赶快普遍做起来。

现在为什么智障者的精神分裂这么普遍？我认为一个重要原因是，周围的人不了解，有一些过激的语言、行为，对这些人有很大的刺激。

好多家长多少年都活在自卑之中，也一直紧紧地把自己和孩子封闭起来，不让周围的人知道自己家有这种情况。我现在把五六个这样的家长组织起来，大家一起玩，可以释放，可以慢慢地走出去，可以一起来解决问题。在一个圈子中，单个家长的恐惧会减少；而且大家的情况一样，有很多问题可以相互说，可以相互讨论。另外，大家在感受到圈子的力量之后，遇到另外的这类家庭，会主动去拉一把。

对这些娃来说，陪伴就是价值——阳光家园朱老师口述

口述者：朱老师，女，1971 年生，慧心阳光家园小组老师之一，负责黄潇所在小组 6 个学员的日间管理

访谈者、撰稿者：李巧宁，女，1971 年生，陕西理工大学教师

访谈时间：2018 年 1 月 10 日

访谈地点：西安慧心智障人士阳光家园

问：朱老师，这些孩子们白天在这里主要干啥？

朱老师：他们在这里不是上学，他们已经是成年人了，教读书之类的对他们没太大用处。我们主要是教他们生活自理、行为规范，同时做一些适合他们的活动，让他们健康快乐。我们这里社会融合比较多，天如果不冷，我们会经常带他们外出，去公园、超市等一些公共场所走一走，让他们在真实的环境下学习一些东西。

问：外出是你一个人带他们吗？

朱老师：我一个人不带六个。我们有标准化规定，外出时一个老师带两到三个学员，在室内一个老师带五到六个学员。外出的时候，由行政主任赵老师来协调，她会再派一个老师来，六个学员由两个老师带，有时候还会有志愿者帮忙。

问：带出去到哪儿，完全由你自由安排？

朱老师：对，完全由我安排。外出的时候，每个学员必须戴胸卡，上面有学员个人的姓名，并注明是“智力发展障碍人士”，有我们机构的名称和联系电话。万一走丢了，有的学员会主动求助，但这些娃大多数表达不清楚，也不知道主动求助，好心人看到胸卡上的信息就会联系我们。另外，不少学员都戴有定位手表，我们能基本定位他们。

问：我感觉你就跟这几个孩子的妈妈一样……

朱老师：那是。我是把这些学员当成自己娃，该训的时候训，甚至可能会拍他们一下，但如果带出去有人歧视他们，我会很不高兴。另外，我把他们当成正常人一样对待。你们不做这一行的人来了以后，对这些孩子有一种同情，

我是把他们当成跟我一样的人，不会用同情的眼光去看待。

问：你是从哪一年开始干这个工作的？

朱老师：2010 年吧。

问：之前你是做啥的，什么样的机缘让你开始从事这个工作？

朱老师：我原来是做生意的，做得不太好，我娃中考那年我就没做了，在家陪娃，也算是休息了一年。这个时候，我的一个朋友在慧灵另一个机构做事，她是那年 5 月份进慧灵的，8、9 月份的时候，慧灵需要人，她就把我介绍来了。我当时没想到我会做这么久，只想着来试着做做看。做的时间长了，就接受了，就一直做下来了。相对来说，做这个没有太多的技术含量，有爱心和耐心就够了。跟这些孩子在一起，人很简单。比方说，我批评我娃，她会把门一摔，走掉不理我，可能好几天不理我，跟我计较；批评这些孩子，他们根本不会记仇。跟他们相处很简单。

这些娃对我的影响挺大的。我老公是前年不在的，很突然。那段时间我难过得不得了，感觉自己快撑不下来了，但因为有这些孩子，我有强烈的“被需要”的感觉，就撑下来了。跟这些孩子在一起，我可以毫不掩饰地释放我自己的情感，可以旁若无人地哭，可以做最真实的自己，不像和正常人在一起时要伪装自己。即使在同事、家人面前，我可能都会怕别人看不起我，说我不坚强，所以我需要掩饰自己，很少去倾诉。但是和这些孩子在一起，我不会怕他们笑话我，甚至我可以向他们倾诉我的内心。这种倾诉不需要任何劝解和开导，只是需要倾听者。这些孩子很善良。如果我的生活里不出什么大事情，我想我会把这个工作干到退休，再干五年至少不成问题。这个工作我喜爱，也是我的一种精神寄托。

当然，有时候我也会迷茫：如果我干另一份工作，可能会不断地看到效果，可是这些娃的提高非常慢，长年累月下来，很难看到明显的效果。这一两年我慢慢想通了，对这些娃来说，陪伴就是价值，我能坚持陪伴他们就是成就。说实话，能坚持个八九年甚至十来年，真的很不容易。

问：黄潇是什么时候到你这个组的？

朱老师：他是今年 8 月份转到我这个组的。2010 年我来慧灵的时候，黄潇在我组里。2012 年前后我们成立了一个专门的自闭症组，我负责那个自闭症组，黄潇不属于自闭症，他只是智力发育迟滞，就不在我组里了。2013 年的时候，我调到另一个组，黄潇又到了我组里，我带他带了一两年。后来黄潇又去了另一个组。今年 8 月，他妈妈说，黄潇还是想到我这个组，就把他调到我这里了。他之前那个组的老师在慧灵干了好多年了，是从“家庭妈妈”做起的，经验很丰富。但人和人之间有时候就是那么一种微妙的感觉，黄潇可能在情感上对我有依赖，他跟我很亲，不怕我，所以在我们组里，他没有压力，很放松，有时候可能会激动，但他不会发大的脾气。

问：黄潇会和其他同学起冲突吗？

朱老师：一般不会。他们有啥要求会给老师说，而且他们之间没有多少交流，也不会有冲突。

问：黄潇是这六个学员里面年龄最大的，他有没有“哥哥”那种呵护其他学员的概念？

朱老师：没有。但是黄潇喜欢帮助别人，喜欢操心。比如说哪个学员上楼的时候没上来，他就会去把人家拉上来；什么东西掉地上了，他会捡起来。有意思的是，他不是直接悄悄地捡起来，他会说：“朱老师，你看，你看……”他意思是让我知道是他捡起来的，让我把他好好夸一下。他做事很高调。

问：他们在这里吃饭的时候会自己挑菜吗？

朱老师：到 11:30 该吃午饭的时候，会有人把他们的碗全都拿到厨房去，厨房的人会给他们把饭打好，他们拿上来坐在这里吃自己碗里的，吃完了各自洗自己的碗。碗收拾好了开始午休，到下午两点再起来在这里活动。不午休的，就在二楼活动室地上铺的厚垫子坐着休息一下。

问：黄潇午睡吗？

朱老师：他不睡，他就往垫子上一坐。他一睡下就老要起来上厕所。在垫子上安安静静地坐着也是一种休息。

问：咱们这里的院子是开放式的，不睡觉的孩子心野了会不会走掉？

朱老师：不会。

问：黄潇的喜好是什么？

朱老师：他的喜好就是穿珠子，没有其他特别的喜好。我们组这些娃，强洞国爱写字，黄潇穿珠子，朱琳娜啥也不干，丁丁喜欢听儿歌，黄冠哲喜欢涂色，那个小伙子爱跳。黄潇总体上是一个爱操心的人，比方说桌上这个花的叶子掉了，别的学员都不管事或者意识不到，他就会说：“朱老师，掉、掉……”告诉我叶子掉了。这些孩子对这里挺有归属感的，生活也很规律，周五下午等着家长来接，周一早上等着家长把他们送过来。

问：我听说咱这里的孩子每个都有训练目标。黄潇的训练目标是啥？

朱老师：他就是要训练精细动作，让他能静一点，所以要他穿珠子。以前我给他面前放两个小筐，一个里面是绿珠子，一个里面是白珠子，有时让他全穿白色的，有时训练他全穿绿色的。现在我把绿珠子和白珠子放到一个框里，他就只穿绿色的。很有意思，你说他对颜色有辨别吧，你问他什么颜色他说不上来。比如，我穿的衣服和他衣服的颜色有啥差别，他没有意识，也表达不出来。说他对颜色没辨别吧，他穿绿珠子的时候，白的他一个也不穿上去。

问：我看咱们的课表里，下午有“健身活动”，如果每个学员的训练目标不一样，你一个人管六个学员能管得过来吗？

朱老师：我们每个月的主题不一样，每次活动时学员的活动内容是一样的。比如说这个月我们的活动主题是大运动，天冷，不能出去到院子里，我就设计一些可以在室内完成的动作，比如“下蹲起”“原地跳”这些。天暖和的时候，到室外去运动，如果六个学员我一个人带不过来，就需要有志愿者或其他老师的协助，或者我就少带几个。

问：每次健身活动或大运动训练的时候，黄潇能积极配合吗？

朱老师：他积极，但是我们这几个学员总体上都是不爱动，让他们统一做有些活动，比如说做第八套广播体操，有的学员做，有的学员就不做。所以我就经常让他们跑步，因为跑步的时候排成队，他即使不跑也得走，至少会有所运动。一运动起来，他们一些不好的情绪就消散了。有些娃忽然大喊大叫，那是他的情绪没办法宣泄。跑一跑，跳一跳，累了，情绪也就平静一些。

问：上厕所这些，黄潇能控制自己并很好地处理吗？

朱老师：这几个娃都能控制自己，但有几个娃上完大厕所屁股擦不干净，黄潇就是其中一个。

问：这些孩子唱歌是你来教吗？

朱老师：不是，他们自己听歌就学会了。比方说黄冠哲在正常学校上完了小学，识不少字，他会上网，他在家上网就可以听歌，就学会一些歌曲了。丁丁也会不少儿歌。黄潇不会唱，但他也爱听歌。

问：黄潇现在每天吃药，他配合吗？

朱老师：配合，该吃药的时候他知道。他是每天早上吃，不能停。药在我这放着，该吃的时候，有时候我还没顾上给他，他就问我要：“朱老师，药，药……”我给他一拿。

问：喝水这些，几个娃都能自理吧？

朱老师：能，他们都能自己接水。有些娃会主动喝水，你像黄潇，喜欢把杯子放到他跟前，想喝的时候就喝一点；有些娃不爱喝水，不主动喝，就需要提醒。

我们的“家庭妈妈”对黄潇的支持和帮助确实挺大的
——阳光家园赵老师口述

口述者：赵老师，女，二十四五岁，慧心智障人士阳光家园日间活动中心行政主任

访谈者、撰稿者：李巧宁，女，1971 年生，陕西理工大学教师

访谈时间：2018 年 1 月 10 日

访谈地点：西安慧心智障人士阳光家园日间活动中心

问：赵老师，你是怎样走上特教这条路的？

赵老师：我在南京特教学院上的学，学的是特教。当时选这个专业的时候，只是听我们老师说这个专业以后好就业，不太明白什么是特教，根本没想到会是这样一个工作环境，是跟这样一个人群打交道。实习的时候才知道：哦，原来是这样子。后来也就慢慢习惯了。我毕业前是在这儿实习的，2014 年 7 月毕业以后就直接留在这儿工作了。

问：这些孩子都很单纯，而且大多数胆子比较小。没接触这个群体以前，我以为阳光家园的外面会有大门，这些孩子会在里面跑来跑去；接触了以后才发现这些孩子很小心，基本上都不会自己随便跑出去。是不是他们对正常的社会是有恐惧的，跟外面的人交往的时候挺害羞，也挺害怕的？

赵老师：嗯，是这样的。

问：你来的时候，黄潇就已经在这儿了？

赵老师：黄潇比我来这儿早，他在这儿已经是老学员了。听说他来这儿之前，穿衣服这些根本不会，也不会主动去夹菜，上厕所的自理程度也不高，自从住了家庭[①]之后，我们的“家庭妈妈”对他的支持和帮助确实挺大的，他现在生活基本上能自理了，衣服能套上了，虽然有时候分不清反正，洗澡也能自己冲洗，但仔细地搓洗还需要有人协助。

---

① 住了家庭：慧心阳光家园有全托服务，学员可根据自己的需要，选择夜间住在慧心的“社区家庭”里，有专人负责安排和训练学员的作息。

问：这些娃都长这么大了，高高大大的小伙子，家庭妈妈协助洗澡多难为情！

赵老师：我们的家庭妈妈都四十来岁，年龄稍微长一些，把这些学员当自己娃呢，做这些也还好。家庭妈妈一直住在我们的“社区家庭”里。我们的几个“社区家庭”分散在日间活动中心周围。慧灵实行的是开放的社区化服务模式。你今天看到的这里是日间活动中心，下午四点半以后学员就回到“社区家庭”，里面的布置、安排都和我们正常生活的家庭一样，不是大通铺、大锅饭，而是在一个三室两厅的空间里，分房间住，可以在客厅看电视，可以在小房间干自己喜欢的事。总之，在“社区家庭”里，没有硬性的任务安排，自己管自己，但是每个人都要有一定的承担，比方做清洁，能力好的也到厨房去帮“家庭妈妈”择葱、洗菜之类。天气暖和的时候，晚饭后，“家庭妈妈”和家庭助理会带学员到附近的公园去散步，去做一些简单的运动。现在天气冷，晚饭后就让他们在屋里走一走，然后想看电视的在屋里看看电视，想写字的写写字，想画画的画一画……大约到九点就让他们洗漱、休息。

慧灵是一个大的机构，我们只是它的一个分支机构。每个分支机构都有自己的定位。我们慧心的定位是面向中重度的智障人士，有相应的针对他们的支持和活动。同时，我们现在的理念是“去指令化”，尽量让他们自主地去完成一些事情。为什么要强调他们的自主性呢？因为他们也是独立的个体，有自己的想法，如果我们总是把他们的行动控制在我们的想法之内，是对他们的不尊重。我们现在开展的一些活动，包括“社区家庭”里的生活，都是在尝试尊重学员的这种自主性。但是，这个对中度的有用，对重度的意义不大，因为有好多重度的判断能力弱，不知道自己该干啥。所以，对重度的，还需要适度的指令。

问：你们做得真好！在正常的学校里，有些孩子控制不了自己的情绪，可能会自杀，咱们这些学员控制情绪的能力可能相对正常的孩子会弱一些，咱们担心不担心这些孩子控制不了自己的情绪，会有一些极端行为？

赵老师：人发脾气的后果有两种，一种是伤自己，一种是伤他人。这些智障的孩子发脾气主要是伤自己，打自己头、打自己脸、撞墙、自残……我们这里的孩子虽然是中重度的，但是都还好，有情绪的时候拍自己几下就完了。像那种太严重的、有自残倾向的，我们根本就服务不了，他们需要一对一服务，而我们的人手是承接不住的。

黄潇观察日记

观察时间：2018 年 1 月 10 日
观察地点：西安市慧心智障人士阳光家园
观察者、撰稿者：李巧宁，女，1971 年生，陕西理工大学教师

慧心智障人士阳光家园是西安慧灵的一个分支机构，服务对象为中重度智障人士，实行的是社区服务模式。周一到周五，每天 8:30—16:30 智障人士在日间活动中心，16:30 智障人士分组回到社区的住宿“家庭”。每个“家庭”有六个智障人士、一个负责卫生打扫和早晚餐的“妈妈”、一个助教。在住宿“家庭”里，程度好一些的智障人士会帮助“家庭妈妈”做一些力所能及的家务，如择菜、倒垃圾之类。晚饭后如果天气好，助教和“家庭妈妈”会带他们在附近的公园散散步；如果天气不好，各人根据自己的喜好在“家庭”里看看电视、看看书、画画、写字；大约 21:00，各自洗漱睡觉。早上 7:00 多起床吃早饭，饭后由助教老师带到日间活动中心，分成四组，每组六个智障人士、一个老师。

2018 年 1 月 9 日，黄潇的妈妈帮我联系好了慧心阳光家园的行政主任赵老师和黄潇所在小组的负责人朱老师。1 月 10 日早上 8:30，我来到位于莲湖区铁塔寺社区的慧心阳光家园日间活动中心。这是一栋开放大楼，活动中心租用的是一层和二层。一位男老师带我到二楼，告诉我黄潇在朱老师小组。我简单说明来意后，朱老师很热情地让我进到组员们所在的教室——外间约十五平米，挨一侧墙壁放着一张长条桌，桌的三面放着八张椅子，墙上贴着活动表等纸页，也挂着白板、白板笔和卡通布娃娃；挨着房间后窗的侧墙上有个门洞，走进去是另一间约十五平米的房子，里面整齐地放着热水器、篮球等各种体育用品和两个柜子。四个学员各干其事：黄潇坐在桌前东张西望，小强在擦桌子，小朱默默站在桌子一边，小冠像是自言自语似地对朱老师说：“我一辈子也不吃药。”我拉了拉黄潇的手，告诉他：“我是妈妈的朋友。”不知是我的这一介绍使黄潇想到了妈妈，还是他想告诉我和朱老师他明白了我是妈妈的朋友，接连说了几次：“妈妈，阿姨，妈妈……”

8:34　朱老师对黄潇说："黄潇，拿抹布擦桌子。"黄潇回里间屋子拿了抹布，在桌上擦了几下就放下，然后出了教室，到楼道上晃悠去了。

8:40　黄潇从教室外晃悠回来，坐在桌前。

8:46　同组的丁丁在妈妈护送下进了教室，朱老师和丁丁妈妈说话，黄潇很热情地拉丁丁坐在自己旁边，嘴里不停地说："丁丁，丁丁……"

8:51　组里的同学有闲站着的，有给热水器添加凉水的，有擦桌子的……朱老师给黄潇一个蓝色的小抹布，让他把墙上挂的小白板擦干净，他擦两下就向朱老师递抹布："朱老师擦。"朱老师拿来边擦边给黄潇说："这样擦！"然后又把抹布还给黄潇："黄潇擦！"黄潇擦了没几下，又把抹布递给朱老师："朱老师擦。"

8:55　黄潇对朱老师说："尿尿！"朱老师说："去吧。"黄潇出了教室，走向厕所，仿佛害怕自己会踩空似的，每一步都迈得很小心。不到两分钟，黄潇回到教室，看着朱老师。朱老师说："黄潇，你咋没尿呢？是不是有人？"黄潇点了几下头，用手指了指厕所那边。朱老师说："厕所有人哦？那你等一下再去。"等了约一两分钟，黄潇再去厕所，很快就回来了。

9:00　朱老师告诉我，她的组里共有 6 个学员，还有 1 个今天没到，那个学员喜欢自由自在，经常会在街上逛，逛够了才来活动中心，他手上戴有定位手表，家长知道他在哪里。

9:02　朱老师让 5 个组员排队去一楼的大活动室晨练，我跟在后面。下楼梯的时候，组里的小冠默默站在楼梯口的一边。我说："孩子，下楼吧！"他一言不发，原地不动。我做了个让他先下的手势，他依然没有动，我于是先下楼，他看我下楼了，跟在后面。

9:03—9:30　日间活动中心的所有学员在大活动室跟着屏幕上的视频做体操，老师们也一起做。学员们有的很认真，有的东张西望，有的偶尔动一下四肢。黄潇站在倒数第二排，不太跟着运动，看看这儿，望望那儿，老师喊一声"黄潇做操"，他就象征性地动两下腿，或前后摆摆胳膊。

9:31　晨练结束，朱老师带着五个组员回到教室。黄潇一边对着朱老师说"听音乐"，一边到里间的柜子里取出自己的 MP3，放在桌子上听起歌曲来。音乐声响起，旁边的丁丁说："《2002 年的第一场雪》。"朱老师告诉我，丁丁知道听的是什么歌，黄潇弄不清楚歌名。

9:45　朱老师说："自由活动一会，想喝水的去喝水，想上厕所的去上厕所。"组员们有的在教室走动，有的站在窗前往外看，有的在桌边坐着发呆，有的去里间接水喝。黄潇接了水，抱着玫红色的水杯回到桌前，不时喝一口水。

10:10　小强去大活动室参加阳光家园的艺术排练，从另一个组换上来一个学员到朱老师组。朱老师对学员们说："大家可以自己做点自己想做的事。"说着，给黄潇一个盛有白色和绿色小珠子的小塑料筐，让他穿珠子。其他组员有的涂色，有的听歌，有的闲坐着，有的在教室里做兔子跳。

10:30　黄潇一直在专心地穿珠子。我走过去，从筐里取出一个白色珠子放到他手里，他放回小筐。我仔细一看，黄潇已经在细线上穿了近二十厘米的珠子，而且全是绿色的。我赞叹他一句："你好能干！"在穿珠子的过程中，黄潇偶尔会说一句"妈妈接"，可能是想让妈妈接他回家了。

10:50　黄潇站起来，说："尿尿！"然后开门往厕所走。在楼道上，他的脚步显得格外谨慎，总是高高地抬起脚，然后小心地落下。

10:53　黄潇从厕所回来，继续坐到桌边穿珠子。

11:10　朱老师告诉我，小冠能认不少字，会在电脑上打游戏、听歌、看他喜欢的东西，也会操作手机。说着，朱老师把自己的手机递给小冠，让他搜歌。小冠在手机上播放歌曲，丁丁说："《一只哈巴狗》。"黄潇关掉了自己的MP3，听小冠放出的手机音乐，停止穿珠子。

11:15　手机播放《一休哥》。朱老师问大家："这是什么歌？"黄潇看看朱老师，没说什么。丁丁说："《一休哥》。"

11:20　我准备在11:30学员们集体开饭的时间离开阳光家园，就给黄潇说："你再穿一会珠子吧，阿姨给你拍张照片。"朱老师走到黄潇身边，把小筐和细线放到黄潇手边，黄潇很听话地穿起珠子来，我拍了几张照片。

11:28　我告别朱老师和组里的学员。黄潇站起来，我特意握了握他的手。

总体来说，组里的五个学员除了黄潇和丁丁外，其他三个学员基本上不主动和人交流。黄潇会用简短的句子向朱老师表达自己的想法，穿珠子很专心；丁丁有强烈的与我交流的愿望，不时到我身边来要拉我的手，朱老师一制止，他立马就退回自己的座位；小冠对色彩的识别很准确，观察力也强，涂色本子上的抽象图案他也能识别出来；小朱长得单纯可爱，是组里唯一的女生，她几乎不做任何事，要么默默地在教室一角慢慢走走，要么静静地在桌边坐着；小强表达能力正常，能干擦桌、扫地、接水等事情，而且有一定的才艺；小强去参加才艺班时，从别的组换上来的那个学员喜欢在教室里做兔子跳。学员们几乎不会如我想象的那样互相碰撞、起冲突，他们总是各干其事，互不干涉，很好管理，也听话。

访谈手记

李巧宁

2017 年 8 月初，西安热得空气发烫。我电话约访薛艳女士的时候，她非常爽快地说，只要避开周六早上她去教堂的时间就行。当她顺口告诉我她去的教堂名字时，我感到非常亲切，因为我曾在那座教堂对面约一百多米远的小区住了两年，经常从教堂门前走过，有一次出于好奇还进去看了一会儿。我问她在哪儿见面比较方便，她说，本来可以在她家，但自从 2017 年 7 月下旬黄潇在家中出现精神异常后，一直没去阳光家园，居家安养，正在逐渐康复，她担心黄潇会干扰访谈，就说还是在我住的宾馆吧。我心疼她在炎热的天气里奔走的辛苦，也为了方便她操心儿子，就约在了她家跟前的小咖啡店。三个多小时的访谈中，她时而开朗地大笑，时而伤心地抽泣，一个直爽坚强的妈妈的形象展现在我面前。

在阳光家园穿珠子的黄潇

2018 年 1 月初，我再约薛艳，想对第一次访谈中没有来得及细谈的问题再聊一聊，同时麻烦她帮我联系黄潇所在的阳光家园，让我能去观察半天黄潇的生活。当时她母亲生病住院回家不久，需要她常去照料，但她还是很快打电话帮我联系了阳光家园的老师，告诉我第二天一早就可以去。她还用短信把阳光家园的具体地址和两个负责老师的电话发给我。第二天早上，我顺利观察了黄潇在慧心阳光家园日间托养中心的生活。下午，薛艳说她从妈妈家回来就来我住的宾馆找我。16:30 左右，薛艳到我房间，她和夏天初见时一样爽朗，但显得更精神、更平静。我俩一个靠在床头、一个趴在床尾，像久未见面的老朋友一样，随意地聊了三个多小时。如果说第一次访谈她把我当成新朋友，还稍稍有点戒备的话，第二次访谈，她则像对多年老友一样，敞开心扉，自然而亲切，展示给我的是成熟、理性、平和、在自己的经历中不断思索和成长的女性形象。

我尽量把人做好

——D 母亲口述

D，男，1983 年生。独生子。重度自闭症加精神分裂。从小一直在家安养。

口述者：D 母，宋女士，1954 年生，1982 年结婚，2001 年离婚；退休前在西安某研究所工作

访谈者、撰稿者：李巧宁，女，1971 年生，陕西理工大学教师

访谈时间：2017 年 8 月 8 日、9 日

访谈地点：陕西省西安康复医院住院楼 11 层 25 床病房

他一岁七八个月的时候，我正式走上了为他求医问药的路

问：你好，我可以叫你“宋姐”吗？看见你我觉得特别亲切。

D 母：可以可以！

问：你是哪一年出生的？

D 母：1954 年的，都六十三岁了。（坐在旁边的 D 用手摸访谈人的胳膊，母亲对 D 说：“不许摸！”）D 在这里很干扰人的，他一分钟都不让人停下来，他就是一个动作：拉着你，要不就是纠缠你。

问：你哪一年结婚的？

D 母：我是 1982 年结婚，1983 年生的这个孩子。那个时候国家提倡晚婚。

问：没生的时候你去医院检查了吗？

D 母：去了。八几年的时候〔孕期〕检查是几个月去查一次，不像现在对怀孕这么重视。生他之前是前置胎盘。

问：前置胎盘会对孩子健康有影响吗？

D母：这个咱也不清楚。我的家族和他爸的家族里都没有过D这样的情况，所以没有遗传因素。

问：生D是顺产吗？

D母：顺产。除了前置胎盘，其他都正常。

问：他多大的时候咱发现他有点异常的？

D母：这个孩子生下七八个月大的时候，我就发现他不对，他很闹腾，和正常孩子是有差别的。他是1983年出生的，1984、1985年的时候才有自闭症这个称谓。他一岁七八个月的时候，我正式走上了为他求医问药的路，那个时候去〔陕西省〕儿童医院、西京医院，甚至北京的宣武医院，天津的……去的医院多了去了，都按多动症对待。

问：一岁七八个月的时候，他是啥症状？

D母：他一岁半的时候，还不会走路，比别的孩子慢很多；再一个，他睡眠不好，整宿整宿地不睡觉，全家人轮番地抱着他晃悠都不行。最明显的，人家一岁七八个月就牙牙学语了，他不行，语言非常差。

问：去那么多医院看了，有效果吗？

D母：几乎没有效果。光在西京医院针灸就八个多月。

问：针灸是几岁的时候？

D母：两三岁的时候。他今年三十四岁了，这三十四年来，除了他一岁多以前之外，后边不停地看病、吃药……所有能跑的医院都跑遍了，包括听人说农村的老中医看得好，有偏方，都去过了。办法也想遍了，好像不把所有能尝试的都尝试一下，心里就不安。他很多时间在医院里度过。去年他在这个医院待了七个多月，前年他因为精神方面的问题引起代谢紊乱，突然出现了糖尿病，在医学院〔附属医院〕急诊科住了二十七天。

他七岁的时候就情绪有异样了。有一次他从电视柜后面把电视机推倒了，电视机屏就摔烂了；我带他到精神卫生中心，人家确诊他有精神方面的问题，就让他在精神卫生中心住院治疗。精神卫生中心在海洋馆那儿，是西北五省最大的这方面的专科医院。

他从2009年就被确诊有精神分裂。我在好几家医院，变换好多个医生让人家看，才确诊的。这个病医生不会轻易给确诊的，评残也是很谨慎的。

问：这个也算残疾吗？

D母：算。他是一级，最重的，生活不能自理。残疾从重到轻分一、二、

三、四这四个等级，他是一级。

问：国家每年给这些孩子有特困补助吗？

D母：一级的一个月给一百二十元，二级的是八十元……然后统一的残疾每个月六十元。D一个月有一百八十元。

他的父亲因为承受不了这种压力，选择了逃避

问：你家在哪儿？这样一个一个医院地跑方便不？

D母：我家就在这附近的一个小区，我在一个研究所工作。他的父亲因为承受不了这种压力，就选择了逃避。

问：那是孩子几岁的时候？

D母：2001年。

问：就是十八岁的时候？

D母：对。我有时候不愿意触碰这个话题。（哽咽）这个孩子这种状况，发脾气呀，晚上不睡呀……男同志有时候就有一些些怨气，我们之间就有争吵。我就给他爸说："这个孩子有病，咱们两个更应该齐心协力。"他说："这个何年何月是个头呀？"我说："你问我我也不知道。"他有时候甚至打骂孩子。我一看这个情况，就说："干脆算了，你走吧！"从2001年到现在，我就一个人带着孩子，他仅仅看过孩子一次。（哭泣）

问：〔离婚后〕他住得远吗？

D母：不远。我们俩就在一个单位。

问：治疗费用他也不管吗？

D母：不管。2001年的时候判他每个月给孩子两百块钱，就这两百块钱，他都不给。我们单位的领导给他做过工作，没用。也有人让我重新起诉他。对我来说，我没有精力也没有时间跟他去争，因为这个孩子已经让我很累了。我们娘俩就这样一天一天地过来了。我的生活质量跟别人相差甚远，我也不比，我每天就是调节自己、安慰自己。

问：医院的费用……

D母：医院的费用现在一个月将近一万块，有时候是九千多，有时候是八千多。因为他有居民医保嘛，可以报50%。剩下的，好在现在国家对残疾人尤其是精神残疾这一块的政策相对好一些了，确切地说，D享受"686项

目”[1]的资助，从2010年开始，每年补助两千多块钱，后来增加到四千多块。现在像他这种重度的，每年有三次补贴的机会，从去年开始，一次是给四千块钱。再加上现在政策上有一个低保，每个月有几百块钱，再加上我的退休工资，就这样过吧。我已经很满足了。

问：不住院的时候，D的药费？

D母：〔一个月〕一千块钱上下，他药量大。

问：为啥他爸爸不管呢？他爸爸家的人比方说他姑姑之类有没有帮你管过？

D母：没有，没人来看过。我不怪人家，他爸都不管，人家才不管呢。

问：2001年离婚之前，他爸家里人管过没？

D母：没有。他爸家是东北人，在耀县秦岭水泥厂，性格比较粗犷一些，脾气也比较暴躁。爷爷奶奶年龄大，都不在了，姊妹间的关系也比较远。我们离婚以后到现在，他爸爸就看过一次，给孩子掏过一百块钱。我们关系好的一个同事说他：“你这么久不看孩子，也不管，把他妈妈一个人辛苦得都不像啥了！”他掏了一百块钱，让那个同事到商店里给我儿子买了一箱黑谷牛奶，四十五块钱，还买了一箱王老吉凉茶，好像是五十多块钱吧，一共花了不到一百块钱，找的零钱人家还给了他。第二天，我们单位搞活动，我碰到一个同事，他说：“我碰见D的爸爸，他爸爸说给儿子光买东西就买了五百块钱的。”我一听，哦，苦笑了一下。我不愿意辩解什么，你说五百就五百吧。我就想：别说你没有买那么多东西，就是买了你给人家说有啥意思嘛。我当着同事的面说他这不好那不好也不好，我就苦笑了一下。那是2006年的事。从那以后，他再也没看过孩子，孩子病呀什么的，他都没有看过。

我姊妹三个，一个哥哥，一个弟弟，哥哥就在我们那边法院工作，弟弟在当地的一个供电局工作，他们时常在经济上接济我，觉着我一个人承受不了。

问：他爸有义务管孩子，至少孩子病了住院了，他和你可以各值几天班……

D母：他不管。我再难我都没想起来过他。他那个人酗酒，最近得了脑溢血，手脚不方便，我没见过，听说他料理自己很困难。儿子有时候说起他来：“爸爸呢？爸爸到哪里去了？”我就说：“你爸爸调到另外一个单位去了，好远

---

① 686项目：全称为“中央补助地方卫生经费重性精神疾病管理治疗项目”，是受卫生部疾病控制司委托，由中国疾控中心精神卫生中心承担的为了解我国精神卫生状况而设立的一个项目。2004年，国家财政投入686万元作为启动资金，故称之为“686”项目。

好远。”我从来没有诅咒他之类，没有。他打孩子呀、骂孩子呀，孩子好像都忘记了，光记着他好的一面。

问：离婚以前，孩子闹的时候，他打孩子？

D母：打，打得厉害。我选择跟他离婚是想让孩子少受一点伤害。这孩子也闹人，但是我想着他是孩子的爸爸，别人不体谅，他应该体谅，孩子有病控制不了自己。

问：那时孩子不闹的时候，他带孩子吧？他总该带孩子转一下……

D母：这个偶尔也有，但不是很多。当初我们虽然在一个单位里面，但单位大，互相也不是很了解，是别人介绍我们认识的，婚前交流也不是很多。结婚以后发现这个人不是很细腻。我这人吧，再难我都要把东西放得整整齐齐，哪怕我不睡，我都要把孩子洗得干干净净。这孩子一天要换两三件T恤，口水不停地流。

问：给他戴个围围可以吗？

D母：他不戴，他就扯掉了。他倔强，我行我素，根本拗不过他。他什么东西都要一模一样的，你看这T恤，要同款，换一个他就不穿了。

问：他的衣服全是你去上街给他买？

D母：他这么胖，街上买不了，全是在网上。再一个，我也没有时间出去，就在网上一订。网上有他穿的这么大的，他穿4个X的。

问：全买同款的？

D母：光这个款就买了六件，颜色有不同，但每个颜色都买两件。

他脾气上来了闹腾得，把家里砸得乱七八糟地，还自残！

问：孩子小的时候，主要是你和他爸爸管？

D母：不是，全家人都上。他爸家老人身体不好，没法管。我们家在铜川，我父亲是铜川一家大型运输公司的一把手，本来那个时候是要返聘的，为了帮我母亲带D，毅然决然地拒绝了返聘。我在西安上班，孩子放在铜川，那个时候周末只休一天，我就想办法回去看孩子。

问：孩子一直放在铜川？

D母：嗯。有时候我们也把我父母接到我们这边家里〔带孩子〕。后来父母年龄大了，管不了了，我因为要上班，就雇了一个保姆。哎呀，光换保姆就换了七八个，因为他闹腾得厉害，有的保姆不适应他，受不了他，就不干了。

问：2010 年之前，工资那么低，保姆的费用咱能承受得了吗？

D 母：为了贴补家用，我有时候就在外面干点兼职，因为这个孩子，家里的经济缺口非常大。我 2009 年退休以后就一直自己带着他，全天候地一天二十四小时陪着他。我父母也都不在了。

问：你父母哪一年不在了的？

D 母：我母亲是 2008 年〔去世〕，我父亲是 2014 年〔去世〕。D 小时候，我父母管着的时候，哎呀，他脾气上来了闹腾得，把家里砸得乱七八糟地，还自残！我家住六楼，他把家里的东西从空中抛下去。那些情况多了去了！我现在对“心惊胆战”这几个字感受最深最深。就比如这次，他在家里闹腾得我实在没办法了，才来住院的。

问：他七岁之前没有精神分裂，只是发现他好动？

D 母：好动、不睡觉、闹腾……一天把人折腾得就没有时间安稳，我上个班都心不在焉，把两个老人累得都没办法说。全家人都围着他转。

问：那他白天睡觉不？

D 母：不睡。他的睡眠一直困扰着我们，现在是拿药物才让他晚上睡一会。他这次来住院的时候，在家里四个白天三个夜晚一眼都没合，电视一直得开着，我躲到哪里他都把我找到，把鞋给我套到脚上，把我拉起来，他劲很大的，一下子把我拉起来。我躲到另外一个屋子里，躲到阳台那儿，都不行，他都要把我找到。没办法，我就坐到门口，一坐坐到天亮快五点钟。我还得竖着耳朵听他在屋里的动静。

哎呀，熬得我受不了了，实在是坚持不了了，我说还是来住院吧！住院的费用很高，对我个人经济来说是非常大的坎，本来我想能在家里凑合就在家里凑合，但是实实在在是受不了了。到这来以后，用上药，他又两个晚上一个白天不睡觉。你看他多能熬！熬得我这两个眼睛充血，又到这个医院的眼科去开药。这几天稳定之前又反复了一次，四个晚上没睡，白天也不睡。昨天晚上是第二个恢复正常的晚上，能睡着了，靠安眠药。劳拉西泮我们已经吃到了四毫克，白天氯氮平已经用到了九粒，齐拉西酮用到了六粒，德巴金用到了两粒。他在这个病区里是最严重的，但是不能把他放到封闭的病区里。封闭的病区一张床一天是二十五元，这个病房一天是一百二十五元，就这一项，只能报销二十块钱。他不能自理，只能选择放到这边。

问：封闭的病区家人不能陪护？

D 母：对。那些病人生活能自理，在护士督促之下，能排队打饭，吃完饭能简单地把碗洗一洗，能自己把衣服洗一洗。他就不行，分分钟都不能让人停下来，除非是睡着了，我才能稍微歇一下。跟 D 在一起，很难很难，有时候你不知道下一秒会发生什么。那两天他情绪波动的时候，分分钟我都在观察他的面目，用余光偷偷地观察，不敢正面看，否则他一会就怒了。

问：他怒了他能咋？

D 母：怒了就发脾气嘛。前两天他发脾气了，就把这个电拔下来，狠狠地一摔，他就站在那儿。这儿没有什么可让他发泄的东西。有时候我怕他把什么东西给人家弄坏，他发怒的时候我就把他带到楼道里走一走，到护士站让人家看一看，转移一下他注意力嘛。

问：在家里发脾气的时候，这几年他不摔东西了吧？

D 母：摔。

问：大东西也摔吗？

D 母：他甚至把茶几都给你推倒。光是茶几，我都换了三个了。茶几上的东西，所有陶瓷的我都不敢买。有一次，他一拳就把门上的玻璃砸碎了。现在在医院我心里是踏实的。为什么呢？因为有医生和护士，他的脾气起来的话，医院起码可以有一些干预，医生、护士、病友都能帮我。不像在家里，是一个封闭的环境，就我和他。再一个，这里有个走廊，可以带他在这里走走。他来这里减了十多斤了，原来二百四十多斤，现在二百三十斤。这里的锻炼挺好的。

问：在家里的时候，小区的院子里可以去走走吗？

D 母：可以的，但是很少很少。我在研究所工作，人素质相对高一点，但 D 这种情况我自己好像还有点不愿意到人面前去。因为人家那些孩子都正常，都在院子里的篮球场玩，他有时候就去拉人家，人家就有点那个……我就把他带到没人的地方。哪儿没人，我们才去，都是躲着人走，不会去扰乱人家，让人家感觉到不自在。他虽然不袭击人，但他就像刚才看见你一样，马上就上去拽你胳膊、揪你耳朵。住在这里，早上医生来查房，他不管是主任还是大夫，就上去把人家拽呀、揪呀……

问：也许对他来说，拽呀、揪呀是一种情感表达，表示亲近。你给他说"你把妈妈熬得"，他能理解不？

D 母：他理解不了，他情感比较淡漠。对他再好，他也没什么表示。有时候我引导他，我说："D，你爱妈妈吧？"他说："爱！"我说："你真爱吗假爱？"他分不清"真爱"和"假爱"，有时甚至就说："假爱！"（笑）

问：D每天的生活规律吗？他现在每天几点起床？

D母：他有时会睡一会懒觉。我特别希望他能多睡一会，看他能睡觉我简直幸福得不得了。在医院，我早上一般六点钟就起床了，我把房间里收拾收拾，医院给送藏药[①]了我就接着。他有藏药。七点钟就开饭了，我把饭打回来，打一份饭就够我们俩了，他饭量不大。他还没醒来的时候，我就先吃一点。八点医生开始查房，咱就配合着……

问：在这里，医生每天早上查房主要查什么呢？

D母：主要是问他的情况，关键是睡眠情况。他的主治医生是强大夫，叫强小迎，非常敬业，我觉得他和病人不像医患关系，像亲人。比方说，前几天D几个晚上都不睡觉，强医生值班，就说："大姐，你去休息一会，我值班呢，我来看着D。"我当时听了，心里特别感动。他能理解我一个人带着D不容易。他对D煞费苦心，尽管D的病还很重，但强大夫已经尽了最大的努力了，每一次对D用药的调整，他都是苦思冥想。有一次，我去他办公室，电脑上一排全是D的药，他一直盯着电脑在考虑。

〔他〕反正事可多可多

问：退休后，你一直都是天天陪着他？

D母：基本上都是，要么在家里，要么在医院里。有时候他早上多睡一会儿了，我就赶快下楼买菜，推个车车，一次多买一些，有时候一次买一周的。我上我们家楼的时候，空着手都觉得是一种奢侈，我会想："我不能空手上去，要不我买几袋盐吧！"我现在力量不行了，就想把重量分解一下，因为里里外外全靠我一个人。很多时候，只有他睡了，我心里才能想自己的事。只要他睁开眼睛，我就开始围绕着他。他即使跟我坐在一起，手也不停，一会拉我，一会靠着我，我要督促他擦嘴……反正事可多可多。

问：你要是累了，你躺到床上，叫他坐你旁边可以不？

D母：不行，他不要我躺的，他要把鞋子给我套上，非把我拽起来不可。我只好跟他在走廊转悠，有时候一晚上一晚上的。护士都说："阿姨，你回去睡一会吧，我在这里值班呢，我给你看着他。"不行，我如果回到房间，他就跟着进来，不让我睡。要不然，他吼，影响别人。我起来跟他坐到外面，坐到

---

① 藏药：陕西康复医院对一些病人采取藏药治疗。

他实在是困了，我就把他弄到床上。他床上的这种垫子，一次都是要买七八个。你看他那么大的块头，晚上起夜都是要靠人叫他，要不他就尿床了。他两百多斤，我先把这个床头摇起来，把鞋给他套到脚上，然后我要深呼吸，拼足了劲，才能把他扶起来，弄到卫生间，让他撒完了尿，再让他上床。

问：你能不能给他弄个尿垫，尽他尿，你可以晚上睡个整觉？

D 母：他不让弄。我都把手机闹钟上个点，比如凌晨三点钟叫他起来，下一个点我就上到五点半或者六点钟。他吃这个药会尿频，我尽量不让他往床上弄。

问：上大厕所他自己可以吗？

D 母：可以。他不会擦屁股，我就在旁边站着，等他上完以后，我给他把屁股一擦，手一洗。就这样，一会都离不了我。

问：洗脸那些呢？

D 母：他都不行。刷牙如果你让他弄，哪怕牙膏掉了，他都不管，都是随便弄一下。所以，都是我代劳。

问：你能逼一下他，让他自己去弄不？

D 母：他不弄。

问：洗脸、刷牙这些全都是你给他弄？

D 母：都是我弄，包括洗澡、洗头、理发。出去理发，一个是贵，再一个是路上，还有你去了不一定人家就有空，说不定有人在理，还要等，等的时候，他那些动作什么都怪异得很，我还得给人家说好话。干脆我就自己学着弄吧！

问：你给他理发，他情绪会烦躁吧？

D 母：那要看情形。有时候理个半截子他就不干了，那就哄呗，哄着哄着把它理完。

问：给他理的发型他会在意吗？

D 母：不在意。

我们家的人都对 D 非常好

问：你哥哥弟弟的孩子和 D 关系怎么样？

D 母：我们家关系很好的，我们家是当地 2009 年的十大孝顺家庭之一。我们家家风很好，我哥哥弟弟、我的侄女对这个孩子都是另眼看待的。吃东西，只要D在，原来我父母在世的时候，第一碗是我母亲的，第二碗是D的，第三碗才是我父亲的。现在我父母不在世了，吃饭的时候，第一碗是D的，先把他安顿好，其他人才坐，对他没有一点点歧视，没有一点点嫌弃。我二侄女是从汉中师范学院毕业的，她毕业好多年了，现在都快四十岁了，在铜川高中当老师。我的两个侄女和我侄子对他都非常好。

问：他们在一起玩的时候，D能表示那种“喜欢”“亲热”吗？

D母：他喜欢和他们在一起。现在我哥哥他们经常要过来看看我，要换我，让我回去休息，我说：“这儿不方便，你们回去吧，不用管我！”再一个，我哥年龄也大了，比我大三岁呢，他退休以后又被返聘了几年，去年正式退下来，弟弟还在工作。

问：他舅舅他们来了以后，D能表示出亲近吗？

D母：很亲的，他坐在他们旁边，靠着他们。他舅舅非常细腻，非常有担当。我弟弟只要来西安出差、办事，就要打个电话。今年三月份，我弟弟来了，司机在楼下等着，他上来待了一会，给D买了点吃的。我送我弟弟出了门回来以后，我儿子在沙发上坐着，我发现我儿子屁股后面有一沓钱，四千块钱，我弟弟给我们留了四千块钱。（哽咽）但是，亲人的补贴不是长久的事，D的缺口大。

他长这么大，只在两个阳光家园里短暂待过

问：D出去，别的小孩会欺负吧？

D母：那当然了。但这方面困扰很小，首先，我是比较细腻的人，感情也细腻，做事也细腻，比方我虽然跟你在屋里说话，我耳朵会听着D在走廊里的动静，尽量不会让他脱离我的视线，不会让他去闯祸；他喜欢去动人的胳膊、揪人的耳朵，他刚把手抬起来，我就会把他手弄下去，不让他动人家。

问：D小的时候出去跟小朋友玩吧？

D母：从来都没有。那个时候我最怕过的节日是“六一”，还有开学的日子。看着人家那些孩子都背着书包，家长接的送的，或者有的朋友不经意在我面前说他们接送孩子上学了怎么的……那个是我一直想要的生活，可是离我又那么地遥远。他长这么大，只在两个阳光家园里短暂待过，后来都是因为各种因素，没再去了。

问：D是多大的时候去阳光家园的？

D母：十五六岁的时候，他去了“阳光雨家园”。那个家园的创办人是个残疾人，蒲城的，非常有爱心。D的情况，每个地方都是拒收的，“阳光雨”接纳了他。我当时非常非常高兴，也义务给它做了很多工作。后来它办不下去了，场地的费用、老师的费用……它运营不下去了，就流产了。

问：它办的时候，D一直在那儿？

D母：嗯。它没办多久，可能就三四个月。

问：D去过的另一个阳光家园是……

D母：慧灵这个机构你知道吗？西安慧灵有个“心心雨阳光家园”，在糖房街那儿，北门附近，我去找过，他在那里也待过一个多月。他不好带，后来人家就以种种理由拒绝了我们。人家肯定要带程度好一点的、自立一些的，D比较闹腾，再加上他最基本的生活都不能自理，人家受不了。

问：在阳光雨和慧灵的时候，D和同龄的孩子相处得怎么样？

D母：他不善于交流，他只自己待着。有时管理不到位，生活老师少，他床上都尿湿了；衣服也不知道该穿哪一件，拉着别人的衣服就穿上，衣服拉得都找不见。我经常去，去了以后我什么都不说，该洗的洗，该收拾赶快收拾，有时候在那里陪他，晚上跟他住到一起，他寄宿，我也能顺便帮一帮老师。

问：你去了以后D高兴吗？他能知道妈妈来了吗？

D母：高兴，他知道，有时候还会掉眼泪。我就在家给他做一点好吃的，给他带去，给其他小朋友都分一点。

问：你走的时候，他会留恋你吗？

D母：会，他会拉着我，但是我硬走了也就走了。这三十多年来，我都不敢想象我是怎么过来的，一天一天就这么过来了。

问：特殊学校他上过吗？

D母：没上过。我们为他能接受特殊教育没少费心思，甚至我都萌发过一个念头：自己办一个特殊学校。但他太让人耗费精力了，我没有精力去办。天天都是这种日子，我都不能想得很远。说难听话，我只能想三天：今天、明天、后天。（流眼泪，哽咽）我跟他出行都非常困难，他情绪波动非常大，拿药物控制住了还行。就像刚才，他的手总要上去揪你耳朵、摸你胳膊之类，我拉着他这只手，他那只手就上去了。他长的块头那么大，有些人就有点畏惧。跟他坐公交车都没办法。

问：拉着他的手出去散步行吗？

D母：偶尔行，有时候也不行，他有时候就大喊大叫地，把周围人都吓住了。

问：他只喊叫，不会袭击人吧？

D母：不打人，也不会骂人，但是就会吼几句，“咋啦？”“怎么啦？”“不行！”就是这几句。你让他说很长的语言，他说不了。“妈妈，我爱吃什么”，“妈妈，我要吃什么”，这些他能说。他那么一吼，把人那么一吓，别人看我们的眼神呀、眼光呀就……

他对什么都没兴趣，注意力不集中

问：他在家里看电视吧？

D母：电视他睁开眼睛就让人打开，但他不会把注意力放在电视内容上。从早到晚，电视都得开着，有时候他不睡的话，一夜都得开着，他睡了以后，我就悄悄地关掉。有时候他早上没起来呢，我去买菜，就把电视给他打开，没声音，但有画面。

问：他学话比一般的孩子晚一点？

D母：晚好多。

问：好教吧？

D母：不好教，包括现在也是不断给教。从他四五岁开始，断断续续地两个字、三个字，一点一点地给反复教。他说不了多少。

问：走路正常不？

D母：基本是正常的。两岁多开始学走路，非常慢。最近药物使他走路显得很沉重，加上他体重大。

问：D对颜色有感觉吗？

D母：没什么感觉，颜色辨别不了。他知道有各种各样的颜色，但具体是什么颜色，他都是随口说的。

问：D有什么爱好吗？

D母：没有，他没什么可塑性的爱好。包括音乐方面，我们都曾经观察过他，他没兴趣。有一段时间他爱玩橡皮泥，我就给他买回来一桶一桶的，陪他捏，后来他又不玩了。

问：给他买点积木之类，让他坐那儿去玩，行吗？

D母：那些东西给他买的多了去了。现在他还玩这种〔塑胶的〕小动物，恐龙什么的，一大盒六十多个，给他教，这种他摔不坏。

问：这个他爱不？

D母：也不爱，人家有些这种孩子特别地爱好。

问：我想着，你白天给他些废纸，他手想动的时候任他撕去……

D母：啊呀，他手指头僵硬得很！为了锻炼他，我以前曾经拿好多旧扑克牌跟他玩。他现在什么都不玩，对这一类的东西都没有兴趣。

问：有些自闭症的孩子会对机械类的东西感兴趣……

D母：他不。他小舅舅在供电局，为了吸引他注意力，让他在一个事情上多待一会，就拿回来几个旧电表，给他钳子呀，螺丝刀呀，就让他玩旧电表，他玩一会就不干了。

问：注意力很不集中？

D母：不集中。有一次，家里有一点乳胶，不小心给他弄到手上了，他就在那里揭那个皮，可专注了。呀，我一下子就像发现一个新大陆似的，高兴得！我就买些乳胶，用小刷子给他涂上，有时候拿一点卫生纸，一蘸，给他涂上，一会就结成一层皮，他就开始揭那个皮。我说，这个好，还能让他安静一会。后来，他就不让给他弄了，就新鲜了那么几天。有时候手机里那些好的视频，我打开让他看，他看两分钟就不看了。

问：D可以参加特奥运动吗，就是参加一些简单的运动训练，以提高他的运动能力，促进他和社会的融合？

D母：不行，他对什么都没兴趣。在他的能力方面，我已经想尽了办法，但他的能力的确是很难很难提高。

他能自理的是剪指甲、吃个饭，别的什么都不会

问：他小时候，家里教他识过字吧？

D母：教过，他不行。他现在就是"大小"的"大"，我写了"横撇"，让他来补那一"捺"，"小"我把"竖钩"一写，他补两个点，"木头"的"木"，我写"横竖撇"，他补个"捺"。

我有意识地让他填空，有些句子，我只说上半句，让他填下半句。比方，我说"这山望着……"，他说："那山高"；我说"山沟里……"，他说"飞出个金凤凰"；我说"此地无银……"，他就说"三百两"；我说"冰冻三尺……"，他说"非一日之寒"……他就这样填空，但是你让他主动地从头说，他不会说。"愚公移山"这个故事他比较感兴趣，整个这篇课文他能填完。我说"古

代的时候有一个……”，他说“愚公”。我说“他家门前……”，他说“有两座大山”。我说“一座叫作……”，他就会说“太行山”。我说“另一座叫作……”，他说“王屋山”。我说“这两座大山挡住了他家的……”，他说“去路”……。整篇课文你只要在前面引导，他能把后面的这样续上去。凭高兴，他要是高兴的话，他能续着说完。

这些都是一点一点、断断续续地给他教的。就是现在，我有时候也给他教一点，但他不安下心来学。

我给你说他吃饭有多难。他吃饭端不平这个碗，吃一顿饭，这一碗，最起码要分三次，一次给他倒一点，看他快吃完的时候，我赶紧给他再拨一点，还不能接他的碗。等他把碗往这儿一放，他就不再吃了。吃顿饭，你要时时盯着他这个碗，他吃完你才能去吃，否则……

问：他知道饥饱吗？

D母：知道。他吃饱了就坚决不要了。

问：好可爱！

D母：（笑）还可爱呢，把人成天愁地！他的好多细节、生活习惯呀之类，我都要掌握。从小到现在，晚上他大小便的时候，我从来没有躺着，都是站在他旁边等着，弄完给他把马桶一冲，他有时也自己冲，我给他说：“冲。”他就赶快冲。弄完等他睡好，给他把枕头调整好、被子盖好，我才睡。

问：你给他说叫他盖被子什么的，他知道吗？

D母：他知道，但他胡乱一拉，盖不好。手指甲他能自己剪，剪得不是很圆，你帮他修整，他也让。脚指甲他不行。我给他铰脚指甲的时候，铰三四次，有时候两只脚都进行不完，只能再等下一次他高兴的时候再进行。手指甲有时候长了，他也会说：“指甲刀呢？指甲刀呢？”我就给他，他自己剪。脚他不管，脚指甲长多长他都不管。

问：平时生活里他能自理的是剪指甲，还有……？

D母：再就是吃个饭，别的什么也不会，给他喂饭喂到二十三岁。

问：比方说，你拿东西累的时候，你说：“D，来帮妈妈拿一下！”他能帮你拿吗？

D母：一般不行。今年春节的时候，我们所里发东西，在操场上发，我都是避开人多的时候，趁中午大家吃饭，操场人少的时候去领。第一，咱不想让人家帮助咱；第二，人家都是孩子帮忙去弄，我就显得有点特殊。

问：你一个人去领，还是带着D？

D母：我一个人去。要看他情绪稳定，我可以走开的时候我才去领。有时候发的东西多，我就分几趟，一段路一段路地往前挪，把这几样拿着上几个台阶放下，再去拿那几样……弄到门口以后，把门打开，我说："D，帮妈妈把东西拿进去。"我又去下面拿另外几样，回来以后，我发现他竟然把门口的几样帮我拿到房子里头去了，我挺欣慰的，说："你看呀，你今年还是长大了！"

问：你给他下个指令，叫他干啥，他一般干不干？

D母：不干。有时我跟他在病区的走廊坐，我故意跟他说："你帮妈妈把眼镜盒拿到病房去。"给他说好多次他都不干。有时候，病友们也给他说："去帮你妈妈把眼镜盒拿进去。"他偶尔会起来帮我拿。

问：那他就整天走一走、坐一坐？

D母：他到哪儿还待不住。前几天他就根本不进这个房子，就在走廊里坐着。

问：D有性别观念吗？

D母：没有。性意识他现在没有，不知道男女有别呀，或者怎么着呀之类。他有时候上完厕所以后，裤子没提好就往出走。我说他："你看你这么大了，都不知道羞。"他十七八岁的时候，我给他床上铺的小褥子上呀、他裤头上呀，有时候会有斑斑点点。后来，他吃的这种药，对性功能、对性欲会有比较大的抑制。

他刻板，如果他记住一件事情，他就一直记着

D母：他刻板，如果他记住一件事情，他就一直记着。比如，抠东西，他只要看见贴在墙上的这种小标志，他就要抠。你们刚才上来的时候，看见有一部电梯是坏的，人家封着的，上面贴的有提醒大家不要乘坐的标志。他就上去扯掉那个标志。这边的窗子，只要他看见是开的，他就必须把它关上。病区洗澡那儿有个车子，有人进去洗澡的时候，就把车子推到门跟前，提示别人里面有人，另外，洗澡的人会把衣服放在车子上。D只要看到那个车子在门跟前放着，就必须要推到他第一次看见车子的那个地方。

为了让他走走来锻炼，我在这边就专门把车子推去放到洗澡间的门口，他看见了，就赶紧去推车子；我们对门那个阿姨，故意在那边把窗子打开，D一看窗子是开着的，又赶快又跑过去关窗子。我们有时候就这样让他走来走去，锻炼一下。

再一个，一个东西在哪儿放，他是一定要放在那个位置。我是很随意地放东西，他好像就把那个顺序记住了。你看，有一次，我把我的眼镜盒很随意地放到床头这儿，他就记住了，后来必须让我的眼镜盒放到那个位置。我本来想放到抽屉里，我放进去，他就给我拿出来放到床头。很多次，我放进抽屉，他给我拿出来。没办法，索性就放到床头那儿吧。这个凳子，也是那天来住院的时候，我很随意地放那儿，好，他就记住了，就一成不变地要放在那儿。他的衣服，我不能搭在这儿，因为他就记着这儿没有搭衣服。我每次洗完衣服，就尽量拧干，让对面房间的病友搭到她房间。刚好，她那儿也向阳。很多小事情，我都逾越不了。一个事情，他记住了，就不忘记。有时候他们开玩笑："D，你比何主任管的事都多！"何主任是我们这个病区的主任。

问：这还有意思，你把家里弄乱了叫他去收拾。

D母：我再给你说个有趣的事情。这个病区病人到洗澡那里洗澡的时候，衣服就扔到门口的车子里，D就把车子给人家推走。一般情况下，有人洗澡的时候，我就给人家把车子盯着。那天我大意了，一会没盯好，车子就被D推走了。病人洗完澡，没见衣服，就赤身裸体出来了，这个病区的病人大脑是紊乱的。医生和护士赶紧把那个病人推进澡房，说："一定是D搞的。"

问：对D来说，只是那个车子不应该放在那个位置，他不会想到让人家光着身子丢丑。

D母：对。有时候，女的进去洗澡，我就给人家盯着车子，这个时候我什么都不能干。咱孩子不懂事，我不能让人家丢丑。我就给洗澡的人说："你要出来的时候，你就敲一下门，我给你把车子推过来。"有的脑子不清楚，也不知道敲门，我就在门口站着，过一会就问："你洗完了没？"我不知道人家叫什么名字，就那样问。人家说："没有呢！"我就在门口等着，人家洗完我就赶快把车子给人家推过去。有时候D就跟我争呀抢呀夺呀，谁也犟不过他，我就把人家衣服抱着，给人家递进去，车子就管不了了。要是给你们说他这些事情，十天十夜也说不完。

问：他自己的东西他也总是放到一定的位置上？

D母：他的衣服我叠好了整整齐齐放到那儿他是不会乱拉的。他必须是同款，一模一样的衣服。

问：换个其他款就不行？

D母：那就不行。但是有时候买6件完全一样的衣服我觉得也不行，有黑的呀，绿的呀，墨绿的呀，同款但颜色有不同，每个同色的我买两件，给他放那儿换着穿。

问：换穿另一款衣服的时候总是特别不好换？

D母：不好换。

问：那鞋子呢？

D母：哎，去年我们来住院的时候，他鞋子前头这一块都开了，大脚趾都在外边，天天在走廊里走，大脚趾下面都是黑的，但他就是不换新鞋。没办法，医生查房的时候就说："这一次非要给他改变过来！"医生就把他的旧鞋子拿走了，把新鞋放到他床下。他就要他旧鞋，一天纠缠了我好多次："我的鞋呢？我的鞋呢？"我说强大夫拿走了，你去找强大夫。强大夫是他的主治大夫，人特别好。他就天天站到强大夫跟前："我的鞋呢？我的鞋呢？……"强大夫说："扔了！"其实没敢扔，害怕缠不过他，在医生办公室的角落给他藏着。纠缠了几天，硬是给他改过来了。他们说："见过犟的，没见过这么犟的！"

问：他对环境的适应性怎么样？比方说，在家里是睡在那个床上的，到医院来，睡到这个床上，他会很快适应吗？

D母：他会适应。但是这两个床，我一个他一个，他就必须睡到他那个上，他再瞌睡都不会来我这个床。刻板得很！他属于自闭症里比较严重的那种。

问：我以为自闭症的人不愿意和人交流，可我看D和人非常友好，拉拉手呀之类？

D母：他在这病区还招人喜欢，一是因为这里有些病人有暴力行为，会袭击别人，他没有；二是他不会说脏话，不会骂人。

他什么都不给我搭手

问：D 1983年出生，一岁半左右的时候，家里发现他不是很正常，有没有想到再生一个孩子？

D母：不是没有想过，太想再生一个了，就是苦于没有分身术，D一个人已经让全家老少够精疲力尽的了，光是他每天晚上不睡这一点就把人折腾得。我妈给他起了个外号叫"熬倒山"，我们那里的土话就是说他把山都能熬倒。你看他有多能熬！几个人抱着他转悠，轮番上阵。前两天他在医院还是几天不睡，后来医院用束缚带把他绑在床上，让他四面八叉睡下，就那他都不睡；给他打催眠的针，那么强的剂量，他都不睡，每天晚上熬到凌晨三点多，白天一眼都不眨。

问：他爸爸当时有没有再生一个的意愿？

D母：他就不管事，他根本啥事都不管，我给你说说我们家失火的事你就知道了。孩子七八岁的时候，我们单位住的是筒子楼，都是公共浴室，我们一家三口都去洗澡了，他和孩子噼里咣当一洗就先回来了。当时单位不让各家各户用电炉子，我们就偷偷地用，白天为了防止别人看见，我都是在电炉子上面盖一张报纸藏到床下。那天他和儿子先回来后，他就不操心看孩子，孩子就把电炉那里的开关闸刀给推上去了。我回来一走到我家跟前，就听见什么东西噼里啪啦在响，跟烧竹子一样。我进去一看，床什么都被烧得不像样子了。幸好家里有一盆水，那个时候老是停水，家里总会攒一盆水，我就把那一盆水泼上去了。我一晚上都没睡，也不敢声张，怕人家笑话，我用剪子把被褥烧了的那一部分弯着剪掉。那么大的事情，与他爸无关，他爸若无其事地睡觉。我整整干了一夜，要收拾清洗被褥，还要管孩子，孩子在我腿旁边来回折腾我、闹我，我一晚上边收拾边流泪。看着他那样子，我心确实凉了。

问：D小时候，你跟他爸爸在教育方面主要有啥分歧？

D母：他爸就不管，是一个粗线条的人。他只要孩子你不要闹我就行，我的爱好什么你不冲撞就行。他喜欢打猎呀，游泳呀，去山里头玩呀，不允许孩子丝毫影响到他。包括睡觉，他到时间必须睡，D你再闹由你妈带你，我不管。他什么都不给我搭手。以前过年的时候，单位里发带鱼，发回来他就要立马吃到嘴。家里有那么多事要做，打扫房子呀什么，还得今天给他洗两条鱼、明天给他弄两条鱼。我就非常苦恼，心里想："发什么带鱼哩！"按说单位发福利咱应该高兴，但孩子爱闹，咱就顾及不上去这样吃那样弄，没有那个心情，但是他看不到我每天那么忙碌，他就觉得我必须给他做着吃，不做了他无名火就来了。所以我到春节的时候，就说："求求今年别发带鱼了！"不发，我还没有那么多烦恼。

问：他对你不常发脾气吧？

D母：对我还行，但对这个孩子是见不得的，实在实在是见不得。在孩子问题上，比如说我想带孩子到哪儿去给看看病，他是坚决反对的，他认为是徒劳，是花冤枉钱，是把钱打水漂了。我经常说，我好歹还有一份工作，有点收入，否则真是……

如果这个婚姻继续存续，他会变本加厉地打孩子，家里不会安宁

问：当时提出离婚，你有没有想到独自带 D 的困难？

D 母：但凡这个婚姻有一点点可以挽救，或者说他这个人有某一方面的优点，尽管他脾气不好，我都不会放弃的，因为我知道我一个人独自带着这个孩子会更难，经济上会削掉一大半，他比我工资高；体力上，肯定也会有很多困难的。但是，那个时候都是几家共用一个厕所，经常我刚去上个厕所，进到厕所还没蹲下来呢，他就开始打孩子了，就为争个电视频道。后来我一看，真是忍无可忍，我提出来和他离婚。法院第一次没判，法官也是考虑到这个孩子的情况，让我慎重。隔了半年我第二次起诉他，我诉说我和他爸婚姻存续中间的点点滴滴，当时法院有个书记员在记录，是个小姑娘，边记录边掉泪。可能她是感觉到心酸。

他光打这个孩子。有一次他打孩子，我过去拉他，他把我一耷，当时我就觉着我这个手指头受伤了，但我只顾着保护孩子，没顾及我的指头，后来发现我这个指头都变形了。至今每次我看到这个手指头的时候，我都想到他对 D 的毒打。还有一次，孩子十一二岁的时候，他爸给卧室装电话，D 可能就在那儿不罢休地闹，这个孩子我也知道不是省油的灯，他爸就打孩子。我当时还在办公室，有个邻居就跑着到办公室来找我，说："你赶快回去吧，他把娃打惨了，我们又拉不开！"我赶快就往家跑。他拿皮带把娃抽得遍体鳞伤，我毫不夸张地说，娃的脊背上没有一块完好的地方，这么宽（用手比划，4—5 厘米）的皮带印。我侄女刚好那天下午来我家，她一看 D 的背，就指着 D 他爸说："姑父，我今天是最后一次叫你姑父，我以后永远不会再叫你姑父。"（哭泣）我跑到药店里把我知道的可以疗伤的药都买回来，孩子疼得趴到那儿，我一边给他敷药一边哭，又心疼，又气愤。从那一刻开始，我心里就觉着："这个婚姻不能持续下去啦！"他越那样，家庭气氛越不好。我说："算了吧，放你走，我苦一点就是了。"

问：之前他那么重地打过孩子吧？

D 母：打，经常打。孩子更小的时候，他打孩子脸，左右开弓，孩子脸上那个指头印呀……有时候，我死的心都有了，我没见过这么毒的人！后来我就说，这个婚姻坚决不能继续了，因为分分秒秒孩子都有危险。我们带 D 到西

京医院去看病，医生说要做一个脑地形图，需要八十五块钱。我们那时候的工资一个月是七十多块钱，他就不让做。我说，其他的像CT呀什么都做了，也不在乎再多花这八十五块钱。他坚决不让做。我不愿意在医院里争吵，以免让医生笑话，就说："你跟孩子站在这儿，我去趟卫生间。"我就没去卫生间，我绕过去赶快到收费窗口把钱交了，人家给预约的第二天做。那时候只休星期天，预约的那天刚好是星期天，早上我偷偷地给孩子穿好弄好，悄悄地带孩子出门坐上车，直奔西京医院，把脑地形图做了。那个图就显示孩子有问题。做这个脑地形图他到现在都不知道。

他每次都对孩子说："你还不如死了呢！你活着干啥！你活着干啥！"也说我："你就惯吧，小心他将来杀你。"我说："就算他杀我，我也不会对他不好。我生他了，我不能看着你这样毒打他，我受不了！"（哭泣）他说："我就打他了，我有权利打他。"他是哪个话刺激，他就说哪个话。后来我就不跟他说了，有啥说呢！我想到我父亲对我们的爱：我们上学的时候，学校的院墙塌了，每个学生要交十块砖，我和我哥在一个学校，我父亲拿两个笼，每个里面放十块砖，用扁担给我们担到学校。可是D的父亲怎么是这样，亲情这么淡漠，对自己的孩子都是这样！如果这个婚姻继续存续，他会变本加厉地打孩子，家里不会安宁。我给他说："算了，你走吧！"他巴不得我说这个话呢。他看到这个婚姻没有办法的时候，就拒绝把钱交到家里，有长达八个月的时间没有给家里一分钱，还要在家里吃饭。我想，我管D是天经地义的，但是跟他爸这个气我忍受不了。（坐在病房另一张床边的D在抽泣，也许是看到妈妈心情不好。）我父母那么传统的人，都说我的婚姻："把个姑娘推到井里了！"

问：我们说的这些D能听懂吗？

D母：他能听懂一些，他会受这个情绪的影响。他有时会问我："妈妈，爸爸去哪儿了？"

我带D这么多年来，很辛苦，但我要感谢的人太多了！

问：你的老同学知道D的情况吧？

D母：不知道。我插过队下过乡，这些年一起插队的聚会，我从来都不参加，我也不说我有这样的情况。过了几十年了嘛，他们不知道的。刚好去年他们要聚会，我就说："我生病了，不方便！"他们问我在哪个医院，我就说："挺远的，你们不用管。"后来西安有很多老知青要聚会，我就说："我没在西安。”总之是躲避、回避，也不给人家讲“我有个这样的孩子，我需要帮助”。

问：你是哪一年插队的？

D母：1973年，我十八周岁，高中毕业后去铜川的一个农村。

问：全班都去插队了？

D母：基本全班都去了，有些符合不插队条件的，比如家里只剩下一个孩子呀、有病呀，就没去。我跟我哥哥当时都在插队，插在一个生产队。这个生产队离家相对近一些，是个蔬菜队，是城乡接合部，不是穷乡僻壤，相对来说好一些。我在那儿呆了两年零十个月。插队回来我就到了这个研究所。

问：那你们单位里的人知道D的情况不？

D母：知道。我们单位的领导非常好，每年单位都要照顾我，领导主动给我说：“宋师，你写个申请吧，你太不容易了。”我感觉我都愧对我们单位，愧对我们单位的领导。（哽咽）

同事也给了我不少帮助。我家里是原来那种房子，墙上有装饰画，玻璃镶的，有时候孩子在家里突然发脾气了，就用拳头把那砸掉。我家的玻璃，包括推拉门上的、大立柜上的，换了六块了。我一看他发脾气，我就不顾一切地把他扑倒，扑倒以后压在他身上。我头上黄豆大的汗珠子往下淌，手机不在身边，求救也没办法，而且我没法分身去把门打开让别人来帮我，我不能让他反抗起来。他有一次反扑很厉害，我就坐在他肩膀上，不让他起来，地上全是碎玻璃，他还要继续砸，我就把他控制着，一直等到他平静下来。他喜欢吃冷饮，我给他说：“你等着，我去给你拿冷饮。”我借机飞快地跑到一边，把门打开，给我同事打电话，我说：“你赶快来！”我同事跟我关系非常好，她就赶快往我家飞奔，来了跟我一块哄他，把他平息了。有时候半夜我把人家叫来帮我，人家就陪我到天亮。我有两三个同事跟我都特别特别要好，帮了我很多很多。前年，《华商报》发起了一个活动：向你最想感谢的人表达感谢。我看到这个以后，我就拿起电话，给《华商报》打了个电话，拿起电话我泣不成声，把我心里对同事埋藏了这么多年的感谢说了出来。那么多人打电话，最终选择了三家，其中就有我，把这个事情都登到《华商报》上了。

问：这几个同事家里有孩子吗？

D母：有，人家的孩子都大了，人家是正常家庭。

问：关键是你人好，别人愿意帮助。

D母：我也想尽我一点力量帮助别人，包括我们病区里面，有的也是一个人看护病人，有时候他们出去买个东西呀啥的，让我给看一会病人，我说：

“可以可以!”我就一边拉着我孩子的手，一边管着他们的病人。

D脾气突然爆发起来，我根本没办法，所以我很害怕，分分钟都在观察他的表情，祈祷他能情绪平息。我没什么信仰，但是我祈祷：“老天爷，你帮帮我吧，只要能让他平安无事度过今天晚上，不砸摔东西就行。”

问：他突然发脾气的情况频繁吗?

D母：频繁。有时候一天能有好多次。正吃饭呢，他“唰”就把碗摔了。我们家没有一个瓷碗，都是塑料的。盘子我都是在外面买搪瓷的。像那种陶瓷的，那种细碗，都不敢用，用的都是经摔的东西。

问：谁没刺激他他就……

D母：那都是无名火。前两天他闹腾，他不睡觉的第四个晚上，他的主治医生强大夫值大夜班，说：“大姐，你去睡一会吧，我帮你照看D。”我感觉到特别温暖，尤其是他们常年在这样的环境中工作，非常伟大。强大夫，还有何主任、李大夫，包括护士们都非常好，我经常觉着我有愧于他们。就连小护士都说：“阿姨，你回去睡一会，我给你看着。”我觉着可温暖可温暖。我为什么选择这个医院?这个医院比较人性化，它的管理呀方方面面是做得比较好的，医生也很好的。

尤其让我感恩的是，我走哪儿都会遇见好人。现在政府买服务，让人到家里给困难家庭搞卫生。我去年一直没有用人家小陈来帮忙，今年我用了一次，就是那天D在家里闹腾的时候。我一看，心想：“今天夜里肯定是不行，肯定他会爆发的。”我就想带他到医院来。可是，那么多东西，我一个人拿不了。晚上九点多了，我就给小陈打了电话。我把她电话拨完，都没勇气打出去，我担心会扰乱人家的生活。但是看着D这边的情况，我一个人又弄不了，就算打个出租车，我还是要把东西一样一样从家里拿下楼的，他的情绪又不稳定。我在房间里转来转去，这怎么办?后来我就把电话拨出去了，我说：“小陈，你睡了没有?”她说：“没有，阿姨!”我说：“哎呀，我们D今天情绪特别不好，我想带他到医院去。”她说：“阿姨，我马上过来。”我问：“那你孩子怎么办?”她告诉过我她有孩子的。她说她孩子在外面玩呢。她租住在城中村。我说：“你可一定把孩子安排好再过来。”她说：“阿姨你放心吧!”小陈来，还把她爱人叫着一起来。她爱人有个摩托车，把我们这些东西一起放到摩托车上给带过来了。她就一直拉着我们D的手下楼，嘱咐他“慢一点呀”之类。我提了两三包东西下楼。我给她说：“你等等我，我们院子里有自动柜员机，我要去取一点钱。”她说：“没事，我等着你。”她就一直把我们送到病房，和她爱人一块帮助我收拾这收拾那。从那天起，小陈在我心里很高大，她跟我们之前仅仅打过一次交道。人，不管你从事什么工作，有爱心是不容易的。

问：小陈是志愿者吗？

D母：不是。我们雁塔区有个“爱心……”，机构名称我忘了，政府为我们这样的困难家庭购买了那里的服务，我们需要时可以直接打电话给服务人员。联系我们家的服务人员是小陈。小陈总是说：“阿姨，有事了你叫我！”后来，我稍微有空了，我还打电话到人家单位，把小陈表扬了一番，我说要不是小陈，我那天晚上就没办法来医院。可以说，我带D这么多年来，很辛苦，但我要感谢的人太多了！

我自己有胆结石，已经都长到两公分了，很大了，医生一直让我去做手术，我就没办法安排，前一段时间有点不舒服，后来就到这个医院的内科去看了一下，把住院证都开了，我又放到抽屉里了。我问医生，能不能打孔治疗，微创的那种，随治随走。医生说不行，你这个大了，必须做手术，最少得卧床休息一周。一周时间对我来说太奢侈了！我就把这事又放下了。那天下楼碰见内科的主任，他说：“你说的到我们这里来住院呢，怎么不见来？”他不知道D的情况。我说：“暂时还不行，最近有点事。”他说：“你越拖结石越长，越长越大。”因为在电梯里，很多人，我没办法给人家说我家D这种情况。我只好笑了一下。他把电话都留给我了，我说：“主任，我去的时候提前给你打电话。”

问：最近你如果想去做，正放暑假着呢，我来帮你看一段时间D。

D母：谢谢了，不用！最近要立秋，季节的变动随时可能使他不稳定。比如昨天晚上，他睡下了，一会又起来。这种情况我得随时观察，随时准备和他战斗。

问：这病房里没啥可砸的，都是墙。

D母：嘿，你看，这墙上粘的、贴的东西都是他弄掉的。就像墙上贴的提示条这种，护士不知给过我们多少回了，都被他抠掉了。（床头上方墙砖上有很多粘的东西被撕过的痕迹。）人家的病房里东西都配得齐齐的，有电视，我这里没有。我给医院说，我就要这种没电视的，我怕他发脾气的时候给人家弄坏了。咱们自己的东西无所谓，人家的东西他弄坏了不好。

问：这么多年，除了上面提到的帮助之外，其他方面……

D母：D还很幸运地享受到了“686项目”的帮助。“686项目”在陕西省只有两个示范区，一个设在渭南的临渭区，一个设在西安的雁塔区。刚好我们家所在地就在雁塔区。

孩子已经这样了，我还是应该尽量地把人做好

D母：作为我来说，孩子已经这样了，我还是应该尽量地把人做好。你看，评这个《华商报》，就是每天要对它的头版呀、新闻呀、热点呀进行评价，每个月给三百块钱，我一直坚持。虽然这点收入不高，但我是通过自己的努力干点我自己能干的事情。

问：是让读者随机评吗？

D母：是海选，在我们那里很大一个片区，就选了我一个。我尽管很困难，但从《华商报》开始发行，我就一直订阅，是它的老订户了。这种综合类的报纸有时候会关注到生活的方方面面，因为有D，有一些新的政策我就能第一时间了解。一年就两百块钱订阅费，我还是愿意订的。

再一个，只要是对社会关注这个群体有一点点推动、一点点帮助的事情，我就愿意做。我最开始不知道你们这个访谈有报酬，我也没想到有报酬，他们通知我的时候也说得很含糊，只说“有一个采访，咱们这边有你”，我很爽快地就答应了。有一些这样的家庭把自己封闭起来，我是觉得没有必要，只有让社会了解这个群体的生存状态，才会促进理解。

我给我们这些家长说，人生就是两个字：“舍”和“得”，你不“舍”就不会“得”，甚至你“舍”的时候也不要想很多。我总结我和D相依为命地这么多年走过来，其实我一直遵循这两个字。

那些年，我经常尝试发起一些活动。为什么国家把雁塔区列为“686项目”的示范区之一？我敢说我功不可没。我那时候带领我们这些家长经常搞活动，把这些孩子组织到一起。之前，雁塔区关于智障人群的工作很滞后，残联工作不主动，孩子们甚至没有一个活动场所；国家给配备的供残疾人活动的设施都挺先进的，但一直在残联大楼里闲置着，偶尔开放一次。我看在眼里，就联络我们这些家长里说话有力度的、有思想的，坐在一起讨论，想办法去推动残联的工作往前走，让残联知道我们这群人是怎样的。有时候我们事先把孩子安顿好，几个人相约一块去残联沟通、推动。我们有一次找到雁塔区区政府，要求区长必须出来跟我们对话。我们的想法是，残疾人这块的工作他们也要做好，这也是他们的工作范畴。区长见了我们，也答应了十几个问题。国家把雁塔区列为686示范区，跟我们的努力和争取有关。大约2007、2008年左右，国家民政部来人，雁塔区邀请我去参加座谈会，我作为一个这样的孩子的家长，代

表一个方面，我清楚到那里参加座谈我该说什么、该做什么。经过大家的共同争取，雁塔区得到了这个项目的资助，最初一年一个孩子才两千多块钱，习近平主政后资助的力度大了，现在一年可以报销三次药费，一次就四千块钱。

现在我年龄大了，没精力去搞这些组织家长之类的活动了，但我一直在尽我的力量去帮助周围这样的家庭。我们研究所里有两个单位，合起来职工有五千多人，职工的孩子中，这一类的有二三十个。来这里治疗以后，我觉得这个科室虽然成立的时间不长，但它的管理很人性化，医生的医德非常好，我就给我周围的人介绍，已经介绍了四个来这里住院、调理。他们都比 D 年龄大，甚至有一个是我们单位前所长的女儿。这个所长今年七十八岁了，他女儿四十多岁了，是癫痫，病情挺重的，一天能发病两三次。他每次来这里给女儿开药的时候，见到我就来坐一坐，跟我聊聊天。他说，他现在退休了，很内疚当时他在位的时候没有把一个信息告诉我：所里有一个救助基金，专门针对有残疾孩子的家庭，是所长特批的。人总有一个落差，他退休了以后，作为一个平民，我给了他一些帮助，他就有点内疚，觉得自己当时在那个位子上的时候没有帮助我。其实我没有想那么多，我是觉得无所谓，过去的事都过去了，他比我年龄更大，带这样一个孩子更不容易。一旦我有什么有效的信息，我就会给他打电话。他耳朵听力不太好，我就不厌其烦地给他说。有时候倒不是刻意地要帮助别人，只是觉得自己那样做了，心里会安宁一些。

我经常说："上帝给我手里发了这样一副烂牌，我力争把它打好一些。"尽管这么多年来孩子没有明显的长进，但我对生活没有放弃的念头，再辛苦，我每天要把房子整理得整整齐齐，孩子睡了，我要把地拖完，什么都收拾完才睡。这次来医院的时候匆匆忙忙，把家里弄得乱七八糟，后来 D 稳定住了，对面的病友帮我把 D 看住，我赶紧回去把家里收拾整齐，又跑回来，用了一个半小时。我很向往、憧憬悠闲美好的生活，但很难享有。日子嘛，就是这样一天天慢慢过去的，只要孩子每天乖乖的，我就很满足了。我不能说我有多么坚强，但我还是够坚强的了。

呼吁国家关注这种家庭的生存状态，关注家庭两代人的养老问题

问：咱们和同一类的家庭联络多吗？

D 母：有一些。你看我手机里光是加入的关于精神分裂的群，就有好多。

我认识一个妈妈，澄县的，家里有一个D这样的女儿。这个妈妈离婚的时候，女儿断给她爸了。后来她爸为了逃避责任，女儿二十岁的时候，把女儿嫁到了陕北一个地方，那个家里特别穷，有三个智力有点不太正常的男的。这个妈妈知道以后，就想办法找到了女儿。妈妈给我说，她找到女儿的时候，女儿就蜷在一个柴草堆里，怀孕了。她说她女儿都不知道怀的是谁的孩子。她没办法把女儿带回来，就经常往陕北跑，去照顾女儿。女儿生了孩子以后，她就把女儿带回来了。现在这个妈妈得了结核病，住在传染病医院里，还带着女儿。传染病医院没有单间，但院方很照顾她，给她找了个仓库一样的地方，让她和她女儿住。我给这个妈妈说："你一定要注意餐具之类的和女儿隔离，千万不能传染给女儿。"这个女儿比D还能闹，大小便呀啥都不能自理，来例假了也弄得到处都是。唉！这样的家庭真是不少。

我最想说的是：八十年代的时候，国家有很响亮的口号，说"只生一个好，国家来养老"。我们这种情况虽然有生二胎的指标，但没有精力。我就想呼吁一下，让国家关注这种家庭的生存状态，关注这种家庭两代人的养老问题，在我们这样的家长走了以后，能有一个机构，让这些孩子有一个地方可去。"两会"召开的时候，希望代表们能把这个作为提案提交上去。

我现在什么都不怕，我就怕我自己倒下以后，D没人管。一有空，我就忍不住担心这个问题："这怎么办呀？到时候有谁能收留他呀？"（泣不成声）我今年都六十三岁了，我不敢想得很远，不敢想将来怎么样，只是这么一天天坚持。

这些患者并不是那么可怕——陕西康复医院何医生口述

口述者：何医生，男，陕西康复医院住院部精神康复病区主任

访谈者、撰稿者：李巧宁，女，1971 年生，陕西理工大学教师

访谈时间：2017 年 8 月 9 日

访谈地点：陕西康复医院住院部精神康复病区医生办公室

问：何医生，D 在咱们这里住院久了，他妈妈说您很了解 D 的病情。他属于一个什么情况？

何医生：咱们以前把他这个情况叫孤独症，后来随着医学的发展，又称它为智力发育障碍，主要的症状是刻板行为、行为紊乱。成年以后，他的情况就不能用“孤独症”这个概念去概括了，就是整个的精神紊乱。孤独症是早期的症状，到后面一个症状是发育障碍，另一个症状是精神分裂。

问：是不是智力发育有障碍的人大多数成年以后都会精神分裂？

何医生：大多数会。在早期的康复治疗上，以前我们国家重视得不是很够，导致长期服药以后，他的体重就变化特别大，而且并发糖尿病。

问：也就是说，D 如果早期能接受康复干预，现在的情况会好一些？

何医生：是的，但是这个“好”是相对的，只是缓解，不能根治。再一个，也是因人而异，有的孩子干预了，生活能简单自理，轻度的社会适应能做到，有的孩子就不一定有多么见效。每个孩子的发育障碍是分程度的，D 属于重度。孤独症属于发育障碍里面的一个谱系。由于医学临床分型中，名词变得比较多，一段时间叫孤独症，一段时间叫自闭症，后面又从临床的角度叫广泛发育障碍，所以这里有名词、称呼不断变换的一个过程。

问：D 的妈妈说她怀孕的时候是前置胎盘，那个会对 D 有影响吗？

何医生：这个原因太复杂了，到现在，谁也不敢给你说是哪一种原因导致的，它是综合因素，有基因突变的可能、有环境因素、有家族遗传、有怀孕期中毒、有大龄生育等等。全世界那么多人研究它，至今也没人能给出一个明确的答案。在临床上，我们有时候发现高智商的夫妻生出孤独症的孩子的几率反而比较高。

问：D现在情况应该叫重度自闭？

何医生：他现在的情况是广泛发育障碍，伴有精神分裂症，带有精神症状的，他精神波动比较大，比方说几天不睡觉、发脾气……

问：不刺激他，他会不会精神波动就少一些？

何医生：不刺激照样会。更何况，生活中你不可能不刺激他。比如说，他已经这么胖了，他天天要吃肉，你不让他吃，压抑他的欲望，就会刺激他。

问：D和人交流……

何医生：他和人沟通不畅，他只是自己脑子里的一些愿望，会用简单的语言给你表达一点，不会很清晰地表达他的意愿。比如，他要搭裤子搭在一个地方，你搭到旁边，他就不行；你要纠正他，他就会闹。

问：昨天我听D的妈妈说D见窗户开着，他就会关上。只有我和D在屋里的时候，我就把窗子反复开了几次。我以为他看到自己关上的窗户被人反复打开会生气，他好像没有什么表情，只是关上而已？

何医生：刻板行为只是他看到的事物不符合他认知的样子，他就去做，里面不一定含有感情的成分。

问：我们访谈的有些广泛发育障碍的患者还打人……

何医生：这个比较常见。他们打人的暴力倾向有时候并不是针对谁，只是激越情绪的表现。另外，他们打人的时候没有轻重，因为对他来说他不懂得什么是打疼了、打伤了之类，没有辨别是非的能力。D目前的治疗方向是情绪控制、在家人监督下能生活简单自理，要想让他学其他技能，一般办不到。

问：像D这种可以去阳光家园吗？

何医生：我对阳光家园这种理念不是很了解，但我想阳光家园在接收这类患者的时候会有一个严格的评估，怎么样的能接收，怎么样的不能接收。我不能说D能或者不能送到阳光家园，但是一般来说，他这样生活不能自理的，很难送到哪里去。

问：医生诊断D的病情，主要靠和他妈妈的交流？

何医生：一个是观察他的行为、思维，和他沟通；另一个是根据他妈妈提供的关于他生活中的一些细节、一些症状性的信息。

问：什么叫症状性？

何医生：就是表现出来的一些症状。比如说，为什么叫精神分裂症？只有通过表现出来的东西才能确定他是什么病，不能通过仪器把它筛查出来。

问：大多数这些患者成年以后都会有精神分裂，你们在面对这些患者的时候，心里有没有一种恐惧，害怕他们随时有攻击性行为？

何医生：刚开始进入精神康复科的时候，不管是医生还是护士，都会有恐惧，但是时间长了就知道这些患者并不是那么可怕。虽然，精神科医生挨病人打骂的事情不时会有，但不是说天天都是这样。

问：那咱们有没有防护性的措施？

何医生：当然有。有一些病人情绪激越的时候，医学上有个约束性治疗，也叫保护性治疗，把病人约束起来，一是防止他自伤，另一个是防止他伤害别人。

问：一般情况下，这种患者不会在医生给他看病的时候突然袭击医生吧？

何医生：一般不会，但是有些躁狂的病人、急性激越期的病人有时候会袭击人。

问：D过来以后挺稳定的？

何医生：说“稳定”不现实。他有不稳定的时候，但是，他的程度和躁狂的病人是有区别的，他就是有时候晚上不睡觉，第二天会有破坏行为。比如，他把病区应急灯的线就给我们拽了。

问：他拽这个有危险吧？

何医生：应急灯的这个线危险性不大，如果是正常的电线，可能就会电到他。

他现在精神分裂……再加上生活不能自理吗?
——陕西康复医院李医生口述

口述者：李医生，男，陕西康复医院住院部精神康复病区医生，是D的主治医生之一

访谈者、撰稿者：李巧宁，女，1971年生，陕西理工大学教师

访谈时间：2017年8月9日

访谈地点：陕西康复医院住院部精神康复病区医生办公室

问：李医生您好，我想问问D的情况。

李医生：D在我这里有两个多月了，之前也在这里治疗过。

问：D现在的情况严重不?

李医生：严重么。他现在有精神分裂症，随时会发脾气，再加上生活不能自理么。他妈太不容易了，一个单亲母亲带这样一个孩子，不仅坚强，处事也很冷静。一般人承受不了这样的生活，但她一直坚持下来了。

问：那D能跟医生正常打交道不?

李医生：他语言表达能力不行，主要是他母亲和医生沟通。

问：D见了人就上去摸胳膊，接着就揪人耳朵，这是友好行为还是攻击性行为?

李医生：算不上友好行为或攻击性行为，只是刻板行为，没有啥含义。就是他看到人，就想去摸胳膊、揪耳朵，和这个人可爱不可爱、漂亮不漂亮，或者令人讨厌不讨厌都没关系。他没有辨别是非的观念，智力至多相当于三四岁的小孩。

问：刻板行为和咱说的强迫症一样不?

李医生：强迫症是正常人的一种病态心理，明知那个事情没意义还要去做，而且是反复去做。刻板行为是自闭症患者的典型表现，是不会想到那个事有没有意义，只是简单地要那样做；比如说D看到窗户开着就要去关，他没有想到关住窗户有啥意义，只是觉得应该是关着的。

问：你说D适合放到阳光家园去吧?

李医生：不适合。你想么，到阳光家园去生活要能自理呢么，D生活自理不了么。

问：我想，咱说的生活不能自理是嫌他做得不好，比方说洗脸，给他说一下，他能洗，只是胡乱洗，洗得不好而已。把他送到阳光家园去，咱不要顾及他洗脸刷牙等事情的质量，只要他弄就行，不可以吗？

李医生：一般阳光家园不会收，嫌带起来太费劲。

D 先生观察日记

观察时间：2017 年 8 月 8 日

观察地点：陕西康复医院

观察者、撰稿者：李巧宁，女，1971 年生，陕西理工大学教师。陈海儒，男，1972 年生，陕西理工大学教师

2017 年 8 月 6 日我和宋女士预约访谈时，D 因为情绪不稳定，在电子二路的陕西康复医院住院，宋女士必须看护 D，但她非常爽快地答应了我，并约好 8 日早上九点到九点半之间在病房见。她特意解释说，每天早上医院的查房在九点半左右才能结束。

8 日早上 9:20 许，我和搭档陈海儒找到了住院部 11 楼 D 的病房，宋女士很热情地招呼我们。她 1.57 米上下的个头，微胖，白皙，低低地扎着一个一乍长的马尾辫，穿着连衣裙，随和得像邻家大姐。病房里有卫生间，共两张床，靠窗子的一张是 D 的，靠门、挨着卫生间的一张是宋女士的。D 坐在挨着宋女士床摆放的一张椅子上，目光困倦、无神。宋女士招呼我坐在她床边，紧挨 D 坐的椅子。不到一分钟，D 微微抬头看了我几秒钟，我微笑着跟他打招呼，他若无其事地坐着。过了不到一分钟，他忽然伸手拉我的小臂，继而用一只手去捏我耳朵。宋女士制止他："不许摸！"他就立马罢手。为了使访谈不受干扰，宋女士把 D 带给对面病房病友的妈妈——一位五十多岁的女性，嘱她帮忙带一阵。这位女性陪 D 坐在楼道的铁排椅上。

后来得知，这位帮助宋女士照看 D 的女士是陕西商洛人，长住医院照看儿媳。她儿媳原是采血站工作人员，婚后四十天左右，和五六个同事一起坐着采血车外出工作时出了车祸，从此失忆，只记得车祸以前的事，以后的事情全部恍惚。经过六年多的治疗，至今走路飘忽不稳，吃饭、刷牙、洗脸全部需提醒，且敷衍了事，来例假不能自理，不知道换卫生巾。六年多来，这位女士一直照顾着儿媳，从一个医院到另一个医院。在西安住院期间，她儿子平时上班，每到周末就开车来看望。这位女士说，她同情儿媳，可又感到沮丧：儿媳总不见好转，难道儿子这一辈子就这样陪着病妻度过？她曾有过照料儿媳一

生，但儿子再娶的想法，遭到儿子坚决反对。儿子说自己的妻子已经够不幸了，如果自己再遗弃她，就等于把她逼上了绝路。她儿子和儿媳是自由恋爱，儿子对儿媳感情至深。

10:00左右，D一边说："尿"，一边进了病房。宋女士起身给D说："去尿吧，记着冲厕所。"上完厕所，D胡乱提好裤子，走到宋女士身边，拉她胳膊。宋女士嘱他坐到对面的床上，他静静坐在床边，显得非常困倦，低着头，不时流口水，宋女士把一块白色小毛巾递给他，给他说："D，擦口水。"他很听话地擦掉口水。坐了不到十分钟，他默然起身去了楼道。D没精打采地在楼道里悠悠地走了几个来回。因之前听宋女士说D只要见楼道的窗户开着，就会上前关上，海儒便故意打开楼道的窗户，果然，D一注意到窗户是开着的，就上前轻轻地关上。海儒反复开窗几次，D都毫不例外地轻轻关上。D走一会，就去坐在之前坐过的那个椅子上，海儒坐在他旁边，他过一会就去揪海儒的耳朵，海儒边说"疼"，边笑着去揪D的耳朵，D很快就松手。D每次低头坐几分钟，就起身在楼道走走。约十一点，D又回到病房，在床边坐了一两分钟，然后穿着脱鞋躺到床上。两三分钟后，又坐起来，目光无神地低头坐着。

11:20左右，宋女士去打午饭，我和陈海儒想告辞一会，等她和D吃完饭再来接着访谈。宋女士很热情地挽留我们吃午饭，说医院食堂打饭很方便。盛情难却，我和陈海儒不知怎么推辞，只好看着D，宋女士去食堂打饭。我坐到D旁边，D摸了一下我的胳膊，然后揪我耳朵，我喊"疼"，他立马放开，然后用手去抓我胸前的衣服，我心里害怕，陈海儒赶紧拉开了D的手，用哄小孩的口吻对他说："不能抓哦！"D随即松了手，我赶紧坐到了D对面的床边。为了哄他，我把本子和笔拿给D，让他写字，他很听话地在本子上画了一些圆圈。四五分钟后，他把笔还给我，不想再划了。在床边无精打采地枯坐了几分钟后，他起身到床头边的窗户前，向外看了看，说："下雨了。"我们附和他："嗯，下雨了。"过了一分钟，他看着海儒，指指窗户跟前墙角的一堆礼品，似乎是招呼海儒吃。海儒说："谢谢！我不吃。"D很漠然地又坐回床边。

11:50许，宋女士买了四份面条用塑料袋提回来，我和海儒各吃了一份。宋女士给D往一个塑料饭盒里拨出来一点面条，一边拨一边对我说："他吃饭的时候我只能一次给他碗里少放一点饭，他拿不好，等他快吃完的时候，我赶紧给他再拨一点。如果他把碗里的饭吃光了，他就放下碗不吃了，说不吃就不吃了。"

宋女士把塑料饭盒递到D手里，他没精打采地端着饭盒走出病房，去了楼道，在楼道的椅子上坐了四五分钟，一口饭都没吃，又端着饭盒回到房间。宋女士赶紧把D手里的饭盒接过来，放到床头柜上，对着我说："他就是这样，说不吃就不吃。"D静静地坐在他自己的床边，一句话也不说，深深低着头。当口水又流出来时，他自己主动伸手把床头柜上的小毛巾拿过来擦。我和宋女士都乍大拇指夸他"真棒"，他表情木然。

宋女士继续和我说话，说到D小时候挨父亲毒打的情景时，边说边擦眼泪，D也掉眼泪。宋女士对我说："咱俩说话，他能听得懂呢！我不说那些了，免得他难过。"D随即停止了抽泣。

两三分钟后，D去了楼道。对面病房照管儿媳的商洛女士过来聊天，聊了半个多小时。其间，D回到自己床边，安静地低头坐下。商洛女士走后，我和宋女士又聊了十几分钟。13:30分左右，我和海儒起身告辞，并拉了拉D胳膊，表示再见。

总之，从早上9:20左右，到下午1:30左右我们告辞，D的主要活动有三：一是在床边枯坐，二是在楼道悠悠地来回走，三是在楼道一个固定的铁排椅上身体前倾没精打采地低头坐着。

8月9日下午15:40分左右，我和海儒再次到康复医院，主要想对大夫做个访谈。到D病房时，他坐在床边，比前一天精神好，胸脯挺得直一些。我对病区主任何大夫做了十几分钟访谈后，就去病房和宋女士交流了约一个小时。D一直坐在他床边，很安静，只是每隔十几分钟，就会忽然说"妈，我衣服呢?"，或者"我衣服不见了"。每次只要宋女士回应他，"妈妈一会到楼下去给你找"，或者"在呢，在楼下，我很快去给你拿"，他就不再说话。一直到将近17:00我们离开，D都在自己床边枯坐着，很安静的样子。

宋女士说，在医院，她更放松，一是因为D一旦发作，有医生、护士、病友的帮助，二是大家都是情况大致相当的人，没有异样的眼光，没有歧视。

补记

访谈结束一年多的时间里，我常想起宋女士接受访谈时坦然、不遮掩又极冷静的样子。2018年11月3日，我把整理好的文字稿用微信发给宋女士请她过目，跟她在微信上聊了几句，得知从我们2017年8月初次访谈以来一年三个月的时间里，她和D只在2018年10月出院回家14天，其余时间都在陕西康复医院住院部。她告诉我，回家的近半个月里，D又精神异常，几宿不睡，她好害怕，不知他哪一刻情绪爆发，不得已又带他来住院。她说，医院里有医生护士帮她，她心里不怯。我理解她独自和D在家时担惊受怕的心理，安慰她，她平静又无奈地回复我："我和D就这样了，您不必牵挂。"

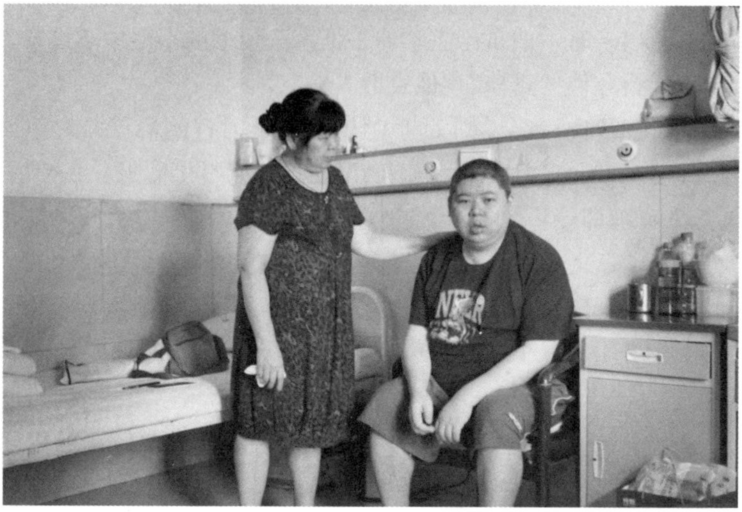

D和妈妈宋女士在医院病房

他只是比别人慢一点

——蔡勇母亲口述

蔡勇，男，1980 年生。独生子。智障二级。1995 年毕业于特殊教育学校——武汉市武昌区培智中心学校。2013 年至今在武汉市武昌区徐家棚街阳光家园。

口述者：蔡勇母亲，女，高中学历，祖籍浙江。1956 年生于湖南，十岁随父母迁往武汉。1980 年结婚，1980—1994 年在武昌车辆厂工作；2003—2010 年为社区协管员

访谈者、撰稿者：汤秀秀，女，1995 年生，华中师范大学硕士生。洪静，女，1995 年生，华中师范大学硕士生

访谈时间：2017 年 10 月 29 日、12 月 28 日

访谈地点：蔡勇家

得新生儿肺炎以后，反正就总是住院！

问：阿姨，您是哪一年出生的？

蔡母：我是 1956 年 12 月 14 日的。

问：属相是什么？

蔡母：猴。蔡勇跟我一样的属相。

问：您是武汉本地人吗？

蔡母：我家里祖籍是浙江，蔡勇他家祖籍也是浙江的，浙江宁波的。我爸爸是铁路上的嘛，就是车辆厂的嘛，他 1966 年从湖南调到武汉来，就是武昌车辆厂，我随着父母到这边来了，我过来的时候十岁了。

问：您家里兄弟姐妹有几个？

蔡母：五个。我是最小的一个，上面有三个哥哥，一个姐姐。现在他们都

在武汉，有一个大哥哥就住在我们前面一点，车辆厂的宿舍。我们本来也是〔住在〕车辆厂宿舍[1]，后来三角路城中村改造，把我们的房子给拆了，拆了以后就给我们还建在这个小区。

问：你们经常来往吗？

蔡母：来往啊，就是逢年过节呀，有什么事情呀，我们兄弟姊妹都还在一起。

问：您上过几年学？

蔡母：读了高中。我们原来的高中，不像你们现在，原来的高中就直升上去，又不需要考。

问：您当过知青吗？

蔡母：我没有，因为我身体不好，属于先天性的心脏病，就没有上山下乡。那个时候我们都是应该上山下乡的。

问：您和您的爱人是怎么认识的呢？是什么时候结婚的呢？

蔡母：我跟小孩的爸爸认识好像是1976年到1977年之间。那个时候我们是在医院里面认识的，我当时在医院里面学医，他生病在里面住院。后来1980年结的婚。

问：您还学过医？

蔡母：嗯。那时候我在厂里面嘛，搞什么赤脚医生嘛，那时候观念就是这样的。

问：您和蔡勇爸爸结婚前都在车辆厂？

蔡母：对，都在铁道部管的车辆厂。他是国有厂的，我是属于小厂的，就是附属厂的。

问：你们结婚是自己交朋友还是别人介绍的？

蔡母：自己认识的，自己认识以后他就找了一个相好的朋友，也是和他同一车间的同事，上我们家说了一下，就这样。我们那个时候挺简单的，不像现在。(笑)

问：阿姨您怀孕期间有什么不一样的情况吗？

蔡母：怀孕期间，我就是胖嘛，没有什么奇怪的。

问：就是正常的怀孕反应？

蔡母：嗯，就是正常的怀孕反应。反正什么东西我都不能吃，就在床

---

① 车辆厂宿舍：位于当时的武昌区徐家棚街和平大道三角路村。

上睡。

问：怀孕之后是在家里安心保胎吗？

蔡母：怀孕以后呢，还在车辆厂上班，我做的是……搞热处理[①]嘛。

问：那您先生是做什么工作的？

蔡母：他是搞钳工，搞的是机械钳工。

问：您怀孕期间营养跟得上吗？

蔡母：反正我也不要吃什么，吃了东西就是吐！所以那个时候我也不爱吃，不爱吃水果，就是要吃点辣的东西。

问：您怀孕时营养不是很好？

蔡母：我们那个时候有什么东西吃啊？不像现在这个那个都有。那个时候每天几餐饭就行了。

问：您做过产检吗？

蔡母：产检做过呀。

问：当时产检没有查出什么问题？

蔡母：我跟他爸爸结婚之前都在医院里检查的身体，没问题啊。后来我们两个人生了这个小孩以后，小孩经常病嘛，我们两个又进行了一次血的测试，我们血都是好的，没有问题。小孩在儿童医院，医生也给他检查过血，也是在静脉这里抽了一次血，好像检查也是没问题，说他都是正常的。

问：当时您生他是提前去住院的还是……？

蔡母：当天。那时候我们住在汉口他奶奶家，我是在汉口第一医院生的。早上就去医院了，……不是〔子宫口〕开了几指几指才能生嘛，好像没有开到那么多，医生说我们去得太早了，不让住院啊，我们就回家了。到了下午六点开始肚子痛，实在是不行了就又去医院了，到晚上才生。

问：预产期是不是那一天？

蔡母：预产期提前了，是提前了七天吧，正好是九个月整生的。

问：当时是顺产吗？

蔡母：是顺产。

问：您能具体说说蔡勇出生时的情况吗？

蔡母：结了婚以后，1980 年的 12 月份就生了这个小孩。生他的时候天很冷，下着雪嘛。我们从医院回家以后，不知道为什么他经常哭、经常哭！吃了

① 热处理：一种金属热加工工艺。

也哭，不吃也哭，我们不知道是为什么。到了出生二十七天后，我们把他弄到医院里去看了一下，医生说他得了新生儿肺炎。医生说我们："送这么晚!"我们也不知道啊！得新生儿肺炎以后，反正就总是住院！住了一个星期以后，说是好了，我们就出院了。出院以后又进了儿童医院，总是没有几天就又去住院。有一次是〔住了〕四个月还是几个月，我也不知道了，发烧、咳嗽，脸色都是灰白色的。我们到我们车辆厂职工医院去看，医生说："不行!"马上就转到湖北中医学院附属医院。

问：转到中医学院附属医院是在他出生后多久？

蔡母：两三个月，三四个月的时候都在那边住院。那边有一个儿科医生，姓黄的女医生，说："你这个小孩就是救活以后也是人财两空了……"当时医生就这么跟我们说了。爸爸没有放弃，让医生救。那个时候我身体不好，他爸爸就说："不要放弃，反正是你第一个嘛。"蔡勇那时三天三夜没有哭一声，到了第四天早上哭出来了，哭出来了……这个小孩就……就已经救活了！

问：您认为是什么原因导致他常常生病呢？

蔡母：我们生他的时候，天挺冷的，12 月份，下了蛮大的雪，医院那个时候没有暖气啊，什么也没有啊，也没有生炉子，我觉得挺冷的，肯定这个小孩当时冻了一下。也可能我那时羊水破了，流干了，他在子宫里面呛了一下。后来有一次我和我朋友聊现在生小孩嘛，朋友当时就说她姑娘生的小孩就这样子，也是先被羊水呛了，呛了以后好像也是得了新生儿肺炎。现在的医疗条件，就不像我们原来的医疗条件，现在是什么都有，有护工啊什么的，全部都有的！朋友的外孙就是属于新生儿肺炎，去医院几天就治好了，后来也犯，犯了之后又去看了，就慢慢没了，在吃药。所以说，我们那个时候没有这样的条件，不知道。

管他什么代价……就算了，所有爱就会给他！

问：您是什么时候发现蔡勇与同龄孩子有点不一样的？

蔡母：蔡勇在湖北中医学院〔附属医院〕被救回来后，我就觉得他好像比别人孩子……要……总像要差那么一点点，身上总是软软的，好像头都抬不起来，原来以为是佝偻病嘛，先天性的，先天不足后天又补不上。出生二十七天后得的新生儿肺炎，大概断断续续病了一年多，之后病得稍微少一点，我就一直没有上班，我们有特保的假，就在家里带他。那个时候我哭的比较多，因为我挺伤心的：别人的小孩比我的小孩都要好一点。我的小孩半岁了……就是坐不住……一直都坐不平。我看着别人的小孩都……，我自己就哭。

大概快一岁半将近两岁的时候，我去上班了，〔一周〕一天半的休假。上班一个月，我自己就生病了，生病后就住院，没上什么班，就他爸爸照顾他。后来我在家里带他，没去上班就在家里教他学字、学习呐……。当时他两岁多了，我就教了他一本幼儿识字的书，教的时候他都认识了。后来我总觉得他还是不对！最后我带到〔武汉〕同济医院一个儿科教授那儿看了一下，我说："这小孩就是不行！总是比别人什么东西都要晚一点：笑啊，说话啊，走路……都要比别人……。"因为当时他数数、认字都可以，那个医生就说他"不是属于先天的"，是药物影响他的大脑发育，也就是用药过多！

问：怎么会用药过量呢，都是比较正规的医院啊？

蔡母：是正规的医院，但是用药多了啊，用过量了。我们那个时候根本不知道什么，医院怎么治，我们就怎么。那个时候不知道什么用药过多，后来才知道。知道后，我们没办法，想给他治，治不好！三岁后他没有生什么病，我们就办了那个二胎〔指标〕① ……国家有政策嘛可以办二胎〔指标〕。办了以后也没有生。我们要是生了第二胎的话，对他的照顾、教育就要少一点，爱肯定也会给他少一点，所以没有生第二胎，不愿意生。管他什么代价……就算了，所有爱就会给他！那个时候就想〔把所有心思〕放在他身上，后来我几乎每年身体都不好，每年都要住院。住院的时候都是他爸爸带他，再就是我妈妈在，我妈妈也管他。

问：您刚刚说你们有二胎指标，周围的亲戚有没有劝你们再生一个啊？

蔡母：有啊！包括我哥哥姐姐、街坊啊都让我再生一个。当时一方面我的身体不好，另一方面我就说再生一个对蔡勇也不好，如果一个是健康的而他是不健康的，那我心里肯定先照顾那〔健康的小孩〕去了就不会管他了。〔不生二胎〕这是我跟他爸爸的一致态度。

问：爷爷奶奶呢？

蔡母：爷爷奶奶……不管！反正你生了他们也不愿意带。其实我家小孩都是我妈妈带的，我们自己带。

---

① 二胎指标：1980 年以后，中国开始实施"独生子女"政策，一对夫妇只生育一个孩子。1982 年《全国计划生育工作会议纪要》提出"第一个孩子有非遗传性残疾，不能成为正常劳动力的"家庭可以生育第二胎。在实际操作中，生育二胎需要提前申请，获批后得到二胎指标。独生子女政策终止于 2015 年。

他爸爸死了之后……他慢慢地读书啊，上学啊……就都差一点

问：他小的时候，您考虑过给他上幼儿园吗？

蔡母：当时我们去给他上幼儿园，幼儿园都不收，因为他是智障儿童嘛。1987 年把他送到在沙湖那边的培智中心学校。他九岁那年，1990 年，他爸爸就……就去世了，那么……我就带着他到现在。这个小孩呢刚刚开始上学还好，他爸爸死了之后，可能对他有一种……人家都有爸爸他没有爸爸，再就是没人去学校接，以前都是他爸爸去接啊，送啊，我身体不好不能接送，他慢慢地读书啊，上学啊……就都差一点。在培智中心学校读了九年后毕业了，之后就在家里，也没有做什么事……他又不能做事。

这个小孩的爱心挺好，他挺有爱心，人家有什么〔困难〕，他愿意帮助。去年阳光家园[1]里面有一个自闭症的儿童，他家人把他放到阳光家园就不再管了……因为上阳光家园总要人去接去送啊，我小孩就把他带到我们家里来，每天早上就一块去阳光家园，回来的时候把他带到我家里来，等他爸爸妈妈下班后再从我家里接……这小孩这种爱心是可以的！他的智力上面是有残疾的，但是他从小我是从正常人的角度教育他。我跟他说："什么时候你都不能欺负人……但是有一点，人家欺负你的时候，你也要给他一种表示，要不然人家总是欺负你。"但是他们总的一条……都是一根筋！"一根筋"你们懂吗？

问：就是比较犟，是吗？

蔡母：对，什么东西都是要依着他！非常犟！要东西呢就非要到底，就是这样的一个小孩。这么多年，可以说我对他真是付出了不少！我现在已经六十多岁了，按道理说我也应该享福了，但是现在为了孩子我还是得做，总想着自己走了能留下一笔钱好让他以后生活。

问：您刚刚说蔡勇是在培智中心学校读了九年的书，您当时是怎么知道这个机构的呢？

蔡母：人家跟我说，文化宫那边有个专门针对这种孩子的学校在招生，说从这个学校毕业以后政府会给安排工作怎么怎么的，我们就去了。事实上没有安排工作这回事，而且学费还比别的学校要高一点。

---

① 指武昌区徐家棚街残疾人阳光家园，2013 年 3 月建于徐家棚街建安社区内。

问：它当时收费是多少啊？

蔡母：反正我知道每个月一个学生是一百多块钱吧。那个时候〔普通学校〕就几十块钱。

问：这所学校是政府办的吗？

蔡母：就是政府办的啊，在我们武昌工人文化宫旁边嘛，原来叫湖滨街①，现在那个地方都拆了好像。

问：这个地方离你们住的地方近吗？

蔡母：我们要坐三四站路〔公交车〕才到。

问：当时家人一直接送他去学校吗？

蔡母：哎，原来是他爸爸每天骑车子接送他。他爸爸走了之后我就病了，我病了之后那段时间他没有去上学，我好了之后才送他上的学。后来我脚崴了，我儿子说："你不要送，让我自己去。"他知道我跑来跑去，身体又不好，说："妈妈，我自己去上学。"从 1992 年开始，他自己去上学。

问：蔡勇爸爸是怎么去世的？

蔡母：他爸爸是肝癌去世的。

问：当时蔡勇意识到自己以后没有爸爸了吗？

蔡母：他爸爸死的时候他才……九岁，但还是知道的，他不愿去上学，不愿去上学！他爸爸死之后他在家休息了蛮长一段时间才去上学。他原来读书还可以，爸爸死了之后他就开始慢慢地不行了。

问：1992 年后他自己独立去上学，您放心吗？

蔡母：还是放心，他骑车子可以，后来他有月票，有时候是搭车子有时候是骑车子，把我车子拿去骑。

问：自行车是谁教会他的？

蔡母：自己……自己学的！摔了挺多跤，腿都摔坏了。

问：他会和朋友一起去吗？

蔡母：他坐公交的时候，有时碰到同学就一块去，有时候自己一人去。

问：他在培智学校的时候中午回家吃饭吗？

蔡母：不回来，在学校里吃。学校有食堂，交伙食费啊。

问：是学数学、语文、英语这些比较基础的科目吗？

蔡母：没有英语，就是语文、数学、音乐、体育这四门。

---

① 湖滨街：位于武昌区沙湖之滨，后改名为新河街。

问：没有手工啊什么的吗？

蔡母：好像没有吧。

问：他比较喜欢哪一个科目？

蔡母：他好像没有说喜欢哪一个。反正他刚开始上学的时候，我挺满意：总是一百分、一百分。他爸爸死了以后，就……没有了，也不想学了。再一个呢，我的身体也不好，可能对他呢就没有像他爸爸那样去照顾。

问：他那时候有家庭作业吗？

蔡母：没有作业。他有时候做点作业，也是简单得很，加减乘除这些，我教他做就做完了。

问：他能保证完成作业吗？

蔡母：有时候还是可以的，有时候不想做，就这样子。他不想做我也强求他，跟他说："把作业做完！"还是会做完。

问：他班上有多少同学？

蔡母：我一下子也记不清了。反正一个班里的同学不是蛮多。

问：他喜欢去那边上学吗？

蔡母：上学，当时还是愿意去的。就是他爸爸死了之后就没那么积极了，去还是想去。

问：他自己单独上学时逃过学吗？

蔡母：是有一段时间逃学。为什么呢？他们班有一个姓周的同学，把他带过去搞别人的车子。好像是偷车子的人就被别人抓住送到学校去了，他们老师跟我打电话说"你家蔡勇……"。我说"蔡勇怎么了？"好，我这一去才知道，是另一个同学去搞人家车子，让他在旁边。就是那一次逃了一次学。后来我说他："你为什么和他在一块？"他说他上学的时候碰到那个同学要他去的。回家我就对他一顿打。后来就再也没有像这样子了。

问：他比较容易轻信别人？

蔡母：对。因为他这个人啊，我可以跟你说，蛮讲义气的。

问：他上了九年学，收获是什么？

蔡母：他上了九年学，反正他的文化程度就这样，都是学的小学的东西。他眼睛不好，肯定就比别人差一点。他们班还是有好的同学，有的和正常的差不多，后来也有的上了初中。但是他，不行！

问：等于说没有学到太多东西？

蔡母：嗯，对！因为他智力方面的问题比较严重一点。九年学到的那点东西也就是加减法啊，乘除法啊，认点字啊，写写名字啊什么的。但是让他现在呢看电视、看报纸啊看什么的，都会！

这三年来他的收获不少！

问：蔡勇是什么时候上的阳光家园呢？

蔡母：从培智中心学校毕业在家里好几年了。我们每个区如武昌区啊都办了个阳光家园，政府不是说每个街道都要有名额……我们社区就让他进去了。

问：阳光家园给了您家所在社区几个名额啊？有名额限制吗？

蔡母：当时我们社区进入徐家棚街阳光家园的好像就是我家蔡勇还有一个同学陈××，好像就他们两个人吧。当时他们阳光家园成立时只有十几个人。

问：它有年龄限制吗？

蔡母：没有年龄限制的。

问：他在阳光家园平时干些什么呢？

蔡母：他在阳光家园有时做点手工活啊。他们叠信封袋子啊，硬的纸袋啊什么东西的……就是做点手工活。有时候有点钱呐，到了年底的时候给他们一人分一点——发小红包给他们意思意思一下，也是给他们的锻炼吧。

问：这个阳光家园收费吗？

蔡母：不收费。

问：每天吃饭问题怎么解决啊？

蔡母：每天早上在家里我给他做。中午的一餐呢，就在阳光家园里面吃。下午四点多钟放学就回来了，晚饭在家里吃。

问：中午的饭是阳光家园免费提供的吗？

蔡母：对，这是不要钱的，政府补贴的。智障人群是残疾人嘛，不要钱，对他们是一种关爱。

问：他现在所在的阳光家园离家里有多远啊？

蔡母：不远！他自己来去。从开始上阳光家园就是自己去，不要我接送。

问：您之前说蔡勇眼睛不太好，那他过马路的时候能清楚地认识红绿灯吗？

蔡母：能，有时候挺近的，看〔得清〕……原来我们就教他“走马路要过斑马线啊，不能看到红的地方你就去闯啊……”我都教他。

问：他每天喜欢去阳光家园吗？

蔡母：喜欢，喜欢！因为那个地方有跟他一样的朋友啊，跟他说说话啊，跟他们一起玩啊什么的。有手工活做的时候他就特别高兴。但是他眼睛不方便，做得就比别人慢，眼睛看不清嘛速度就慢一点。

问：他和阳光家园其他伙伴相处得应该挺好的吧？

蔡母：可以，还可以呐。他总是跟他们一块儿玩啊干什么，都还挺好！朋友方面和交际都还可以。

问：阳光家园的老师对他评价如何？

蔡母：还可以。

问：觉得他特别乖？

蔡母：乖也不算很乖的。但是他们同学之间，谁家家里出了事情啊或者哪个病了啊，他们彼此都知道凑点钱啊去看看，他们也都知道。像这一次，他们有同学爸爸死了，他就跟我打电话："妈妈！"我说："怎么了？"他说："××家的爸爸死了。"我说："他爸爸死了那你们准备怎么办呢？"他说："我们每个人需要出二十块钱。"我说："好吧，你就出吧。"他同学要是哪个病了还是干什么了，他也出钱，出个十块，就出吧。毕竟要他养成这样的习惯嘛，人与人之间、朋友之间啊都要相互关爱，我就给他灌输这个观念。

问：您有没有明显感觉到他去阳光家园这几年有什么变化？

蔡母：这几年的变化是有的，这个是可以发誓的！现在你看他学了三年多以后，他说话的语言或者用词、做一些事都比原来要进步多了！

再就是愿意跟朋友交谈。原来不和人家交谈什么嘛，有什么他都不愿意跟他们说的，现在你和他交谈，他可以跟你交谈一点。

而且刚开始去的时候呢，什么自己讲卫生啊这些方面都不明白，现在他的个人卫生是特别讲究。比如说他变得爱洗澡啊，以前总是不洗澡，总是要我叫他洗。现在根本就不用说，每三天就洗个澡。衣服呢，原来是你叫他换他才换，你不叫他呢他就不换。现在是到了时候就自己换，衣服有一丁点脏就说："啊，我的衣服脏了，你快……"就这样子，要赶紧洗。衣服也要买好的、新的。他在阳光家园里是蛮讲究穿的，要买这要买那。他的一般同学根本不晓得买。我说："你看那个××都是穿哥哥他们的旧衣服，你从来都没穿旧衣服，买衣服买了几十块钱你还嫌便宜了。"要是我不给他买，他就让他姨妈给他买。他总是找他姨妈。姨妈对他很好。

他现在就是这样的一个〔状态〕：每天睡觉时，他所有的东西，他要放在桌子上摆得整整齐齐，第二天早上他好穿好拿。他自从到这个学校去了以后进步还是挺快的，这三年来他的收获不少！

问：您以后还准备给他上阳光家园吗？

蔡母：如果让他继续上阳光家园的话，我还是让他在现在这边，因为他能和那儿的人交流。在家里的话，也只能我陪他啊，和他谈一点啊。看电视、看报，他也会，毕竟上过九年的学，我在家里也教他。看电视他会说出电视里演的是什么。

从小就爱打篮球……他现在就是腿、眼睛、智力这三个方面……

问：他平时喜欢看什么类型的电视？

蔡母：打仗啊什么的，有时候生活片啊他也看一下。外国的，他也看。有时看不懂，别人和他说一下，他就懂。

问：平时爱好还挺广泛呐？

蔡母：还可以。他从小就爱打篮球，一搞一个球就不见了，就被别人抢跑了，就哭着回来说人家把他的球给抢了。原来什么都给他买！只要他要，我就给他买。他爸爸不在了嘛，所以……他要什么我就给他买什么。我是这样想的：本来他来到这个世上就可怜，他也没什么太多爱好啊想法，所以能满足他就满足。有一年，是二零零几年，蔡勇原来就读的武昌区培智中心学校有教练招他们到哈尔滨去参加足球比赛①，是残疾人运动会吧？他也去练了，练了四十多天，结果没有去成。本来准备去了，衣服、鞋子都发给他了，后来人家又把他的名额挖去了。

问：为什么呢？

蔡母：我也不知道！我后来就打电话给教练，我说："训练是我的小孩去训的练，吃苦也是我小孩在那里吃的苦，对吧？你们不让他去就不对！"教练说本来也是他去的。后来和他一起踢球的人把衣服、鞋子都拿去了。他不高兴！他一直说："我要去！"他非要去！后来我就找了人，找到湖北大学一个带他的老师嘛，我说："交点东西能让他去吗？"他说"不行！"那我也就算了。后来有人说："去告嘛！你的小孩你为什么又不争取了呢？"我说："算了算了，我也没那个能力。就算要去的话，我也没那个资金，我也不能陪他去！"他那

① 应该是2006年在哈尔滨举办的全国特奥会中的足球比赛。

个时候挺可怜的，对他打击挺大的！因为他想啊，想自己出去。我陪了他一个星期，在外面给他买吃的，带他去吃自助餐，给他买运动服。我说："你不去不要紧！运动服妈妈都给你买，我不吃都给你买。"一个星期我就陪着他。

问：他平时想多看看书吗，有这个想法吗？

蔡母：原来还看书、看看报纸，现在没看了。反正现在就是钱，他对钱感兴趣。他说："我要是会赚钱，多好啊！"

问：他现在还喜欢踢球吗？还有什么其他的爱好？

蔡母：没有〔踢球〕了，有时候在楼底下打乒乓球啊，反正乒乓球拍子也有。他们阳光家园里面有时候组织一些活动嘛，也打打球啊，还有甩沙袋，现在他甩得挺好的，也是在阳光家园里……他现在的智力比原来真的强了好多！

问：现在是不是感觉他独立多了？

蔡母：嗯，现在能独立：自己炒饭吃啊，下个面条啊，煮点饺子啊，还是可以。原来煮饭他也会煮，现在我用的高压电饭煲就不敢让他做了，因为他眼睛不方便。他眼球水平震颤①，给他配眼镜也配不着。在北京同仁医院治疗过，不行！反正治不好！

问：大概什么时候出现这种状况的？

蔡母：好像是他读书的时候吧，上学的时候带他去看了眼睛。从小他的眼球总是不固定，定不了的，总是在动、在动，眼睛总是斜着看。

问：出生的时候应该不是这样吧？

蔡母：出生的时候我们也没有察觉他是怎么样，后来到医院去检查，医生说是先天性的眼球水平震颤。

问：他身体其他方面还有没有什么不太好的地方？

蔡母：他现在就是腿、眼睛、智力这三个方面〔不太好〕。腿是摔跤以后留下来的，还有与原来的佝偻病也有关系。那个时候好像是上了学了，一个街坊的小伙伴总在一起玩嘛，可能小孩推来推去，他就摔了，摔了好几次，脚髌骨脱落了。后来我们带他到厂里的医院，给他包了，上了夹板。那个时候我妈妈带着他，他不愿意给捆着，我妈妈就给他下掉了，就没有长好过，到现在腿都不方便。2015 年，他又摔跤了一次，脚呢韧带都断了。髌骨也是，经常爱脱落。后来就到紫荆〔医院〕住院了，那时我们车辆厂的医院被私人医院买

---

① 眼球震颤：简称眼震。是一种不自主、有节律性、往返摆动的眼球运动。运动方向分为水平型、垂直型、旋转型等，以水平型最为常见。它不是一个独立的疾病，而是某些疾病的临床表现。

了。他住院开了刀，把一只脚的髌骨全部搞正，韧带也给接上了。就是这边一只脚，另一只脚没有开刀，当时我怕他承受不了，他疼。另一只脚本来是说去年给他开刀，但到现在一直没有。前一段时间，他晚上出去散步，脚不小心又崴了。你看他这个脚已经变形了。这次呢，他去不了阳光家园，我在家里给他热敷，用黄道益[①]给他治，这几天消了肿，他今天就非要去阳光家园，我就说："好吧，你去吧。"其实本来也想这次把他送进医院去，把腿治一下，他不肯去。他说："又要花钱！"他的意思就是不想花钱。我说："在妈妈能赚钱的情况下，你去把腿治好，是我的心愿。"他说："现在不去！过完年去！"我说："好！过完年去，过完年去！"

问：过完年还是想带他去看？

蔡母：嗯，想给他治好。治好最起码他走路要好一点。眼睛不方便，腿如果再不方便，就挺那个的嘛，所以说，我还想给他治一下。

问：他小时候走路也不是很稳？

蔡母：对，总爱摔跤！

他不是什么都不懂，他只是比别人……就是在智力上呢，稍微慢一点

问：他小时候穿衣啊什么的是什么时候学会自己做来着？

蔡母：穿衣服是三岁以后吧，三四岁了他慢慢自己晓得。反正我没上班的时候就在家里教他。他爸爸那个时候还在，也一直教他。穿啊什么的，主要是他爸爸在弄。五岁的时候就自己能穿衣了，穿的不整齐反正。

问：那刷牙洗脸这些呢？

蔡母：那都是他自己做了。上学以后那全都他自己做：洗脸啦，刷牙啦……

问：是老师教的还是您教的呢？

蔡母：都是我们在家教的。

问：他学得快吗？

蔡母：还可以。他自己吃饭是两三岁多以后吧，三岁时他吃饭总是要自己吃，我就给他一个小板凳，再给一个大的小凳让他搁碗，管他怎么吃，添一

① 即黄道益活络油，非处方药，主要用于治疗跌打肿痛、舒筋活络等。

半递一半，给他一个小勺让他自己吃习惯。他不是什么都不懂，他只是比别人……就是在智力上呢，稍微慢一点！就是这么一回事。

问：他什么时候开始说话呢？

蔡母：他原来不爱说话，你问他什么什么的，他都不爱说话！进了阳光家园以后，现在还爱说话了。

问：他小时候说话是不是比同龄人晚一点？

蔡母：晚一点，什么东西都比跟他同年的人晚。他现在是三十七岁，马上进三十八岁了，还是比他们要差，总是要差！

问：他平时喜欢跟哪些人在一起玩呢？

蔡母：现在常常喜欢跟他同学在一块。原来小时候，他不愿意跟小孩一起玩。比他小的，他不愿意啊！他总是喜欢和大的玩。

问：他平时喜欢跟家人在一起吗？

蔡母：在一起，他没有跟我分开过，他总是和我在一块儿。

问：亲戚朋友对他怎么样？

蔡母：挺好，都挺照顾他的。反正就是他爸爸死了以后，我们也没有跟他爷爷奶奶家里再联系。主要是我在负担，没有他们，就是我自己。

问：平时他喜欢去走走亲戚吗，就是跟您去亲戚家玩啊什么的？

蔡母：他想出去玩，但我没有时间，他一个人出去我不放心！他自己会打车，但是呢，我不放心。因为他眼睛不方便嘛，怕他有时候出去回不来了，怕他摔跤了或者出事了！他每次出去，如果到四五点都没回来，我这个心里面就开始慌起来了："哎哟，怎么还没回来！"每回都这样。

问：给他配有手机吗？

蔡母：配了啊！原来是没手机，现在有手机微信他都会用。他有时候出去玩啊，打个电话给我："妈，我出去玩一下，马上就回来。"阳光家园对他培养教育挺有帮助的！

问：您身体不太好，平时要是生病啊不舒服的，蔡勇会照顾您吗？

蔡母：蔡勇……他不能照顾。他也要上阳光家园啊，都是我姐姐照顾啊。

问：您生病期间他能够自己照顾自己吗？

蔡母：可以，他自己眼睛不方便，但也可以照顾自己。他自己会下面条吃，可是我不放心，我就〔将他〕送我姐姐那里去了。我住院时，他会打电话给我啊："妈妈，你好好休息啊……你只管治病，要钱了我就把房子卖了给你治病！"这一点他还是很孝顺的。"不缺，把房子卖了给你治病！"他这句话一说，我真的好感动哦！还有一次我心脏病犯的时候，他就找他们阳光家园的同学啊，给我要了三颗进口的日本的速效救心丸。他真的是蛮单纯！他没有什么思想杂念，一点思想杂念都没有。

对他要有耐心，他慢一点，但还是会做一些事！之前重阳节，人家孩子啊都给爸爸妈妈买东西什么的孝敬爸爸妈妈啊，我就说："你就没有这个方面的能力。"有时候我……我心里挺酸的，会这样想。我说："你看，母亲节也是什么礼物都没有，只有我给你。"昨天他身上有钱，他说："你喜欢吃瓜子，我就去给你买点瓜子。"我说："不要不要。"他昨天就真的给我买点瓜子回来了。他说："这就是我孝敬你的。"我说："谢谢你，谢谢你！你还是有一点孝敬在的。"他懂得孝敬，但是……他没有那种能力。他总是说："哎呀，别人都穿得怎么样怎么样……别人爸爸妈妈呀，总是出去玩啊，出国玩啊……你就不带我出去！"我说："我们两个相依为命，不出去玩，没钱。"他有时候也想出去玩玩，他想去！

妈妈要是哪天不在了，就真的照顾不了你了！

问：他小时候有没有家门口的小孩欺负他啊？

蔡母：有啊！有啊！别的小孩就骂他，说他是个苕[①]啊，骂他他就回来："妈妈，他们都说我苕！"他有时候也会气愤："你才是个苕！你才是个苕！"他就这样喃喃，有时候一直不哭，有时候就哭了。我说："做么事又哭呢？"他说："他骂我苕！"他的自尊心还是有的，这一点上很有自尊心！我就说："你别理他，随它去！他爱怎么说就怎么说！是的又怎么样，不是的又怎么样？"我说，"有的时候比你还差的都还有！"

那时我妈妈还在，人家只要是一骂他，我妈妈就不行了，就找人家家里去评理："那他就是这样的，为什么要欺负他呢?！他没有办法你们还要欺负他！"我这个人蛮善良的，原来跟我在一块上班的啊，我做临时工时候的啊，我身边也有像这样的人，我从来不欺负他们，我尽量地照顾他们。他们说："哎呀，还是我们队长好！我们班长好！从来都不欺负我们！"

问：别人骂他，他不开心，这个情绪会待几天还是说转眼就忘了？

① 苕：武汉方言，傻子。

蔡母：一般来说，一哈①就忘记了，他没有那个记性。但是呢，他要是要哪个东西啊，买什么东西，那就一根筋犟住了！好比说买这件衣裳，他就非要，每天跟着我，在我面前唠叨："要这个衣服！要这个衣服！你给我买！"比如说昨天就这样，我发了脾气把手机往那一摔，我心里也不舒服，我就是要灭他那种性格。我也晓得灭不掉，但还是想灭！他看我这样，他难过得要死，一直不高兴。我也晓得伤了他的自尊，我还是不能给他！

到今天，他给我赔礼："妈妈，我错了！"倒了杯水给我。我就说："你还想要吗？"他说："我不想要那样子了，我再听你的话！"就这样子，犟是犟啊。

小时候呢，说实在的我也答应他。有时候心软，我也蛮难受的！你想啊，我把他带大，他要是这个样子不听话，我心里蛮不舒服！他来到这个世上也不容易，说实在的，也是条生命！他爸爸走得蛮早，没办法！那个时候我感觉我一个人蛮苦，身体又不好！我说："妈妈要是哪天不在了，就真的照顾不了你了！"

问：您之前说您有先天性心脏病，那开完刀后应该没有其他问题了吧？

蔡母：哎，当时就说没什么问题了，后来 1980 年就结了婚。

问：您经常住院就是因为这个问题吗？

蔡母：后来得了十多年的肺结核啊，经常住院。

问：是因为厂里面环境不太好吗？

蔡母：对。我刚开始进厂的时候，在铸造车间，搞的热处理。里面搞退火窑啊什么的，我的身体不太好，就得了肺结核。1983 年得的，1995 年才好，才没有再得这个病了。然后慢慢的就是其他的病啦：胆结石啊，子宫肌瘤啊，就是这些方面开刀。

问：您柜子上的这些药是用于治疗这些的吗？

蔡母：药吗？我现在吃的都是一些有关心脏的药。

问：那您动过几次手术？

蔡母：三次。心脏一次，胆囊一次，然后就是子宫一次。

问：您身体确实是不太好。

蔡母：现在让我去做甲状腺肿瘤，我没有去做，反正我想的是它不影响我的性命嘛。

问：您现在身体上之前的那些问题好了吗？

---

① 一哈（hā）：方言，一下子、马上。

蔡母：好多了，现在比原来强得多了。我从小体质不好，反正不是这边长东西，就是那边长东西吧，就是这么一回事情呗。

我身体不好！但是为了他，我要拼命地做！

问：蔡勇小时候有没有受过社会上的帮助啊？

蔡母：没有。

问：在阳光家园建立之前，政府也没有提供什么帮助吗？

蔡母：就是一点低保。

问：医疗上也没有吗？

蔡母：医疗上，就是比别人看病稍微便宜一点。现在不是有居民医保卡嘛，你像他们残疾人呢就是不要钱去买的，国家会免费给这个医保卡。但是这个医保卡呢，平常看病不能用，就是住院的时候，按照残疾等级报销一点，就是有一点钱给他们补助。

问：他什么时候开始吃低保的啊？

蔡母：低保，那是在哪一年呢？是在2008年还是2009年。

问：一个月低保大概多少钱啊？

蔡母：一开始拿几十块钱，后来拿百把块钱。

问：它是按照不同的等级来拿的？

蔡母：对，他的低保比别人要低一些，他没有拿全额的，因为他有他爸爸的抚恤金。

问：低保是他一个人吃的？

蔡母：嗯，他一个人的低保。原来我说给他买个社保，将来他退休以后有钱，后来每年都增长、增长，现在差不多是每个月两千块钱。买不起！后来就没有给他买了。他就是一点低保和他爸爸的一点抚恤金。抚恤金我们两个人加起来，现在也才是三千块钱。我现在开一间麻将室，也就是为了将来我走了，能给他攒下一点，能让他自己好过。谁照顾他的话，也可以给钱给人家，让人家带着他过，是不是？按道理说，我根本就不想做了，特别想休息了，因为我身体不好！但是为了他，我要拼命地做！

问：您之前在车辆厂工作到哪一年啊？

蔡母：我是1980年元月份进去的，在厂里其实没有做多少年，1986年后我就拿劳保了。因为我有病，一直都有病。

问：您不干的原因也是因为身体原因吗？

蔡母：身体不好，有病了之后就吃劳保在家里，总是住院。那时候蔡勇的爸爸就不让我上班了，他说："你身体不好，你还上班？"1994 年我们厂里最后一批可以办退休，退休工资比在家里吃劳保高，然后我就退了休。退休之后拿一百零几块钱，比上班工资还高一点，那退休就退休吧。

问：那之后有没有干过其他的工作？

蔡母：2003 年就在社区里搞协管员。

问：现在也还干？

蔡母：2010 年就回来了，因为年龄超过了嘛，那时候到五十岁，我就回来了。

问：您是哪一年开始经营这个麻将室的啊？

蔡母：这个麻将室挺早的，是……是 1997 年。那时候我妈妈也跟着我一起住，我们三个人，家里就我有工资，工资很低嘛，我就开了这个。那时候政府不允许开麻将室，总是来抓总是来抓，抓得蛮狠。我就拍着手臂说："你们要是不让我搞，你们就帮我养小孩！我们又是老的又是小的，我的身体又不好！"他们都晓得我身体不好。麻将馆只收每个人五毛钱人民币，只能维持一下日常开销。我们街坊邻居都蛮好："嘿，我们到你那儿去玩……"

问：平时麻将室生意忙吗？

蔡母：有时候生意好，有时候不好，这都是不固定的。

问：蔡勇在您忙的时候会帮您吗？

蔡母：他搞不了这些。他不管，我也不要他管这些。原来他就是帮我在家里拖拖地啊，现在每天收碗接碗、倒渣子①啊……每天吃完饭以后，他把碗一收，洗洗碗。有时候不能在洗衣机里面搅的衣服……他想起也给我搓一搓，帮我去搓，帮我去洗。

问：您退休后有什么爱好呢？

蔡母：现在每天呢，早上八点半就出去啊，带着我们团队去跳跳舞啊锻炼锻炼身体。晚上，我也带着一些老人在操场上面呐一起跳一跳舞，也就是这样的。我这个人本身来说，性格比较开朗，我不愿意待在家里。有时候到外面走一走呢，能让自己开心一点。就是我自己找快乐！前几天学习十九大，街道里就选中了我们这个节目去表演。

① 渣子：即垃圾。

问：桌上的荣誉证书是这次得的？

蔡母：这个荣誉证书是我在社区里评的一个优秀社区志愿者。这个社区有什么活动啊，我就跟他们参加一下啊，这是武昌区评选的。

我妈妈什么东西都惯着他，把他惯成这个样子的

问：他一天的生活状态是什么样的？

蔡母：早上起来，洗下漱，把床……一叠，被子一搞，把自己的东西放在原来的地方，把自己的事情全部搞完以后，就吃。我会问他："你今天吃什么，是到外面吃还是在家里吃？"他要是在家里吃，我就给他做。如果他说"我今天到外面吃"，我就给他钱，让他到外面去吃。但是他很少到外面去吃，像现在，就让他一个星期到外面吃一次。他身上总是有钱，他总是自己买吃的零食，有时候想吃就自己买。你看家里零食，都是给他吃的。

他小时候一放学回来，就在楼下喊："妈妈！丢钱下来！我要买汽水喝！妈妈！丢钱下来！"这样从小就搞惯了。那个时候，我和我妈妈一块嘛，我妈妈说："小孩子可怜了，没有爸爸呀，他的身体也是有病嘛。"我妈妈什么东西都惯着他，把他惯成这个样子的。按照我呢，教育他不会像这个样子的。所以我哥哥姐姐、我嫂子他们就说："都是家家①把他惯的，把他搞成这种习惯了！"都怪我妈！我妈总觉得他可怜呐，他没有爸爸呀而别人都有啊，肯定对他就各个方面要照顾得特殊一点。

现在我控制他吃零食了，为什么呢？因为他有家族遗传的糖尿病。这个糖尿病呢，又不能吃一般的甜食，要控制。像柚子，糖尿病患者可以吃，那么就买柚子；火龙果、猕猴桃好，他可以吃，我就给他吃……其实他吃的东西，说实在的，都是好的。为他自己的健康着想，只能让他吃这些东西。钱呢，我也从来没有少给他花。为什么呢？有时候我就觉得他……可怜，如果他像个正常的小孩的话，他不可能这样自己有钱花。一般我哥哥姐姐来了以后呢，觉得他可怜，就会给钱给他，让他自己去买个东西。他把钱看得挺重。

问：他自己经常去买零食，那他对钱应该认识吧？

蔡母：嗯，他认识钱，他对钱最敏感的！买东西时找多少钱他都知道。

问：您担心有人骗他吗？

---

① 家家：武汉方言，外婆。

蔡母：没有人骗他！这里人好，出去没有人骗他。

问：您先生在的时候，他对蔡勇是什么态度呢？

蔡母：他对蔡勇是挺喜欢的，那谁家的孩子都不能欺负他的！如果把话说粗了一点啊，如果要是欺负了他的小孩，打了他的小孩，他在的时候，他找你家里都要去跟你吵架，跟你拼命。

问：他对蔡勇的教育是什么态度呢，以后想把他教育成什么样的人呢？

蔡母：他就说，能让他懂点知识啊，不让人欺负啊，能自理啊，就是这一方面。他是不想他自己小孩这个样……哎呀，你要他怎么样呢？这个小孩只有这种能力到培智教育中心这个地方。他爸爸肯定是想他能去上大学啊，能学好了，能出去。也是想过如果他上学成绩好，能从培智教育中心走出去，去上个初中。蔡勇他们班也有这样的同学，出去了，上正常的学校了啊。他也希望〔蔡勇〕能像这样子，但是，不可能的。他爸爸走得早，我儿子那个时候才九岁。

这是血缘关系啊！他……总还是念着他们家里的

问：您爱人去世后，他家那边亲戚应该会帮衬一些吧？

蔡母：他爷爷奶奶……我这样说吧，也不靠我们蔡勇，他们还有其他孙辈。他爸爸去世以后这么多年当中呢，他爷爷奶奶这一方面，没有给我们任何帮助，都是靠我自己。唉，他们肯定是想："我儿子死了嘛，我还管你什么，再说这个小孩……"如果说我这个小孩是正常的呢，可能他们会去管，会去接受，可是这个小孩不正常。

问：您自己的孩子，主要还是您自己带？

蔡母：对。当时我们房子要拆了，我们没有钱去买房子，我儿子就自己找他叔叔借钱。他说："叔叔，你能不能借我们一万块钱？我妈妈以后还给你。"他叔叔说没钱。我和他奶奶借钱，他奶奶也说没钱。我就说："好啦！以后不向你们开口！"我跟我儿子说："不要再开口了，妈妈以后就跟姨妈借，不要找他们借了。"按道理说，他家侄儿都这样子的，他自己的哥哥啊走得又早，他还是要帮助我们一点吧！但他们从来没有帮助过我们。

问：那蔡勇和他们关系亲近不？

蔡母：这是血缘关系啊！他还是有一点想他们，总还是念着他们家里的。他奶奶现在还在嘛，还在汉口××养老院。原来呢，我们还去看她；这几年，我没有去看她。我也就算了，蔡勇嘛总要去看她。最近两年呢，我就没有让他去看，因为他腿没有原来好了，我不放心。这种血缘嘛，总是断不了的。后来我开刀，蔡勇自己打电话给他奶奶那边："我妈妈住院了，你们来看我妈妈。"我说："蔡勇，你不要打电话，妈妈再有其他的病，你就不要打电话了。"原来我儿子住院的时候，我还打电话给他们，后来也不打了。

对智障人群更要关爱一点!

问：在阳光家园里，老师会带他们到外边去玩吗？

蔡母：带他们去春游啊什么，还是有的。

问：就在武汉周边地区？

蔡母：嗯。其实我可以说啊，你像在阳光家园里面应该都是有社工的，可以把他们带出去，出省或者是到北京啊去看一下呀，去瞻仰一下毛主席纪念堂啊什么地方的……去看一看外面，去了解了解！他爸爸在的时候，他就把蔡勇带出去玩，让他开开眼界，可以懂得更多。况且我们蔡勇呢，他也好奇，就爱问。比如人家开着车，他就问："这是什么车呀？这叫什么车呀？"他总是问。他有时候说："我要是能赚这个钱就好了！我要是能赚钱，我要是个正常人，我也跟别人一样，我也会开车子！那你也会给我买车子。"我说："那是的，你自己会赚钱也有自己的工作，那你自己也会养活自己，也会照顾妈妈了……但是没办法啊，你的这个病，是这个样子。你痛苦，我也痛苦！"他自己也晓得！

问：他自己有这个意识，觉得自己不太好？

蔡母：哎，他总是想着他要是个正常人就好了。他也晓得和别人攀比，有时候穿衣服，他就说："妈妈帮我买！"我怎么能不满足他？说心里话，在我有生之年，我不亏他，他想要什么我就满足他，总归有一条就是他要听我的话……他本来在这个社会上，就没人照应，还是要靠妈妈……他是独生的……像他只有一个的话，没得哥哥姐姐照应他，靠亲戚朋友啊，那也不可能！这是我说的实在话。各人都有各人自己的家庭，对不对？所以我就想说：社会对他们呢，就应该更关注。肢残可以结婚，智残的自己养活不了自己，像结婚，那肯定是不可能的。在这一方面来说，国家对智障的人呢应该多加以关注。我们几个家长坐在一起的时候，就会讲：国家真正对他们这种智残的人能多一点关爱，多一点帮助，就更好了。肢残的比他们强，他们精神残啊，不犯病的时候是个正常人，犯病的时候……哎！

问：这就是我们做这个项目的意义，我们就想让更多的人来关注这个群体，去了解他们的生活。

蔡母：对智障人群更要关爱一点！对于智障的人，……你要慢慢地，慢慢地引导他、教他，他也会做一些事情！希望一些团体能够带他们出去多一点见识，看看这个城市怎么样啊、那个城市怎么样啊。虽然说他们智残，但他们还是想学。将来，〔希望〕政府能够照顾像他们这种人。他们不可能结婚的，政府应该成立相关的机构给他们养老，对不对？

问：您担心他以后的生活？

蔡母：嗯，因为他眼睛不好，不可能让他去切菜啊，做饭啊……。他的眼睛相当近视。晚上我不让他出去，就是怕他看不见摔跤了。晚上出去的话，他必须把我挽着一块出去，走一走啊，带他看一看啊，就是这样的。

问：您有没有想过让他工作？

蔡母：我想要他工作，他能做么事呢？政府方面又莫得[1]说是给他们有工作做……

问：武汉还没有，是吗？

蔡母：对啊，像我们这边没有阳光工场。如果我们这边也有阳光工场，他可以在那里学到手艺，是吧？他也能自己养活自己了，往自理、自立的方面去发展，让他有一个赚钱辛苦〔的意识〕，也能感受到自己为社会啊……还可以做一点事。现在他根本不知道这些呐。

问：您有没有想过给他学一个技术，比如说折东西啊、做东西这种？

蔡母：哎，我有啊，想让他学，可在哪里学，哪里报名呢？其实，当时让他进阳光家园的时候我就是这样子想的：如果说阳光家园里面……搞一个工场，让他们进去以后在里面做。现在他们哪里能接得到活干呢？也接不到！

我只要他现在过得好

问：您有没有想过让他结婚这个事情？

蔡母：没有。别人都跟我说："你给他找一个，从农村或者是哪里找一个，给你传个后，将来有人照顾。"我说："我不要他给我传后。"我只要他现在过得好……哎呀，非要给我传个后吗，我不需要！即使他现在传个后，对他也是

① 莫得：武汉方言，没有。

负担。他没有工作，靠国家、靠低保来维持家庭，那是不可能的，因为小孩将来要读书、生活或者交友，他都没有这个能力提供，所以，我就说……像他这样最好就不要结婚。像他这种智残的人都四十多岁了，多半都没有结婚。你说，有哪个父母不希望自己的儿女能成个家啊，是吧？来到这个社会上，不枉做一回人嘛！但是，他们没有能力来养活自己的家庭，他负不起这个责任啊！

问：他和你说过对某个小姑娘有好感吗？

蔡母：没有。

问：他从来没说过？

蔡母：他没有到这种层次，他自己没有这方面的〔想法〕。有时候，我问他："蔡勇，你怎么不会想到姑娘伢呢？"作为家长呢，有时候也想他有这方面的欲望，或是有喜欢的人啊，那么我肯定就会……

问：身边人有说过要给他介绍对象吗？

蔡母：嗯，蔡勇就说："那你问我妈妈。"他是这样子说的："妈妈同意，那就同意。妈妈不同意，那就不能同意。"

我想出去——蔡勇本人口述

口述者：蔡勇

访谈者、撰稿者：汤秀秀，女，1995 年生，华中师范大学硕士生。洪静，女，1995 年生，华中师范大学硕士生

访谈时间：2017 年 12 月 28 日

访谈地点：湖北省武汉市武昌区徐家棚街残疾人阳光家园

问：您属相是什么？

蔡勇：属猴的。

问：那您会写自己的名字吗，可以写给我们看吗？

(蔡勇没有说话，在纸上写下了自己的名字，字迹不工整，但可辨识。)

问：您来阳光家园多久了呀？

蔡勇：嗯……四年多啦。

阳光家园老师：2013 年来的嘛。

问：您每天是自己来的，还是妈妈送您？

蔡勇：自己来。

问：您喜欢这里吗？这里的环境？

蔡勇：喜欢。

问：您在这里面喜欢上什么课呀，数学，语文，或者是……？

蔡勇：数学吧。

问：喜欢和同学在一起吗？

蔡勇：哎。

问：为什么呀？

蔡勇：好玩吧。

问：您每天几点起床啊？

蔡勇：七点半之前。

问：妈妈叫您，还是自己起来啊？

蔡勇：自己起来呀。

问：周末您一般干什么？

蔡勇：去玩呀。

问：和朋友一起玩吗？

蔡勇：哎。

问：自己约朋友吗？是别人约您去吗？

（蔡勇妈妈在旁边翻译，说了一些人名，说那些人是他朋友，找他出去玩。）

蔡勇：嗯。

问：您喜欢和妈妈一起去亲戚家吗，比如说看看您的姨妈呀？

蔡勇：她住得蛮远，去不了。

问：那您想去吗？

蔡勇：想去呀。

问：您最喜欢去哪个亲戚家呀？

蔡勇：姨妈。

问：除了家里人，您最喜欢和哪些人在一起，最喜欢哪个朋友？

蔡勇：陈阿姨。

问：您之前喜欢打球，是吗？

蔡母：你小时候，懂事的时候喜欢么斯①球啊？

蔡勇：足球。

问：您参加过特奥训练吗？

蔡勇：去过了。

问：是谁带您去的，您还记得吗？

蔡母：你的教练姓什么，谁带你们去的？

蔡勇：姓雷吧。

问：您喜欢这个训练吗？

蔡勇：喜欢啊。

问：听妈妈说您很孝顺啊，在重阳节还买了礼物给她，您还记得吗？

蔡勇：忘了。

蔡母：你买什么给我吃了？买的么斯？

蔡勇：买的南瓜子。

---

① 么斯：武汉方言，什么。

问：平时在家里帮妈妈干活吗？

蔡勇：做啊。

问：做什么呢？

蔡勇：洗碗啊。

问：拖地吗？

蔡勇：有时拖啊。

问：听妈妈说您想出去旅游，想出去玩，是吗？

蔡勇：是想出去。

问：您想到哪里去玩呀？

蔡勇：湖南噻。

问：湖南？为什么想去湖南？

蔡母：因为湖南是我的家乡，我妈妈是湖南人，我们在湖南长大，所以他想去看看。

蔡母：你外面不想去吗？你不是想到北京去吗？

蔡勇：是想去。

问：那您现在腿疼吗？

蔡勇：还有一点疼。

蔡母：你在家里就跟我说你不疼，今天来了，那你还是哄我咯。哄人是不是好孩子？

蔡勇：不是。

蔡母：以后还要不要哄人？

蔡勇：不要。

这里的同学相处得都还可以——阳光家园社工口述

口述者：徐家棚街阳光家园社工，女，中等身高、身材微胖，爱笑、热情，和蔡勇妈妈比较熟悉

访谈者、撰稿者：汤秀秀，女，1995年生，华中师范大学硕士生。洪静，女，1995年生，华中师范大学硕士生

访谈时间：2017年12月28日

访谈地点：湖北省武汉市武昌区徐家棚街残疾人阳光家园

问：您是这边的老师吗？

社工：我是这边的社工。

问：我可以问您一些简单的问题吗？

社工：好。

问：这边有多少个学员？

社工：三十多个。

问：有班级吗？

社工：没有。

问：所有人都在一起吗？

社工：不是的。这边有一个汉皂坊，〔有一些学员在里边〕，有时候会做一些手工肥皂。他们做的那些成品，我们都会拿出去义卖，卖的款项用于残疾人。

问：是属于阳光工场的吗？

社工：不属于。就是让他们有一点事情做一下嘛，他们生活也比较单调，另外也想给他们增加一点收入吧。我们这边的肥皂，成本比较高，所以价格比较贵些，但是东西都很好。

问：你们这边有没有组织他们找什么工作啊？

社工：工作？驿站里的〔可以找工作〕……我们这里分为家园和驿站[1]。

---

[1] 驿站：即阳光驿站，为精神障碍患者提供精神康复服务的托养机构。

家园就是教托养学员做一下简单的东西。但是驿站，主要还是让学员康复，康复后回归社会。首先得要帮他们康复，康复了才能帮他们找工作。你不能说一个残疾人送过来，什么都不教他，让他去找工作吧？

问：像蔡勇这样的情况，适合去工场工作吗？

社工：工场？

问：嗯，就像您刚才说的，武汉有这样的工场吗？

社工：武汉好像还没有。因为这种工场的话，不可能要求他们像正常人一样，在多少天之内完成多少工作，不可能这样要求他们有效率呀，所以这个东西，要实现的话，还是很难的。

问：他的智力和生活能力在班上是属于什么水平？

社工：还可以，我们这边不分班级，所有人都是一个整体。基本上，我们的活动也是连接志愿者，志愿者寒暑假〔来〕。平时就是我们社工自己带着活动，带他们学一些东西：比如说绘画呀、一些模拟旅游啊，还有一些基本的插花呀、制作书签啊……教给他们的东西还是比较丰富的。

问：那他跟同学们能友好相处吗？

社工：可以啊，这里的同学相处得都还可以。

蔡勇观察日记

观察时间：2018 年 10 月 16 日

观察地点：徐家棚街阳光家园

观察者、撰稿者：洪静，女，1995 年生，华中师范大学硕士生；汤秀秀，女，1995 年生，华中师范大学硕士生

时间	观察内容	备　　注
14:26	湖北大学志愿者协会新成员向阳光家园的学员进行自我介绍，蔡勇抱手认真听并鼓掌	当天为重阳节，下午湖北大学志愿者协会在阳光家园内举办“菊颂重阳”志愿活动
14:30	注意力开始分散，低头看桌子，闭眼似沉思	其间，一个新疆女孩介绍时，重新开始鼓掌
14:31	主持人宣布活动开始，蔡勇以手撑脸，没注意听讲	
14:32	热场小游戏“青蛙呱呱呱”开始，别人鼓掌，蔡勇一直把玩手机，未作任何回应	主持人详细而耐心地解释了好几遍热场小游戏的游戏规则
14:34	开始注意游戏，由于学员们坐得过于分散，蔡勇主动招呼旁边的学员坐得紧凑一点	
14:36	第一轮游戏，轮到蔡勇时，他因未理解规则而回答错误	
14:37	作为对他的小惩罚，主持人让他站起来自我介绍。蔡勇站起来只说：“我是蔡勇。”主持人和他熟悉的社工试图引导他说得更详细一点，他只说：“没有。”蔡勇重新坐下，似乎有点失落，趴在桌上	
14:39	看到其他同伴也出错，蔡勇笑，表情很放松	
14:40	认真听别人进行自我介绍	主持人重新解释规则
14:49	剩下的三轮游戏中，蔡勇在别人提示下，没再出错	

（续表）

时间	观察内容	备　注
14:50	热场小游戏结束，看了一会儿此次活动的屏幕，然后低头看手机	主持人在屏幕上介绍重阳节的相关内容
14:51	开始进行“手工菊花制作”，蔡勇看起来挺感兴趣的	主持人让大家三人一组学习制作
14:53	主动和右边的同伴商量分组	
14:55	主持人把他和左边同伴分到一组，他不开心，但没说什么	在手工活动期间，不太能融进自己的小组当中，参与到右手边的小组中
14:56	蔡勇没有被发到手工纸，看了看别人的纸，然后自己玩手	
14:57	社工给他拍照，他笑	
14:58	主动要了制作菊花用的双面胶，然后放下一直拿在手里的手机	制作期间一直帮他右手边的小组成员撕开胶带并递给他们
15:06	志愿者教蔡勇卷纸作为菊花的杆，蔡勇似明白。志愿者让他自己尝试卷纸，他拒绝并让旁边的人卷。把自己手里的双面胶凑近眼睛认真撕开递给其他人	
15:14	主动向左手边的小组成员要纸花的叶子，没有得到。重新拿起手机	
15:15	志愿者在他旁边发纸花篮，蔡勇问她要叶子。志愿者递了一支笔给他，他拒绝，再次要叶子	
15:17	拿到叶子后，重新把注意力放到纸花制作中。手上拿着双面胶，在同伴需要的时候再递过去	
15:20	间隙，打开手机给旁边的同伴看他手机屏保中的小狗图片，并清理了手机内存	因为视力不好，蔡勇玩手机时眼睛离手机特别近
15:24	纸菊花制作成功。拿起左手边小组制成的菊花与他右手边小组的菊花进行比较，其间手里一直拿着双面胶	
15:26	进行唱诗词活动。把双面胶还给志愿者。主持人讲解时，一直在玩手	唱诗词活动举行得很仓促，家园里的学员感兴趣的较少

（续表）

时间	观察内容	备　　注
15:27	音乐响起，抬头看了一眼屏幕，然后又将注意力放到自己手上	
15:30	志愿者活动结束。一社工在蔡勇旁边捡到一小包纸巾，询问蔡勇是否是他的，蔡勇仔细看了看确定不是他的。同时拒绝了一个志愿者递给他的一支纸花	确认不是蔡勇的纸巾后，社工就将纸巾放到橱柜上
15:32	拍集体照排队时，蔡勇站在队伍后面玩手。遇到相熟的朋友，蔡勇拍了他一下，并拒绝志愿者递给他的纸花篮	
15:34	合照时，注意力被旁边同伴的纸花篮吸引	
15:35	合照结束，回到活动教室，主动把椅子摆齐	
15:36	把手机放到橱柜里的包中，并拿起之前的纸巾，认真看了看，然后挨个询问同伴是谁的	
15:37	询问无果后，把纸巾给了一个年纪较大的女学员，放进她的口袋里	
15:40	上完厕所后，拿起包中的手帕，擦脸。而后，认真叠好，放回袋里	
15:44	拿起指甲钳剪指甲	

访谈手记

汤秀秀

2017 年 10 月 29 日下午，我和洪静第一次去蔡勇家采访时，是蔡勇母亲开的门。客厅里有些嘈杂，不甚干净的地面上摆放着几台麻将机，几张桌子上的人边打麻将边说着话，麻将机浑浊的洗牌声不时响起，空气里弥漫着香烟的雾气……蔡勇母亲面容看起来比较疲惫。她和客厅里打麻将的人们知会了一声，就把我们领进她的卧室并锁上门。卧室空间不大，一张木床占据大部分空间，简陋的木制化妆台上最显眼的是一个白色大药箱，旁边摆满了各种各样的药品。

我们简单介绍此行的任务及目的，在请蔡勇母亲签了同意声明后，便开始了访谈，全程有我和洪静两部手机在录音。蔡勇母亲声音比较柔弱低沉，但面对我们简短的提问，她时常报以大段的倾诉，并描述出不少细节。可以明显感觉到，她平时开朗而善言谈。难得的是初次认识，她对我们充满真诚！她努力回忆昨日之事时，极易在痛苦的记忆中难以自拔，以致数度哽咽，接近喃喃自语。我和洪静两个被“象牙塔”保护得很好、仅从书本中知晓人类痛苦、对于这个世界的认识只是隔靴搔痒的小青年，面对已过六旬的蔡勇母亲所经历的风雨与磨难，深深地被震撼着，不由得随着她的情绪进入苦涩与煎熬的氛围……虽不忍打断她，但为采访进度，我们努力将话题拉回我们需要询问的问题中来。

时隔两个月，2017 年 12 月 28 日，冒着微雨，我们再次敲响蔡勇家的门，准备做补充访谈。这一次蔡勇家的客厅没有麻将桌的喧闹声，一切都安安静静。与蔡勇母亲的访谈一如既往在卧室里进行。走向卧室时，她兴致勃勃地告诉我们前几天她领队的广场舞小团队代表社区去参加“十九大”献礼比赛。桌子上多了一小袋南瓜子和一张大红色的荣誉证书，她很自豪地告诉我们，南瓜子是蔡勇昨天晚上买给她的，荣誉证书是 11 月份武昌区民政事务管理委员会授予她“优秀社区志愿者”称号时发的。这次访谈意外地在比较轻松的氛围中结束。

蔡勇母亲随后带我们去蔡勇白天所在的徐家棚街阳光家园，以便对蔡勇本人进行简单的访谈。徐家棚街阳光家园位于建安社区，离蔡勇家不远。我们仨徒步前往，蔡勇母亲边走边与我们谈论蔡勇以及他的爷爷奶奶，她夹杂着湖南口音的武汉方言让我们招架不住，我们一路微笑、点头、微笑……

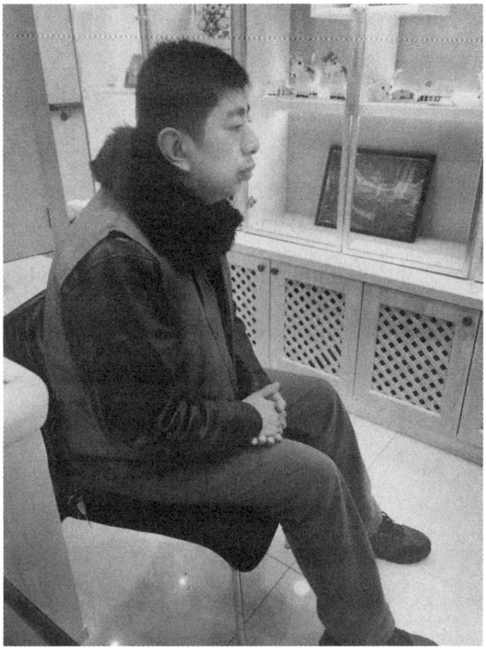

徐家棚街阳光家园的建筑外表比较新，周围也还安静。蔡勇母亲向家园的老师说明我们的来意，一位年轻的女社工并没有因此同意我们进入教室。我们出示相关证件后，女社工才把蔡勇叫出来。我和洪静趁机从门外观察了一下里面的状况：因为天气阴沉，教室的灯是开着的，大概有六七个年龄和蔡勇大致相当的学员在教室里玩纸牌，旁边有个年龄较大的老师。学员们注意到我们以后，很好奇，放下手里正在玩的纸牌看着我们。蔡勇穿着厚实的绿色棉袄出了教室，看起来挺年轻。他看到我们有些局促，母亲在旁边轻声安慰他。我们简单介绍后，开始了对蔡勇的简短采访。他坐在椅子上，眼睛有时望着地面，有时朝向他的妈妈或老师，回答问题时声音有点飘，且每次只能说出几个词语。遇到不能理解的提问时，就会望着妈妈寻求帮助。看得出来，他反应有点缓慢，需要母亲在旁边提醒。这次访谈让我们对智障人士有了更深入的了解。

我们不会放弃

——Z君祖母口述

Z君，男，2013年生，半岁时在公交车上因刹车未稳，头部受到撞击，现患有智力障碍、视觉障碍与肢体残疾。

口述者：Z君祖母，1957年生，国企下岗职工

访谈者、撰稿者：潘立川，男，1992年生，温州医科大学教师

访谈时间：2018年3月18日、9月15日

访谈地点：浙江省温州市Z君祖母家

刚出生的时候像鸡蛋一样白净可爱

问：请介绍下您与您老伴的情况。

Z祖母：我是1957年出生，2007年五十岁的时候退休，退休前在温州标准件厂工作过，做螺丝、螺帽这些标准件。1987年，标准件厂停止生产以后，我就出来工作了。九十年代以后开始摆摊卖早餐。后来标准件厂被征地拍卖以后，每个人发了一万五，相当于是遣散了。我自己又交了几年的社保，才算是正式退休。我丈夫也已经退休了，他以前是在温州乳品厂工作。2000年，乳品厂买断工龄，我丈夫就下岗了。当年9月份，我丈夫开始身体不好，得了中风。我们夫妻俩是1983年结的婚，阳历是1983年2月。

问：现在你们都有退休金吗？

Z祖母：有的。没有退休金那还了得！我一个月有三千多一点，老伴的退休金比我少一些，他2001年四十七岁的时候还没退休就得了中风，现在是完全丧失劳动力，只从社保里拿退休金。他现在身体不好也很苦，门诊没有办法治疗，我们又没有条件住院，也没钱请人来照料，他每天都是躺在床上，我一个人来服侍他。他有糖尿病，血糖很高，每个月从门诊拿胰岛素就要花七百多

块钱。他心脏不好，小便也不好，每天要吃治小便的药。另外，他血压高、血脂高，什么都高，一个月光是药的钱就要花一千多，也就是我们自费就要一千多。我们能不去医院就尽量不去，实话说，医院我们也住不起，没办法。

问：Z君的爸爸妈妈有几个兄弟姐妹？

Z祖母：我这边就他爸爸一个，孩子妈妈那边也是一个，双方都是独生子女。他妈妈是温州桥儿头这边人，我们就是西城路这边的。

问：孩子的爸爸妈妈是2011年结婚？

Z祖母：我有点记不清了，他们结婚时间蛮久了。我记得好像是2011年还是2012年。结婚之后，他妈妈常常去医院里看病，第一个孩子流产了，所以Z君是家里的第二个孩子。

问：Z君在哪一年出生？

Z祖母：Z君是2013年9月18日，农历是八月十四出生，在温州市第三人民医院出生。产前检查起来都是好的，生的时候也很好。孩子刚出生的时候像鸡蛋一样白净可爱，而且非常健康，一点问题都没有。各项检查，预防针什么的都是正常。

问：生孩子的时候是顺产还是剖腹产？

Z祖母：剖腹产。孩子他妈年龄也不是太大，但是当时肚子已经痛起来了，去医院里生产，生得不顺利，就叫她剖腹产。小孩出生以后在医院住了一个星期左右吧，很快就回家了，一切情况都是好的。

问：这孩子的名字是什么时候取的？

Z祖母：生下来就取好了，他爸爸取的。当时在医院的同个房间里，也有这样的一个名字，他爸爸觉得很好听，于是就叫Z君这个名字。

孩子是在公交车上摔坏了

问：孩子他爸妈结婚的时候两个人从事什么工作？

Z祖母：当时我儿子在家里开早餐店，孩子他妈妈我听说是医院牙科里的临时工，就大同巷那里。孩子爸爸现在从事保险行业，孩子的妈妈现在做什么我不知道，她和我儿子离婚了。

问：孩子出生以后是谁带的，你还是他妈妈？

Z祖母：他满月了之后，他妈妈就去上班了，所以我带的比较多，都是我领的比较多。

问：那个时候孩子一家是住在黄龙那边？

Z 祖母：他们一家都住在黄龙，房子是我们自己买的，是我老伴牛奶厂里的集资房。我住西城路，我儿子他们一家住黄龙六区。我和儿子在黄龙九区那里摆摊卖早餐。

问：后来六区的房子呢？您是什么时候搬到西城路？

Z 祖母：六区的房子我们现在没有住，是给儿子住。六区的房子是在一楼，老头子中风成这个样子了，本来说是住在六区是最好的，老头子要出门也是好走的，但是他不肯，于是就搬来这边了。西城路这里是老房子拆迁后分过来，拆迁前的房子也是在这边。

问：孩子出生后是好的，后来怎么发生意外的？

Z 祖母：这个孩子是在公交车上摔坏了，当时孩子才五个多月，六个月都还没到。那时他们一家住在黄龙六区，六区后门有一座桥，从后门可以通到黄龙九区。她妈妈带着孩子坐公交车到黄龙九区，想把孩子带到早餐店里给我，她要去上班。经过新站路口那座桥的时候，公交车突然一刹车，他妈妈把孩子没抱稳，在车上碰撞到了。他妈妈把小孩交给我，没讲小孩摔了的情况就自己去上班了。那天早上我带小孩没有发现什么异常的情况，只是感觉小孩看起来不活泼了一点，平时他特别活泼的。

我知道上午发生的意外，是隔壁邻居过来告诉我的。当时她正好有一件很不错的马甲要送给我，过来和我说："你们家的孙子坐在车里，车子急刹车，他头撞过去，叫了几声。"邻居和我说了之后，当天晚上孩子就不行了，情况非常严重。

那天我记得是清明时节前后，我儿子中午和我一起在店里弄清明饼，一弄好，他就把孩子带回家了。下午四点多，他们在六区家里给孩子洗澡的时候，白沫从孩子的鼻子里泛出来。孩子的爸爸电话打过来和我说："妈妈，孩子怎么眼睛翻过去了？"我说："这样子啊，等等先，我先回家弄点东西让老头子先吃了。"老头子那时候已经患了中风。六点多我电话打给我儿子，他说："孩子现在好一点了。"我问："我还要不要过去？"我儿子说，随便我。我不放心，直接坐汽车到他家。我到孩子家里的时候，孩子已经整个人都不会动了，我赶忙叫出租车送孩子去医院。这个出租车司机人很好，看到情况紧急，一路闯红灯帮我们送到医院。那天晚上本来我儿子要送几个清明饼给孩子外公的，也没来得及送，就随便收起来放冰箱里赶去医院了。

问：送到哪个医院？

Z 祖母：是温州医学院附属第二人民医院。送到医院以后就抢救，待在重症监护室里。医生说小孩子早上摔了到现在，小孩子娇嫩，也不知道表达出来。

问：在重症监护室里待了多久？

Z 祖母：也就一个礼拜。

问：有做手术吗？

Z 祖母：手术没有做。如果有做的话，应该就没关系了。

问：之后在医院里做什么治疗呢？

Z 祖母：医生让孩子去做康复，做高压氧治疗，是小孩子独自躺在那里，我是没有看见过的。医生的意思是，你家小孩摔了，可能是颅内出血，做高压氧对恢复会有好处。我记得高压氧我做了上百次，做得蛮久了，一次就要好几百块钱。后来医生复诊了之后，说这个孩子没用了，脑里是汪洋大海，里面积水很多，大脑有点萎缩了，受到创伤不可能恢复了。

复诊做了之后，我就叫我儿子不要再做高压氧治疗了，没有用的做起来干什么呢？我重新把孩子抱回来，自己抚养。有两次，孩子不吃不喝，就笔直地摔倒。看到孩子这样，我连公墓都去找过了。

问：孩子父母家族当中有没有出现过智力障碍的人？

Z 祖母：我们家都好的，就是我的老头子是中风，不过他也就是中风了才每天躺床上。孩子他妈家那边应该也没有出现过智力障碍的情况，她家她的妈妈好像也有一点中风，我也不是很清楚，只看见她妈妈走路有点不正常。不过我和她妈妈只见过一次面，不久她妈妈就去世了。我的儿子是 10 月 22 日结婚，她妈妈是 10 月 4 日去世的。她妈妈去世了，没有和我们讲，只是把她的遗体放在殡仪馆里。她家这样做其实说起来是不道德的。因为他们家把这件事情瞒着我们，其实告诉我们也无妨。这样子做了，和我们家的不好现状也有一点关系。

哪怕孩子呆头呆脑，也要把他养起来

问：他后来还有去医院吗？

Z 祖母：后来没有那么可怕的情况，就没有去医院了。温州医学院附属第二医院康复治疗的医生和我的儿子熟起来了之后，和我儿子说，小孩这个样子只能随他了，你去做康复治疗，不一定能够康复好。去康复呢，就是在那里按啊按啊按的，把孩子按得乱七八糟，所以我儿子也就不带孩子去做康复治疗了。

在家里，开始的时候都是我来抚养，他爸妈帮忙。后来，老头子血糖高起来，去医院里把两个手指头切掉了。于是就叫孩子的妈妈把小孩子领回去，可惜孩子被她带得就没有一点用了，哭起来也没有声音了，孩子爬也爬不来，什么也不会做，额头撞得都是乌青。那天，我儿子看到这个情况把她骂个半死，真的生气到去打她，说你把我小孩子摔成这个样子。后来我带小孩子，就好一些了。

有段时间孩子给他妈妈带，我的老头子说天气凉起来了，想去看一下小孩子，就问她妈妈小孩子现在在哪里，孩子他妈说是在乡下抚养。我说，不管在乡下还是在温州市区抚养，你把孩子带好就行。后来说孩子在永嘉县，我们就有些舍不得了：小孩子自己已经那么苦了，还把他带到那里去。于是孩子的爸爸电话打过来解释说，小孩子上次被他老婆带成那个样子，所以这次把小孩子放在别人家里。我说让别人带，如果关系亲近是可以的，我们去探望也方便。我们和小孩子他妈妈不一样，孩子放到别人家里以后，她一眼都不看，我们每过一个月左右会想看看小孩子。小孩子放在永嘉山区的苍山尖，很远很远，这地方很穷苦。比方说，我们去看孩子，那家人把家里理理清爽，这是最起码的礼节；中午弄点好的东西给小孩子吃一下，总是可以做到。结果我们过去，那家人给孩子吃的蛋糕、肉都是坏了的，配着一点米饭喂孩子。我的儿子看到这个情况，立即就把小孩子抱了回来，在我家住了好几个月。就在那一年，我儿子和孩子他妈妈离了婚。

问：那是什么时候抱回来的？

Z祖母：2017年4月份她抱去永嘉，5月份我就把孩子抱回来了，就去了一个多月，我就把他抱回来了。她就没把孩子当人看，她是准备如果孩子能恢复呢抱回来，如果没用呢就扔在乡下。我们呢，觉得人总要有良心，哪怕孩子呆头呆脑，也要把他养起来，况且我们已经造孽了，把他弄成这样。他原本是多么好的小孩啊！

问：孩子现在的情况？

Z祖母：原先我在九区的时候，孩子在我这边呢，他不吃饭的时候，我们要用摇摇车哄他，也给他看这个看那个，会和他说话，带他活动活动。后来在他妈妈那边待了之后，摇摇车也不会坐了，坐进去，尿就拉出来了。在他妈妈那里，她就让孩子整天躺着，什么活动都没有。喏，你看这个，人就是这样子，都是躺在那里。坐起来呢，是坐不住的，但是人撑着是能撑得起来的。现在，孩子待在我这里，我帮他这样弄弄，我坐在床上说：“孩子，你把手给我。”他能听懂一点了，他就把手给我。还不会走路，都是坐在轮椅里。人外表上看起来没有什么不好的地方，但是眼睛看不见，吃饭不会吃，要我们递给他，拉尿也不知，每天还戴着尿不湿，走路还不会走，手是能抬得起来，东西拿是拿得住的，就是他不要，什么都不要。

问：你孙子出现变故以后，你的生活有什么变化吗？

Z祖母：生活呢，被弄得很苦，家里有两个人要照顾，一老一小。人都弄得苍老了，你看我头发全白了。

问：事情发生后，亲戚邻居是怎么看待这个小孩的？

Z祖母：我们黄龙九区那边的人对孩子很好，一起坐在那里的时候，会对我说：“臭皮蛋，让你自己来带吧，自己带就会好起来的，不要给那个人带，让她带孩子，会毁了孩子的。”他四个多月的时候很活泼的，还会手拿起来看看，后来就傻子一样了，一直哭、一直哭，别人看到也觉得罪过得很。

问：你带孩子去亲戚家吗？

Z祖母：小孩子弄成这个样子了，到别人家里去也觉得不好意思，所以我们都没怎么带他到外面去。我们都是在家自己弄起来吃饭，现在住在西城路这边以后，就更加出不去了，住在二楼，上下楼不方便，小孩子大起来了，已经六岁了，我们从楼上抱下来也难，所以也没怎么下楼。

问：你也就是想把小孩养养大，没有别的想法？

Z祖母：没别的想法。他要是有命，我们就要把他的命抓住，不能把他弄死。如果真的他没有命，我们没有办法，留不住他。现在这个小孩子，傻就傻，傻到老也没关系。说难听点，命如此，你把他终结了，良心哪里受得了？

问：你和孩子妈妈各带孩子半年，是什么时候开始？

Z祖母：是前年①开始的，是他们离婚了以后，每个人带六个月，我们带下半年，她带上半年。

问：孩子的爸爸平时没怎么带孩子吗？

Z祖母：嗯。他不怎么会弄，相对来说我们有耐心，会买些东西给孩子吃。孩子在我这边时，我给他吃奶粉、维生素和钙片。奶粉我们是给他当点心

---

① 前年：指2016年。

嘛，晚上饭吃了，睡之前给他吃点奶粉当点心，夜里不会饿。孩子吃东西呢，吃饱了之后，他就什么都不吃了，他不贪。孩子回他妈妈那边以后有没有给他吃这些我就不知道了，不方便评论。

问：孩子平时都是和你们吃一样的？

Z祖母：对，平时他都是和我吃一样的东西，像我平时吃的菠菜、虾子酱、猪蹄汤啊、牛骨汤啊，和饭拌起来，然后打个鸡蛋进去，把鱼肉掺进去，烧起来给他吃。吃这些进去一段时间，明显感觉他整个人状态就好起来了。

我们不是自己想多要些钱，是很想让孩子去做康复治疗

问：残疾证是什么时候去办的？

Z祖母：去年。我把孩子的残疾证办起来了，一个月只有二百五十元的补助。前段时间他妈妈去残疾人中心讨说法，说："凭什么小孩子的残疾补助费要和他爷爷放在一起？"本来是一起放在爷爷的卡里，这没什么关系的，才二百五十元，一年也就只有三千多，我们不把它用掉就好了。她吵着不肯，前天去重新单独办了个小孩子的账户。

孩子现在什么都不会自理。所以说，这样的情况，其实一个月应该要有一千多的补助。我们不是自己想多要些钱，是很想让孩子去做康复治疗。小孩子要是能好，我什么都可以不要。

问：孩子残疾的等级是多少？

Z祖母：我家的孩子实际上就是一级，眼睛看不见了，话不会说，是一级。

问：话说不来，那听能听得见吗？

Z祖母：医生和他说话，他不知道。我们在他背后叫一声"孩子"，他也没有转过头来看。现在呢，我们有一个破的录音机放在那里放放声音。头转过来看你是没有的，但是，你面对着他说："孩子，把手给我。"过了一会，他就会把手拿过来给你。

问：那智力有没有去查？

Z祖母：智力检查很麻烦，要给小孩子打一个针进去。小孩子要睡得深才能有用。如果睡得不深，不好给小孩子检测智力。医生说，你这个孩子因为视力原因，又加上听不见，不会反馈，测智力没用，于是给了个聋哑残疾证明。

孩子一般都是待在家里面

问：孩子每天的生活作息是怎么安排的呢？

Z祖母：看他情况，他要几点起来就几点起来。有时候六点多醒，有时候八点多醒。孩子醒了，不是直接起床，一般还是躺在那里玩。我去做饭给他吃。到了中午，如果他肚子不饿，喂他吃他不吃，我就迟一点给他吃。如果早上不吃，中午我烧起来给他吃。中午不想吃，下午的时候他想吃了，我就把饭热起来给他吃。

问：他早上基本上是躺床上？

Z祖母：一个早上一直躺到，哪里受得了呢？一直躺着没有用的啊。比较多是让他坐在小孩子的椅子里。躺床上对小孩子很不好，还是要多下地。但是我现在住二楼，我腿脚不好，抱不动他下楼去玩，都是待在家里，没怎么出去。论听话程度，我家孩子很乖的。我们关键是要和他说说话。有个女老师给我们孩子上门送教，她经常叫我多和孩子说话，多唱唱歌给他听，这些对康复很重要的。我的孩子在我这里生活呢，康复希望比较大，我们会让他下床走一下。可惜他看不见，很难去教他、刺激他来康复。我哪里舍得让他妈妈领回去啊？我不舍得的。前年去苍山尖的时候，我的老头子比现在好很多的，我不让她领回去，她不肯，把孩子领回去待在永嘉，还三千块一个月雇人。她不给我钱我都帮她带孩子，她不肯。不过我这里有老头子要照顾，负担也比较重。

问：他爸爸有带他出去玩吗？

Z祖母：没有。他爸爱面子，总觉得这样的小孩带出去很丢脸，所以都是我自己来抚养。他爸爸抱也很少抱，孩子也不喜欢给他抱。在家里，我偶尔也有在楼梯上让他迈迈步子。我们就要扶着让他走一走，要和他说说话。

问：他现在六岁了，体重有多少呢？

Z祖母：严格地说，他还不到六岁。有多重，我也不知道。他坐也坐不住，没办法称。

问：玩具给孩子，他会拿住吗？

Z祖母：纸啊什么的给他，他很爱拿着玩的。不过这也是现在才喜欢，以前什么都不要玩。

问：话是说不出来？

Z祖母：现在有点声音了，会“啊啊啊啊”这样喊了，会有点哼了。但离说话还差得很远。

问：他脾气怎么样呢？

Z祖母：还蛮好的。他平时也不会吵闹，特别听话。在我这里，我们没有让他哭过的，有点要哭了，我们就把他抱起来了，没让他哭。本来眼睛就不好了，再哭几下，眼睛就更没用了。就是经常睡觉，整天都躺在床上。不过现在他也能坐得起来，能坐住，比以前好了很多。就是晚上睡觉睡得不够深，经常会醒来。最近晚上蚊子多，我特地去买了个蚊帐给他挂起来，睡眠就好了很多。

问：平时有其他小孩子和他玩吗？

Z祖母：和谁的孩子玩哦？他什么都不知道、什么也不懂的，眼睛也看不见，一般都是待在家里面。我偶尔会让他坐上轮椅，把他推出去，去外面晒晒太阳。现在新闻里，一些完全没智力的都能弄好，我们的小孩现在情况这么好，我想还是很有希望康复的，就是说要社会来一起帮助。

问：那你有想法以后搬去黄龙一楼的房子住，便于孩子的康复吗？

Z祖母：我还没这样的想法。主要是我家老头子想住在这边，如果他愿意回去，我们可以考虑。他总觉得在这边二楼安静一点，黄龙那边房子在路边，沿街会吵一点。

有了周老师这样的人，真的好了很多

问：送教老师周晓理一般什么时候来你家上门送教？

Z祖母：是从2017年6、7月份开始的。现在孩子还没到读书年龄，他可能是先过来摸底一下。他看见我家的孩子，说："你家的小孩这个样子，需要社会的关注，如果没有社会的关注和帮助，光靠家里根本没法培养。"在我这里，我只能和他说说话，能给小孩子做点什么或正式要出钱什么的，我们没办法。家里经济条件不好，他爸爸没有稳定工作，老头子又这个样子，他买药一个月都要花一千多，我自己只有三千多一个月的退休金。儿子有时候中午来我这里吃饭，我要买菜做饭。小孩子待在这里半年，尿不湿一个月也要花钱。所以，靠我一个人，肯定过不下去。

问：那周老师过来送教，一个星期来几次呢？

Z祖母：一月两次、三次，过来看一下小孩子的状况，是否有好转。他这个人是真的好。他就和我说，有人过来采访，孩子要给看一下。他想让社会力量过来关注一下、帮助一下、想一下如何把小孩子弄好。现在居委会帮着把医疗卡办起来了。不过，我们政府也没有什么实质性的帮助，唯一就是周老师一个月两三趟地跑过来，每次会带一些教育局给小孩子的东西，还教我们如何去和小孩子沟通、给他做康复。相比较而言，我们什么也不懂的，真的是手足无措，因为这样的人我们家族里以前没有出现过。有了周老师这样的人，真的好了很多。

问：小孩子有受到社会其他帮助吗？

Z祖母：没有。政府帮助就是今年1月1日医疗卡帮着办起来，孩子如果到医院里看病，有50%的减免。其他的没有了。

问：其他政府补助有吗？

Z祖母：去年上半年什么时候发了一点钱，下半年就没有了。这个补助呢，居委会里的意思是说，给一半他妈妈，给一半他爸爸。我的意思是，他爸爸妈妈都不该给，你应该放一个卡里存起来给孩子，放在那里给小孩子将来用。孩子哪天要是去重诊，去上海看病啊，都要大量的钱，让家长拿钱，他会说我没钱。把这个钱专门存起来，存到一定时间，拿出来给他去看病。现在这样处理补助金，弄都弄不清楚是不是能真正用到孩子身上。

只要小孩子有生命，我就不会把他放弃

问：您对孩子未来的生活有什么想法或者安排吗？

Z祖母：不管什么想法不想法的，只要小孩子有生命，我就不会把他放弃。哪怕他以后养起来是傻的、憨的、不会走路，我至少给他端屎把尿。另一点是，政府部门也会对我们有帮助，不会坐视不管。如果小孩子以后好起来，那真的是千般好万般好。我不需要你政府给什么东西，但孩子这个样子，政府现在应该帮助一下，不帮他，我们就没办法。我们只想尽力让他好起来，其他我没有想过。一家人，再穷，钱我们不计较，只要一家人平平安安。像我六十几岁的人了，小孩子被弄成这样了，唉！

我小孩的残疾证之所以要弄起来，是听人说以后小孩子去幼儿班、小学，以后如果聪明起来，长大起来，没地方去，有了这个残疾证，政府多多少少会帮助。要是眼睛看不见，什么都不行，十几岁开始他就可以分到房子。我自己是什么都不想要，就想孩子多得到一点。现在政府对残疾人真的很好。政府要是能多看孩子一眼，能帮助康复，那就很好了。上次，好像是幼儿园的女老

师，说有种椅子可以给孩子练习站立，他现在站不住，屁股上的肌肉都不硬，让他站站熟。一月份的时候说要买这种椅子，到现在还没有。我相信我家小孩子会一点一点好起来。去年过年烟火放起来他躺在床上是不知道的，任声音多响他都是不知道的，没感觉，但今年楼下放起烟火，他会害怕，说明已经有点知道了。所以康复是最要紧的，对他神经和肢体有好处。

问：他会走，衣服也会穿，就可以待在学校了。如果生活不会自理，你也得待在学校服侍，学校也很为难的。

Z祖母：那是当然，我们也不舍得，担心其他人对孩子不好，会捉弄他。他如果会走，我们也好带他出去玩一下。现在，如果要出去玩，我要把他放在椅子上，然后整个轮椅一节一节地往楼下拉，我们实在没法抱他下楼。我是想，政府能思考一下可以怎样帮助小孩子有长进，我们家里会尽力配合。小孩子现在还没发育完全，越早康复效果越好，像我的小孩就已经有点迟了。

问：我们采访的目的就是，把你们的生活故事传播出去，让社会对残疾人、智力障碍人士更加重视，国家在政策方面能提供更多帮助。

Z祖母：这个孩子的命运太悲惨了，你们来采访也还算好，本来这事情说出去都要被人笑话。现在你看这个孩子躺在床上睡觉，看起来和其他正常的小孩子没有差别。但是你叫他，他不会有反应，不会吃饭、不会走路。

问：孩子父母离婚的原因是什么？

Z祖母：就是因为孩子摔了以后得病。倒不是因为母亲把孩子摔了，而是摔了以后不和家里说。最开始闹着离婚，但孩子母亲不同意，后来她就去法院要求强制离婚。正式离婚距离现在应该有好几年了。我的孙子摔了以后，都是我儿子一个人带着去医院做治疗、康复。他母亲基本上不管事情，后来又怀孕了也没有保住孩子。

问：您年纪大了以后，有没有想过把孩子交给他父亲带？

Z祖母：那我也不能把这个孩子丢弃了啊。上次教育局的送教老师上门来，说政府以后会有办法帮助抚养这个小孩。孩子他爸的工作也不稳定，收入也不高。他爸爸也要出去赚钱，不可能留在家里带孩子。我呢，给孩子吃饭是可以的，只是家里还有个老人中风在床。如果他爷爷身体好，两口子也能出去挣钱。现在我要一个人照顾两个病人，一步也不能离开。所以我也挣不了什么钱。就是希望能有钱有人来帮助孩子，给他做康复。

我们是引导者，最终要靠家长——Z君送教老师周晓理口述

口述者：周晓理，男，浙江省温州市鹿城区教育局送教上门教师，2017年开始给Z君送教

访谈者、撰稿者：潘立川，男，1992年生，温州医科大学教师

访谈时间：2018年11月4日

访谈地点：浙江省温州市鹿城区江滨路去茶去餐厅

问：请问您第一次看到Z君是在他奶奶家吗？

周老师：对，Z君是由他奶奶来抚养的，父母已经离婚，他爸爸基本不在家。我送教上门这么多次，基本上没有看到过他爸爸在家里。

问：像Z君这种由爷爷奶奶来抚养的智力障碍孩子，在送教对象中数量多吗？

周老师：多，爷爷奶奶抚养智力障碍孩子的情况比较多，占的比例大概是百分之六七十，基本上他们的父母亲不管，是由爷爷奶奶来抚养。

问：第一次与Z君接触，您是什么感受？

周老师：第一次与他接触的时候，我就觉得他非常可怜。第一眼看到孩子，我们也不能对孩子的情况进行评估，只能是通过慢慢地接触和与家长的沟通来了解。但是有一点我们是知道的：跟孩子说话的时候，他没有任何意识和反应，而且Z君的眼睛看不见东西；其他方面看起来都很正常。通过观察，我们发现Z君是既有肢体残疾又有智力障碍的孩子，患有多重障碍。

问：基于Z君存在多重障碍的情况，您制订了怎样的送教方案？

周老师：送教的第一个方面，因为他的眼睛看不见，我对他耳朵能否听得见进行了测试，准备了一些音乐来播放，同时呼唤他的名字。最初一两个月，我们不能完全确定他的听力状况，也不知道这样的训练是否有效，直到上个学期①，Z君的奶奶呼喊他，他开始有了反应。前几天，我去他家里看望他，他奶奶叫他名字的时候，他会顺着声音的方向转过头来。这证明了Z君对他人的

① 上个学期：指2018年上半年。

呼喊有一定的反应意识，听到熟悉的声音能够做出一些反馈。

送教的第二个方面，就是通过训练让Z君学会爬行。为了让Z君能够爬行，我也与他奶奶沟通过很多次。她奶奶认为像Z君现在的阶段和年龄情况，不会走路，应该直接学会走路。他奶奶很辛苦，天天抱着Z君，让他腾空在那里用脚去踩啊踩，训练他的行走能力。后来，我就和他奶奶说，孩子首先要学会辨别方向，如果他能够辨别方向，我们就引导Z君来爬行。因为Z君的眼睛看不见，必须要学会用手去触摸去感知障碍物。我和他奶奶说："孩子目前还不会爬，让他学会行走，可能吗？就算他会走，他没有去探索世界的意识，没有人引领他也不行。他应该像其他普通婴幼儿一样，先学会爬行，然后再学会独立行走。"在Z君康复训练的目标上，我和他奶奶达成一致后，我们就先让他学会爬行。因为较早地介入训练，他现在已经学会了辨别方向。当别人呼喊他的时候，他会朝着声音传来的方向转过头来。我和Z君的奶奶说，你吃饭的时候呼唤他的名字："Z君，吃饭啦。Z君，吃饭啦。"一定要重复地说这句话。因为在重复听见这句话的时候，他就会明白"吃饭"是什么意思。

送教的第三个内容就是要在固定的时间带他去大小便。我先让Z君的奶奶观察他最近大小便时间的规律。因为Z君的大小便不是很规律很正常，有感觉了就拉，所以现在我们就指导他奶奶在Z君每天起床以后，让他先坐个五分钟、十分钟。如果没有大小便，就泡杯牛奶给他喝。过个十几二十分钟，等他有了尿意，再去带他上厕所。平时一定要注意观察和记录大小便的细节，打个比方说，要观察孩子大小便前是不是有一些表示。有的小孩想大小便会抽动一下，或者喊叫一声。要观察这些细节，然后在他大小便频率最高的时间段，刻意地去训练他排尿排便，比如说用我刚才说的喝牛奶的方式。

问：根据这个送教方案，他的康复训练和学习的效果如何？

周老师：有了这样的方案，经过一段时间的训练，最近Z君的情况有了好转，目前来看，训练效果还不错。

问：Z君目前有没有什么特别的兴趣爱好，或者表现出对某些事物特殊的反应？

周老师：目前来说，Z君由于看不见世界，只能用耳朵来倾听，所以只对音乐有一点感兴趣。他感兴趣的音乐似乎是那种大嗓门的音乐，比如说《水浒传》主题曲《好汉歌》。

问：Z君目前穿衣吃饭都还不能自理，都需要奶奶来帮助？

周老师：对，都是由他奶奶来包办。所以这个情况也是很糟糕的，他奶奶今年已经六十多岁，还能带Z君多长时间？是五年，还是十年，我们不知道。顶多再带Z君十年的时间。十年之后怎么办？他奶奶现在要是万一得病了，那又该怎么办？

问：而且他的爷爷目前也是中风瘫痪在床，生活不能自理。

周老师：这也是一个特殊的情况。带孩子这件事情，如果不是直系亲属，很难带好。如果交给其他人来抚养，恐怕又会遇到其他的问题。交给别人，只能像Z君以前被交给别人在农村像养猪一样养，每天就是喂点吃的，没有任何的抚养与爱心。

问：他父母目前已经离婚的情况，对Z君的处境也不是很有利？

周老师：他父亲也是，我给Z君送教这么久，去了他家这么多次，从来没有遇到他父亲。这确实不正常。从某种程度上来说，他已是放弃Z君了。

问：给Z君送教上门的时间，不固定吗？

周老师：不固定。我们送教上门的时间都是不固定的，只能看家长的时间而定。因为送教上门最大的要求还是家长的配合程度。如果家长不在场，任何送教、训练都没有用。并且有的时候，我们也没有好的办法去和孩子直接沟通，必须要通过孩子的家长，我们才能与孩子建立沟通的途径。

问：您认为Z君今后需要哪些方面的送教和帮助？

周老师：首先是肢体训练，粗大动作训练，像是爬行、蹲坐等。其次是生活自理能力的培养，比如固定的吃饭时间和固定大小便时间。

问：您认为Z君要实现这个目标，需要哪些方面的努力和帮助？

周老师：时间，然后家长要每天帮助孩子重复地进行训练。就像孩子的大小便，家长要是贪图省事，给孩子打个尿不湿，那多方便，但不利于养成孩子控制大小便的能力。像现在天气转冷了，上厕所的时候要给孩子脱裤子、穿裤子，也是挺麻烦的，而且要在那里干等着孩子大小便，这是挺繁琐和枯燥的事，但是家长必须配合我们，必须坚持。我们上门去一次，只能是一次的训练。这项工作是需要每天进行的，如果中断了，效果会大打折扣，所以说家长做得不到位，我们再努力也没有用，我们方法再正确，也没有效果。

问：我们在之前的采访中也了解到，送教老师不在的时候，很多家长没有为孩子进行持续的训练，以至于达不到预期的效果和目标。

周老师：有很多这样的例子。送教上门，不是说我们上门教孩子一些文化的东西就好了，应该是从孩子最基本的生活技能着手。这需要根据孩子的具体情况，做出不同的方案与行动，而不是说上门教孩子唱唱歌、说说话、写写字，让孩子不孤单，真正的送教不应该只是这样。其实孩子们不需要这些花枝，他们真正需要的是绿叶树干，需要的是能带来直接帮助的训练，而老师只是引路人，康复训练最有效的操作者是家长，所以就特别需要送教老师和家长沟通。我们送教老师只能是起引导作用，指导家长该做哪些事情，遇到了问题如何解决，同时向家长提供各方面的信息。如果家长什么都不做，那一切都是零。我见过很多小孩子生活不能自理，不会洗澡，只坐在电视机前，叫他们去洗澡也不去洗。这些都是孩子小的时候，家长没有给他们培养起来好的习惯，像刷牙、洗澡。刷牙最容易入手，但很多家长都没有给他们的孩子刷牙，更没有教孩子这方面的能力。

问：您认为Z君和他的家庭，目前需要哪些社会方面的关注与帮扶？

周老师：这个问题，我还从来没有去想过。我主要是希望能有一个场地，拥有基本的设备和空间、环境，能够满足孩子基本的训练需求。家里人有时间的时候，可以带孩子出来到这个场地里玩耍、训练。

Z 君观察日记

观察时间：2018 年 9 月 15 日

观察地点：Z 君祖母家

观察者、撰稿者：潘立川，男，1992 年生，温州医科大学教师

Z 君目前由奶奶和妈妈共同抚养：每年的上半年由母亲抚养，下半年回到奶奶身边生活。2018 年 3 月份我去采访 Z 君的奶奶时，Z 君在他母亲家。9 月 15 日上午，我对 Z 君奶奶做补充访谈时，终于在奶奶家里见到了 Z 君。我进门时，Z 君正躺在床上休息。看背影，Z 君与其他同龄人没有区别，肉乎乎的非常可爱。他奶奶说，每次回到她这边生活，Z 君就会白白胖胖。

8:15—8:30　Z 君趴在凉席上睡觉，没有面对我，我看不到 Z 君的面庞。Z 君的奶奶指着 Z 君床上挂着的蚊帐，说："这几天蚊子多，孩子夜里总是睡不好。"所以她前几天特地去买了蚊帐挂上。

8:30—8:50　Z 君的奶奶开始叫他起床。奶奶用手轻拍 Z 君的背部，说道："Z 君，起床啦。Z 君，起床啦。"Z 翻了个身醒来了。奶奶给 Z 君换了一件上面印有《星球大战》主题的 T 恤。Z 君因为看不见且四肢绵软，无法自己伸手穿衣，奶奶先将衣领套过 Z 君头部，再将他的手穿过衣袖。

8:50—9:00　Z 君一个人坐在沙发上，奶奶去厨房做早饭。

9:00—9:20　奶奶端来了一碗蛋炒饭，并把 Z 君扶起来在床上坐好，用勺子喂饭给 Z 君。由于 Z 君看不见，奶奶只能不停地说话吸引他辨别方向，同时将勺子送到他嘴边。每一次 Z 君张嘴吞咽后，奶奶都会对他进行语言鼓励。Z 君吃完饭以后，奶奶给躺在床上的爷爷喂饭吃。

9:20—9:40　奶奶带 Z 君去上厕所。她抱起 Z 君将他放在房间角落的尿盆上。奶奶说厕所里的抽水马桶太大，Z 君一个人还坐不牢。几分钟后，Z 君发出几丝声响，奶奶帮他穿好衣裤，又把他抱回到床上。

9:41—10:10　Z 君坐在床上，奶奶在手机上播放起音乐，并把手机放到 Z 君身边。奶奶去收拾家务，Z 君就坐在床上听音乐休息。Z 君端坐了一会后，趴下休息。过了几分钟，Z 君开始在床上爬行，用手摸索。

10:11—10:20　奶奶洗好衣服，将 Z 君抱下床放到婴儿车里，在房间里推着走了十分钟。

10:20—10:40　Z 君回到床上后，奶奶通过鼓掌发声的方式训练 Z 君辨别方向的能力。Z 君能够感受声音，并会向声音来源的地方移动。

10:40—10:50　奶奶给 Z 君泡了一杯牛奶，端着杯子喂到他嘴里，Z 君喝了半杯，大约 100 毫升。

10:51—11:20　Z 君坐在奶奶怀里，奶奶掰着他的手指教他数数。"一根手指是 1，两根手指头是 2。" Z 君因为看不见，没有对数数有任何反应。随后奶奶抱着 Z 君看起了电视。

11:21—11:50　奶奶去厨房做午饭，Z 君坐在床上用手摸着被单玩耍。奶奶时不时回到房间看一下 Z 君的动态，确认他没有往床边爬后，才继续去做饭。

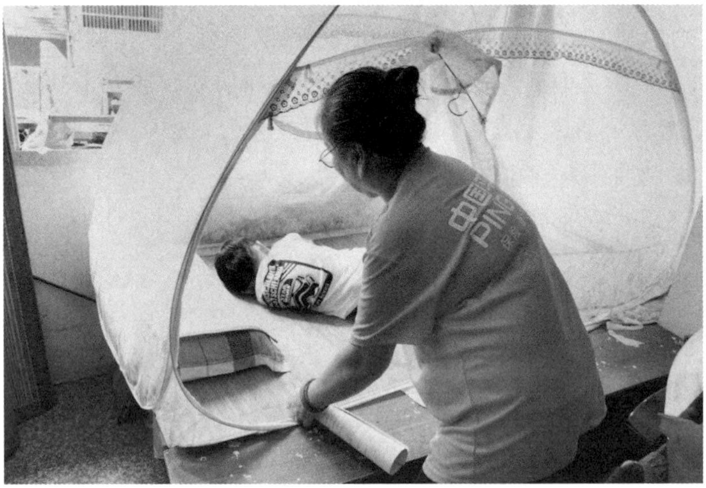

接受祖母照料的 Z 君

发现得太迟了

——Y君母亲口述

Y君，女，2007年生。患有先天性智力障碍，至今无法独立行走，一直在家安养。

口述者：Y君母亲曹女士，1983年生；育有两个女儿，Y君为长女
访谈者、撰稿者：潘立川，男，1992年生，温州医科大学教师
访谈时间：2018年1月21日
访谈地点：浙江省温州市瑞安市Y家

家里的收入都是靠他爸爸一个人打工

问：今天是2018年1月21日，曹女士您好，请您介绍下您的个人情况。

Y母：我今年是三十五岁，1983年出生。我是瑞安市区本地人，老家就在第一桥这边。现在就我爸爸还在世，妈妈在我九岁的时候已经去世。我家里就一个弟弟。我弟弟是在我爸爸的作坊里做烧酒，是卖酒的。Y君他爸爸是瑞安陶山人，他家里是三姐弟，有一个姐姐在瑞安虹桥路那边的干洗店里洗衣服。Y君的奶奶前几年去世了，现在她只有外公和爷爷还在。

问：您读书读到几年级？

Y母：呵呵，读书啊？我小学都没有毕业。我老公也差不多是小学毕业吧，他文化比我好一点，他认识字比我多一点。

问：您和您老公是如何认识、结婚的？

Y母：我们是经过别人介绍后走到一起，然后结婚。我们结婚已经很多年了，具体时间有点记不清了。Y君是2007年出生，应该是结婚过了几年后才生的Y君。

问：您老公从事什么工作？

Y 母：我老公就是打工嘛，是临时工，一般就是在瑞安的安阳、塘下和家附近这边打工。他具体是给人家装修贴墙纸，干装潢这一块。有时老板让他贴墙纸，他就去贴。

问：Y 君出生以后，你们就一直住在这间房子里吗？

Y 母：嗯，是在这里。Y 君没有出生以前，我们是住我爸爸那边，以前住的是落地房，现在住的是套间。我们搬到这里应该有十来年了吧，Y 君就是出生在这里。

这套房子是我爸爸买的，Y 君他爸爸那边家里很困难，以前家里都是靠我爸爸这边。过去，我爸爸经济条件还算可以，不过那是十几年前了。这个房子买来都已经十八年了。我爸爸那时候是做酿酒生意，生意好，现在大家都喜欢喝啤酒、红酒，有的人自己家里也酿酒，买散装酒的人少了，我爸爸现在生意不如以前，差远了。

问：您现在有没有工作？是在家里休息吗？

Y 母：我没有工作，我都是在家里做做家务，洗衣服、洗碗，带着两个孩子。孩子爸爸有时候中午回家吃饭，我就给他做饭。两个孩子一个得病，另一个还行。我要是出去工作，根本没有人来带小孩。以前，两个孩子都没有出生以前，我爸爸那边烧酒生意忙的时候，我有时也过去帮帮忙。现在有了孩子，生意也清淡了，我就在家里带孩子。现在家里的收入都是靠她爸爸一个人打工。

问：孩子出生以后，您就一直在家里？

Y 母：Y 君没有出生以前，我会去我爸爸烧酒厂里帮忙。Y 君出生以后，我就都在家里带孩子。Y 君一周岁两个月的时候，我们带她去温州看病。医生说我们看得太迟了，已经没有好的办法。之前我们都不知道，也没发现什么异样，就是到了一周岁多的时候，我们发现 Y 君连坐都坐不住。因为她不会坐，我们才发觉不对劲，才带她去看病。

（采访时 Y 君就在旁边玩耍。这时，曹女士用温州话对 Y 君喊了一句“宝贝”。）

问：您现在有几个孩子？

Y 母：我现在就两个孩子。Y 君是第一个，这个是老二。

（受访时，两个孩子都在现场。）

问：Y 君是哪一年出生？

Y 母：Y 君是 2007 年阳历 8 月 26 日出生，农历是七月十四。Y 君是在瑞安这边的妇幼保健医院出生。我怀老二的时候，是到温州的人民医院去体检。因为有了第一个孩子的情况，生第二个孩子的时候就很谨慎。当时心里很害怕，担心老二也和老大一样，心里只想孩子出生以后健康就好，没有其他的想法。现在老二很健康，很聪明，也很懂事，学什么都很快。我有时候问她："姐姐不会走怎么办？"她说："到安阳去做康复。"这些话我以前只说过一次，她就记住了，记性很好，很聪明。

刚刚生出来才那么点大，就遭了罪

问：你们夫妻在生Y君之前有没有做过产前检查？

Y母：这些检查都是有做，常规要求的检查我们都做了，但是没有查出问题，医生都是说一切正常，都是好的。当时医生没有和我们说孩子有问题。在肚子里的时候，都没说有什么问题。生下来以后，过了周岁，我们才发现情况。我们发现得太迟了。

问：您在怀Y君的时候，有没有出现过什么异样的情况？

Y母：我们饮食都是正常的，别的什么东西没有乱吃，也没有遇到意外情况。怀孕的时候和其他人一样，都是小心翼翼。一切都很好，我们也不知道哪里出了问题。

问：您还记得生Y君时候的情况吗？

Y母：生Y君的时候，就是在瑞安妇幼保健医院里。当时她的肩膀在出生的时候被医生拉脱臼了。那时候，都是他爸爸和外公东奔西走，向医院讨说法。后来孩子的爸爸就和亲戚们去找医院要求赔偿，好像是赔了五千多块钱。那个接生的医生不内行，小孩子只有五斤多，结果还把小孩的肩膀拉脱臼了。刚刚生出来才那么点大，孩子就遭了罪，我们也是非常心疼啊。

问：脱臼以后，小孩子有没有吃药打针？

Y母：那就不清楚了。那时候Y君还很小，我就不知道有没有吃药治疗了。Y君刚生下来的时候只有五斤七两，算是有点轻。这个老二生下来的时候，就有7斤4两多。老二出生的时候，我是剖腹产；Y君出生的时候是顺产。我在生老二的时候本来是想顺产，医生看了B超以后说，顺产会有风险，就让我剖腹产。Y君出生的时候就是肩膀脱臼，其他问题、不好的情况都没有；出生以后我们才知道有问题，在肚子里的时候，医生检查都说是好的。

问：您还记得生完孩子，第一次看到Y君时的情况吗？

Y母：Y君刚生下来的时候，哭的声音很响，也会嘴巴动动，表示肚子饿了要吃东西。很可爱的一个小孩子，大家都很喜欢她。

问：孩子出生后多久，你们才出院？

Y母：住院一个星期后，我们就出院了。老二出生的时候，五天就出院了，老大当时住了一个星期。

问：孩子出生以后，主要是由谁来带？

Y母：都是请月嫂过来带，其实就是我的一位亲戚。我要坐月子，她帮忙带了两个月。两个月以后就开始由我自己带孩子。我带孩子的时候，她的情况一切正常。最开始，Y君的情况都是很好的，就是后来她的反应、动作什么的越来越慢，我们就知道她有点不对劲了。

问：在孩子出生以前，您对孩子的出生、成长有没有想法、安排或打算？

Y母：这些都没有。当然没有考虑这么多。

问：您的家族当中有没有出现过类似Y君的情况？

Y母：没有，亲戚当中没有，长辈中也没有。我老公身体很好，他那边的亲戚也都没有，都是好的。所以我觉得很奇怪，也很无奈，为什么孩子会出现这样的情况。

我们也是想尽各种办法

问：家里人第一次发现孩子出现不正常，也就是感觉到孩子与其他人有差别是什么时候？

Y母：直到过了周岁，我们才发现Y君坐不住、不会爬等情况。我们按照农村的说法，“七坐、八爬、九出牙”。她就是慢，Y君什么事情都慢一步。像我家的老二，八个月不到就已经会爬了，爬得很快。而Y君会爬就很迟了。我的左邻右舍当时都和我说趁早带着孩子去医院看看。我们当时没在意，觉得不会有问题。因为很多小孩也是比别人慢，我们就没有在意。那时候就觉得这个孩子不够硬实，软塌塌的。一周岁两个月才带到医院去看，带她到处去看病。现在看来，就是当时去看医生看得太迟了，七八个月的时候就应该带Y君去医院。若当时早点去看，可能情况会好一点。一周岁两个月的时候我们去温州的育英儿童医院，医生就说，你们看得太迟了；医生说脑部有问题，导致四肢的问题。其他的原因，温州那边的医生也检查不出来。

问：医生有没有提出什么治疗方案？有没有吃药？

Y母：在温州这边没有吃药，医生也没有提出其他的治疗办法，就是开了一些打针的药。当时是一百五十元一枚的药，说是对大脑发育有好处。我们打了好多次，这也是一大笔开销。两周岁的时候，我们带她去上海的大医院看病。在上海治疗的时候也是打针，打的是三百块钱一枚的药。在上海我们待了三个月，花了好几万，包括什么康复治疗在内，花销太大，钞票吃不消了就回来了。我们真的是坚持不下去，不然肯定要继续治疗。当时每天的医药费、大人的吃喝住宿费用都很高。虽然那时候我爸爸也给点资助，但这样下去还是吃不消，所以就回瑞安了。Y君那时候就像我的第二个孩子现在一般大，也受了很多罪。

问：打针治疗的效果怎么样？

Y母：效果没有那么明显，也没有那么快，显现得很慢很慢，但多多少少好一点。从上海回来后在瑞安这边，我们没有继续治疗，就在家里休养了一段时间。在去安阳之前，我们也带孩子在瑞安町田做了几个月的推拿治疗。反正就是到处去看，听人说哪里好，就去哪里看病做治疗。我们也是想尽各种办法。

Y君六七岁的时候，我们带她到瑞安安阳做康复治疗，做了两年。最开始是推拿，后来是运动，也就是教孩子怎么站立、如何走路。Y君有了一些进步，学会了爬行。有点好转以后，就继续在家里安养。在安阳做康复治疗的时候，最开始抱着Y君乘坐公交车去治疗。后来孩子长大了，我们也不好抱着她，就骑自行车带她去。当时Y君很轻，我身体也好，还能载得动她。现在就比较难了，孩子长大了，我抱不动她，所以出门也少了。她现在也就是只会爬，一个人是站不稳的，必须要有人扶着，都十一岁了，一切太迟了。

问：在过去这么多年中，有没有接受过其他的治疗方法？有没有效果？

Y母：就做康复治疗有一些效果。就是如果一直都坚持做康复，效果会更明显。如果做做停停，隔几天做，效果就会慢一点。康复就是对身体四肢有效果，对大脑是没有办法的。对了，我们也有做过什么脑循环，贴片贴在耳朵边上、手上、脚上。这个脑循环在安阳、上海都做过。总之各种办法我们都尝试了，但收效都比较小。当时安阳的康复医生来家里给Y君做康复治疗，做了三个月。Y君每天在客厅里走来走去，最多的时候能够坚持走二十几步。但是后来Y君怕痛，经常哭着不要走。我们也心疼孩子，就慢慢停止了康复训练。加上后来家庭经济也变得困难，因为康复要花一大笔钱，所以从那以后都没怎么去治疗了。

基本都是在家里，很少楼下去

问：Y君平时身体健康状况好吗？有没有经常生病？

Y母：很少，都没怎么生病，一年最多发烧一两次。虽然她行动差点，但她体质还可以的，都没怎么生病。

问：在确认孩子存在问题以后，您的生活与工作有没有什么变化？

Y母：没有大的变化，因为在孩子出生以前，我就没去工作了，也很少去我爸爸那边帮忙，所以基本上还是和以前一样，待在家里带带孩子。

问：您如何与Y君交流呢？

Y母：Y君就是说话说不清楚，让人听不明白。不过我说的话，Y君都能听得懂。她说的话很含糊，很不清楚，但我都能明白她要表达什么意思。

问：在确认Y君的病情和状况以后，您对孩子的未来有什么打算和想法吗？

Y母：就是想她如果能走该多好。我们想的就是把她的腿脚治疗好，让她能自己行动。但就是经济上吃不消，现在我们家里条件也不算好，之前也为治疗花了很多钱。

问：在看病和治疗的时候，都是由谁带孩子？

Y母：都是我自己一个人带孩子。她的奶奶和外婆都去世了，本来他们老人也能帮忙减轻一点负担。爸爸要在外面打工赚钱，所以就只能由我一个人带。

问：Y君的名字是谁起的？

Y母：孩子的名字是她出生以后，她爸爸在医院里起的。她爸爸当时也不知道起什么名字好，就起了这个名字。

问：Y君是什么时候能够说话的？

Y母：她很迟很迟才会说话，三四岁的时候都不怎么会说，五六岁的时候才会简单地说几声，到现在讲话都不清晰，一般人很难听得懂。

问：那像上厕所呢？

Y母：也是很迟才会和父母说她要尿尿了。之前她什么都不知道，一直用尿布。现在她已经都知道了，要大小便了会和我们说。

问：她能够自己穿衣服吗？

Y母：她现在还不会穿衣服，自己一次穿衣服都没有，都是我帮她穿。但是宽松的裤子她会自己伸腿进去，还有拖鞋也会穿进去。我教她穿过衣服，但她都穿不起来，动作反应很慢。

问：吃饭呢？

Y母：Y君吃饭是会的，大概七八岁的时候学会。现在她自己会用勺子舀饭吃，但是她不怎么会用筷子，夹不住菜。我当时教她拿勺子把饭舀起来，我要一边扶着一边教她。她就慢慢地把饭送进嘴里，就这样学会了吃饭。不过她饭碗是端不住的，都是放在桌子上。我叫她把碗端住，她偶尔也会双手捧一会。

问：刷牙洗脸呢？

Y母：刷牙洗脸都不会，都是我给她洗脸。洗澡也都是我帮她洗。

问：那Y君哪些方面能够自理？

Y母：就是吃饭。吃饭、喝水，她都能够捧住碗，自己解决。但是我们要时刻看着她，不然她会撒得到处都是。

问：Y君一天的生活怎么安排？

Y母：她早上很迟才起来，要八点多才醒来。有时候是她自己醒来，有时候是我看她起得太迟，叫她起床。醒来以后，我就让她洗脸、吃饭。中午吃得比较迟，十二点多才吃。到了晚上九点多，我就送她到床上睡觉了。我们都是先哄Y君睡着，再把老二弄睡着，我们才去休息。不过Y君都是自己一个人睡一张床。

问：您每天都在家里带Y君吗？

Y母：对，基本都是在家里多，很少楼下去。现在楼下的健身器材都拆了，我们带Y君下楼也没有地方可以去，她没地方扶着。像上半年，Y君都能自己扶着楼梯，一步一步地挪到楼下去。

问：Y君有没有兴趣爱好？

Y母：很喜欢画画，也喜欢玩各种玩具。在安阳做康复的时候，她就已经喜欢拿笔来涂涂画画。后来我们也有教她画。〔送教的〕孙老师来了以后，她就更喜欢画画了，每天都要拿笔来画画。孙老师他们给她买了好几套画画用的水彩笔，各种各样的笔都有。

问：Y君的性格脾气怎么样？

Y母：Y君性格挺好的，脾气也不大，就是偶尔会吵闹一下，大部分时间都很安静很乖。家里和隔壁邻居都很喜欢她，很爱和她玩。

问：Y君是喜欢和你在一起，还是她父亲？

Y母：如果大小两个孩子都在家，就他们两个自己玩。如果小的去幼儿园了，Y君就喜欢和我在一起。毕竟爸爸每天都要上班，晚上回来也很迟了。

问：在家里，Y君一般都喜欢做什么事？

Y母：在家里的话，我们就开着电视，让她一个人看看电视，我就去做一些家务。有时候给她一些玩具让她玩，摆弄这些小玩意。有时候也陪她一起看看孙老师带来的书。

现在老二也会教老大一些东西

问：周边的邻居对Y君的情况知道吗？他们怎么看待？

Y母：我们现在住的是套间，与周围邻居接触不多，不像住落地房。他们没有别的看法，对Y君也很好，说Y君长得这么好看。不过邻居们都觉得很可惜，说我们去看病看得太迟了，应该趁早去看，越早越好。一周岁多带她去看，医生都说已经太迟了。

问：有带Y君走过亲戚吗？亲戚朋友对Y君怎么样？

Y母：逢年过节也很少带她出去。有的话，也是去她爸爸的亲戚那边。平时我们很少带她出去玩，毕竟她腿脚不方便。现在她大了，我一个人带她下楼都有点吃力。他爸爸偶尔没上班的时候，就骑车带着Y君到她外公那边的山上去玩。

问：周围邻居的小孩有和她一起玩吗？

Y母：没有，很少。

问：你们有没有打算把孩子送到学校里？

Y母：有的，有这个想法，但是学校说这个孩子生活不能自理，腿脚也不方便，要等她先能够走路。而且就算到学校了，我们也不能放弃家里的事情去学校里照顾她，所以我们就只能在家里牵着她帮她练习走路，把从康复医师那里学来的东西运用起来，教她分腿、站立、走路。现在老二也会教老大一些东西。老二从幼儿园放学回来，比如今天教了唱歌，她都会教老大一起唱。

问：您在家里带Y君，精神负担、经济负担重吗？

Y母：蛮重。我一个人在家里带孩子，家庭收入就靠她爸爸一个人打工，一年的收入也不多。不过政府每个月都有五百元的补助，好像她爸爸那边的村里也有给一百多的补助。

问：她有去办理残疾证吗？

Y 母：残疾证已经办了，她现在是一级残疾，最严重的。残疾证这边也给了一点补助。

问：孙老师送教上门以后，Y 君的康复、成长有没有好很多？

Y 母：有的，好了很多。去年孙老师把他们学校里的学生带到我们家里来，Y 君见到这些哥哥姐姐很开心，之后她就经常说："老师，记得把哥哥姐姐带过来哦。"在你没进门之前，她就在想那些哥哥姐姐哈。

现在国家和政府对特殊教育的孩子非常重视
——瑞安市教育局义务教育科陈桂芬口述

口述者：陈桂芬，男，瑞安市教育局义务教育管理科干部，分管智力障碍适龄入学儿童送教上门工作

访谈者、撰稿者：潘立川，男，1992 年生，温州医科大学教师

时　间：2018 年 1 月 21 日

地　点：浙江省温州市瑞安市 Y 家

送医、送康复、送文化

问：陈老师，您是在瑞安教委工作？

陈老师：对，我在瑞安市教育局义务教育科工作。

问：我们的家庭安养送教上门的工作是什么时候开始的？

陈老师：送教工作，我接手过来，已经有三年了。实际上原来已经开始了，但没有落实下去。2014 年开始展开，但当时因为送教的经费、规章制度没有落实到位，所以到 2015 年才正式落实。现在送教经费有了，我们还和残联以及瑞安市的社会公益组织星心俱乐部合作，一起送教。原来的送教是以送文化为主，但实际上给这些孩子送文化帮助不大。现在我们主要送三样：第一个是送医，星心俱乐部可以动员一些社会机构，比如医院里面的医生志愿者送医上门；第二个是康复医师送康复；第三就是送教老师送文化。瑞安这边有几个孩子情况相对不错，我们就送文化给他们。送文化和送康复是结合起来的。还有一些孩子情况特殊，没有办法，我们是送温暖，因为送其他的作用不大，我们就只能给家长、孩子送去社会的关爱，提供一点温暖和快乐，就购置一些辅助康复的器具送给他们。有的孩子，我们光是送辅助器具就送了一万多块。

问：现在大概有多少个送教家庭？

陈老师：七十八个。实际上大部分孩子都有送医，因为我们送医和送康复、送文化相结合，基本上是以送医、送康复为主。但有个别孩子是全瘫痪，没有办法送医和送康复，就只能送温暖和送一些辅助器具，原来孩子是躺在床

上，都是要靠父母背，我们和残联、星心俱乐部一起买了轮椅送过去，父母长辈就可以用轮椅带着孩子出去，也算是减轻了父母的负担。瑞安的公益在社会机构这方面做得很好，像与我们合作的机构比如银行，都会经常采购一些牛奶、饼干等食品送给这些孩子，也会上门去慰问。

问：这些关爱活动都是与一些社会机构、公益组织联合起来行动？

陈老师：嗯，对。我们教育局的送教就是和星心俱乐部联合行动。我们教育局这边是组织教师送教上门，像医生、康复医师都是由星心俱乐部负责牵头。看到我们在开展送教活动，其他一些机构像团委、政府机关单位等也都积极参与进来，给我们提供帮助。

有爱心，送出去才有效果，孩子和家庭才能感受到温暖

问：教育局如何挑选送教老师，是根据孩子所处的辖区还是教师就近原则？

陈老师：送教有两种形式，一种是特殊教育学校老师送教，另一种就是辖区学校的老师送教，基本上以施教区学校老师送教为主。施教区学校里面，有好几所学校的老师都是自己主动报名，像在上望五小，送教老师的名额只有两个，但主动报名的老师有五位，他们的积极性很高，很有爱心。如果没有爱心，送教就没有意义。有爱心，送出去才有效果，孩子和家庭才能感受到温暖。有几个送教的老师还没结婚，也都积极参与。孙月媚老师退二线了，送教时间充裕，送教很有效果。像李成天这个孩子，就是孙老师负责送教，效果非常好；原来他的父母和奶奶对他不管不问，已经放弃了，都关在笼子里去了，在孙老师送教上门以后，引起了孩子家长的重视，改变了他们的看法，也逐渐关爱、尊重这个孩子。毕竟是一条生命，一个孩子。

问：一位送教老师负责几个安养家庭？

陈老师：一般是一位送教老师负责一个家庭，有个别家庭是有两位送教老师一起配合送教。有的孩子情况比较严重，而且个别孩子可能带有攻击性，所以需要配备两位老师。

问：送教的时间一般是工作日还是周末或晚上？

陈老师：时间不固定，大部分是在周末。有的老师是根据自己在学校的授课时间来安排，有空余时间就去送教。

问：每次送教的时长是多久？

陈老师：三节课的时长。

问：教育局这边会有指定的内容给送教老师吗？

陈老师：教育局这边很难指定，因为每个孩子的情况都不一样，所以只能每位老师根据孩子的实际情况，自己搜集资料来制定送教的具体内容，然后与特殊教育学校联系。一般是送教老师与特殊学校的老师、康复医师一起开评判会，由他们根据孩子情况做出评判，然后制订方案。实际上送教老师主要负责送文化，现在他们除了送文化之外，自己也在逐渐掌握康复知识，会教家长如何去照顾孩子，如何给孩子按摩，怎么给孩子泡脚、穿衣等。像我们提供的一些矫正鞋、器械，家长可能不会用，送教老师指导和帮助家长学会如何使用这些康复器具。

问：我们的送教老师是纯公益，还是说政府部门会适当提供一些补贴？

陈老师：有一定的补助，但主要还是献爱心。老师如果没有爱心，钱给再多，也坚持不下去，很可能个别老师看到孩子的情况就害怕了。

家长也被我们感动

问：当前送教或送康复的老师在上门时有没有遇到一些困难，面临一些问题？

陈老师：主要的困难就是送教老师或志愿教师在康复方面的专业知识不够多，缺少专业人士的指导与支持。还有就是志愿教师数量也有一定缺口，毕竟培训一位送教老师需要一个过程。送教老师面对的孩子存在各种各样的情况，不是一个方案就能应对所有孩子，必须根据孩子的特殊情况制订个别方案。这个孩子哪些方面存在残疾，残疾的程度是什么，是重度还是轻度……这就使得每个方案都需要特别制订。

问：安养家庭想要申请一位送教上门的老师，要通过什么途径？

陈老师：现在不是家长申请，实际上也很少有人申请，都是我们通过在残联办证的数据和资料，然后进行筛选，看看哪些孩子已经达到义务教育的入学年龄和标准，却没有能够随班就读，或者到特殊教育学校就读，就是我们落实送教的对象。然后我们通过老师上门家访、一对一的沟通，做家长的思想工作。

问：会不会有一些家庭有抵触，不愿意孩子接受送教？

陈老师：有的，像孙老师原先送教的李成天就是一例。特殊教育学校的老师一开始上门去送教，家长不同意，说反正这个孩子也没救了，请你老师帮我把孩子直接送到火化场好了。家长这样的话都能对我们说，说明家长根本就是不关心，孩子连最起码的生存权利都没有。后来经过我们的努力，家长也被我们感动，主动关心孩子了。李成天在孙老师送教以后，和那些学校里的孩子都有感情了。

问：他现在去特殊教育学校上学了吗？

陈老师：没有，他十七岁了，已经超龄了。当时我们给他送教的时候是十五岁。

多把孩子带到外面去

问：我们送教对象的缺陷是以智力障碍为主？

陈老师：现在的送教对象基本上是没有办法到学校随班就读，或者无法去特殊教育学校就读的孩子。很多这类孩子如果没有家长陪同，连基本的生活都不能自理。就算把他送到学校里，他一个人生活不了，除非有一个专门的看护来照顾他。现在国家和政府对特殊教育的孩子非常重视，因为如果这些孩子得不到重视和帮助，将给他们的家庭带来很大的压力。一个家庭出现智力障碍的孩子，三代人痛苦。如果他们能够康复，拥有最基本的生活自理能力，减轻了家庭的重担，也减轻了社会的压力。

Y 君就是行动不便，没有自理能力。现在她妈妈每天在家照顾她的生活起居，就靠她爸爸一人打工养家。将来父母年纪大了，Y 君如果还是没有自理能力，家庭负担会更重。现在 Y 君的家长还没有很好地对孩子进行日常的康复训练，所以当务之急是她父母提高重视程度，和送教老师协作，把日常的康复治疗坚持下去，并且要不断督促孩子进行训练。这样孩子将来如果有了自理能力和行动能力，家长的负担就减轻了。

Y 君实际上很喜欢和小朋友玩。家长要经常把孩子带出去接触社会，到楼下去，到公园去。面对孩子的特殊情况，家长不要感到难为情；如果难为情的话，只会带给自己更大的压力。很多家长不喜欢把自己的孩子带出去，是还没有做好面对现实、面对周围人的准备。他们经常把孩子留在家里。实际上多把孩子带到外面去，比在家里自己教的效果要好得多。本来 Y 君的教区应该在瑞安陶山，她的户口登记在那边，她父亲在这里打工，住在这里。按规定，教育局送教的话应该是这里附近学校的老师来负责。孙老师本来不是这里的送教老师，但是她很有耐心，安排她给 Y 君送教，她乐意接受，哪怕远一点也没关系。

问：那就是说，其实平时孙老师过来送教挺麻烦的？

陈老师：现在她都是坐公交车过来。按规定是一周只用送教一次。孙老师现在是只要有空，就会上门去看看，送教次数远远超过我们的规定，相当于把自己的业余时间大都贡献了出来。她能见见这孩子也挺开心。

我对她康复有信心，想让她坚持下来
——Y君送教老师孙月媚口述

口述者：孙月媚，女，送教老师，退休前为瑞安市某小学教师，已为多位智力障碍适龄入学儿童提供送教上门服务

访谈者、撰稿者：潘立川，男，1992年生，温州医科大学教师

访谈时间：2018年1月21日下午

访谈地点：浙江省温州市瑞安市Y家

送教是瑞安市教育局陈桂芬老师给我安排的

问：孙老师，您好！什么机缘让您成为一名送教老师？

孙老师：是瑞安市教育局陈桂芬老师他们给我安排的。最开始，我是在我们东山二小附近的李成天那里送教，每个星期上门两到三次。我每次都有和陈老师他们汇报进展，汇报了以后，他们觉得我比较细心，效果也比较好。后来Y君也需要送教时，就安排我去。

问：您能介绍一下给李成天同学送教的情形吗？

孙老师：第一次给李成天送教的时候，学校里介绍说这个孩子已经十四周岁了，是个男孩子，人高马大，而我是女的，所以第一次去的时候，就安排我和校长两个人一起去。我们按照地址找到李成天家附近的时候，发现是一个被关在铁门里的孩子，流着鼻涕，脏兮兮的样子。哎呀，这个孩子看起来真的是太可怜了。我问了一下邻居："这个孩子叫李成天吗？"邻居说是的。我就和校长一起向邻居了解了一下他的情况。邻居说，他是他奶奶带的，他奶奶对这个孩子已经很腻烦了，现在出门去了，没在家，只好把他锁在那里。门开不了，所以我们第一次就是了解了一下情况。后来正式第一次送教的时候，我觉得自己没经验，而我的老公因为是在特殊学校工作，相对比较有经验，于是就和我老公一起去了，给他送了一些玩具和儿童书。买玩具的时候，我尽量买安全性高的。记得是买了一个皮球和水彩笔，没有什么危险性，我怕他接触了有危险性的玩具会出什么问题。

我从生活基本技能的各方面来教她

问：您给Y君第一次送教上门是什么时候？

孙老师：是2016年9月份。第一次过来的时候，她妹妹还小，还要她妈妈抱。她妈妈呢，照顾一个妹妹都照顾不过来。第一次看见Y君，她就靠在沙发上，一点力气都没有地坐在那里，我们不知道她是什么情况，因为她的样貌看起来和其他孩子没什么不同，人也很安静，很乖地坐在那里。后来，我和她妈妈一起，一人一边扶着她试图走一下，但是她的脚一步都不会迈，就是拖着，没法走。现在呢，她慢慢地都能撑起来自己走几步了。

问：您之前是在普通小学里面教书，现在给智力障碍孩子送教。您送教Y君的时候，有没有遇到一些困难？对困难有没有足够的预计？

孙老师：开始的时候真的是出乎我预料，你看她的眼神和表情，觉得她是个挺聪明的孩子，可是一开口，话说不清楚。后来我试着教她说话，她说不出来，我才意识到她的智力不行。最初他们是说她脚不好，所以叫我过来送教的，我没想到她是重度智力障碍，就是幼儿园中班都不到的智力水平。

这个孩子不能送到特殊教育学校，因为她自己没有办法走路，除非她家里人陪读。陪读呢，家里没有这个条件。他爸爸一个人打工养家，还是打打零工，家里四口人都要靠他爸爸一个人。妈妈在家里带孩子，还有一个小的。

最开始，我就想给他们送教应该包括各方面的帮助。一开始我也想让Y君学点知识，后来发觉这个意义不是很大，按之前的想法教是不行的，只能从最简单的开始，从生活基本技能方面来教她。比如教她最基础的洗脸、洗手；还有平时在送教中掺和进去教她妈妈学一些按摩手法，比如按脚、按手、拍手之类的。

关于学知识呢，一开始的时候我把小学课本带过来，发现她根本没法学，于是我换了特殊教育学校的教学课本，让她从最简单的开始学习，从语文、数学开始教。数学呢，从一到五数指头开始慢慢教。语文呢，从认识五官、喉、手、鼻开始。现在她都能看着课本说出来这是什么东西，也会写会画了。

她把我当作是最亲热的一个朋友

问：能说说您具体怎么教Y君的吗？

孙老师：就是教最基础的生活知识，教她认识身边能看见的事物，比如衣服、鞋子、头发、嘴巴什么的。我会拿着图片，对照着实物，教她认识这些事物。知识方面，就是根据特殊教育的小学课本来教，从第一册开始，一册一册教，现在已经教到第三册了。平时呢，学校里会再买一些儿童基础绘画的书本给我，我带给她。

问：她学习的效果怎么样呢？

孙老师：效果的话，现在多说几遍，她就能接受了。你现在看，刚才你跟她说的，她也能说得出来了。这个图片是在唱歌，这个图片是在吃饭，这个是鞋子，这个是袜子，现在她都能说了。

问：相比之前，她学习之后，无论是身体还是心理上都是比以前要好？

孙老师：嗯，好多了！现在你看，〔她〕看见我就是高兴得不得了，很亲近。

问：您一般一周大致多少次？

孙老师：一周两三次，有时候一次也有，反正我有时间就来。以前我还在自己学校里上课的时候，大概一个星期就星期六或星期天过来，最多两次。现在呢，我退二线了，来的次数就多了。

问：那一次一般待多久？

孙老师：一个下午，一来就是一个下午，三四个小时待在这里。如果是晚上过来呢，我就吃了晚饭过来，待到晚上八点多回家。如果是中午呢，我就吃了中午饭过来，待到晚上回家吃饭。

问：您送教基本上就是附近这一块，也就是学校辖区这一块？

孙老师：我送教就某某和 Y 君这两个孩子。

问：您还在给李成天送教吗？

孙老师：平时有去看一下，但是不多了，基本没有给他送教了。不过，节日的时候会去看一下。学校里还为他准备了一套校服，要我过几天送给他。

问：您在送教过程当中都遇到了哪些困难呢？这些困难您都是如何克服的呢？

孙老师：有时候会有时间冲突。不过呢，有时间冲突的时候，我都是优先送教，家里的事情能往后安排的都往后安排一下。我一般会安排一整块完整的时间给他们送教，这样能够充分接触，比如教了语文，再教点数学，教了数学再教她拍手。再比如说上一次带其他孩子过来，顺便还带了一些乐器，让他们给 Y 君唱唱歌、吹吹笛子，Y 君跟着节奏拍拍手，让她感受一下。反正做什么事，Y君都能很专注地配合我，比如叫她拍手，她也很认真地拍手；讲故事给她听，她也能认真听，虽然我不知道她听不听得懂。开始的时候教她写字，她〔连〕笔都不会拿，现在都能拿着笔画画了。这些都是进步。

问：您在遇到困难的时候，有没有动摇过送教的念头？

孙老师：我对这个孩子没有动摇过，因为我看到她感觉特别可爱，我对她康复有信心，我想让她坚持下来，让她学会自理。不过，她的康复方面呢，还需要社会的帮助，比如购买康复器材、掌握康复知识与技能等。

（Y君在问孙老师问题，孙老师回答Y君："这个啊，这个是花，这些是虾。你吃了还剩下多少？这个是等号。"）

我在学校里教的孩子和她差不多年龄，那些孩子，我们说一次就能懂，但是对她来说，最简单的问题都要说好几次才能懂。就比方说数手指头，到现在还是只会数七只手指头。没办法是吧？不过呢，我对她的要求和他们普通孩子不一样，她有一点点的进步，我们都会很开心。

问：您在送教过程当中，有没有遇到一些让您有点难过或者感动的事情或场景？

孙老师：比如说，Y君看到我们特别开心，每一次看到我开门进来，都会很开心地喊："老师，老师……"我走的时候，Y君会说："老师你要走啦？老师，拜拜。老师，拜拜。"她一两句简单的话会说，但达不到交流的水平。原来她一句话都不会说的。这些简单的话语都特别地让人感动。怎么说呢，就是你对她付出，她能够感受得到。因为她接触的人不多，所以呢，她把我当作是最亲热的一个朋友。

我坚持下来的动力，就是想让Y君能站起来走路

问：您周围的人，比如家人、亲戚、朋友，对您送教的公益行动持怎样的态度？

孙老师：他们也觉得这是一个献爱心的好事，也都是挺支持我的，特别是学校里的校长，我说需要买一些东西，他都会同意，很支持的。就像去年给她买了围脖、手套和书包。Y君背着书包太高兴了，那是她第一次背着书包，以前从来没背过，我看她挺高兴的。

问：在送教过程当中，哪些事情让您最难忘？

孙老师：你看，Y君拉着我的手就不放啊，哈哈。我去李成天家里送教时

的那些事情，最难忘了。那个孩子呢，开始的时候，亲戚邻居都看不起他，但是我们送教了以后，他奶奶就觉得很自豪，说，你看，老师都到我家里来教我孩子读书了。于是周围人逐渐改变了对那个孩子的看法。所以说呢，送教还是很有意义的。

问：目前，您认为送教或者是对这类特殊人群的服务项目还有哪些遗憾吗，或者有哪些不足的地方？

孙老师：不足的就是，我的一些专业康复知识还不够，帮不上忙。比如说怎样教、怎样按摩好、做哪些动作好，我都不知道，所以这方面还需要专业人士来教授康复方面的知识。

问：这两年来，您在送教过程当中有哪些收获吗？

孙老师：他们的进步就是我最大的收获。还有呢，就是看到他们引起家长的重视。本来家长不重视了，放弃他们了，我们送教了以后，他们对自己的孩子又有了信心，会更加重视，会花更多的时间和精力来陪伴孩子。其实呢，家长有信心最重要，我们送教一次，只有一次，但是家长如果有信心了，对他们的孩子关心了，就是日常的了。

问：您送教已经有两年多的时间，您坚持下来的动力和信念是什么？

孙老师：现在人人都想献爱心，能给我这样的机会，就是我最好的动力，应该要坚持下去。平时的献爱心，比如说捐款，我觉得意义不大，还是过来直接给予他们帮助，才是最大的安慰、最让人感动的事情。

问：让您坚持下来的信念和动力是否与您成长、工作当中的某些感悟和价值有关系呢？

孙老师：我坚持下来的动力，就是想让Y君能站起来走路。如果我放弃了的话，她妈妈说不定也就没有了坚持下来的动力。我现在每个星期过来几次，某种程度来说也是给她妈妈心理上一种支持和帮助。

问：如果让您对您送教的Y君说几句话，您会想说些什么呢？

孙老师：我就是想让她早点站起来走路，能自理，想能让她快乐、开心，不要让她一个人闷在家里。她现在的活动范围，就这么一个小房间，走不出去。如果以后能让她出去看看这个美丽的世界，就更好了。我会想对她说："Y君啊，你要加油，要更努力，早一点站起来，走出家门，去外面看看，去欣赏这个美丽的世界。"

Y君观察日记

观察时间：2018年1月21日

观察地点：Y家

观察者、撰稿者：潘立川，男，1992年生，温州医科大学教师

2018年1月21日，在瑞安市教育局陈桂芬老师与送教老师孙月媚的帮忙联系下，我去曹女士家中采访并对其女儿Y君进行观察。Y君的家在瑞安市郊某住宅小区的三层。13点，我到Y君家时，孙老师已经先于我到达。房子面积不大，但客厅比较宽敞，摆放着一张大垫子，上面都是儿童玩具。进门左边是瑞安市教育局为帮助Y君康复行走而安装的一根几米长的扶手。Y君端坐在沙发上，很安静，很乖巧，她剪着一头短发，面庞非常俊俏，根本看不出有任何异样。她见到我没有显出胆怯的样子，而是注视着我。孙老师帮助Y君抬起手向我致意，并向她介绍我。我也挥手向Y君问好。此时Y君的母亲也带着小女儿从房间里出来，接受我的采访。

13:15—13:35　Y君坐在孙老师旁边，握着孙老师的手，一声不吭，安静地听着我和她妈妈的对话。她时不时地把头转向正在接受采访的母亲。孙老师为了怕Y君无聊，把一个玩偶交到她手中。Y君捧着玩具笑着端详起来。

13:36—13:40　Y君突然叫了一声，她母亲说了一声“宝贝”，对她进行安抚。

13:41—13:48　Y君向母亲示意，要和母亲坐一起。孙老师扶起Y君走到母亲边上。母亲将Y君揽入怀中，让她坐在膝盖上。

13:50—14:20　Y君发出几声声响，把头朝向母亲，并慢慢抬起手，向母亲示意。母亲站起身问：“Y君，要嘘嘘吗？是不是嘘嘘？”问了几次得到Y君的肯定之后，母亲搀扶着Y君，Y君缓慢走向洗手间。由于此时正值寒冬，Y君穿的衣物较多，母亲带她上厕所了花了较长时间。听孙老师介绍，Y君能坐着上厕所，但穿脱衣物都需要他人帮忙。回到沙发后，Y君坐到母亲身边，依偎着她。

14:00—14:25　母亲讲到Y君曾做康复治疗的情况时，孙老师说Y君能

在他人搀扶下行走。孙老师对着 Y 君说:“我们站起来,走一下给老师看,好不好?”Y 君支撑着孙老师的手,慢慢站起来,并在孙老师的搀扶下在客厅里行走了十几步。孙老师慢慢松开她的手,Y 君能站立几秒,但是仍无法单独正常站立。

14:00—14:20　陈桂芬老师来到 Y 君家中。此时,Y 君坐在孙老师身边,孙老师掰着 Y 君的手指教她数数。Y 君虽然无法说出数字,但对手上动作有反应。孙老师又拿着积木教 Y 君拼搭,Y 君非常开心地大笑起来,笑了好一会。

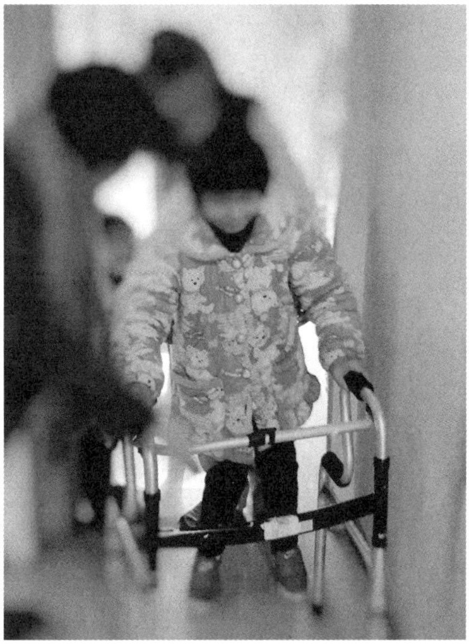

14:21—14:40　孙老师拿来康复步行器帮助 Y 君进行康复训练。Y 君扶着步行器,缓缓从房间里走到客厅,虽然她此时还需要孙老师在一旁时刻看护。陈老师对 Y 君母亲讲解相关康复要求,嘱咐她一定要按时、定期对孩子进行行走康复训练,不能因为孩子怕痛就不进行。

14:40—15:09　Y 君的母亲带着她到卧室,让她的妹妹与她一起玩耍。

15:10—15:15　我与陈老师先行离开,孙老师扶起 Y 君,向我们道别。

希望有人照顾他

——H君母亲口述

H君，男，2004年生。唐氏综合征，一直在家安养。

口述者：H君母亲，1975年生，2008年结婚。2004年生一子，小名H君，唐氏综合征患者；2011年生一女，身体健康。目前待业在家，一心抚养H君

访谈者、撰稿者：潘立川，男，1992年生，温州医科大学教师

访谈时间：2018年2月9日

访谈地点：浙江省温州市瓯海区某廉租房H家

家里就靠我老公一个人打零工维持生计

问：您好，很高兴您能接受我们的采访，请您简单介绍一下自己的情况。

H母：我1975年出生在〔温州市〕鹿城区藤桥街道。虽然名字叫藤桥街道，但事实上是郊区，是农村。我的户口在鹿城区双乐住宅区，是后来从农村迁过去的。

问：您家中有几个兄弟姐妹呢？

H母：我家里有四个姐姐、一个弟弟还有一个哥哥。他们都在打工，没有稳定的职业。

问：请问您的父母都健在吗？

H母：他们都健在。他们现在都住在藤桥下面的农村里，靠干农活为生。他们年纪也大了，就待在农村生活，很少来市区这边。

问：您和您丈夫是怎么认识的？

H母：我们是经过别人介绍认识的，认识一段时间后，相互觉得对方挺合适的，就走到一起了。我们是在2008年登记领证结婚。

问：你丈夫是哪里人？

H母：我老公的父母都是温州洞头区人，原来是洞头县。他出生在洞头，小时候在洞头生活。洞头是个海岛，他小时候没怎么出去过。后来我老公去杭州读书了，家里就把他的户口迁到杭州去了。他在杭州读书读到中专毕业就出来打工。家里经济条件不好，需要他出来挣钱养家。后来他一直在杭州打工好多年。

问：后来你们是怎么搬到鹿城区双屿街道呢？

H母：因为我的户口一直在双屿。结婚以后，我的户口没有跟他迁走，一直留在双屿。我老公在杭州打了几年工以后，就回到温州工作，现在他的户口也迁回温州了。他回温州以后，我们一直生活在双屿这边，租房子住，经常搬来搬去。

问：请问H君出生以后，你们一直住在这个房子里吗？

H母：不是，H君出生前后，我们在外面租房子住。那时候也经常搬家，毕竟是租房子，不可能长时间租在一个地方。经常搬家很辛苦，直到申请到这个房子，我们一家才搬过来住，才算安定下来。

问：这个房子是廉租房吗？

H母：是政府廉租房，价格比以前租房便宜很多，一个月房租只用八十多元，其他费用像水费、电费和物业费都另算的。搬到廉租房里，比以前安定多了，环境也比以前好，而且这里是电梯房，上下楼都比较方便。H君走路不好，现在他长大了，我抱不动，有电梯的话，偶尔带他下楼也方便。我们在这里住了好几年了，比以前的生活好多了。

问：请问您丈夫现在从事什么工作？

H母：他一直在外面打工，没有什么稳定工作，就是打零工。我没有出工资，也没有办法出去工作，就带着小孩在家里面。我要是出去工作，就没有人带小孩了。现在家里两个小孩，H本来就不方便，还有个小的，我是一步也不能离开，所以家里就靠我老公一个人打零工维持生计，经济方面也是比较困难。

问：您丈夫当时在杭州是做什么工作？

H母：他一开始在杭州那边的化工厂工作。因为没有技术，他当时都是在小的化工厂里。化工厂的气味很浓，员工防护做得不是很多，对身体不好。为了身体考虑，他就不在化工厂工作了。离开化工厂之后，他到处打一点零工，一直没有很稳定的工作，所以家里的收入不是很稳定。

问：他什么时候回到温州的呢？

H母：他在我的小女儿出生不久回到温州，很快我们就分了〔廉租〕房子。我女儿今年七岁，他回到温州大概已有六年。家里有了两个孩子，我一个人在外面租房子带孩子，实在忙不过来。而且他在杭州没有特别好的工作，就干脆回温州了，回到温州至少能照顾家里人。他不在家里的那段时间，我真的很辛苦，现在想想，真的是太不容易了。

问：你们很长时间都是两地分居吗？

H母：对的。孩子他爸在杭州的时候，一年中除了过年那段时间，其他时间基本上都没回来。回来要车票钱，而且回来在家里没法赚钱，他为了省钱和多赚钱，就很少回来，所以基本上都是我一个人在温州带孩子。

问：能讲一讲您的受教育经历吗？您是在哪里读书的？

H母：我小学一、二年级是在藤桥的乡下读书，三年级的时候转到双屿镇东风村小学，在那里读到小学毕业。小学毕业后，我在温州市第十八中学①读到初二，之后就没有继续读下去了，就离开学校出来工作，一直到现在。再读下去也没意思，早点出来工作对家里有好处。

问：您读到初二就直接去工作了吗？

H母：我刚从学校出来的时候，开始是帮家里干活，到了二十多岁的时候，我就去学车包，做缝纫工。温州这边鞋厂很多，缝纫工招得也很多。那时候大概二十几岁，具体我也不记得了。

问：那后来一直是一边带孩子，一边打零工吗？

H母：H君出生以后，我就不上班了。本来老公不在身边，一个人带孩子，我忙不过来。又加上H君这样的情况，把他交给其他人来带，我放不下心，也不忍心。其他小孩十个月就会走路了，H君要到三周岁才会走路，需要有人一直看护，家里老人又没法帮忙带他，所以我不能离开他，寸步不离，只能不去工作，留在家里带孩子。

问：那么孩子大了之后，您也没有再去工作？

H母：虽然孩子大了点，但还是生活不能自理，腿脚也不灵便，而且他现在有点脾气，喜欢扔东西，需要人照顾，但家里没有老人帮着带孩子，他奶奶年龄比较大，爷爷已经去世，我只能一个人带孩子，还是不能离开家里。

---

① 温州市第十八中学：又名鹿城区职业技术学校。

当时医生说过胎儿的状态不是太完美

问：您现在有几个孩子呢？

H母：我现在有两个孩子。H君是第一个小孩，2004年10月4日出生。当时H君在温州市第二人民医院出生，是因为第二人民医院是大医院，让人放心。

问：您当时是在哪个医院做的产前检查？

H母：我是在瓯海三医做的产检，这个医院离我当时住的地方比较近。我的产检都是听医生安排，产检次数也足够，该做的检查项目都做了。基本上别人做的我都做了，没有落下。在检查中，胎儿的情况都是正常的，没有什么问题，医生也没有提出问题。

不过一开始我有点担心，心里有点忧虑，经常询问医生是否有异常，一方面是因为我怀孕的时候年纪大了，算是高龄产妇，另一方面，我有一个哥哥大脑发育不良。这两个原因加起来，我就有点担心我的孩子是否会有同样的情况。不过只是偶尔担心，从来没想到我的孩子会出现这样的情况。也因为上面的原因，瓯海三医的医生建议我去市里的大医院做个检查，我就准备去温州市第二人民医院做羊水检查，但是胎儿五个月了，医生说做这个检查会有〔流产〕风险。我是年纪大了才怀的孩子，为了保险起见，我们也就觉得不做应该没问题，就没冒险去做。当时只是隐隐地有这个担忧，不知道第一个小孩会有问题。

问：您怀孕的时候是几岁？

H母：是自己的个人原因，我大概是三十岁生的孩子。我结婚、生孩子是相对比较迟的。

问：医生做产检的时候，有没有提醒过你要注意哪些问题呢，毕竟你是高龄产妇？

H母：医生没有特别的建议提醒，都是建议补补钙，补补营养。这都是很正常的提醒，没有说到其他问题，和其他孕妇没有区别。不过，当时医生有说过胎儿的状态不是太完美，但是该做的检查都做了，检查都是正常的。胎儿是在哪里不完美，我自己也不知道，胎动很正常，各项检查都是正常。医生如果检查出来有问题，不可能不和我讲。

问：您刚才说到五个月时才想起去做羊水检查。为什么那个时候想到这个检查？

H 母：当时去做羊水检查，医生说羊水筛查有时间段限制，不然会对胎儿有损害。一开始，医生没有提起这方面的检查，好像也没有问我家族里是否有遗传疾病。

问：那您的孩子是顺产的还是剖腹产的呢？

H 母：顺产的。孩子也是足月的，九个月，总之一切都很正常。生小孩的时候是一切都很顺利。他生下来的时候很可爱，看着也比较健康，生下来有五斤九两。就是有一个问题，我的小孩出生后不吃奶，一直在睡觉，这点和其他小孩不一样，其他都差不多。

我还是要这个孩子，毕竟是身上掉下来的肉啊

问：生孩子之前，你对孩子未来的生活是否有规划呢？

H 母：没有特别具体的打算，但肯定也是充满希望，希望他能健康成长，将来能成家立业。当时我们的愿望都很简单，没有什么特别的想法。

问：有没有想过谁来带孩子？

H 母：一开始，我丈夫的妈妈是想要带小孩，但是孩子后来变成这样子，他家里人对这个小孩不满意，加上他妈妈也很忙，就没有人来带孩子，我只好自己不要工作，留在家里带小孩。小孩子都这样了，我们也对未来没什么想法了，对他长大后会成为什么样的人也没有什么期望了，只要他将来健健康康成长就好了。

问：您刚刚说过家族里有过智力障碍的案例？

H 母：对，我有个亲哥哥智力不好，我丈夫那边都是正常的。我哥哥也是生下来后，才发现有问题。他现在情况还是不好，日子过得也是很苦。他跟 H 的情况不一样，H 是唐氏综合征，他的情况我不知道。

问：孩子是 2004 年在温州第二人民医院出生，那出生后，医生有没有和你们说过孩子的情况？

H 母：刚刚说错了，我孩子是在瓯海人民医院出生。后来快出院的时候，我们带着孩子去杭州做过检查，因为觉得第一个小孩出生后就出现这样的情况，心里不舒服，一心想着把他治好。

问：什么样的情况呢？

H 母：小孩不怎么吃喝，也不爱动，我们没见过这样的小孩，心里很着

急很担心。后来回家之后，小孩的黄疸不正常，去温州的三大医院检查，他们都说小孩不正常。后来在温州第三人民医院住院二十多天，黄疸才退掉。其实，我也是希望孩子能够好起来的，对他还是有一些希望，所以一直呵护他、照顾他。像有些家庭，发现孩子有问题，早就抛弃了。我是期望孩子能够好起来，所以才自己带孩子。你亲生的孩子，自己都不对他好，谁还对他好？其他人带么，我又不放心。连累了家庭，那也是没办法吧。

问：能不能回忆一下第一次见到孩子时的情况？

H母：我去医院生孩子的时候有点晚，羊水已经流了不少，所以我的小孩生下来时脸都干巴巴的，皮肤红红的、黑黑的，看起来很不好看，好像很丑。出生以后，孩子在医院里住了三天，然后就出院了。我当时在我妈妈家里坐月子，孩子一直和我住在我妈妈家里。出现黄疸以后到治好，孩子在医院里，是封闭式的治疗，不让家人进去的，只能打电话去问问，黄疸治好以后才回的家。

问：H君的父亲那时候回温州陪你了吗？

H母：他父亲看到孩子后就回杭州了。他看到孩子是这样的情况，也很生气很难受，多多少少对孩子的状况有点不高兴。

问：第一次确认孩子有智力方面的问题是什么时候？

H母：就是黄疸退不下去，带着孩子去温州第三人民医院看病，检查以后，医生告诉我们孩子有问题，大概就是出生回家后一个礼拜。当时孩子异常的表现不仅是黄疸，有时还会把舌头吐出来。医生说眼眶、手足有异常，初步诊断结果就是唐氏综合征的表现。后来把血液送去检验的时候，就确定是唐氏综合征了。

问：在确认他是唐宝宝后，家里有什么措施吗？

H母：我只是一直带着他，希望他好起来，没有其他什么措施。从发现到确认唐氏综合征期间，我自己和家里人心情也不好，他们希望不要去养这个小孩。我肯定不肯的，我还是要这个孩子，毕竟是身上掉下来的肉啊。

问：后来有没有再去别的医院做过检查呢？

H母：没有。

问：医生有没有提出什么治疗建议？

H母：没有建议，因为没有意义。

问：医生有没有给出抚养方面的建议呢？

H母：医生也没有说。

问：你们也没有去进行相关的治疗？

H 母：没有，因为心里没抱什么希望。就是孩子容易生病，要经常带去医院。

问：每年大概要生几次病呢？

H 母：经常的，H 君太容易生病了，都是些小病，经常感冒、咳嗽还有小便失禁，经过两个月的调理才好。去医院看病，医生一般也不会注意这种小孩。

问：我们这个采访就是希望社会重视唐宝宝。

H 母：是的呀。我们只能带他去医院看病，医生也没办法治唐氏综合征。后来去瓯海医院，吃了两个月的中药，调理好了。因为大小便失禁，只能给他整天穿着尿不湿。我要经常洗晒衣服和床单。他不知道自己要大小便，要大人帮忙的。

生活的压力、经济上的压力都比以前要大

问：确认孩子是唐氏综合征后，你的工作和生活有什么变化吗？

H 母：肯定有的，生活压力肯定变大了。出门，路人会多看小孩子几眼，有时还要看看大人正不正常，看你的眼光肯定会不一样的。我不出去上班，整天要留在家里照顾他，一步也不能离开，我不放心，而且他还有点轻微暴力，喜欢摔东西，所以生活的压力、经济上的压力都比以前要大。

问：亲戚和邻里的态度有没有发生变化？

H 母：肯定有一些看法。他有时候会推倒路上的自行车，或者去敲邻居的门，周围邻里肯定有想法的，心里肯定不舒服。很多人都来向我告状，不过他们不会当面说 H 怎么样。

问：爷爷奶奶那边对这个孩子不满意吗？

H 母：肯定的呀，爷爷奶奶都不来看孙子。当时看到这个孩子是这样的情况就已经不满意。

问：你过年过节带孩子去看望爷爷奶奶吗？

H 母：我有这样的小孩，周围人都会用异样的眼光看我们，过年也不想带出去。他爸爸过年过节出去吃酒带着这个小孩，他会捣乱的，我们都要看着他，所以宁愿让他在家里。

问：确诊孩子是唐氏综合征后，您是如何去面对的？

H 母：我也没办法，只能去接受。他现在有我照顾，但是我老了他怎么办？所以就希望他年纪大了、老了能有地方去。我们毕竟是要老去。有些地方是会有安养院。那天我去看了特殊教育学校，那里的孩子都比我的孩子情况要好，那些小孩都是生活能够自理，这点 H 君就差多了。H 君这样的情况，必须得有人照顾，不能去学校；去了，我们也不放心，而且学校离家太远了，每天要去接送很不方便。

问：您有没有教他一些自理能力呢？

H 母：教的呀，比如小便要和妈妈说之类的，但是他就不听啊，也听不进去，而且他有一点轻微暴力行为，比如会摔东西，家里一些计算器、手机都被他摔过。

问：他的轻微暴力是不是对您的影响大一点？

H 母：坐着的时候也挺乖的，其实他大部分时间都很乖的，就是偶尔会不正常。我和他交流也是有，就是有时他不理睬我，也不让人靠近，毕竟他听不懂我说的啊。不过叫他吃饭，他都知道的，只是要叫很多次他才会反应过来。

我希望他走在我前面

问：我们上次采访的瑞安的孩子，她的情况就是不会走，也没什么自理能力，就是待在家里，但她女孩子嘛，就很安静，不会说话。

H 母：不过，孩子不会走路也不好，大人也操心死。现在孩子还小也还好，年龄大了坐在那里长时间不动，身体会烂起来。我的孩子至少会走动，虽然走得慢一点。像这种孩子，说实话，不是我们心不好，我就是希望他走在我前面，比我早点离开。真的呢，如果我先走了，没人照顾他，他会更痛苦。

另外他的心脏也不是很好，比较害怕紧张。比如说我们去坐车，只要车子一鸣笛，他的心就会跳个不停，很急促，他不能受到惊吓。这个问题我们也有去检查过，是体检的时候检查过，不是专门的检查，医生说心律什么的不好，具体我也忘记了。就是说只要那种高音喇叭叫起来，他的心就会一颤。医生说这种是先天的，有唐氏综合征的小孩都会有一点这样的症状。

问：他每年都会有体检吗？

H 母：没有，就体检过一次，而且很久了。那次是为残疾人开展的体检，其他就没体检了。

问：他现在有医保吗？

H母：医保有的。残疾人医保是有的，这都是国家免费提供，挺好的。不过看病还是要钱的。有时候我就带他去私人诊所，因为带他去大医院里，开过来的都是几百块钱的药，我们承受不起，报销的部分也少。去私人诊所花的钱少，而且人少不用排队，总的算起来费用也差不多。再说，我家里还有一个小孩，去大医院的话，因为有各种流程，我要带着两个小孩，就很不方便，去私人诊所反而省事，反正他的医保报销其实也省不了多少钱。

问：现在私人诊所也能用医保的吧？

H母：不能。

问：那去药房买药呢？

H母：那很多药的剂量都要医生配的嘛。

问：我的意思是说你可以去诊所开好药方，再到药房自己去买。

H母：那没有的，就那种私人的诊所，在他那里看，药就要在他那里配嘛，这个没办法。我这个小孩抵抗力差，小时候养他很苦，整天发烧，而且是发高烧，挂盐水一挂就是很长时间。

他只会吃我们给他弄好的饭菜，其他就需要我们帮忙了

问：关于日常生活，现在他会自己穿衣服吗？

H母：不会，就会穿那种好穿的鞋子，其他衣服裤子都不会穿。拖鞋也要给他包好，因为他穿不牢会掉。鞋带不会系，那种粘粘搭扣的鞋也不会穿。给他穿衣服的时候他倒是很安静的。他刷牙洗脸都不会，洗澡也是我帮他洗。吃饭就把菜和饭拌起来让他用勺子吃。他不会用筷子，勺子还会用一点；碗也不会端，要放在桌上。他吃饭的时候也很安静。这个我一定要教他的，吃饭的时候不能乱动，要安静。他三周岁才会走。

问：教他的过程会不会很艰难？

H母：教的时候，刚开始他不吃，我就一勺一勺教他，后来他也就慢慢学会了。有时候打他几下他才能懂，这也是没办法的。

问：他三周岁会走之前，都是坐着，他坐得住吗？

H母：他坐还是坐得住，就是比较晚才学会坐。平衡能力不是很好，上下行走也不稳，走路的时候就希望有人能扶着他。就比如说走楼梯很慢，要一步一步走，还要有人扶着他。有时我有空的时候也会带他到楼下晒晒太阳，他

也比较喜欢出去玩的，但他就是有时会动来动去。现在他越来越大，我扶他下楼有点吃力了。

问：他现在在哪些方面能自理？

H母：他只会吃我们给他弄好的饭菜，其他就需要我们帮忙了。

问：他有哪些兴趣爱好呢？

H母：喜欢听歌、打球啊，但他打球也不是很会，听歌还是很喜欢的，就用手机、电脑在那放，他坐在这里看。不过听一会他也会累，就不放了。

问：H君一天的安排是怎样的？

H母：他一般早上都九、十点钟起床，等我回来后再给他穿衣服、烧饭啊什么的，吃完饭就听听歌。我们吃中饭会比较迟，因为早饭吃得也很迟。中午吃完饭的话，夏天有时候会午睡，冬天就不会午睡，他也没有这样的习惯。下午就听听音乐，以前他会看电视，现在也不怎么看了。晚上六点左右吃晚饭，吃完也就这样过来了，十点左右睡觉，我和他一起睡一张床。

问：他活动范围就基本在家里？

H母：是的，不然他自己一个人怎么搞呢，有时候我有空就带他去楼下逛逛。

他都是一个人玩

问：H君的脾气怎么样呢？

H母：脾气不是很好，就比较暴躁嘛，有时就不是很听话。相处的话，我们大人肯定会让着他，他跟他妹妹也玩不来，有时还会打她。他都是一个人玩。外面也没人喜欢和他交往。他经常都是一个人待着。

问：他现在一个人就喜欢听听歌，是吗？

H母：是的，就听听歌，按按计算器，因为它会发出声音。他对声音还是比较敏感的。

问：你们两边的亲戚对他好吗，是什么态度？

H母：态度就这样吧，他们对H君也还是客气的，毕竟不用他们带。

问：同辈的表堂兄弟跟他玩过吗？

H母：没有。他们看孩子不聪明，谁还会来管他啊？

问：隔壁家的小孩子会欺负他吗？

H母：会的。就有时候其他小孩在那里玩，他也想去玩，但其他小孩哪里会想和他玩啊，就会跟父母说 H 君欺负他们。知道 H 君情况的人，也都还好，不会怪他。

这个小的养起来，也是为她哥哥着想，也是为我们自己打算

问：你和你老公在抚养和教育 H 君方面有分歧吗？

H 母：小的分歧是会有的，但他爸爸也还是希望能把他带大就带大。

问：他有一个妹妹，现在几岁了？

H 母：妹妹现在七岁了，在上幼儿园，明年下半年就要读小学。这会儿和她爸爸一起去看她奶奶了。她是一个健康的孩子，还蛮聪明的。其实我怀第二胎的时候，医生也是不建议我去生。医生说第一个都这样了，第二胎你还生，而且当时年纪也算高龄产妇。这个小的养起来，也是为她哥哥着想，也是为我们自己打算，将来起码有个人来照顾我们，就当赌一把吧。

问：您当时生第二胎的时候几岁了？

H 母：我生他妹妹的时候三十七岁了，算高龄产妇。结果还是挺好的，孩子生出来很健康。生他妹妹之前也做了各种检查。这次为了保险起见，我连羊水也抽去检查了。哪还敢不做，什么检查都去做。为了这胎，我们做了充足的准备。

问：H 君的妹妹是不是身体很健康？

H 母：生病也生的，妹妹身子也很弱，也是半个月就去一趟医院。妹妹小的时候，我老公不在家，我一个人带两个孩子。妹妹咳嗽带去医院，回来之后哥哥又发烧。我真的是没办法了，心里很难受也很着急，我就坐在这里哭。真的是没办法，只能等妹妹舒服一点，我把她交给其他人看着，再带哥哥去医院看病，看完病马上赶回来看看小的。

问：那现在带两个小孩也还是很辛苦的？

H 母：辛苦，弄不过来，而且家里就靠他们父亲一个人打工，打点零工嘛，维持一下生活。低保我们是提交申请了，然后就是说我们作为父母有打工嘛，加上我是可以出去工作的，社区觉得家庭还是有收入能力的，就没有申请下来。但他们给我们 H 君搞了这个残疾人的福利待遇，就是困难儿童救助，现在大概一个月有两千块左右的救助，我很感激的嘛。像他的残疾证，办下来已经很久了。现在过年过节有人来慰问，比如说端午节送粽子啊，学费资助

啊，公交免费啊。还有残联的团体每年也都有来慰问帮助。医保是我们全家都有，因为我们有困难证嘛，就是自己不用出钱，国家出资。

送教老师也很辛苦

问：周老师给H君送教是什么时候开始的？

H母：送教是两三年前开始的，也不只是周老师一个人，也有别的老师过来。他们人都很好的，会经常带H君出去玩啊，打球啊，逛逛公园。老师一般都是来自瓯北的温州市特殊教育学校，周老师是来自瓯海地区的特殊学校。

问：老师过来一般都会教什么内容？

H母：一般就是陪他聊聊天，到外面走走，打打球。教他知识，H君不知道也听不懂。有人陪他，他就很知足了。送教老师也很辛苦，他们坐车过来都要花一个多小时，很有爱心。现在一般一个礼拜来一次，以前是一个月来一次。来一次大概待一个多小时，就一节课的时间，就陪他聊天打球。又不止这么一个学生，所以那些老师很辛苦，每天都在到处跑，去各地送教上门，很有爱心，付出也很多。我们很感谢他们。

问：您对H君今后的生活有什么期望吗？

H母：就是希望国家能重视像他这样的孩子，让他们能有一个好的归宿，老了有人照顾。这是很实际的想法，别的也没什么愿望了，就只是希望有人能照顾他，有个能托养的地方。

希望有一个环境，能够让他活动、训练
——H 君送教老师周晓理口述

口述者：周晓理，男，温州市鹿城区教育局送教上门教师，2015 年开始为 H 君送教

访谈者、撰稿者：潘立川，男，1992 年生，温州医科大学教师

访谈时间：2018 年 11 月 4 日晚上

访谈地点：浙江省温州市鹿城区江滨路去茶去餐厅

问：周老师，您什么时候成为 H 君的送教老师？

周老师：我是 2015 年的时候成为 H 君的送教老师，前前后后算下来已经有四年多的时间。当时教育局安排我给 H 君送教，我通知他家里的时候，他母亲不知道什么是送教上门，还不知道有老师可以上门来教孩子。H 君是一个唐宝宝，他的生活规律比较乱，情绪也不是很稳定。

问：我上次去他家里，他母亲说他有一点轻微暴力的倾向，是这样吗？

周老师：现在不只是轻微暴力倾向，而是越来越严重。

问：第一次接触 H 君的时候，您还有印象吗？

周老师：有印象。我们第一次见到他的时候，他还是小小的个子，一个人坐在沙发上抱着一个小型的塑料电子琴，在那里按电子琴的琴键，我们和他说话，他不搭理。我们和他有肢体接触一下，他就把手甩过来，让我们别碰他。就是这样，很抗拒的一种心理和行为。

问：H 君接受送教的时候是几岁？

周老师：十岁。

问：当时 H 君的家庭环境处于什么样的一种状态？

周老师：他的家庭情况不是很乐观，经济条件不好。他母亲在家休息，专职抚养 H 君，没有外出工作。他父亲出门上班工作，但是也不是非常稳定的工作，收入也不是很高。家里的收入来源全部都是靠他父亲一个人。

问：第一次与 H 君和他的家人进行沟通，顺畅吗？

周老师：第一次与他家长沟通挺顺畅。H 君的家长比较配合我们的工作，

也非常欢迎我们上门。当时他母亲将孩子的情况一一向我们做了介绍，然后我们一起针对 H 君的情况，制订了以发挥情绪为重点的送教方案。我们上门的时候，H 君已经十岁，正常情况下，培养大小便自理能力的最佳时机是三到四岁，十岁的孩子已经形成了固定的模式，很难纠正过来。所以，生活自理能力这一方面比如说大小便，H 君已经错过了最佳的培养时机。

问：您现在送教上门，具体教授他哪些方面的内容？

周老师：我们送教上门，首先是培养他的生活自理能力。像大小便的问题，我们让 H 君的母亲每天上午在他吃过早餐以后，带他去洗手间，等他大小便完成以后，再离开洗手间。其次，让家长带孩子到楼下去散步和活动，让孩子接触外面的世界，有利于孩子精力和情绪的释放。每次到楼下活动以后，H 君的情绪会平静一段时间，不会那么暴躁。此外，教他认识一些基本的事物，比如说，“这个是门，那个是汽车”等等。门，是我们生活中必须要经过的地方；车，是要注意安全，与它保持一定的距离。

问：H 君的学习效果如何？

周老师：只能说收效一般。这么多年送教下来，就在 H 君小便这个问题上，到现在为止还是不够理想。我估计在这个问题上，最少还要再花上几年的时间，才能把他训练起来。把他原先的生活习惯纠正过来是一件非常困难的事。但是在吃饭这一块，他的情况有所好转。H 君现在能够有意识地使用调羹吃饭，虽然他会把饭掉得满桌子都是。

问：其他方面的训练效果怎么样？

周老师：都不是很理想。在情绪发泄这方面，不应只是我们送教老师上门一趟带他出去一次，而是要家长每天安排固定的时间带他出门，至少每天要到室外去活动一次。通过运动，比如奔跑、嬉戏，让他来发泄情绪。

问：所以您认为送教方案，更多地需要家长来配合才能有效？

周老师：对，需要家长对送教老师提供更多的配合。但是实际中，因为各种原因，家长也很难做到完全配合。H 君现在长大了，他的妈妈个子不是很高，抱不动他。如果妈妈一个人带他下楼，孩子的安全问题也很难保证。比如他会推倒路边的自行车，会扔东西砸别人等。H 君要奔跑起来，他妈妈追也追不上，他本人又不知道安全，不知道避让开过来的车子。这些问题对家长而言都是顾虑。我们上门的时候，去的是两个人，可以照看好他，确保他在我们的控制范围内。所以，H 君的活动空间一定要是安全的，同时还要有各方面的条件和设施。在送教的整个方面来看也是如此，需要让这些孩子们像在学校里一样，有一个安全、舒适的环境来训练、康复。

问：H君每天的活动范围基本上就是在家中？

周老师：对，基本上都是待在家中。

问：H君是除了吃饭，其他方面都不能自理？

周老师：对，其他方面像穿衣、穿鞋子都不会。

问：H君每天的生活作息是怎么样的？

周老师：他早上是正常时间起床，七点到八点之间；晚上睡觉大概都是在十点多。吃饭的时间也比较正常。不过其他的方面都不规律，像大小便的时间就没有规律。他平时很喜欢听音乐，喜欢拿着电子琴或者是发声的卡片来玩耍。我们曾经试图通过用发声的卡片来引导他，但他不配合。

问：H君性格脾气如何？

周老师：他的情绪波动比较大，他一旦兴奋起来，会有情绪发作，很难控制，甚至也会有一点暴力倾向。

问：他与家里人相处融洽吗？

周老师：H君与家里人相处还是很好的，对他妹妹也不错，知道是他妹妹。他很喜欢扔东西的声音，但不知道从楼上扔东西的危害。他现在大多数时间是在一个封闭的空间里，家里人给他一个发声或者有音乐的东西让他玩耍。他还是喜欢做一些与声音有关的活动。

问：H君家周围的人有欺负过他吗？他一般如何应对？

周老师：别人欺负他的情况倒是没有，只是他表达对一件事的兴趣或关注的方式，就是直接去夺过来，或者去打别人。他基本上不和周围的小孩子们玩耍，家里人也不让，怕伤害到别的孩子。

问：您给H君送教，一般是在什么时候？

周老师：送教的时间一般不固定。我们首先与家长联系，确定家长在家的时间后，我们再上门。我们一般都是事先通过电话与各个送教对象的家长联系，然后再决定今天下午去H君家，晚上去另一个学生家里。这些都是根据家长的时间来安排。

问：一个小孩子，一周基本上能去几次？

周老师：一周一次，一个月能有三次。每次送教的时长在一个半小时左右。

问：对于送教的内容，您的团队是有一个整体的方案，还是根据每个小孩子的特殊情况来制订？

周老师：有整体方案，再根据每个小孩子的不同情况来制订。比如说 H 君生活不能自理，我们就制订培养生活自理能力的送教方案，先从培养生活自理能力着手。

问：接受送教以后，H 君的变化大不大？

周老师：在情绪这一块来说，比以前好了很多。小孩子需要熟悉的环境来生活，需要熟悉的人来安抚。在这个方面，我们做得还可以。H 君发情绪的时候，我们就让他妈妈抱着他，抚摸他。这种安抚，我们陌生人是做不到的。借助语言，对他来说没有作用，因为他听不懂你的话语的含义。

问：您认为 H 君还需要哪些方面的送教内容？

周老师：其实他不适合有太多的送教内容。这学期是培养认识事物的能力，情况好转以后，下学期培养数数的能力。H 君还是要长时间停留在基本的生活自理能力培养阶段。

问：您认为 H 君今后还需要哪些方面的社会关注与支持？

周老师：需要一个安全的环境，能够让他去活动、训练，同时也能让孩子与家长、送教老师在里面进行互动。这个环境对于孩子的康复和日常生活非常重要。这是 H 君目前最需要的，也是所有送教孩子需要的，因为现在的送教孩子普遍都是圈养。

问：像有的符合条件的孩子能够去特殊教育学校上学，就可以进行必要的沟通与社交。而在家中安养的孩子，缺少必要的社交环境。您有什么话想要对您的送教对象 H 君说吗？

周老师：如果有话要对他说，我想说的是："H 君，请把自己的大小便规范起来，否则长大了会很痛苦。"现在他父母年纪不大，还不是问题，包上尿不湿也不是问题。但是年龄大了，还戴着尿不湿，皮肤会溃烂。他的痛苦会引起情绪波动，进而影响整个家庭的生活。

H 君观察日记

观察时间：2018 年 2 月 9 日
观察地点：H 家
观察者、撰稿者：潘立川，男，1992 年生，温州医科大学教师

与 H 君母亲的首次接触是在电话里进行的。电话中，她简单介绍了 H 君的情况，并且告知了她家的住址。H 君是唐宝宝，生活不能自理，也不会说话，但可以行走。在得知孩子无法接受采访以后，我便打消了采访孩子的计划。

2018 年 2 月 9 日，下雨天，下午两点，我带着采访设备去 H 君家里对他母亲进行采访，同时对 H 君的生活进行观察。H 君的家在瓯海区某廉租房的十六层。这栋廉租房在某中高档小区旁边，是一座二十多层的高楼，属于该小区配套的廉租房。这个小区环境不错，有很多适宜儿童休闲玩耍的场所。H 君的家不大，只有一间小客厅、一个厨房和两个小卧室。H 君和他母亲两人在家，妹妹被父亲带出去走亲戚。

14:00—14:30　H 君的母亲将 H 君安顿在卧室，把门打开，嘱咐他要安静，并递给他一个玩具。他独自坐在卧室的床边，似乎对我的到来并不感到好奇，也没有过多关注，自顾自地低头玩。其间，H 君几次发出声音，每一次他母亲都会过去安抚好他。

14:30—14:47　H 君呀呀地发声，慢慢移步到客厅，走到我的背后，此时我正坐在餐桌边对他母亲进行访谈。他母亲见状，将桌上的计算器递给他，并将他牵引到卧室内坐好，教他玩计算器。H 君拿着计算器用一根手指按了起来，计算器发出声音，他对声音似乎有一种敏感性，有节奏的声音让他平静下来。

14:48—15:15　H 君又从卧室里走出来，坐到了沙发上。沙发旁边就是电脑桌。母亲知道他要听歌，就走到电脑前打开酷狗播放器，为他播放歌曲。今天播放的歌曲是张学友的歌。H 君一开始是挺直坐在沙发边沿，停了几分钟，就靠着沙发背坐着。

15:16—15:25　H君站起来，嘴里嘟囔着，慢慢向我走来。之前在采访中听到他有轻微的暴力倾向，我对他从背后走来有一丝担忧。其实H君只是经过我后面走向他母亲，要来了玩具，然后对着我笑。他把玩具拿在手中把玩了一会，就扔在了地上。我问他："你叫什么名字呀?"H君没有回答。在客厅里走了一会，他又走回了沙发。

15:26—15:40　为了拍摄采访照片，H君的母亲让他坐在沙发上。H君很乖，坐在沙发上一动不动。他的眼睛一直是盯着电脑，并没有关注到我们在拍照。

15:41—16:00　H君的母亲说H君要休息，便将他带回卧室内躺下。H君很安静地躺在床上，没有睡着，只是静静地躺着。

采访结束以后，H君的母亲对我说，H君每天的生活很简单，上午起床比较迟，吃过午饭就是坐着，偶尔下楼。最近天天下雨，也不方便带他下楼，在家中就是看电脑听歌，玩计算器。送教老师来的时候，也没有教他识字，只是带他在家中或楼下玩耍。H君由于能够独立行走，所以会经常在家里走动，也正如他的母亲所说，有时候会比较调皮，家里的手机几乎都被他摔过。

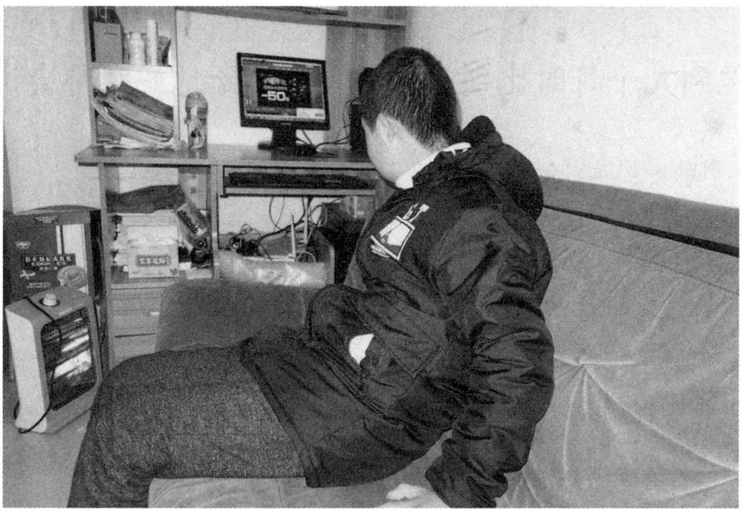

发生了就面对吧

——YY 母亲口述

YY，男，2004 年生。独生子。重度自闭症。2009—2014 年先后在两所民办机构——云南开远市小太阳早教中心、昆明市蒙多贝自闭症儿童康复中心接受训练。2015 年至今入读公办特殊教育学校——昆明市五华区新萌学校。

口述者：YY 母亲，1974 年生，2002 年结婚

访谈者、撰稿者：和梦婷，女，1996 年生，昆明理工大学 2015 级本科生

访谈时间：2017 年 10 月 15 日，2018 年 1 月 2 日

访谈地点：YY 家、云南省昆明市五华区新萌学校

他到九个月时比别的孩子聪明，爹地妈咪都会说

问：阿姨，您是哪一年结婚的？

YY 母：2002 年。

问：您和您爱人分别从事什么工作？

YY 母：我以前上班，现在专门照顾孩子。我老公是搞设计的。

问：您现在有几个孩子？

YY 母：就一个，小名叫“YY”，2004 年 12 月 24 日生的，就平安夜嘛，我想着会平安，偏偏就是这样子。

问：您能讲讲您怀孕期和生孩子时的情况吗？

YY 母：怀孕的时候，医生叫做什么检查我们就做什么检查，一切都正常。他是怀上两个月才被发现的。当时做早孕检验，验孕棒上的两根线不是全部红的，一根淡淡的红，另一根很红，医生说是弱阳性，所以到两个月才查出来。我后来想，这个孩子怀的时候是不是有一点问题，因为他不像别的孩子怀上以后一检查，验孕棒两个指示线都很红，他就是一根淡一根很深。

生 YY，是在昆明的现代妇产科医院生的。生之前，我肚子疼了十多天，当时已经办了住院手续，但我家离医院不远，肚子不疼的时候在家里，疼得厉害了就去医院。医生看我疼得厉害，建议剖腹产，我还是想尽量顺产。没想到最后我实在熬不住了，就剖腹生下了 YY。

我那时肚子疼，可能跟我身体气血虚有关系，我身体不好，气血不足，孩子的营养达不到。现在我还动不动会子宫疼。所以说女人要保护好自己的子宫，就像人家说的，土地不肥沃，养出的孩子就不一定好。

YY 生下来时很正常，三翻六坐也都行，只是他不会爬，一岁三个月直接会走路了。他到九个月时比别的孩子聪明，爹地妈咪都会说，全家人很开心的。

他一两岁了不会说话、不听指挥，我们就担心了

问：多大时发现他异样的？

YY 母：他一两岁了不会说话、不听指挥，我们就担心了，心想孩子听不懂是不是耳朵有点问题，也有人说男孩子说话晚一点是正常的。我们那时候不知道自闭症，听都没有听说过，也不知道有这种孩子，双方家庭都没有过这种情况。

问：一两岁时除了不会说话，还有哪些方面让人担心？

YY 母：就是见东西就咬嘛，无论什么东西不知道能不能吃他就咬。他不是用眼睛看东西，他是用嘴巴来探知这个世界。一般人都是拿眼睛看，他觉得感兴趣的东西就拿到嘴里咬咬。我当时最怕的是这个。

问：他是一直吃母乳的吗？

YY 母：我的奶不够，是母乳和奶粉混合喂养他。他一岁多一点断了奶。

问：那他小时候黏你吗？

YY 母：（摇头）不黏，他谁都不黏。自闭症最大的一个特点就是不会黏哪一个，跟任何人没有交集，他对事物对东西更感兴趣一点。

就到处求医问药嘛……附近几个省市的大医院都看过了

问：他一两岁时，家里人发现不对，有没有带他去看病？

YY 母：就到处求医问药嘛，什么成都啊，重庆啊，贵州、云南，附近几

个省市的大医院都看过了。每个医院一去就花几千元。他两三岁的时候，泸州医学院一个很出名的中医，七八十岁了，说："这个孩子是先天性智力障碍，说得好听就是自闭症，说得不好听就是白痴。"当时我一下子昏倒了。我急死了，那一次我直接接受不了，好几天身上都动不了。

我接受不了嘛，就去成都、重庆，然后在云南省第一人民医院、第二人民医院、昆明的儿童医院、云大医院，都检查过了，如果经济允许，说不定会去上海、北京检查。重庆儿童医院的医生说："这孩子不用看，就是孤独症。"

他四五岁的时候，我爸爸的战友——当时成都一家医院的脑瘤外科主任告诉我："这孩子你没必要到处去花钱了，好好在家干预他、好好训练他才是重要的。你到处去把钱花了，孩子也没多大希望，还不如好好训练。小猫小狗都能训练出来，我就不相信人还训练不出来。"

问：到处去求医是谁陪着你去的？

YY 母：一般就是我爸爸妈妈。我老公嘛，他要挣钱。

问：平时都是你照顾孩子吗？

YY 母：对呀，我先生要去上班，要养活我们嘛。自从他两岁多发现他有点问题，我就边上班边带他。他四岁多的时候我就没有上班了，专门照顾他。那几年，我人都快崩溃了，每天一说起来就想哭，天天都是，有 N 次想死的念头。现在我已经基本上走出来了，因为社会上爱心人士比较多，正能量多，我这人也比较开朗，喜欢跟正能量的人接触，而且周边的朋友、邻居都挺好的。

一岁半时在王家桥一个私人幼儿园上了一个月

问：YY 上过幼儿园吗？

YY 母：他一岁半的时候上了一个月，是王家桥一个私人幼儿园。那园长跟我关系好就接收了他，但一个月后，园长觉得孩子有问题就没有让上了。YY 那时候很严重，不跟小孩子一起玩，一个人在角落里玩，眼神也不会对视。现在比以前好多了，以前严重得很，动不动就撞墙，撞得头破血流的，他有自残行为嘛。

问：他当时喜欢去幼儿园吗？

YY 母：好像没有喜欢不喜欢，我觉得他好像感觉没什么意思。有人就说是不是他上幼儿园早了，被吓着了什么的。有一次我去幼儿园看他，发现老师嫌他爱乱整，把他放在一间黑屋子的桌子上，灯是关了的，全部黑漆漆的，他下不来嘛，只能在桌子上站着。我看到以后太心疼了，觉得太恐怖了，不愿送他去上幼儿园了。

问：YY 当时被吓哭了吗？

YY 母：他没有哭，好像那时他都不会流眼泪的。

问：您认为他主要是上幼儿园被吓着了导致的自闭症吗？

YY 母：各方面原因都有一点。他十一个月的时候高烧过一阵，烧到四十多度，高烧了三天，烧成肺炎，直接休克了，打了强心针才救过来。那次生病对他肯定有影响。另外，他小时候经常换保姆，一会儿换个阿姨带，一会换个叔叔带，对他也不是很好。

他五岁开始去开远小太阳早教中心接受早教训练，……2015 年来昆明新萌学校了

问：你爸的战友——成都的医生跟你说了以后，你们就没再去到处求医问药了吗？

YY 母：对，再以后我就训练 YY 嘛。他五岁多开始去开远小太阳早教中心接受早教训练，开始干预。干预晚了点。那时候我要上班嘛，就想把他送到一个幼儿园去，但是普通幼儿园不接收他，劝我们去早教中心。早教中心不是全天性的，是五十块钱一节课，一百块钱两节课这种。早教中心做感统训练比较多，有效果。在开远小太阳早教中心读了一年以后，我没在开远那边上班了，回昆明了，小太阳中心那个张老师介绍我们去蒙多贝。在蒙多贝待了五年，一直到十岁多。蒙多贝收的是三到七岁的孩子，不接受八岁以上的，我们还赖了两年。然后在家休息了将近一年，2015 年就来昆明新萌学校了。从七岁开始，我就想让他进新萌学校，但一直没能进来。现在这个校长挺好的，接受了他。

问：蒙多贝费用高吗？

YY 母：费用高，YY 在那里时，每天只去半天，一个月一千八百元。这个费用肯定压力大嘛，那几年我的钱全部用完了，所以你看我家没有什么好家具。他爸爸单位效益不是很好，以前有时候半年不发工资，经常是我妹妹我妈妈在接济我。对于这种家庭来说，如果经济好一点都恼火，更不要说经济差的。在蒙多贝康复机构待了五年，一个月要一千八百元学费，然后加上其他费用，每个月他需要四千块左右，一年就是几万块。

问：他在蒙多贝接受怎样的培训？

YY母：我挺感激蒙多贝的，他在蒙多贝训练了那么多年，进步很大，会上厕所了，生活自理能力提高挺大，控制能力也好了。他以前最怕冲马桶的声音，拉都拉不进厕所去，只在草地上上厕所；他还撞墙，撞得头破血流，还打自己头，自残行为非常严重；在公交车上看见别人的饮料、吃的就要抢。那个时候，我说这个孩子这样子，我不活了。今天新萌学校的自闭症康复老师也说YY一直有进步，现在能听懂单一指令。他感兴趣的地方就聪明，比如他对吃感兴趣，我们家吃的东西无论我放在哪里他都找得出来，有时候我忘记了，他都给我找出来。

问：YY表达能力不是太好？

YY母：他表达、沟通方面的能力缺失，自闭症的孩子就是这个特点。他也不爱干净，流鼻涕不知道擦。

问：新萌学校很难进吗？

YY母：有点难进。最开始新萌学校让他去试读，我想，试读嘛是临时的，对孩子不好，就让他在蒙多贝训练得好一点再说，虽然多花一些钱。其实我送YY去新萌学校晚了，送早一点更好，这种孩子是需要集体生活的，这种孩子在家肯定是被封闭了嘛，不利于他智力发育。

问：这个学校的费用是？

YY母：不要费用，国家办的。

问：他从上小太阳早教中心到现在都是走读吧？

YY母：是的，对托管机构我主要是不放心。但是，我老了走不动的时候，肯定要把YY放在托管机构里面。现在如果把他放在托管机构里十几二十天，我心里就觉得对不起他。可是我也需要休息呀，长期这样子带他，我心理会不健康，所以残联派心理医生来疏导我。这个心理医生是国家第一批心理咨询师，每周来一次，国家给她钱，她上门来给我们服务。现在国家对我们这种家庭有免费的心理疏导、家政服务、给孩子洗澡、带孩子等各方面的服务，条件是越来越好了。

他需要跟同龄的孩子在一起，他会模仿嘛，进步就大

问：您是怎么知道新萌学校的？

YY母：我在福利院认识一个华主任，他说有个新萌学校叫我去问一下。

问：他在新萌学校和同学老师相处得怎么样？

YY母：以前不怎么听老师的，现在可以了。我在新萌学校陪读了两年，今年终于把我解放了，但是中午我还是要管的。新萌学校多数孩子是早上送进去，晚上接回家。但YY是早上送去，我中午还要去，下午再去接，不能全部放手。他以前拉屎拉尿都不行，现在上厕所不用我管，穿衣服裤子不用我管，生活自理比以前提高很多了。他需要跟同龄的孩子在一起，他会模仿嘛，进步就大。如果是跟我在一起，毕竟我是大人，他是小孩，时间长了，不但他不行，我也不行了。

问：他现在在班上能跟上吗？

YY母：肯定跟不上，他是比较严重的。我感激这个校长，感激这个学校，因为像YY这种情况一般是进不去的。YY是一级残疾，智力一级就是最严重的。

问：他各科的学习情况怎么样？

YY母：他只能说在那个地方找个伴。做作业如果我辅助还是可以的，多少有一点意思。学校收这个孩子肯定觉得他不是很差的，有些孩子上厕所都不会，他会。这种孩子有些方面不行，有些方面又行，参差不齐，我儿子体育、音乐这些还可以。

问：他平常在学校乖吗？

YY母：像这种孩子肯定是特殊情况。YY一般身体难受、肚子饿了就不乖，一般情况是可以的。

问：他早上几点去上学？

YY母：他一般六点多钟起来，七点就出门。夏天还可以，冬天起不来，我就在学校那边租了一套房子。我想的是，一天把两三个小时耽误在公交车上，不如利用这个时间好好训练一下他。人常说“滴水穿石”，小猫小狗都训练得出来，别说他了。

问：那你每天接送他上学吗？

YY母：肯定每天要接嘛，中午还要去陪的。

问：他现在喜欢上学吗？

YY母：隔两天不去学校他就自己背着书包，出门后我本来要走这边的，他就要去我们经常坐车去学校那个站。他很刻板，到学校跟前那个车站，如果我不下他都会下，提前下不行，推后下也不行，他就要在学校跟前那个站下车。他刻板，就是固定模式嘛。他一看见我换衣服就高兴了，知道要出门了，他只是不会表达、不会处理、不会交往，只活在自己的世界中。

问：他上学时同学们有欺负他吗？

YY 母：肯定会欺负他。有一次他从学校回来嘴巴都是肿起的，老师说不出个所以然，因为那么多孩子老师肯定照顾不过来嘛。

问：同学欺负他时，他会怎么处理？

YY 母：他以前尽着人家欺负，现在会反抗了，被整得严重了他会凶别人。有时候被哪个人整怕了，他会躲，看到那个人会哭呀怕呀。跟外界多接触对他有帮助，在家他就不懂得反抗。

他在大动作方面，就是运动方面还可以……动脑对他来说很吃力

问：经过这么多年的训练，他现在哪些方面表现比较好一点？

YY 母：他在大动作方面，就是运动方面还可以。比如，督促他擦桌子、做点吃的、切菜呀，洗洗菜呀，淘米呀，洗水果这些还可以，他会主动做的是自己吃完饭自己收碗。让他拖地扫地还不行。

问：他在哪些方面表现吃力一些？

YY 母：动脑对他来说很吃力。叫他写字，以前看见笔就发脾气，现在拿着笔乱画。

问：学校教育对他的影响体现在哪些方面？

YY 母：控制自己的情绪方面。以前他控制不了自己，估计是没有伴，太孤独了，人一孤独就容易出问题，他现在有伴了。他最想去哪？去学校。不好的是，他爱去老师办公室拿人家吃的。他找吃的特别厉害，有时候我放着吃的，我忘记了，他给我找出来。这种孩子说不清楚。

问：他平常有些什么兴趣爱好？

YY 母：就爱吃嘛，也喜欢游泳，喜欢在水里面泡着。

问：他最喜欢吃什么？

YY 母：他最喜欢吃水果、吃肉。糖他吃多了不好，巧克力吃了他又兴奋。

问：他从什么时候开始喜欢游泳的？

YY 母：应该是五六岁吧，我前面说到的福利院华主任找了两个游泳教练，教他游了两年。好多这种孩子特别喜欢水，每天晚上只要给他洗澡了，他就睡得好。

问：他游泳游得好吗？

YY母：只能泡在水里玩，玩水。教练教他的那两年，他都会游一点点了，后来这么几年没游了，慢慢退化了，又不行了。如果我是个父亲，我会带着他坚持学，可能就学会了。他那么大的个子，女宾室不让他进，我没办法带他学。这种孩子，不干预就退化了。另外，他有一点胖了，他一天不想事情，肯定是越来越胖，又喜欢吃肉，不喜欢吃蔬菜。那两天我故意没做肉给他，他一看到菜不好扭头就走，然后打自己头，像我们跟自己赌气那种。

问：他平时参加别的体育活动吗？

YY母：他一般不跑步，几乎就是去散步，吃完晚饭去散步，一边散步，我就一边跟他做全人疗愈，就是让他做为他设计的二十六个动作，有听指令啊，手眼协调啊之类的。

问：YY喜欢去爬山吗？

YY母：他最喜欢去爬山了，最喜欢去山上玩，昭通水库、郊野公园、眠山森林生态公园这些。他也很喜欢我家跟前这个老铁路，心情好的时候沿着铁路走到黑林铺西城时代又转回来。不能带他去有吃的地方，有小卖部啊，超市的地方，到这些地方他就要吃的，他那么大个子，我拉不动他，所以我包里随时带着吃的东西，他不听话了，我就拿出来给他吃，他就听话了。

问：我觉得运动对他会好一点。

YY母：对，就希望通过运动让他青春期多余的精力释放了，不想其他的。我现在一般就带他去走走楼梯，或者带他去小区健身器材那里走走，骑单车呀，脚踏呀之类，要么做下蹲、深蹲、拍球这些，每天给他规定数字，五十下、一百下、两百下……让他累一点，晚上睡好点。

问：他会很听话地按你的要求做吗？

YY母：要看情绪。他深蹲最多做十个，脚踏最多做两个。他喜欢球类，拍球拍得很好，左边拍一百下，右边拍一百下，对墙抛接球也行。

问：他情绪好的时候多吗？

YY母：他现在情绪还可以，几乎不发脾气的。这种孩子你给他形成一种模式，让他把一些动作做完，他无可奈何，就能做完，就形成刻板模式了。如果他形成不做完的刻板模式了，你发脾气也没法。

问：一般都是你带着做动作吗？

YY母：对。我其实很想他爸爸带着去整一下，但他爸爸一回来就玩手机。我每天晚上洗完澡，拖地、洗衣服，有时候要十一二点才能忙完。我以前是一个很爱干净的人，但是现在 YY 一会把这里整脏了，一会把那里弄乱了，墙纸全部给我撕了。

跟我在一起他什么指令都可以懂，跟别人在一起就要重复很多遍

问：他在生活自理方面，穿衣、刷牙、洗脸这些完全能自理吗？

YY 母：刷牙只是随便刷两下，洗脸也是随便一整。衣服裤子他可好笑了，有时候一天可以去换几次，觉得穿着不舒服了，就去换。他自己会找衣服，舒服的他才穿，不舒服的他就脱了。上厕所他没问题，但是他太胖了，揩屁股揩得不干净。他想洗澡了会自己去弄水洗。

最好笑的是，有一次我洗衣机里面放着水，他就跑到洗衣机里不出来了，那时候他三四岁，很爱水，在里面拉都拉不出来，然后把我那个油，什么金龙鱼油都倒在身上洗。以前他很夸张，把我的沐浴露呀，洗衣液呀，洗手液、洗发水全部倒在地上滑；把我的粉底，那种定妆粉，看到一次撒一次，全撒完；要么就是爽身粉之类，一看到就给我倒掉。那时候我最怕他那样整了。现在他不会乱玩这些了。所以说，这种孩子还是要训练，不训练不知道哪些用得成、哪些用不成。

问：他喜欢穿哪种衣服？

YY 母：他喜欢穿棉质的。他的衣服不能拿洗衣粉洗，洗了他会皮肤过敏。他皮肤就像婴儿一样。

问：他穿衣是什么时候学会的？

YY 母：三年前，我配合机构一起训练的。教他穿衣服不艰难，脱衣服我都没有教他，他自己就从后面拽着衣领脱了。我没教过他脱衣服，他自己就会了。

问：他现在会自己吃饭吗？

YY 母：会。四五岁开始会吃饭，当时是拿手抓饭吃，两只手上，我就拿筷子打他手，后来我坐在他左边把他左手压住，只让他动右手，他慢慢就会了。

问：他手语、画画这些学得怎么样？

YY 母：画画就会乱画，但是老师各种原谅，让我们不要用手教他，他自己想画什么就自由发挥。音乐就是律动，他比较喜欢音乐。手语他还有点意思，

会“你好”“早上好”“我爱你”“谢谢”“对不起”这些，因为在生活中这些很常用。他跟我在一起手语就做得好一点，跟别人他听不懂指令。这孩子需要多一点人跟他在一起，他就好一点，就各种人的指令都能听得懂。他现在有点糟糕，只听我一个人的指令。跟我在一起他什么指令都可以懂，跟别人在一起就要重复很多遍，所以家庭成员多一点比家庭成员少的对这种孩子更好一点。

不去学校的时候，他的活动范围基本上就是在家里、小区里

问：他每天的生活是怎么安排的？

YY母：早上起来上厕所，然后洗脸刷牙，等着吃饭，饭吃了就去学校；中午嘛，吃完饭就睡午觉，然后听老师安排；晚上吃完饭出去走走。星期六早上去上手语课，中午去上音乐课，下午去画画。星期天就比较自由一点，带他到处玩。

问：不去学校的时候，他的活动范围是在哪里呢？

YY母：基本上就是在家里、小区里，因为很多人不愿意跟这种孩子接触嘛。虽然说我的孩子这个样子，我还想让他跟正常一点的、不嫌弃我们的一起，这样他能有进步嘛。以前我喜欢带他去我朋友家同事家，时间长了，我就有点不好意思去了，他在人家家里就整得乱七八糟的，就不想带他去了，人家不说什么，我心里有点过意不去。

问：我发现您特别不愿意麻烦别人？

YY母：对，不能麻烦别人嘛，特别是有这种孩子。人和人之间，现在这个社会就是互相有帮助才可以在一起嘛，才可以长久，如果老是麻烦别人不行，别人老是麻烦你也不行，比如像吃饭，你请人家十次，哪怕人家有三次回报你也好，一次都不回报谁愿意？自己的亲人也不行。

问：学校里有小伙伴喜欢和他一起吗？

YY母：以前班上有一个孩子最喜欢跟我儿子一起，我儿子也很听他的话，只要我不在，他都给我带YY。那个孩子程度挺好的，只是说话说不好，程度比我儿子好得多，在家里洗碗、做家务做得很好呢，在学校相当于老师的小帮手。他今年没有来上学，他家里面不让上了，也没人接送他，回农村老家了嘛，太可惜了，真的是太可惜了！有段时间我跟我老公商量，要么把那个孩子接来我家，他可以继续上学，也可以跟我儿子有个伴。但是想到那个孩子的

安全啊什么，觉得责任很大，没出事还好，出事了怎么办？虽然我们倒是好心，但是万一碰见不讲理的家长，出事了就说不清楚了。

其实这个孩子谁带他他都愿意，主要是带他的人太少了

问：他性格怎么样？家里人和他相处容易吗？

YY 母：我觉得现在可以了，以前不行，以前如果我像现在这样跟你们说话，他早就发脾气了，他不准，他害怕我的爱给别人了，觉得是不是我不爱他了、不理他了。

问：他在家里喜欢跟谁在一起呀？

YY 母：他爸，因为他爸惯实[①]他嘛，他想要什么就买什么给他，不像我对他严厉一点。其实这个孩子谁带他他都愿意，主要是带他的人太少了，我带他多一点，然后是他爸、他爷爷、他外公。现在他外公和爷爷年纪大了，而且我觉得我自己的罪应该自己受，老人应该是享福的年龄了，不好跟老人增加压力增加负担。

问：您平时跟哪些人交往？

YY 母：就是我们这些家长嘛。我的孩子程度严重，又能吃，比如我跟其他人出去玩，大家 AA 制，我儿子就像一个大人，比我还能吃，时间长了，人家谁愿意，是吧？我们这些家长之间就互相容易理解一些。

问：你们出去玩的时候，他喜欢跟别的人在一起吗？

YY 母：他自己玩自己的。他就喜欢整个塑料袋呀、整根绳子玩，要么就吹气球。

问：您和爸爸两边的亲戚朋友对他友好吗？

YY 母：（摇头）特别是他奶奶和姑姑对他不好，他两岁多的时候她们还叫我们把他丢在火车上算了……其实站在她们的角度上，我也理解她们这种想法，他们希望我老公有个好的孩子。但是，人不能做违背良心的事。开始的时候 YY 是我妈妈带嘛，我老公家里人说 YY 是我妈妈带成这样子的。我妈妈给我们带孩子，他们还说这孩子是我妈妈带成这样子的！我妈妈吃力不讨好嘛！我肯定心里面不好过。我妈妈带 YY 的时候，我们去我妈妈那里，YY 他爸一分钱不给我妈妈；YY 他爷爷带了三个月，他爸每个月给五百块钱，第四个月

---

① 惯实：昆明方言，娇惯。

没给，孩子就被送回来了。

问：和YY同辈的亲戚喜欢他吗？

YY母：和他差不多大小的亲戚里，他最爱他那个小姐姐，以前最听他小姐姐的话了，比听我的话还听得好。他小姐姐也很喜欢他，我还故意跟她说："以后没人管YY了怎么办？"她说："不怕，我管。"她会这样子说，我心里也是一种安慰嘛。但是现在他的小姐姐大了嘛，大他两岁左右，现在应该读初三了吧。

问：他喜欢去亲戚家吗？

YY母：他是想去的，去哪里都有好吃的给他嘛。但是怕人家嫌弃，我不敢去。

问：家附近的小孩有欺负过他吗？

YY母：（摇头）我没让他和别的小孩子单独在一起过。他奶奶那边的邻居小孩会"憨包憨包"这样骂他，所以我不让他跟那些孩子接触，可能我觉得大城市的人相对来说会表现得文明一点，思想更好一点，而越闭塞的地方，人们会觉得这孩子怎么……

问：成年人会欺负他吗？

YY母：肯定有啊。有一次我坐公交车，有个老头子拿手这样子拐我儿子，我害怕我儿子伤心嘛，我就说："儿子不怕，他是老爷爷，我们让着他一点。不怕，他是爱你的，他是喜欢你想跟你玩。"我只能这样子跟他说嘛，这种孩子你要多给他正能量的东西，要给他多看美好的事物，不能跟他说嫌弃之类，要不，他本来就敏感嘛，就会越来越缩到他的乌龟壳里去了。

问：别人欺负他时他会有怎样的反应？

YY母：躲嘛。以前他不会流眼泪的，现在会流眼泪了，身体不舒服或者谁欺负他了、他伤心了，那个眼泪呀就一直不停地掉。以前他不会笑，也不会流泪，痴痴呆呆的嘛，他现在有一点表情、有一点互动了。我和我老公有些时候可能忽略他了，他脸上会有一些伤心的表情。我现在下定决心了，少玩一点手机，多跟他互动。陪伴就是最好的教育嘛。

有这种孩子，男人的压力可能比女人大

问：你们有没有考虑过再要一个孩子？

YY母：以前他爸爸就想着："诶呀，是不是再生一个？"如果再生一个，

又怕忽略 YY 了，也想着 YY 可能会有好转。现在想要嘛，可能性已经不大了，我们都四十多岁了，顺其自然嘛，我老公是很想要的，但是我已经精力不够了。找到个好的老公，可以帮女人分担一下困难，所以说老公真的是女人的第二次生命。

问：你的老公挺好的？

YY 母：脾气可以。但是他几乎很少在家嘛，在管 YY 方面就帮不了我什么。比如上次我身体不舒服嘛，感冒嘛，躺在床上，很难受，还要起来煮面条给 YY 吃。他还是很宠我，在家的时候还是会说："诶，放你一天假，你去玩玩嘛！就怪我没本事，如果我多挣一点钱，你就可以好好玩一下了。"

问：他爸周末也没有时间在家吗？

YY 母：他几乎没有时间，一年可能只有断断续续一个月的时间在家。有一次，他去内蒙古去了四年。

问：现在整个家庭的经济压力都在他身上？

YY 母：对，肯定嘛。夫妻在一起，特别是有这种孩子，男人的压力可能比女人大。女人嘛，找人诉诉、说说，就可以缓解一下；男人都是憋在心里的。男人其实更脆弱。以前我不理解他，现在我觉得好好过吧，互相支持，因为父母总会老，一起走得最长久的可能就是夫妻了。有人教我不要全部身心都放在孩子身上，还是要关心一下我老公，因为老公如果回家来没有温暖，就会不想回家。像我们这种家庭闹外遇、离婚的太多了。我以前都差一点〔离婚〕。我老公还是不错的，对我挺好的。

问：YY 的爸爸是哪里人？

YY 母：四川的，我也是四川的。他的公司在昆明，他 1997 年参加工作就分配来这边，就一直在昆明。其实本来他是想回他老家去找个工作嘛，可以照顾父母，可是现在人才济济嘛，他这个年龄找工作不容易，而且重新找个地方又要重新开始，困难多。

问：您和您爱人在教育孩子方面有没有什么分歧？

YY 母：有的，但是我俩争执的时候声音大了，YY 就发脾气，就把他爸爸推出门外了，意思是不让他爸爸跟我吵架；要么，他看见我们声音说大了就哭，不准我们意见不同。那天我们在地铁上，他爸爸说他不干净啊什么，他就发脾气了。在公共场所说他不好，他心里是明白的，只是他表达不出来而已。我就给他爸爸说："以后我管他的时候，他做得对也好、错也好，你都不要当面说他，你背着他跟我说。"他会看脸色、神态。比如他想要一个东西，他眼睛是看这里，他心里想的趁我们不注意他马上就去拿，而且对他感兴趣的东西他手脚麻利得很。

问：他喜欢什么样的东西？

YY 母：他喜欢鲜艳的东西，喜欢比较卡通的东西，像个小婴儿一样。我们去超市，他这里摸摸，那里看看。我说："只能看，不能摸，你认不得什么东西你指给妈妈，妈妈说给你，不要去摸，不要去咬。"他以前会自己随便拿货架上的东西，现在可以控制了。这也是进步。以前四五岁的时候，他控制不住。我当时觉得如果他一直这样不听话、又不走路，就要人背着抱着，一个月不到我就死掉了。

问：他现在好很多了？

YY 母：对，老师也是这样说。我有空的时候训练训练他，没空的时候就给他一个角落，让他有自己的空间，但是不让他乱玩。人嘛，都需要有自己空间的嘛，妈妈爸爸说多了他也烦，我们会给他一个固定的空间。

问：他离不了人吗？

YY 母：还好吧。有时候我要出去办事，一两个小时让他自己在家里没有问题，他情绪不好的时候给他听一点音乐。他喜欢节奏感强一点的音乐，最喜欢那首歌叫《女王》还是《将军令》的歌。

担心以后我老了带不动了他怎么办，我死了他怎么办

问：你有没有考虑过 YY 的将来？

YY 母：肯定最担心的就是他的将来，担心以后我老了带不动了他怎么办，我死了他怎么办。如果他能学会一技之长，有地方接受他，让他融入社会，而不是居家生活，他的生活品质就会稍微提高一点。我不希望他一直居家生活，因为那对他来说太枯燥了，多一点交流对他有帮助。

问：有没有考虑过他的婚姻问题？

YY 母：我其实不敢考虑，也不大赞同。如果为了以后能有个人来照顾他什么的就给他找一个，那么对女方不公平呀！更何况，他有没有这方面的需求呀、懂不懂呀……我们都不清楚。有人说这些孩子对男女之间的事慢慢会懂的，这些是无师自通的。但我不想开导他，我觉得把他这方面的意识发掘出来不好。马街有一个二十多岁的男孩，整天跟他妈妈要媳妇，为了要媳妇，还打他妈。不过，懂得要媳妇，说明那个孩子程度还是好。对 YY，我想以后可以

领养一个孩子，算是他的，给他当儿子，给我当孙子。有人说："你领养一个还不如给他找个媳妇，万一媳妇生一个，就可以为你们家传宗接代。"我说："传宗接代这些我不是看得那么重的，最重要的是他的生活质量怎么样。他过得快乐就行，其他的对于他来说不重要。"我觉得 YY 现在过得挺快乐，比我快乐多了。我走了以后他不快乐了，能不能有这种机构接受他？我不知道，所以我对他的将来是很担忧的。

问：你知道阳光家园吗，就是为特殊人群开办的阳光之家？

YY 母：就像"慧灵"那种的吗？好像有一点印象，没有参与过。希望他成年以后，能有个事情做。如果让 YY 刻板地做一件事，他应该是可以的，他可以下苦力工，像搬运东西，去餐馆里面专门给人家收收碗之类。但是，还是要有一个人在旁边督促他，要不，他做事做累了，就坐在那里不想动了，就瘫在那。

现在各种社会帮助活动是越来越好

问：他从小受到过哪些社会帮助？

YY 母：以前没有，现在多了。现在有家长心理疏导，然后就是救助呀，助学基金这些。

问：大概是从他几岁的时候有社会帮助的？

YY 母：从他八岁左右吧。其实这种孩子黄金康复时间是六岁以前，所以国家对零到七岁的智力发育障碍孩子资助比较多一点，比如，一年有两万块康复基金资助这种孩子进行康复训练。海洋天堂计划①我儿子享受过一年。

问：社会帮助除了经济方面，还有哪些方面？

YY 母：像新萌学校给我们家长做心理疏导也是一种帮助。学校里面组织家长合唱活动，也是挺好的。现在各种活动是越来越好。

问：YY 参加过同龄人的团体活动吗？

YY 母：同龄人的活动嘛就是学校里面组织的春游啊，秋游啊这些，还有国际狮子会和昆明智协 2017 年搞的"牵着蜗牛去散步"活动。好像香港有个人写过"牵着蜗牛去散步"这么一本书。"牵着蜗牛去散步"，是说这些孩子像

---

① 海洋天堂计划：壹基金 2011 年开始启动的一个旨在帮助特殊儿童更好生存与成长的计划。壹基金是李连杰于 2007 年创立的创新型公益组织，专注于灾害救助、儿童关怀与发展、公益支持与创新三大领域。

一只蜗牛，很慢很慢，但我们要有耐心去陪伴他们。每年4月2日世界自闭症日，残联搞的活动我们也参加。另外，我是基督徒嘛，每个星期六我带YY去教堂里面参加针对自闭症孩子的活动，有免费的手语课、免费的音乐课，还有一个英国的老师做音乐治疗。做音乐治疗的老师挺好的。有一次我儿子在教堂里发脾气发得很严重，一般老师看到这种孩子发脾气会躲嘛，但这个老师说："你来嘛，你带孩子来，我每个星期二给他做一次音乐治疗，调整孩子的情绪。"老师通过"地板时光"① 教他吉他、非洲鼓这些。

问：他喜欢这些东西吗?

YY母：喜欢。我最感恩这个老师了，他特别好，免费给我儿子每个星期二做音乐治疗。有一次YY做得很好，老师说想把那段视频放在网上，我说没有关系，给他放在网上呗，不影响。我是无所谓的，本来孩子这个样子，多让人了解他才可以。

问：您一直心态很好。

YY母：心态不好就没办法活了，早就不活了。以前我心态不行，后来想想我再难受，孩子也好不了，还不如我开开心心的，顺其自然，事情已经发生了就面对吧。

① 地板时光：即Floor Time，是美国精神病学家斯坦利·格林斯潘所创的一种对自闭症儿童的游戏训练法，通过成人与孩子之间的游戏来增加互动，从而促进孩子情绪情感的发展。

他心情好的时候还是很可爱的——YY 任课老师口述

口述者：云南省昆明市五华区新萌学校 YY 所在班级“唱游律动”任课老师李老师

访谈者、撰稿者：和梦婷，女，1996 年生，昆明理工大学 2015 级本科生

访谈地点：云南省昆明市五华区新萌学校

访谈时间：2018 年 12 月 29 日

问：老师，您可以简单介绍一下自己吗？

李老师：我是新萌学校的李老师，我教的是唱游律动课，就是音乐。

问：您教 YY 多久了？

李老师：好像快一年吧。

问：他的特点是？

李老师：他比较喜欢吃东西，心情好的时候还是很可爱的。

问：您平常怎么和他交流？

李老师：平时我们上课给他发出指令，比如坐到座位上、做什么活动……然后让他来跟我配合，或者我们打音乐节奏给他听。

问：他喜欢这些节奏什么的吗？

李老师：还是喜欢的。

问：他有没有什么比较喜欢的音乐，或者听到什么音乐比较激动？

李老师：好像没有特别的，一般的音乐都可以的。

问：您觉得 YY 是个怎样的人呢？

李老师：他有自闭症嘛，刻板行为比较多。其实你跟他比较熟悉以后，他能听懂一些指令，不然他比较自我的，会给自己一些刺激，就是可能他没听到你，然后他自我刺激。

问：他能听懂您的指令，是吗？

李老师：简单的可以。

问：也能作出反馈，是吗？

李老师：嗯，但是要看他心情。

问：那他平时上课会和同学发生冲突吗?

李老师：不会。

问：他的刻板行为包括什么样的行为?

李老师：就是不断重复的行为，没有特定的行为。

问：他做这些行为的时候有意识吗?

李老师：怎么说呢，他肯定知道自己在重复这个行为，这些行为能对他产生一些安慰或满足。比如说，也许他觉得某个动作做得比较舒服，或者是可以逃避一些东西，或者说可以自我安慰，就像小孩子吃自己的手指头一样，他就会反复做这个动作。

他最近进步蛮大的——YY班主任口述

口述者：江佩，女，云南省昆明市五华区新萌学校教师，YY班主任
访谈者、撰稿者：和梦婷，女，1996年生，昆明理工大学2015级本科生
访谈时间：2018年12月29日
访谈地点：云南省昆明市五华区新萌学校

问：老师，您能简单介绍一下自己吗？

江老师：我叫江佩，是新萌学校的教师，2010年来到新萌学校，现在任八年级的班主任，我的专业背景是心理学。

问：您主要教授什么课程呀？

江老师：目前教生活语文，担任班主任。

问：YY做您的学生多久了？

江老师：从他五年级我就接他们班，现在三年了。

问：您平常和YY相处过程中有什么有趣的事吗？

江老师：（面带笑容）我觉得有时候有趣的事也是烦恼的事，但后面回忆起来还是蛮有趣的。他经常去别个班抓东西吃，我就跟在屁股后面追呀追……他现在越长越大，我拉也拉不动他。

问：您平常和他怎么沟通呀？

江老师：交流沟通就给他一些动作的示范，也请其他同学给他一些示范，或者是我给他一些指令训练。

问：从您接手这个班到现在，他有进步吗？

江老师：最近进步蛮大的，因为才进来的时候他经常趴在地上玩，没有办法没有人可以让他起来，所以那段时间他妈妈必须陪读，他妈妈每天都守在学校。我接了这个班的班主任以后，我给他用了一些方法，给他设立了一个专门的角落，只有在那个角落里和有垫子的地方才可以趴，后来他慢慢就不到处趴在地上了，基本上出了那个角落以后无论在教室里呀、在操场呀，他都会该走就走，该站就站，就不用让他妈妈陪了，他妈妈就可以解脱一些了。

问：他现在能简单接收一些大家给他的指令吗？

江老师：很简单的指令可以。

问：平常除了正常上课外，还对他有哪些训练？

江老师：我现在考虑到他离毕业不远了，他的自闭症程度比较重，他妈妈确实带他很辛苦，我觉得应该抓紧毕业前的时间，教他妈妈一些训练的方法，家里和学校共同训练，帮助他进步快一点。现在在我的课堂上呢，我分组教学的时候就请他妈妈进来跟着我一起给 YY 做训练，主要用一些行为学的方法，还有应用分析的方法对他进行行为矫正，然后教她妈妈在家里每天坚持训练他；同时，我去家访的时候给他家做一些环境布置等等，做一些结构化的建议。另外，他的作业是比较特别的，跟其他同学不一样，主要是训练的内容，由家长来完成。

问：他的作业具体都是些什么呀？

江老师：常规能力训练，还有近期动作呀，专注力呀，听觉的注意力呀等等。

问：平常他有什么兴趣爱好吗？

江老师：吃，第一是吃，第二是喝水，然后就是趴在哪里进行一些口部刺激，自己玩一些什么塑料袋呀，小绳子之类的。我专门把牙胶还有一些小孩子可以玩的东西，用绳子拴在他那个角落让他玩，供他在那个角落自由地去满足自己这个刺激。上课的时候呢，我就不让他去玩那些小玩具了，因为他一玩嘴里就会发出那种嗡嗡的很兴奋的声音，整个教室应该说整个楼都能感受到他的震动，影响教室上课。这也是给他一个界限的区分：在那个小角落可以自由地玩，出了那个小角落就应该有所约束。

问：他平常和班上同学会有沟通交流什么的吗？

江老师：有，我们班同学会主动地去跟他打打招呼，去跟他玩一玩，有时候好些同学喜欢去他那个角落里，跟他在一起，你压压我呀，我压压你呀，就这样子，或者是拉他上厕所。他上厕所的时候我会找一个男孩子去照顾他一下。

问：他们同学相处还挺融洽的？

江老师：还不错，只要他不抢别人东西，什么都可以的。

问：他们会有什么冲突吗？

江老师：不会，不会。

问：您觉得 YY 总体上是个怎样的人？

江老师：总的来说呀，我觉得他蛮可怜的，也蛮可爱的，是一个大婴儿，他虽然那么高那么壮，但他的发展状态还处于婴儿时期。应该说，很多时候可能是由于无聊导致的一些问题行为，比如不停地吃以满足口部刺激，或者说去满足一些其他方面的。有时候呢，他蛮可爱的，躺在那里那个表情，真的是有婴儿那种状态。应该说，他也给了我不少锻炼，促使我学习一些班级管理、行为矫正方面的知识，为了帮助他，就需要不断地学习一些东西，然后去实践、应用，学习怎么去指导家长、与家长达成共识等等。

YY 观察日记

观察时间：2017 年 1 月 2 日 10:20—16:00

观察地点：云南省昆明市五华区新萌学校

观察者、撰稿者：和梦婷，女，1996 年生，昆明理工大学 2015 级本科生

时间	活动内容	备　　注
10:20	YY 站在教室玩塑胶手套，老师让他扔到垃圾桶，照做	此时还没有上课
10:21	回到座位坐好	
10:23	动了经过的同学一下	同学摸了一下他的脸
10:25	到电脑教室去上课	老师提醒他提裤子
10:26	不听老师安排，独自走出教室	被老师带回教室
10:30	回到教室，坐在座位上啃鼠标	对起立的口令没有反应
10:33	趴在桌子上	对老师的话完全没反应
10:35	开始啃桌子，脱鞋	
10:40	往桌上和地上吐唾沫	对外界没有反应
10:43	赤脚在教室走动，试图出教室，被老师制止	之前关注过老师的动作
10:44	被老师用棍子吓唬回到位置，砸鼠标	
10:45	裤子滑落，老师让他提裤子	不听老师指挥
10:46	又要起身离开座位，被老师用棍子吓回去	看他表情里并没有害怕
10:47	坐在椅子上东张西望	
10:48	突然离开座位，到教室一角玩窗帘，又回到位置上咬桌子	此时其他同学都在认真上课
10:51	跷起二郎腿，放下后咬桌子	
10:52	嘴里发出声音，站起来打墙，被老师阻止带回座位	神情里透着不满
10:54	趴在桌子上，头顶电脑	感觉他很烦躁

（续表）

时间	活动内容	备　注
10:57	抓住旁边同学的衣服，并试图把腿放到旁边同学的膝盖上，被拒绝，暴跳起来拍打墙上贴纸，在教室来回走动	脸上充满了烦躁
11:02	被老师呵斥回到座位，焦躁，玩唾沫，大声叫喊，四处张望	
11:05	起身，穿鞋，出门	此时下课，被老师强制要求穿鞋
11:07	走出教室在过道里游走，去到三楼，爬到别人床上休息	嘴里一直发出声音
11:16	从床上起来离开午休宿舍，去到其他正在上课的教室	老师没有理睬他
11:19	走进食堂，并在食堂里坐着不动，好几个人软磨硬泡让他离开，没效果，最后用饼干哄，他才离开	据老师说他是饿了
11:21	在门口遇到 YY 母亲，他母亲将他带回教室，并给他吃山楂卷	
11:24	吃完山楂卷开始玩塑料包装纸，抖腿	
11:29	脱掉鞋，咬塑料袋，趴着睡觉	
11:35	站起来继续玩塑料袋	比较烦躁
11:42	用头顶电脑	
11:45	撕手纸，往地上吐口水	
11:47	哼叫	据说是因为肚子饿
11:50	自己穿鞋，走出教室，走向餐厅	此时下课
11:52	在自己固定位置上用餐	吃了两份饭
12:07	喝了一碗汤	吃饭喝汤都是他母亲主动给他的，他并没有表现出来
12:08	吃完饭被母亲带去洗手	
12:10	回到休息室，在室内走动	面无表情
12:12	母亲为他换衣服	
12:13	上床睡觉	母亲一直陪在旁边
13:55	走出宿舍，在同学带领下上洗手间	

（续表）

时间	活动内容	备　　注
13:58	在同学带领下走回教室	
14:00	自己脱掉鞋，趴在教室一角	
14:02	自己穿鞋，并在母亲教导下把椅子搬回原位	
14:06	自己接水喝	
14:08	进入自闭康复训练教室，躺在垫子上等老师	一进教室就躺下
14:13	抢别的小朋友的热水袋	
14:17	老师带着跪走训练	很不配合
14:20	跪走训练结束，回到原位躺在垫子上	
14:22	用脚去动老师的袜子	被斥责，不听
14:24	进行抛接球训练	瘫坐在地上
14:28	完成抛接球训练	
14:31	拿到球，啃	
14:35	躺在地上	没有耐心
14:38	坐着看电视	
14:42	又躺在地上	老师叫他起来，他没有反应
14:46	躺在别的同学腿上	
14:51	在教室跪走	试图靠近老师
14:54	去动电视，被老师阻止	有点不高兴
14:56	抠泡沫垫子	
14:59	在老师要求下把泡沫垫子放回原位	
15:01	捶地、抠电视、吐口水	
15:03	不穿鞋走出门	
15:05	被老师叫回来穿鞋，下楼	
15:08	在操场走圈	
15:11	在操场边坐下	
15:15	坐下以后叫不起来	
15:21	老师用棍子吓唬又起来走了一圈	一共走了两圈操场，老师本来的计划是要让 YY 跑

（续表）

时间	活动内容	备　注
15:24	自己往前走，不听老师指挥	老师本来计划带 YY 去做投球练习
15:30	无奈之下，老师带他回到自闭症康复训练中心。他自己脱了鞋摆在鞋架上	
15:33	自己坐在垫子上玩	
15:35	自己穿鞋，回到七年级教室	
15:38	从教室抽屉翻出玩具咬在嘴里	
15:40	在教室乱走，老师让坐下，不听	
15:41	在柜子里翻东西	似乎在找喝水的水杯
15:43	放学，母亲接他回家	

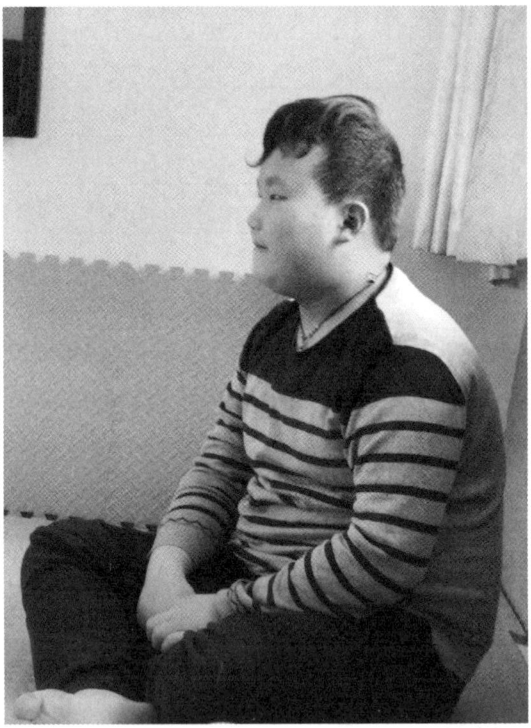

上康复训练课的 YY

我老了以后，不知孩子何去何从

——P君母亲口述

P君，男，2003年生。先天性智力发育障碍，至今没有语言能力。2008年左右在云南省昆明市残联开办的一所特殊幼儿园待过半年多。2010—2013年在民办昆明蒙多贝自闭症儿童康复中心接受过约三年训练。离开蒙多贝自闭症儿童康复中心后，在昆明慧灵托养中心待过两三个月。此后一直在家安养，由母亲和护工照料。

口述者：P君母亲，1974年生，1995年结婚。初中文化水平。全职太太。先后于1996、2003、2010年生女F、子P、子Q

访谈者、撰稿者：马媛媛，女，1992年生，昆明理工大学研究生

访谈时间：2017年10月13日、2017年11月10日

访谈地点：P君家

我家有三个孩子

问：阿姨您好，您的学历是什么？

P母：我初中毕业，没有读高中。我们两口子都是初中毕业。

问：您和丈夫在学校的时候就认识？

P母：我俩都是昆明嵩明小街一个村子的，从小就认识，上学的时候在一个班，父母也认识。我二十岁的时候，他也是那么大，他家人看我们俩人要得要好，就托人来我家里说了媒。我爸爸妈妈觉得女儿大了要嫁人，村子里条件都差不多，就在村子里把我嫁了。

问：您哪一年结婚的？

P母：我们1995年结婚。结婚没两年，我们生了一个女儿。女儿一直都很乖，从来学习、生活都不让我操心，现在在昆明读大学，学国际经贸的，昨

天回家还跟我说以后周末要去学室内设计辅导课。她很优秀的。后来，我和我老公特别想要一个儿子，2003 年的时候，我就怀了 P，他出生的时候，他姐姐都七岁了。

问：后来还有生孩子吗？

P 母：有。我家有三个孩子，P 君是老二，老大女孩，老三是男孩，正上小学二年级。老大和老三两个都很正常，只不过老三还太小，会不懂事、不做作业，我每晚要检查老三作业。哎，我有时候想想很累，觉得自己一直就在家里带着三个孩子，也没有出去看看外面，但是为了这个家我只能这样，好在我老公还是理解我的。

问：常言道“一朝被蛇叫，十年怕井绳”，您在怀老三的时候会担心出现 P 君的情况吗？

P 母：肯定担心。我怀老三是无意之中怀上的，几个月了我才知道，知道之后就担心遗传，怀孕四五个月的时候就去医院检查，做全套检查，什么都查，饮食上也很注意。

问：小弟弟出生之后，P 君喜欢吗？

P 母：没有什么反应吧，家里多了一个成员他也不知道。家里的人他可以辨认出来，但是要是说很喜欢、很亲密，这样的反应没有。

问：您和您的爱人是从事什么工作的？

P 母：我们都是个体户，没有固定的工作，主要是出租机器给工厂。我老公现在还在老家嵩明做生意、赚钱。我呢，基本上在 P 出生之后，就再也没有出去工作了，一直在家里带小孩啊。

发现胎儿脑袋有点大，羊水有些少，手脚有点短

问：P 君是在哪一所医院出生的？

P 母：昆明 57 医院。他属羊的，2003 年出生。

问：您怀着 P 的时候有什么不一样的感觉吗？

P 母：我那时候感觉很正常，和怀老大没有什么分别，家里经济条件差，没有做什么产检，只在怀孕八个月的时候做了一次 B 超，发现羊水有些少，胎儿脑袋有点大，手脚有点短。生 P 的时候，感觉不怎么好，就是不怎么顺利，想顺产，生了三四个小时，不行，生不下来，就剖腹产了。

问：P君8个月的时候做B超产检，是因为您感觉不舒服了，还是说因为快要生产了？

P母：我是想着，差不多要生了嘛，去医院看一下具体哪个时候要生产。

问：生产的时候是提前住进医院里吗？身体有没有不舒服之类的反应？

P母：8个月的时候检查，医生说我羊水少，建议剖腹产嘛，所以我还没有什么临盆征兆的时候，就提前住院了。

问：医生有没有给您其他什么建议？

P母：我们检查去的是县上的医院，医生建议我打掉，但我们不可能说是检查出来胎儿头大就不要了。再说，做B超，也看不出来什么，而且我生下P君，看着他也是很正常的，头也不大，整体还是很协调的，该哭就哭的，和其他小孩没有区别啊！很可爱的，会哭会闹，看起来挺健康的。

问：生下来P君多重？

P母：哎哟，记不得了，好像2.8千克还是多少，反正他生下来是胖的，不瘦。

当时我连脑积水是什么东西都不知道！

问：P君多大的时候，发现和其他孩子不一样的？

P母：就是几个月的时候，该坐的时候他坐不稳，该站的时候也不会站，带去昆明儿童医院看病，医生说是膝盖骨头软，让我们补钙，也没有检查出脑袋的问题。后来有一次，他姐姐带着他，不小心摔了，P君的鼻梁磕出了一点血，我带去儿童医院照了头部的CT，才发现有脑积水。P君九个月的时候，开始治疗脑积水。当时我连脑积水是什么东西都不知道！因为从来没有接触过，没有看见过类似得了脑积水的孩子，所以根本不知道这意味什么，想着只要把脑积水治好了，P君可能也就好了。

问：医生没有跟你们普及脑积水的知识吗？

P母：没有，啥也没说，我们就当一般的病去治疗，再说那会他爸爸很忙，在外面做石料跑货，只有我在家里带着姐姐F和P君。

问：脑积水治疗了多久？

P母：三四年吧，孩子一直没有语言能力，不会说话，我心里越来越崩溃。那时候他爸爸出去赚钱，每天早上起来，我把孩子带到医院里面输液啊、用药物治疗啊，就把这个当成小孩子上幼儿园一样。她姐姐当时也要上学嘛，差不多等到他姐姐放学回家，P 君也做完治疗回来了。最初在昆明儿童医院的康复中心做高压氧、输液啊，还有康复训练，后来又转去昆明 43 医院，输液输一个月停一个月。就这样，脑积水是完全治疗好了，但是他的智力还是老样子，只会哇哇叫，不会说话，别人跟他说话他也没有反应，就只会哇哇叫，还有哭。

问：在儿童医院的康复中心，P 君要做哪些具体的项目？

P 母：项目很多的，主要就是感觉统合训练，还有理疗、输液、打针。针灸，P 君没有扎过。

问：脑积水的治疗费用高吗？每个月多少？

P 母：费用高呢，全部加起来，万把块钱，每个月，唉！具体的我也记不起来了，反正就是感觉统合训练，一百块一次，差不多每天做。还要做理疗、输液、吃药，我感觉一个月万把块钱。

问：家里在经费方面负担得了吗？

P 母：还行吧，主要是孩子爸爸赚钱。

问：在 P 君治疗脑积水的三四年间，您教他说话了吗？怎么教的？

P 母：教了，就是最基础的教教“爸爸”“妈妈”“a、o、e”。他高兴的时候会跟着我发音，他不高兴了就不跟着发音。还有，我发现他会吹气，我就教他吹蜡烛、乒乓球。后来他上学的时候，老师在学校里面都教过这些，但是没有效果，有哪样的效果呢？现在，我有时候看他想说话，就是他心情好的时候坐在那里“哼啊，哼啊”，我就教他发音，让他跟着发啊。可能教得太晚了，也没有什么效果。

问：在治疗脑积水的三四年间，您教他走路了吗？怎么教的？

P 母：会走了，他两岁多就会走路了，但是很不稳，要人牵着，不能放手的那种，三岁就走得挺稳的。

问：您与 P 君的父亲家族中有智力方面有问题的亲戚吗？

P 母：没有。

他小时候还有癫痫，一个星期发作一次两次

问：什么时候 P 君学会洗脸、刷牙、吃饭的？

P 母：不会，他不会自己洗脸刷牙的。小时候，P 君病太多了，还有癫痫，一个星期发作一次、两次，直到八岁才没有再发作，所以我都是一直喂他

吃饭，他自己不会吃饭，要人喂饭。到现在都是，他要是坐在桌边，我都给他系个围裙，垫着塑料餐垫，垫在碗的下面，拿着勺子，舀着喂给他吃饭，他有时会自己用勺子扒扒饭，反正筷子是不会用的。

问：什么时候发现P君除了脑积水还有癫痫？

P母：呃，我想想，两岁多的时候，当时在儿童医院还没有检查出来是癫痫，说是发烧引起的抽搐。后来，我去了云南大学附属医院，才确定是癫痫的，就开始吃抗癫痫的药，好像吃了四年左右，到八岁的时候，停药，就没有再发作了。

问：P君的癫痫是怎么治疗的？

P母：就是吃药，在云南大学附属医院治好的，就是医生开三个月的药，我们吃了再去检查。可能这种治疗癫痫的药，对感觉、知觉这方面的副作用大，所以要吃吃药，再回去医院检查检查，看看下一次能吃多少的量。反正，就这样三四年，P君的癫痫就好了。

不是自闭症，只是有些自闭症倾向

问：还有哪些求医问药的经历？

P母：我带着孩子去北京看了两次。四岁的时候，去北京看了一次，那时候P君有些自闭症倾向，老是用头撞墙，我带他去北京的儿童医院啊，看自闭症很有名的北医六院啊，还有天坛医院啊，海津医院啊，博爱医院啊，都去过，没办法啊！（P母苦笑了一下）现在就不用头撞墙了，但还是有自闭症倾向，不交流的。

问：P君的自闭症有哪些表现？

P母：会用头撞墙，会做一些刻板的行为，比如他现在有时候会不停地抓，手指不停地抓。他最喜欢玩带着磨砂的塑料小板子，手指一抓就嚓嚓嚓有声音，他就不停地抓，每天抓，睡觉睡不着的时候他也抓。

问：P君的自闭症治疗了多久？如何治疗的？

P母：自闭症是吗？我觉得，唉，就没有治疗过。我不是带着P君去北医六院看嘛，那个专家说，不是自闭症，只是有些自闭症倾向。后来从北京回来之后，我又去云大附属医院看，精神科的医生也说不是自闭症，是倾向，后面就没有带他去看自闭症了。现在我们这些特殊孩子的家长在一起交流，我说了他这些症状，他们都说还是有些自闭症的，因为他抓东西的刻板行为和自闭症的描述是差不多的。

问：您认为他的脑积水、癫痫、自闭症之间有关系吗？

P母：那我就不晓得了。前两年，我们又去北京做了一次手术，但是什么效果都没有。他现在的智力就相当于几个月的小孩，你看他玩的玩具，都是小孩玩的带音乐的那种。

我已经放弃了，我不想再治了

问：后来还有什么治疗呢？

P母：其实前两年去北京做的这个手术，我在P君两岁的时候就听说了。当时是在《知音》或者是《家庭》杂志上看到的。杂志上说，有个两岁的娃娃做了脑部的手术，智力、行动就恢复过来了。两岁，小嘛！脑子上的骨头都还没有闭合。我看了这个文章，就带着P君去北京问啊，那里的医生说，治好的娃娃原来在智力上没有问题，是行动上有问题，我家P君是智力、行动上都有问题，医院只能做行动上的手术治疗，不保证做了手术就一定能治好。我看这样的情况，就留了电话给医生，一直有联系，打了好几次，医生让我去做做手术。我没有去，我也犹豫啊！你说，娃娃脑子被打开做手术，很痛苦，他疼啊，还不能保证治疗好，我心疼啊！一直到2013年的时候，P君十岁了嘛，北京那边医院说可以做智力和行动上都治疗的手术。另外，我还问了、咨询了很多医院，还有我身边带着孩子做了手术的家长，他们都说，手术效果挺好的。我认识的家长里有三个孩子都做了，他们都说有效果，让我带着P君去北京做手术，我就去了。但也有朋友跟我讲，这些手术全部都是骗人的，让我别去做，我也讲不清楚。

问：是什么手术？

P母：脑干细胞移植。我带着P君去北京海军医院做手术，是我们国家在脑干细胞移植方面第一厉害的医生，最好的医生，给做的手术。因为我第一次去北京的时候就是挂的这个医生的号，第二次我也是找他，手术加上康复，住院前后一个多月。

问：手术效果怎么样？

P母：没有效果。

问：现在还有继续治疗吗？

P母：现在我已经放弃了，我不想再治了。2016年，发现他的脑里面长了一个好像是肿瘤之类的东西吧，有一厘米那么大，我估计就是那次手术效果不好，长出来的，因为以前是没有的。之后我带他去昆明好多医院看过了，照了核磁共振之类的，医生都说让我观察，保守治疗。我本来想再做做手术，看能不能把这个东西拿出来，医生都说不能做，说打开脑子后，不一定能找到这个东西。所以，现在我什么治疗都放弃了，不打算再做了。P君也很害怕去医院。小时候，八岁之前，他有癫痫，经常住院，隔一个月去住一次，甚至两个月去住三次院，都是发烧啊，咽炎啊这类的。现在他也很不愿意去医院，去了就哇哇大叫，情绪很不好，怕是有心理阴影吧！所以现在我不打算治疗了，他自己也快乐，是不是？他也没有什么痛苦，对不对？就这样带着在家里，安养好了。

他基本上没有自理能力，什么都不会

问：P君从小身体就多灾多难，这情况到什么时候缓解了一些呢？

P母：到八岁他癫痫不再发作之后，我们就少去医院了。现在呢，基本上不怎么去医院了，除了肠胃炎犯的时候。肠胃炎、咽炎，他都会有的。他的肠胃啊，吃点不对的东西就拉肚子，一吃冷的东西，像梨子这种水果，吃多了也拉肚子。而且，他只能吃特别细、特别软、特别碎的东西啊，像肉不能切片吃，只能吃沫肉，所以我每次都是买肉回家剁，像吃鸡啊，排骨啊，煮熟了我再拿出来把肉剁细。如果像我们正常的吃法，他就拉肚子了。面条、米线他都不会吃，他不会吸进去，会咽着气管。

问：水果他平时不吃？

P母：那也不是，我还是给他吃呢，像梨子，吃点对他嗓子好。橘子我就不让他吃，他吃了上火。他不吃其他零食，平时每天都要吃点水果，吃两次，中午吃一次，晚上吃一次。

问：P君现在在家安养，一日三餐的饮食是您负责？

P母：不是呢，我请了一个护工，P君的饮食专门由这个护工做的，我就做我们正常吃的饭。有时候，我也把我做的肉啊，菜啊，剁碎了给他吃。P君还有一个小弟弟，在上小学一年级，还有一个姐姐，读大学，如果兄弟姐妹、亲戚朋友在我们家里吃饭，P君肯定要单独吃呢！我们坐在同一个桌子上，他吃的东西在他那边。另外，我们看着他能吃的菜，也会偶尔夹给他，但是要很细很碎的那种，让他尝尝不同的味道嘛。

问：P君的小弟弟看着哥哥吃的东西不一样、玩的东西不一样，“待遇”也不一样，会不会闹脾气？

P母：不会，这个不会。因为毕竟弟弟可以选择的菜多嘛，什么都能吃，他也知道哥哥只能吃烂的、碎的。

问：现在P君在家安养，如果想大、小便了，他怎么表达？

P母：就是不会表达。有天中午他吃的是饵丝，我买的；晚上他吃过饭，到房间来找我，护工去吃晚饭了，我以为他是来看看我，好玩嘛，可能就是在家里各个房间闲逛的那种。他平时就喜欢各个房间转着玩。但是，他那天拽着我往卫生间跑，还没有到蹲厕，刚进卫生间，就拉了一地，裤子都没有脱。反正，像这种来不及上厕所的情况，他也不会自己脱裤子。有时候，他还尿床，偶尔了嘛。不拉肚子的时候，他还是控制得了大小便，不会轻易拉在身上的。

问：所以关于P君大、小便无法自理的情况，你们采取了什么对策防止他拉在身上？

P母：有些人会用尿不湿，我们不用。小便的话，可能三四个小时，就带着他去一次卫生间；水喝多了，就两个小时去一次。他上厕所的时候勉强能自己脱裤子、穿裤子，但是擦屁股就得我们来了。上了厕所不是要冲水嘛，这是他最喜欢做的事情，他不上厕所的时候，都要跑去卫生间冲水玩。

问：为什么不上厕所也要去冲水玩？

P母：他从小就对水特别有兴趣。他小时候，我用饮水机接水，他就在旁边看，我去做其他事情，他就可以把饮水机里的水全部放干！屋里面流一地的水，他就玩水。

问：他大小便需要护工帮忙，护工会不会不愿意？

P母：现在这个护工还是挺好的，她是我们家嵩明农村的。因为我的娃娃就是这样，大小便不能自理，找的时候就要跟护工们说清楚，所以找来的护工基本上都没有什么意见。嫌弃P君脏的，我也不会要；不嫌弃脏的，我才要。嫌脏的护工，她一开始就会拒绝。

问：P君的护工好找吗？

P母：肯定不好找啊！要是说大小便能自理还好找点，你看，娃娃也大了，十四岁了嘛，发育了嘛，大小便还不会自理，还是不好找护工的。我都是亲戚帮我找的，都是从我们那里农村找的，现在这个也是，费用也不高，一个月三千块。

问：P 君是从什么时候开始有护工的？

P 母：从他岁把的样子，在医院治疗脑积水的时候就有。因为那时候我要做饭、送饭，不能一直守着，我整不过来，就需要一个人来接手。

问：孩子什么时候会穿衣服？什么时候学会洗脸刷牙这些生活自理能力的？

P 母：他生活不能自理，大小便都不能自理，穿衣服也是我来穿，刷牙、洗脸、洗澡都不会。吃饭勉勉强强还行，要我们喂他，就这样也是泼泼洒洒的，就像几个月的小婴儿一样。所以说，他基本上没有自理能力，什么都不会。

问：遇见自己喜欢吃的东西他会表达吗？

P 母：不大会表达。口渴想喝水，P 君就不停推我的手，偶尔也会自己拿杯子喝。孩子都是有情绪的，有时候他不知道如何表达情绪，他就会哭啊。估计他并不知道自己是不正常的，他不会表达情绪，我们只能从他日常生活里观察他的想法。

特殊教育机构上了好几家

问：P 君有上幼儿园、小学之类的经历吗？

P 母：正常的幼儿园、小学没有上过。他就不能上学啊！第一，他生活不能自理，第二，他没有交流能力，你说什么他也听不懂，只会哇哇叫。学校也不会收这样的孩子，其他不理解的人，看他这样会害怕。特殊教育机构上了好几家。

问：什么时候开始上特殊教育学校的？

P 母：五岁多，我送到昆明残联成立的一个特殊幼儿园，在西坝安康路那里，离家一个小时的车程，早上我开车送去，家长不能进去，大铁门一锁，具体里面教什么、做什么，我也不知道，属于全封闭了；下午五点，再接回家。除非小孩子特别闹的时候，或者生病了，家长可以进去管一下，还有拉大便拉在裤子上了，家长可以进去处理一下。我送了大概半年多不到一年，他癫痫频繁发作，几乎半个月发作一次，就没有送了。

问：是残联幼儿园建议您带 P 君回家安养，还是您主动要求的？

P 母：我主动要求的，因为 P 君癫痫发作得太频繁了嘛。我看幼儿园就五个老师，娃娃有二十个，一个老师就管四到五个娃娃，而且都是智力障碍的娃娃，我觉得管不过来。

问：您是怎么知道有昆明残联幼儿园的？

P 母：我是听朋友说有个新的学校，可以收智力障碍的人，我就去学校问了，好像叫“星星学校”，学校的人觉得 P 君太小了，就推荐我去了残联的幼儿园。我去幼儿园填了表嘛，说说情况，就进去读书了，很简单的。费用是七百块一个月，不贵，因为是国家办的嘛。

问：P 君喜欢去幼儿园吗？

P 母：他不会表达，老师也没有说什么。

问：八岁左右，P 君的癫痫不再发作，您又送 P 君去了哪里学习？

P 母：到七八岁，P 君癫痫控制住了，我就送他去蒙多贝特殊教育学校。蒙多贝那时候还在昆明北站玉关桥，后来迁去了师大立交桥，现在搬去东四街，就是儿童医院附近。在蒙多贝上了两三年，到十岁，学校觉得 P 君年龄大了，新的进步也没有，就让我带回家。他们说，特殊孩子需要康复的太多了。（哽咽）我就又把孩子送去昆明慧灵托养机构。慧灵托养机构去了一段时间，慧灵没有办了，他们是家庭式托养，不稳定的那种，我就又带 P 君回来了。

问：在蒙多贝特殊教育学校上学的时候一直是您陪着上吗？

P 母：不是我陪，是找人陪。蒙多贝离家不是很远，十三公里左右，我找了一个阿姨陪着他上学、放学，白天在教室的时候也陪着，因为那会儿我正好在家生最小的娃娃，怀孕嘛，我自己在家带小弟弟，所以就找了人陪。

问：您是怎么知道蒙多贝的？

P 母：P 君六七岁的样子，我就听朋友说玉关桥有个蒙多贝，但是那会 P 君爸爸出了车祸，加上 P 君癫痫发作，我们没有去。后来 P 君八岁了，蒙多贝搬去了师大立交桥，我们就去报名了，一年不到吧，蒙多贝又搬去了东四街。

问：P 君哪一年去的慧灵托养？为什么去那里？

P 母：蒙多贝学校收的多是十岁以下的孩子，2015 年的时候，学校跟我说孩子太大了，要我转去大龄学校，这样从蒙多贝出来了嘛。我就给 P 君另找学校，好一点的学校不收他，因为他不会自理，大小便都不行。就听朋友介绍说周波老师，也就是锦牵[①]的妈妈，正打算在昆明办一个慧灵托养家庭，我就送过去慧灵了，在马街那边。P 君生活不能自理，锦牵的生活也不能自理，他

① 锦牵：昆明人，1992 年 10 月生，有苯丙酮尿症。亦是本书的访谈对象之一。

们两个在慧灵是智力障碍最重的。去了两三个月，慧灵办不下去，好像是资金不够了办不下去，我就把P君接回家了。

问：在慧灵托养的时候您一直陪着P君吗？

P母：我没有陪，是请的护工在那边陪，而且慧灵那边也有生活老师在。

问：从慧灵回来就一直在家安养了？

P母：没有，我又送去了官渡区的星星乐园，也是早送晚接，但不用家长陪同，全程都不要。他们的学校，哎，怎么说呢，我感觉场地太小了，只有我家房子这么大，虽然政府支持，但还是民办的，场地太小，娃娃大了运动量也大，我觉得不行，不适合，送了几个月就没去了。星星乐园的老师就是残联幼儿园以前的老师，是残联负责招生的，我是从残联知道这个学校的。

训练之后，孩子有改变……要是说很大的改变，不会有多少，因为他的智力就在那里

问：这些学校、机构主要教授了一些什么课程？

P母：西坝路的残联幼儿园那边，主要是教生活自理方面的，什么穿衣服、刷牙、洗脸之类的吧，我不是很清楚，因为不允许家长陪同。蒙多贝特校要求家长全程陪同，上课也是家长陪着孩子上。有个性课，教孩子认识东西，会表达自己的意愿，知道这个东西我想要，那个东西我不想要；有感统课，就是感觉统合训练，让孩子做大运动，比如刺激脚底神经、手部神经，家长也全程参与，给孩子按摩嘛；精细课就是联系手部精细动作，主要是穿穿珠子之类的精细动作训练；音乐课是放简单的音乐，类似儿歌，让孩子在教室里听听音乐，感受一下，智力好一些的孩子，就跟着老师做做动作，智力不好的孩子，就坐在那里，我们P君不会做动作，偶尔蹦一蹦、跳一跳。他就喜欢上音乐课，感统课和精细课他很不爱上，精细课他最不喜欢，就不去上，每次上精细课，他就两只手拽着教室门不进去，哇哇叫，我看他不愿意，也就不勉强他上了。

问：去特殊学校的学费是怎么样的？家里负担得了吗？

P母：正常的费用，我们上蒙多贝特校的时候是六千六百元一学期，就是半年，现在多少就不知道了，好几年没上了嘛。这个孩子费用挺大的，每天去学校接送啊，还有训练费用啊，还有护工啊，具体多少，我没有算过。一个家庭的支出都是爸爸一个人在外面撑着。我们送去慧灵托管的时候，费用倒是不

贵好像国家正式办的特校我们进不去，因为P君的户口在嵩明，而且孩子的自理能力达不到公办特校的标准，只能去私立特校。私立的特校，空间太小，没有活动空间，孩子活动不了，去一段时间回家，孩子走路都不是那么利索，所以我就没再送去私立特校了。费用上，能负担必须要负担，不能负担也必须要负担啊，毕竟是P君一辈子的事，是不是？要是能多学会一样技能，可能我老了以后，他能独立一些。

问：上课、训练对P君有改变吗？

P母：训练之后，孩子有改变，就是走路好一些、稳一些，腿部力量比以前好。要是说很大的改变，不会有多少，因为他的智力就在那里，是一级〔智障〕，再加上P君从小病太多了，癫痫嘛，每次发作都伤害脑神经，影响智力，加上又有些自闭。孩子小的时候我们训练晚了，正式开始训练也是七岁多了，要是早一点训练，估计会好一点。这么多年了，在他身上看不出来什么明显的改变，只是找一个地方待着吧。

问：这些特殊学校和机构给您带来了哪些影响？

P母：还是正面影响多吧。因为学校里面会经常组织家长培训，既有助于家长心理疏通，又能教家长如何带孩子。今年我刚听了一场讲座，说如何安养像P君一样的大龄孩子，因为男孩子青春发育期身体会有一些变化，他自己也不知道是什么，在家里就偷偷地哭啊，今年哭了几次，我去听那个讲座，还不错。另外，我们还有个暖心协会，类似家长协会，昆明我知道的有四五家，不收取任何费用，只要昆明哪个学校有亲子活动或者家长活动，都可以免费参加。

P君不会交朋友，不会的

问：在学校或者机构里面，P君有交上几个好朋友吗？

P母：其实特殊的孩子还是很多的，但P君不会交朋友，不会的，同学在一起不会交流。上学的时候，我们家长聚在一起说说聊聊，小孩就是各玩各的，互相不知道关心，没有感觉。别人跟他去说话，他不会理，因为别人对他而言是完全陌生的，说什么他完全理解不了。

说实话，能去学校的孩子都算是病得不严重的，严重的孩子可能都进不去学校，因为有的孩子是完全瘫痪在家的。我们小区，就我家对面楼的，就有一个，二十多岁了，大男孩啊，他就出不了门，因为他不会走路啊。所以，特殊的孩子其实有很多，只是在家里面，你们看不到。你到医院，专门治疗这个病的康复科室、儿童医院，就能看到很多。在特殊学校里面，我儿子也是属于重度的。

问：家附近有为特殊孩子们办的阳光家园之类的机构吗？

P 母：没有，我没有听说过。我知道的一家在昆明的，好像是托管的，早接晚送的那种，我本来打算送过去的，因为老让他在家里面安养，感觉他有一点孤单，但是他又达不到人家的要求，人家不收，大小便啊，生活自理不行。

问：在同类的孩子里面，P 君有没有一个朋友，或者和谁一起玩？

P 母：好像只有锦牵和他玩，去拉着他的手。但是锦牵好像在智力上比 P 君好点，如果大人在，锦牵想出去玩，就会来牵我们大人，就不会找 P 君了。

问：您希望 P 君走出去到这类机构中和更多的人交流吗？

P 母：当然希望啊，因为他一个人毕竟有些孤单的，出去正常的孩子也不敢和他玩。他不会表达，他也没有表示出自己孤单、需要交流的意思，但是我发现他一年会有一两次哭，自己偷偷哭，但是不会经常。

他爱音乐和运动

问：P 君的身高、体重多少？

P 母：哦，这段时间没有量过，我估计得一米七了，我看着他和姐姐差不多高了，体重我觉得有六十到七十公斤，不到八十公斤。哎，他不给我们称啊，一拉着他上秤，他就害怕喽，就按着我，那有一部分重量在我这里，就称不准了。我家就有秤，他不好好称的。他还是胖呢，算同龄人里胖一点点的那种。

问：他有什么兴趣爱好？

P 母：音乐。你看他所有玩具都是带音乐的，我们家里沙发上这个小的 DVD，里面全是他的音乐。儿歌，小孩子跳舞的儿歌，他听着就高兴，高兴就哇哇叫，不停跳啊跳的，很兴奋的样子，但是他不会哼，音乐不会哼出来，就是哇哇叫。他现在最喜欢运动，早上起床，九点吃过早点就去小区院子里遛弯，遛到中午吃饭回来；十一点半的样子，吃完饭，也不睡午觉，他又出去了，在家里待不住。他吃了饭，把大门打开，站在电梯门口，自己不敢按，也不敢下楼，就等着，等着护工带着他下楼。

问：音乐、运动这些是什么时候培养出来的兴趣爱好？

P 母：从小就喜欢，我感觉是这样，尤其是音乐。小时候，他喜欢玩我的手机，就是点手机按键会有声音，手机铃声响了，他就兴奋，我把手机音乐打开，他就喜欢得不得了，会跳会叫。我觉得应该是小时候 P 君去医院打针的时候，怕他乱动，买些儿歌、童谣，或者带音乐的玩具给他，所以到现在他的兴趣爱好也是这些。现在给他的玩具，都是最小的小婴儿玩的带音乐的。

问：他会有固定几首特别喜欢的音乐吗？

P 母：有的。他喜欢听的就老老实实地听，他不喜欢的，就推一下我，让我关了的意思，他喜欢的音乐，他也推我，一直推我让我播放给他。他喜欢的玩具，他也会一直要找到去玩。他说不出来，就用推人来表示。讲故事呢，他印象最深的是《三只小猪》，我一跟他说这个故事，他就安静了。

性格还是乖顺温和的

问：P 君的性格怎么样？

P 母：他小时候有些自闭症，会用头撞墙，后来我们从北医六院治疗回来就好了。他是有个性的，比如说，不像小时候他去哪里都是我走在前面带着他，现在他长大了，要去哪里玩，是他走在前面带着我去，牵着我的手就去了，反正他不会跟着人随便走。还有，会有些固执吧，比如我们出门，我想往这边走，他不想去，他是坚决不会走的，就在原地拽着我，或者把我拽着跟他一个方向走。总体上说，性格还是乖顺温和的，不算暴躁的，他从来不打人，也不会发脾气，有时候看到其他小朋友手里的玩具，他会摸一下，但是很少去抢人家玩具。

问：P 君和家里其他人相处融洽吗？

P 母：可以的，因为他对谁都没有攻击性，我家里的亲戚他都辨认得出来，而且也不认生，带他的护工如果换了，他都无所谓的样子。

问：P 君喜欢和家里哪些亲戚在一起？

P 母：没有，好像没有特别喜欢和谁在一起吧，只是特别黏我。我叫他的时候，就叫学名，他偶尔会有反应。他注意力没有集中到玩具上的时候，就转过头来看我一下，如果他注意力在玩具上，他没有什么表示。我叫他学名，也是想锻炼他的关注力。他不大和外面的人接触，所以没有太明显喜欢哪个的感觉。他的姐姐会帮我带带他，小的弟弟还不懂事。以前，姐姐没有读大学时，我要有事就让姐姐帮着看着点 P 君，放放电视给 P 君看看，带着 P 君散散步啊，陪着喂喂饭啊。

问：姐姐一直很照顾弟弟啊，读大学回家也会帮着带P君吧？

P母：现在基本上不太回家，不回家也就没时间陪了。以前经常陪着啊，现在感觉姐姐好像带P君带怕了，怕带娃娃，所以现在从来不带小弟弟，我感觉她不喜欢带小孩，带怕了。

问：P君和弟弟在一起时，他会主动要求一起玩吗？

P母：他只会凑过去望一下，不会玩，比如弟弟玩学习机的时候，P君只会望一会儿，玩是不会玩的。弟弟也不喜欢P君和他一起玩，P君不会玩，有时候会抢东西呢。不过我们都是随时和弟弟说“哥哥要就给哥哥”“不可以和哥哥抢”之类的话，他俩要抢玩具，我都是给P君的，向着P君。

问：您爱人对P君有耐心吗？

P母：哎呀，我觉得他爸爸对哪个小孩都没有耐心，我们家三个小孩，他都没有耐心，他回家从来不教小孩学习，像最小的弟弟他也从来不教。一天上班，回家也累了，要不就是在家里沙发上坐坐，要不然就是回家晚，没有时间管小娃娃，更没有耐心。我就是没有耐心的，我觉得他比我更没有耐心，但是他不会急躁或者打骂。

问：家里的亲戚会来照顾P君吗？

P母：现在他还小，不需要别人来帮我，假如未来有需要，我想他们还是会照顾的。

问：逢年过节P君会去走亲戚吗？

P母：会的，就是逢年过节的时候，带他去我们老家，在嵩明村子里面做客。他也喜欢在老家的村子，我们差不多两周回去一次。他不上学的时候，就让他住在老家一星期，再上来昆明一星期。老家院子大，开阔，他好运动嘛，而且昆明去老家的路上要经过高架桥，他一看见上高架了，就特别兴奋，就“啊啊”地乱叫。回到老家他也不会做什么，除了找玩具就是找玩具，就只会玩玩具。亲戚也知道我们家的情况，都很理解。

他每天都是走熟悉的路线，陌生的路不会自己去的

问：P君每天的生活是怎么安排的？

P母：差不多八点半到九点起床吃早点，然后玩一玩玩具就让护工带着他下楼散步去了。刚刚你来我这，他不是哇哇叫吗？他就是耐不住在家，要散步

去的意思。吃完中午饭，休息半把小时，他又出去在小区里面遛弯，累了就回来吃点水果，然后吃晚饭，吃完了再出去散步，晚上十点左右睡觉。以前睡前会讲讲故事，现在不讲了，他还有一个小弟弟，七岁，在上小学，每天晚上我得去辅导小弟弟作业。

问：P君自己能出门吗？

P母：不敢，他自己不敢，而且我也不敢让他乱跑。他自己出门都是爬楼梯，往楼上爬，或者往楼下爬，但我们楼下有安全门，他出不去的。就算是这样，我都特别担心，因为就算我在家里叫他，他也自己回不来，我只能根据他手上玩具音乐的响声，或者他“啊、啊”的叫声，去找他。我记得有两次，我听不见他声音了，找不到他了，原来他跑去顶楼去玩了，去爬楼梯。

问：P君的活动范围是哪里？

P母：就在小区附近，不会太远，每天都是走熟悉的路线，陌生的路不会自己去的，远一点的地方都是我开车带他去。

问：看到其他小朋友玩，他会不会也想一起玩？

P母：不会。

问：P君在小区或者外面会对什么感兴趣？

P母：健身的，公共健身的器材他都会玩的，他喜欢玩脚踩上去会上下摆动的下肢运动器材，还有转轮。我家附近，有街上卖艺弹吉他的、打鼓的、跳街舞的，他也停下来望一望，站在那里就不走了，而且现在好像习惯了，差不多每天都去看人家表演。

问：您觉得他有安全意识吗？

P母：我感觉没有，来不来车他不管。他走路都是我们大人带着，他拉着我们，我们给他看着，有车子了就停停。也许他应该是懂得车来不来，只是被我们带着走路习惯了，自己不看车子。我打个比方，如果地砖颜色换了，他走路会很小心，不会走得很快，要四处看看，停一停，观察一下再走。

问：如果是陌生的地方他还是有意识会谨慎一些的？

P母：会的，他知道环境不一样，但我觉得不管去了哪里，他都是一个样，没什么变化，玩他的音乐玩具，或者看电视。

问：P君在日常生活中，会受到外人的歧视吗，比如在散步的时候？

P母：欺负不会，歧视肯定是有，这种眼光一下子就能感觉出来，好在P君不懂，我们家长其实心里很不好受的，但也没有办法，就置之不理。

我心里都是煎熬的，有时太痛苦了，甚至想抱着孩子从楼上跳下去算了

问：我觉得您好伟大，就一直这么照顾P君十多年。

P母：唉，都是这样的，每个有这样孩子的家庭都是这样的。现在还有护工，完全自己带会很累的，因为随时都不能放手。

问：您和P君在一起久了会不会形成一种生活上的默契？

P母：也许吧。假如P君坐在沙发上，推我的时候一般是想看电视；假如水杯放在桌子上，他想喝水了又不想去端，也会推我。他其实会端的，但是懒嘛。可能从小就当他小婴儿一样，他习惯了吧。这也是小时候培养他不太到位吧！他吃东西的时候，吃橘子之类的，除了自己吃，有时会推一下我的手，让我也吃。不过只是有时，几年碰到一次吧，但就这少有的几次，我都感动得不得了。

问：您十多年照顾P君，会对自己产生一些什么影响？

P母：我不喜欢音乐，非常怕吵。因为P君从小的玩具都是带音乐，他在家就放童谣和儿歌，在电视上也只看唱歌跳舞，所以我特别怕吵。就是看电视，电视声音大了，我都觉得很烦，就想静静的。我个人有些内向，也没有什么朋友。

问：从P君治疗、上学，到现在安养在家，您自己心理上也有一个接受的过程吧？

P母：怎么说呢？（哭泣，不断抽纸巾擦眼泪）不管怎么说，不管有什么学校、协会、机构，我心里都是煎熬的，有时太痛苦了，甚至想抱着孩子从楼上跳下去算了。这孩子，说实话，是一辈子啊，一辈子都这样，我老了以后就没有办法了，谁来照顾他？但是没有办法，现在只能这样，咬着牙坚持，就这样了。

问：您和您的爱人在教育P君上有过分歧吗？最后怎么化解的？

P母：肯定有啊，别说不正常的孩子，正常的都有，是不是？我爱人他不大管孩子，三个孩子基本都是我在管。其实对这个孩子，也没有多大的分歧，因为都是为了他好嘛。治病的时候不会有什么矛盾，就是管孩子的时候，你说应该这样，我说应该那样，就是行为上面，可能会意见不一样，但也不会有什么争论。我觉得对P君我们没有太多的要求，我们家人都相当惯

他的。我们家三个孩子，都是爸爸一个人在外面撑着，所以他也理解我，我也理解他。

我和其他类似情况的家长一直都有联系

问：您是什么时候和其他类似情况的家长开始联系的？

P母：其实一直都有，以前P君在医院开始看病的时候就会有相同情况的家庭，我们家长都有联系，相互交流啊，告诉大家哪里有医生啊，学校啊。

问：会不会有一些组织的活动？

P母：我们有家长的暖心协会嘛，在蒙多贝的时候我加入了暖心协会。活动还是都有呢，什么组织出游啊，聚会啊这类户外的，去看看大自然的风景，烤烧；还有室内的专家讲座啊，训练啊，体检之类的，种类挺多的。但是我不经常去，只偶尔去，带P君参加过一次体检，我自己一年听两次讲座，户外活动不去的。

问：暖心协会对家长的帮助大吗，体现在哪些方面呢？

P母：还是大的，因为这种娃娃随着年龄的增长会遇到各种问题，比如青春期的问题，请专家来做讲座，家长可以根据自己孩子的智力障碍程度、年龄，有选择性地去听，有助于知道在家里怎么带娃娃。有时候，家长聚在一起，协会给我们做做心理辅导，跟我们交流。

P君办了残疾证，没什么特别照顾

问：P君办理了残疾证吗？

P母：办了，在三四岁的时候就办了。办的时候去指定的医院鉴定，拿着鉴定结果和儿童医院的证明，去残联办了，很简单的。可能现在的流程复杂很多吧。其实除了每年买医保的时候免费，其他方面没有什么特别的照顾。

问：社会上有没有对您的家庭给予一些帮助呢？

P母：社会上嘛，就是壹基金，好像是李连杰办的那个基金会。那时候，P君在蒙多贝上学，我申请过两次，领了一次。那时候P君七岁左右，每年有四千元补助当作学费。第二次再领钱的时候，就超龄了。P君上学的时候，听其他家长说有一种叫“彩票福利金”对这种孩子也有救助，但是我家没有领过，所以我不太清楚。

问：您希望以后社会能对智力障碍人士提供哪些更好的保护？

P母：其实我也说不好，各个国家、地区的条件不一样。有一次在暖心协会，来了一批杭州的家长，他们那边每个家庭可以获得六十平方米的房子补助，而且对孩子有社区性质的服务，早接晚送，就在小区里面，不要钱，只是对托养的孩子一个月收一千多。可能杭州经济条件好，不像我们云南比较落后。我个人觉得，现在国家税收挺多的，应该取之于民，用之于民。像我们这些障碍人士的家庭，应该要有一定百分比的经济照顾。反正我觉得P君办了残疾证没什么特别照顾，一个月一百八十元的补贴，是用来交医保的，娃娃上学的时候，地方残联每年有两千到三千元的学费补贴，不上学就没有这个补贴了。

他老了以后是我最担心的问题

问：P君有参加过同类孩子的文化娱乐活动吗？

P母：没有。他就是在慧灵的时候，学校组织孩子们一起去公园玩。他出去最不方便的就是上厕所，他不会表达，在家里隔一两个小时我就带着他去上厕所，在外面要到处找厕所，很不方便，所有我不会带他去很远的地方，就在附近。

问：P君会跳绳或者其他运动吗？

P母：他会拍球，也是在慧灵学会的，我感觉他做得可以。

问：您了解特奥活动吗？

P母：不了解，我都不知道是干什么的。后来是周波老师问我愿不愿意做这个残障家庭的采访，我说愿意，因为好多有残障孩子的家庭，也希望更多的人来关注这些孩子嘛，是不是？我们家长就是希望引起政府、社会的重视，让这些孩子老了以后能有去的地方。我这个家庭可能还好一点，P君有弟弟姐姐。有好多类似的家庭只有一个孩子啊！等我们老了走了以后，孩子该何去何从？这是所有家长的难题，也希望政府在这方面能有所支持嘛。或者以后啊，希望政府办一个重度残障孩子安度晚年的机构，给他们一些特殊的关照。

问：您有没有想过P君以后结婚啊、工作之类的事？

P母：没有，没有这种可能，我也从来没有这样想过。我就一直带他到带不动为止，能管的时候，肯定一直管下去。我最大的愿望就是他能够生活自理，但可能这个愿望实现不了。治疗应该越早越好，他已经过了康复的最佳时机了，应该没有康复的可能了。现在我们家长不算太老，有能力照顾孩子，但我老了以后，就不知道孩子应该何去何从了。虽然P君有兄弟姊妹，但是也不可能像父母一样一心一意照顾P君，因为姐姐、弟弟以后也会有自己的家庭，所以他老了以后是我最担心的问题。现在，我自己管着P君，我放心。以后呢?

他还是温顺呢——P君护工口述

口述者：P君护工，五十岁，个子瘦小，不及P君高，头发花白。细心幽默，来自P君父母的老家云南嵩明县，照顾P君已有一年左右。和P君相处融洽，甚至可以一起玩玩具，但不太会用P君喜欢的音乐电子设备

访谈者、撰稿者：马媛媛，1992年生，昆明理工大学研究生

访谈时间：2017年11月10日

访谈地点：P君家

问：阿姨您好，你们散步回家了？辛苦了！您多大年纪了？

护工：不辛苦，不辛苦。我有五十岁了！

问：您是什么时候开始照顾P君的？

护工：哦，记不得了，怕是有一年多了。

问：您每天怎么陪护P君？

护工：就是陪着他玩一玩玩具，玩具给他整理好啊，他打不开我帮他打开呀，给他煮饭吃呀……他吃的和我们吃的不一样，要碎的。我晚上给他洗澡刷牙，陪他睡觉，十点的样子和他一起躺在床上，不用哄着他睡，只要拉着他，然后他就睡了。他睡觉很乖，不哭不闹，也不起夜。反正只要一睡下去，就是一觉到早的那种。好带是好带，乖也是乖呢，就是爱听有音乐响着的东西。

问：P君和您相处得怎么样？

护工：相处得很好，我领着他，他很乖的。要样样顺着他的意，他就不发火了。他发火就叫啊，你给他这个他不要，那个他也不要，给你推开，不过哄一哄就好了，他还是温顺呢。

问：在外面散步的时候，P君知道要注意安全吗？

护工：这个就要大人注意拉着P君了，车子来了他也不认得，不会躲，我就站着拉着他，他就乖乖地跟着我站着。

问：P君每天走的路一样的吗？

护工：差不多的，在小区里面走，他自己走得回来的，远的地方他不会去的，他只去自己熟悉的地方。哎吆，是他拉着我去，如果这个地方他不想去，

拉着他他也不去，他有自己想去的地方，他就拖着我走。我们走不远，都是在附近，他熟悉的。

问：P君喜欢去哪里？去到想去的地方有什么表现？

护工：他喜欢人多热闹的地方，去到喜欢的地方，他会跳。

问：公共健身的器材他会玩吗？

护工：会，但是少，他喜欢球，他会拍球，就是小孩子玩的那种皮球。

问：走在外面，路人会不会避开他？

护工：一般的都避开他，怕他打人，不过，熟悉他的人就不怕。还有小孩子，三岁、四岁的那种，会跑过来跟他玩，过来摸摸他，摸摸他的玩具，但是他不给玩具的，他不喜欢别人碰着他的玩具。其实他没有什么反应，也不会和他们说话。

问：他会主动跟哪个人玩吗？

护工：不会，不会。有些大人拎着小孩子，他会怕，怕大人。

问：您觉得什么时候P君最可爱，什么时候烦人？

护工：反正都乖呢，反正不会惹人生气，不会烦人，也不会打人。他发脾气就是你给他这个东西，他也不要，你给他那个，他也不要，然后哇哇叫。只是说在外面要一直拉着他，不能放开他，特别是过马路，一定要好好拉着。哎呀，这些小孩子也是可怜啊。我有时候拉拉他的小手玩玩，拉着他一起跳一跳，他乖得很，唉，就是不会说话。

问：P君平常都玩些什么玩具啊？

护工：来来来，给你看看，就是这些小儿书，儿童的识字卡片，塑料小玩具，会发出音乐的小玩具，还有学习机，都要玩，什么都要摸一下，放在自己身边。这个学习机他最喜欢了，用了一年了，都缠了好多透明胶布了，给他买了新的他还不要，非要旧的，旧的开关按键在屏幕下面，新的开关按键在学习机底座，他不喜欢。但这两天旧的是真的打不开，玩坏了！我给学习机换了电池也打不开，他闹脾气呢。我跟她妈妈说要去买一个和旧的开关一样的学习机，她妈妈这两天去看了，人家都没有货，现在都用新一代的学习机。就这个学习机啊，一年要换两个三个的。

问：P君在学习机上学习还是？

护工：也不是，就是开关的时候有开机音乐，按键的时候也有声音，他就放在耳边听按键的声音，有时候看看里面的儿歌。他不怎么看屏幕上的画面，就瞥一眼而已，主要还是听着里面的儿歌啊，开关机按键来回按一按，玩一玩。

问：那现在旧的坏了，他闹脾气大吗？

护工：还是好哄的呢！跟他讲，坏了，坏了，他再看看旧的那台屏幕不亮，他也知道坏了，就是不开心，叫一下，转移一下注意力就好了。不过他还要适应一段时间，天天找我要旧的那台学习机，因为学习机坏了，要给他新的一台适应，估计半个月、一个月的，他就能把旧的那台忘了吧。

P 君观察日记

观察时间：2017 年 11 月 10 日

观察地点：P 家

观察者、撰稿者：马嫒嫒，1992 年生，昆明理工大学研究生

第一次与 P 君的母亲通电话时，P 君母亲话不多，但很爽快地答应了我的采访请求。当我站在她面前时，她显得有些局促，只是下意识地用抿嘴代替了社交礼仪中的微笑。她的头发侧梳向左，坐在她左边的我，很难看清她的眼神。但是，从她那些带有云南方言的话语中，我能感受到她的无可奈何。

2017 年 11 月 10 日下午，我到 P 君家做二次访谈，一开始 P 君不在家，他在做每天必做的“小区遛弯”运动。用他母亲的话来说，他是在家里待不住，喜欢到露天的地方溜达。

15:00　我结束了对 P 君母亲的二次访谈。P 君母亲将茶几水果盘内的雪梨和橙子切成了三厘米左右厚度的几片。随着大门外传来咿咿呀呀的声音，门铃响起，P 君母亲起身去开门。护工一只手牵着 P 君进门了，另一只手里的玩具小车发出电子儿童歌曲的声音。P 君穿着运动服套装和舒适的运动鞋。

15:01　P 君母亲拉起 P 君的胳膊，顺手摸着他的额头和后背，查看出汗情况，然后告诉他：“今天弟弟的学校要开家长会，妈妈一会儿就走了，你要乖乖在家里啊。”P 君眼神迷离，没有看妈妈，而是一个劲要往卧室钻。P 君母亲嘱托过护工一会儿给 P 君喝水、喂水果后，就出门去参加 P 君弟弟学校的家长会了。

15:03　在护工的带领下，我进了 P 君卧室。卧室光线比较暗，因为杂物过多显得很局促。P 君坐在卧室的床上，发出“哼”“嗯”之类的声音。在大床床脚，横摆着另一张上下铺的小床，上层是一些旧被褥和旧皮箱，下层堆满了儿童图画书，有辨认水果、动物的卡片，有拼音、字母教学卡片，有皮球、网球、塑料玩具、塑料积木和用坏的学习机、音乐播放器。

15:04　护工去床头拉 P 君的手，想让他去客厅吃水果。P 君用两手在胸前乱摆，表示不愿意。护工为了安抚 P 君的焦躁，从小床上找来彩色水果卡

片，摆放在大床上。P 君依旧乱抓乱叫，并将卡片弄乱。护工又去小床上找到一个缠满透明胶布的绿色旧学习机，P 君盯着学习机，挪不开眼，一直叫着，伸手去拿。

15:07—15:10　护工一手举着旧学习机，一手拽着 P 君，嘴里喊着："走，去客厅，去吃点水果。"但 P 君依然在床上不起来，眼睛盯着学习机，叫唤声慢慢低了下去。护工见状，就把学习机放到了 P 君的手上。

15:10—15:15　P 君叫声平缓下去，手里一直在按着旧学习机的开关按键和其他按键，但学习机打不开，屏幕是黑的，于是他推开旧的学习机。护工又去小床上翻来了一台一模一样的新学习机，递到 P 君手上。P 君拿着新学习机看了一眼就放下，依然看着那台缠着塑料胶布的旧学习机。

15:15—15:20　P 君终于起身离开大床，并且放下两台学习机，来到小床前，把上面的每一个塑料玩具都快速摸了一遍，其中一个玩具因为不小心触碰到开关，开始唱起《妈妈的吻》，P 君对此无动于衷，继续摸着其他玩具。每个都摸完后，终于跟着护工来到客厅。护工不时抖一抖手里一直拿着的旧学习机，跟 P 君说："走嘛，走嘛。"

15:20—15:25　P 君直接坐在了沙发上的固定位置，一只腿盘着，一只腿落在地上。他看了我一下，我给他打招呼，他没有理会我，又继续按学习机的键。护工把新的、旧的学习机都拿到了沙发上，并哄着"宝宝乖呢，来来来，我们给学习机换电池去"。新的学习机开机了，反复发出类似"开心学堂""请插卡学习"之类的智能声音。P 君接过护工递过来的学习机，一通乱按，伴随学习机的智能声音，时不时地"嗯"一下。护工去厨房拿了两把叉子，插在 P 君母亲摆在茶几上的两盘水果上，又用塑料杯子在饮水机上接了小半杯水，递给 P 君。

15:25—15:38　P 君沉浸在学习机反复出现的"开心学堂""请插卡学习"两种声音中，只用嘴唇沾了一下水杯边缘，便用手肘撞开水杯。护工解释说，P 君刚刚在卧室生气了，不想喝水了。

P 君拿着新学习机玩，手指不停地按着边缘两个按钮，全然不管学习机播放的图像，时不时地拿到耳边听一下声音；右手偶尔拍一下沙发边的 DVD 播放器，播放器正播放着儿童动画儿歌。P 君不时发出"哼，嗯"之类的声音，但比在卧室里的声音缓和很多。

15:39—15:43　护工把切好的梨子用叉子叉好，一小块一小块喂到 P 君嘴边。P 君吃了半个梨之后，把头侧向一边，不愿再吃护工喂的水果。护工拿起旧学习机准备放回卧室，P君很警觉地看着，“哼，嗯”的声音变大，于是护工又把旧学习机放回P君身边。P君把旧学习机拿进自己盘着的腿窝里。

15:44　P君的右手不再拍DVD播放器，而是用指甲不停抓挠身边的塑料玩具，并把玩具放到耳边，听指甲抓挠塑料发出的咯咯哒哒的响声；左手也不再频繁按学习机了。

15:45—15:56　护工又把橙子切成一小块一小块，用叉子喂到P君嘴边，他只歪头吃了两块。吃东西时，他的眼睛不看食物，注意力还在手上，只是把嘴张开，等人把食物送到嘴边，头一歪，便咬下去，慢慢咀嚼下咽。P君只吃了两块，便不再张口，头侧去另一边。

15:57—16:01　我用手机里的记事本记录P君的一举一动，P君注意力转移到我飞速运动的手指上，眼睛盯着我的手指，右手继续不停地抓挠塑料玩具。

16:02　我碰了碰P君的塑料板，他很警觉地把塑料玩具收回去，并且“嗯”“哼”的声音变大。

16:03—16:30　我坐在沙发上和护工聊天，聊到P君时，护工望着P君笑，P君也望着护工笑了。他一直很安静地坐在沙发上抓挠塑料玩具，偶尔，会突然变得很高兴，眼神炯炯有神，两只手一起敲打沙发，“嗯，哼”的声音随着敲打一高一低。

16:31—16:55　母亲带着小弟弟回家。小弟弟一回家就跑去吃茶几上的水果，P 君没有什么反应，头也不抬，眼神也没变，像什么事情都没有发生一样，继续玩玩具。

17:01—17:04　P 君起身想去洗手间，护工给他喂了一口水。P 君进卫生间后，把水龙头打开，开始听水龙头流出的哗哗声，反复开关几次，并没有上厕所，最后被护工用旧学习机劝走，进了自己的卧室。

17:05—17:06　P 君坐在自己的床头不过 10 秒，又跑出来客厅，站在厨房门口。护工把 P 君拉回沙发上坐着，开始去厨房做晚饭。其间 P 君眼睛一直望着厨房，几秒钟后又开始玩玩具。

命运的最好礼物

——吴锦牵母亲周波口述

吴锦牵，男，1992 年 10 月生。独生子。有苯丙酮尿症。1999—2000 年在云南省昆明市一所康复学校接受基本生活训练。2000—2004 年寄托在私人家里。2006—2007 年在广东省名扬语言训练中心接受训练。2008—2010 年初，在广州慧灵智障人士服务机构托养。2010—2014 年，先后在昆明一家养老院、昆明市儿童福利院生活。2014 年离开昆明市儿童福利院后，一直在家安养。

口述者：吴锦牵母亲周波，1965 年生，1991 年结婚，现为云南省委党校副教授、云南省智协主席

访谈者、撰稿者：魏冕，男，1995 年生，昆明理工大学 2017 级研究生

访谈时间：2017 年 11 月 9 日、15 日

访谈地点：吴锦牵家

我们是一个困境家庭

问：您好，今天我们来这边是做一个特奥口述史的项目，非常感谢您对我们的支持。

吴母：我们家里的布置看起来不像一个困难家庭，事实上呢，我们是一个困境家庭。我跟他爸爸两个大学毕业生，在这个社会上算是有一定的职位和社会地位，收入也比较稳定，为什么我们会陷入到困境当中呢？就是因为我们儿子。我们在生活当中有非常多的艰辛是不为人知的，所以我觉得你们的采访和这个项目对于我们来说非常好，我愿意配合你们。

但是，很多这类家庭从心理上还没有走出来，他们对自己孩子会有一些自卑感，不愿意谈孩子，可能觉得孩子是一个负担。他们的想法很复杂，现在并没有能完全接受这个现实，〔这包括三方面〕：第一是接受这个现状，第二是接

纳这个孩子，第三是从自己作为社会的一分子来定位自己的角色。我们也是一不小心进入这个群体，然后接触到了这些人。他们背后有很多艰辛，很多泪水，不少人很不愿意回忆起这些经历，因为这对他们来说是很痛苦的事，对他们的心理也是一种很大的考验。

问：孩子是什么情况？我给孩子说话他会有什么回应吗？

吴母：孩子叫锦牵，有苯丙酮尿症。家人给他说话，他偶尔会有一些回应，因为他对家人还有家庭的这个环境比较熟悉，能听懂些简单的语言，但是他不会表达，很难说出来，只是发一点简单的音，比如说“爸爸”。他能表示出来自己的喜好，比如说一个东西，他要是喜欢就会说“要”，不喜欢就会说“不要”；你做他喜欢吃的他就会说“要”，你喊他出去散步，他如果不想出去他会说“不要”。他会有一个基本的反馈，但是仅限于对比较熟的人。

我和我丈夫是大学同学

问：您是 1965 年生的吗？请您介绍一下您和锦牵爸爸的基本情况。

吴母：我叫周波，1965 年 5 月 10 日出生于云南省红河哈尼族彝族自治州建水县，1984 年从建水一中高中毕业后，到昆明就读于云南师范大学汉语言文学专业；我在中学、大学都是文体积极分子，曾担任过体育委员、副班长、学校学生会体育部副部长等，是云南师大 1984 年冬运会铁饼冠军。1988 年大学毕业后被分配到建水一中任教。1994 年 3 月调到中共云南省委党校，曾经在公务员培训部、科研处工作，现任省情与政策研究所副教授。我是中共党员，有三十年党龄了。

锦牵爸爸叫吴利新，1966 年 8 月 19 日出生于云南省大理市凤仪镇。1984 年从大理一中毕业后，到昆明就读于云南师范大学汉语言文学专业。1988 年大学毕业后被分配到中共云南省委党校工作至今。他也是中共党员，有三十一年党龄了。他性格稳重，正直善良，在大学是优秀党员、优秀学生干部，校篮球队、排球队、足球队主力队员，云南师大 1984 年冬运会铅球冠军，他的铅球记录保持至今。

我和他爸爸现在已经调整了生活重心，基本退出社会职能工作了，大部分时间是照顾孩子。我现在已经照顾了三年，身体上已经有些不适了。

问：您可以讲讲您和锦牵爸爸的恋爱过程吗？

吴母：我和我丈夫是大学同学，我们都是云南师范大学八四级中文系的学生。我上大学期间入的党，他是我的入党介绍人，当时来找我谈入党的事，没想到后来却谈成了恋爱。（笑）再加上，我当时是副班长，他是学习委员，因为工作，我们平时接触比较多，所以在大二那年就确定了恋爱关系。这个事情说起来好像挺浪漫的，其实我和他爸爸性格有很大的不同，他爸爸比较内敛，而我比较开朗。我们从谈恋爱到结婚，经过了八年，分分合合多次，中间还是有些曲折的。毕业时，他留在了省委党校工作，我回到了我的建水老家，在红河州建水一中工作，面临异地恋，加上我母亲竭力反对我和他恋爱，我就提出了分手，有两年多的时间我们两人几乎没有任何联系。到 1990 年暑假，他专程到建水看望我，我们两个又复合了，1991 年 5 月领了结婚证。

锦牵小时候，周围人都说长得像小老外

问：锦牵是 1992 年出生的吗？

吴母：锦牵 1992 年 10 月 19 日在建水县第一人民医院出生。我怀孕的时候，他爸爸说喜欢女儿，我说要生个儿子。我单纯地认为，如果是儿子，在这个世界上可以少受点苦。

我和他爸爸身体是非常好的，我们上学时都是体育积极分子，他爸是铅球冠军，我是铁饼冠军。有一年参加云南省的大学生运动会，班里边正好抽到我们两个。现在云南师大的“绿茵杯”女子足球赛，就是我当年在云南师大当体育部部长时做出来的。我还是红河州女子足球队第一任队长，参加过全国首届女子足球邀请赛。所以我们俩身体上肯定没什么问题，我们还做了婚检。

锦牵呢，是足月顺产出生的。怀孕的时候，我在建水一中任团委书记，每天挺着肚子还去操练学生。他出生的那天，他爸爸在省委党校，当时还没有手机，家里边也没电话，我就自己去了医院。我当时还给医生说：“孩子的爸爸在昆明工作，我能不能等他爸爸来了再生？”（笑）医生说：“你这个娃娃估计是等不到了，可能两点左右就会出生了。”所以他出生的时候爸爸不在身边，但是我爸爸赶紧去邮局发了一个电报，告诉省委党校办公室让那边转告我丈夫说孩子要生了，赶紧回来。

当时从昆明到建水要坐十个小时的车，爸爸赶紧去买了车票。下午锦牵出生，他爸爸到第二天凌晨才赶了回来。当时医生推出来好几个婴儿，爸爸就低头观察哪个孩子的鼻梁最高，哪个就是我们家儿子，因为爸爸鼻梁高。爸爸请

了一个月假在家照顾我们。锦牵小时候，周围人都说长得像小老外，我和他一块儿上街，别人还以为我旁边是一个外国人呢。（笑）

锦牵一岁零九个月时被确诊为苯丙酮尿症

问：你们是怎么发现锦牵生病的呢？

吴母：我建水一中的同事中，与我前后生孩子的有五个，平时大家会抱着孩子在一起玩耍。他从小吃母乳。三四个月的时候眼睛不会跟着小玩具转，一般的小孩会跟着动，但是这个孩子就不会；带到别人家里边看电视，他就对声音和画面没有反应，正常的孩子肯定会看，他不会看。

当时我们还以为是他的眼睛出了问题。有时候放一块手帕搭在他的脸上，他也不会拿掉，那个时候我感觉他有点不对劲，但是没有太在意。另外，我当时带孩子很注意干净的，但是锦牵的小便特别臭。我的同事来我家看锦牵，发现了这点，她说："你这个人蛮爱干净的，孩子的尿怎么味儿这么重呢？"我也没在意。

半岁左右，锦牵头发突然变黄，皮肤发白，而且还频繁呕吐，皮肤出现湿疹，我不知所措，还以为是白化病。白化病怕阳光，但是把他带出去，他没有很害怕阳光。爸爸也很疑惑，不知道是怎么回事儿。

孩子八个月大的时候，到妇幼保健院体检，一个年轻的男医生对我说孩子好像脑子有毛病，被我骂了一顿，医生不敢再出声。这个时候，锦牵的大姑妈从大理来建水旅游，看到孩子也提出疑问，我心里很不安。他大姑妈回到昆明跟锦牵的爸爸说了，爸爸很快请假来看孩子，我们两人心里直打嘀咕，心想孩子肯定是生病了，但不知是什么病。

九到十个月的时候，锦牵开始抽筋，每天基本是早晚各一次，一抽筋就会"点头哈腰"。我们以为他患了癫痫，就去找医生专门治这个，他吃了药并不起作用。他爸爸偷偷去书店里翻医书，看到儿子"点头哈腰"的症状与一种疾病叫苯丙酮尿症的比较相像，但仍然不敢确定，因为这种病是先天性遗传疾病。他爸爸假期结束要回昆明了，我心里很恐惧，担心孩子每天两次的抽筋。孩子的外婆信佛，以为是什么迷信的东西上了身，所以外婆就找了一些黄纸符录，贴在我宿舍房间的窗户玻璃上，教我快到孩子抽筋的时候嘴里要念念有词地说"菩萨保佑，鬼神远离"。孩子的三舅还背上孩子，和我一起骑着自行车到农村找到九十岁的神婆念经烧纸。神婆用针戳锦牵的十指，全戳出血，把血滴到黄纸上，然后拿火来烧，边烧边念念有词。我既心疼又难过，知道这样做于事无补，但神婆缓慢地重复“病会好呢”的话语，多少使无助的我得到些安慰。

锦牵的状况持续到一岁零九个月，我们夫妻二人带他到北京中日人民友好医院确诊为苯丙酮尿症后，医生指导我们在饮食上控制锦牵苯丙氨酸摄入量，他的症状才逐渐消失。只是这时候锦牵体内的苯丙氨酸在血液里的浓度已经很高，由于先天缺乏苯丙氨酸分解酶，导致他大脑神经和身体其他部分的神经已经受损，而且不可逆转了。无论如何，这是无法挽回的遗憾了。

怀锦牵的时候，我产检一切正常。其实现在产检已经能检测出来这个病了，需要在母亲怀孕三个月之前抽羊水检查。我上一次碰到我们这边医院一个已经退休的妇产科主任，她说现在我们家锦牵已经是一个活标本了，因为现在产检做得非常好了，一旦发现有这种情况马上就会处理，这种孩子的出生率已经非常低了。我当时产检的时候就没有抽羊水，所以说没有查到这个病。我们国家没有立法说必须要做新生儿筛查，我当时可能只是在医院做了抽查，正好还没有查到我，这个孩子应该就是抽漏掉了。

苯丙酮尿症，属于一个先天性的遗传疾病。我到现在都没想通，他爸爸是大理人，我是建水人，我们的孩子怎么会有这样一种疾病。

问：您可以说说看病的详细过程吗？

吴母：因为孩子病重，考虑到昆明医疗条件要好些，1994 年初，我们夫妇二人开始申请把我调到昆明工作。当时调动工作很难，因为国家尚未在体制上对人才流动有所突破。锦牵父亲所在单位是中共云南省委党校，每年只能解决一对两地分居的夫妻的调动。如果按照结婚先后排序，我们排在第五对，这意味着锦牵要到五岁以后才能考虑调动事宜。另一方面，我在建水一中是骨干教师，学校语文老师非常缺乏，学校主要领导以及教育局都不愿意我调走。当时我们两个人就想：实在不行的话，只有我辞职。还好，当锦牵得病的消息传开以后，立即引起了单位领导的重视和关心。为了让锦牵得到及时的救助和治疗，云南省委党校领导立马决定，把我从建水一中调到中共云南省委党校公务员培训部，以方便我们照顾好孩子。所以，锦牵一岁零四个月的时候和我一起来到爸爸身边。

1994 年的寒假和春节，我们每天坐近两个小时的公交车到医院看病。昆明市儿童医院去过两次，第一次是一位女副主任医师接诊，说怀疑是苯丙酮尿症，但不知道确诊的办法。跑了其他医院，也是同样不知道如何确诊病症。我们不死心，第二次跑昆明市儿童医院，碰到一位退休返聘的老主任林医生，他除了给锦牵做常规检查外，还建议到医院背后的实验大楼做了一个小便三氯化铁的化验，当医生把三氯化铁滴液滴入锦牵淡黄色的小便试管里后，颜色马上变成了墨绿色，医生说这个娃娃病重了，快拿去给医生看。我一路哭一路把试管拿到医生面前，医生说孩子初步确诊得的是苯丙酮尿症。他叫我们到他桌子面前看压在玻璃板底下的一张先天性遗传疾病名单表。老医生又进一步说此病目前我国尚无治疗办法，就给锦牵开了点维生素类药物，建议吃中药试试，还告知这个病的严重性就是以后会发展成为白痴儿。

我们有一个大学同学是云南省四大名中医世家姚家的，我们找到同学的亲戚——在昆明市妇女儿童保健院坐诊的姚医生。姚医生很慈祥，说可以试试调理儿子的神经，而且让我们只要来医院就直接去找她，不用挂号不用排队，每次花十元钱开三服中药，每服吃两天，总共吃一周。每次吃药，锦牵都是紧闭嘴唇，拼命挣扎，我和他爸爸只好合作，一个人捏着锦牵鼻子，一个人用勺喂。这样的治疗持续了将近半年。其间听说过一些乡村医生有什么土方子可以治疑难杂症，我们也去找过，但都因为药钱太贵而作罢。

在不间断的进城去看姚医生的某一天，我们碰到一个病友说锦牵的症状像她昨天看到的一份报纸上报道的病症，北京可以医治。好心的病友马上骑上自行车去家里拿来报纸，那是一张 1994 年 3 月 19 日出版的《中国社会报》，第四版刊登了一篇北京市北平医药信息问询中心的钟国兴写的文章《一个不为人知的部落》，描述了先天性遗传疾病苯丙酮尿症的症状，还提到北京中日友好医院的于大夫可以医治这种病。

1994 年 7 月，锦牵一岁零九个月，省委党校放暑假，我们〔夫妻〕二人怀揣着亲戚朋友和同学老乡凑来的钱，买了许多方便面，带上儿子，坐上了开往北京的火车。到北京后，我们在中日友好医院附近一家旅馆的地下室住下。当时为了省钱，有时候给爸爸吃饭，我顿顿都是吃方便面，导致现在我闻到那个味道都反胃，很不喜欢。（笑）去中日友好医院就诊那天，走进诊室，有四五家人家带着孩子在等待看病。我看到一个男孩子趴在诊室桌子上玩玻璃盖，同时有一个男孩子竟然直接走到锦牵爸爸面前，伸手从他衣服的上兜里拿出一包香烟，稀里哗啦撕开包装把香烟丢在地上，只顾自去玩锡箔纸了。那两个男孩的行为和锦牵非常像。我一直提着的一颗心这时候突然一下子放下了一大半——原来命运不光是和我们过不去，生活中还有许多像锦牵一样生病的孩子。我找到了一种归属感，我觉得不再孤单，不再自怨自艾。有一个病友是北京本地的，我印象深刻，孩子也是男孩，父亲高大帅气，母亲漂亮美丽，气质超群，他们把孩子留在北京给老人带，夫妻二人前往深圳工作，目的是为了挣更多的钱，给孩子付医药费。孩子的爸爸妈妈和老人在整个过程中都非常有耐心。还有一个母亲是东北哈尔滨的小学老师，大儿子是苯丙酮尿症，在没有任何医疗监测的情况下又生了二胎，又是这个病，就领着两个孩子一块儿来看病了。

在北京待了 9 天之后，锦牵被确诊为苯丙酮尿症。医生告诉我们，孩子体内缺少一种酶，无法分解蛋白质，产生苯丙氨酸，苯丙氨酸越来越多，就对大脑产生了损伤，使他丧失了语言功能。得知他体内先天缺乏苯丙氨酸分解酶——羟化酶，我天真地叫医生给锦牵打一针羟化酶。医院告知还没有这种酶，只有等锦牵八岁以后，体内会自行产生这种酶；当前治疗办法只有低苯丙氨酸饮食疗法。医院指导我们给锦牵调整饮食，吃一种叫麦淀粉的东西，避免吃高蛋白食品，吃苯酮宁供给营养，后来又换吃苯酮康。苯酮宁和苯酮康这两种药品每个月吃下来费用高达两千两百元，而我们二人的工资收入一千多元，我们不吃不喝也不够给锦牵买药，但当时根本顾不得想那么多，就把兜里剩下的一万四千元钱全部拿出来买了药品，这些药品带回去够锦牵吃五个月左右。

从中日友好医院回来之后，一天只允许锦牵吃一小碗米饭，另外吃一种把苯丙氨酸给提取出来的面粉。我们定期把锦牵够吃两个月这些食品的钱寄到中日友好医院，然后医院把这些食品给我们寄过来。只有这样吃，才不会影响苯丙氨酸在体内的聚集。但是对于锦牵来说，一岁九个月之前受到的损伤是不可逆的，后期只能控制。慢慢到了锦牵八岁之后，他体内会自动产生分解酶，就不用再花钱吃这些特殊食品了。

我从 2014 年开始带锦牵，越带越有内疚感，觉得是我害了他，因为锦牵吃母乳吃到了一岁四个月，母乳是高蛋白啊，他分解不了，牛奶母乳对他来说是一种毒药。

如果做遗传筛查和新生儿筛查，就可以早发现早介入

问：苯丙酮尿症的发病原因是什么？

吴母：医生说是基因突变。我和孩子的爸爸都是有这方面基因的隐形携带者，是基因缺陷的人。我们两个如果只有一方有这种情况，孩子不会有问题；我们两个碰到一起，孩子出问题的可能性只有四分之一，也被我们碰到了。这只能说是一种巧合。一开始这个巧合落在我们头上的时候，我们是不接受的。

后来于大夫带我们做了一个细胞培养，把我们一家三口的血全抽出来了去做，结果百分之百确定我们是这种情况，锦牵只能吃特定的饮食，不能吃高蛋白质的东西。于大夫还专门找我谈了一次话，告诉我们作为高学历的人，回去之后一定要向社会宣传：第一，苯丙酮尿症是一个遗传疾病；第二，它是可以控制的。母体怀孕三个月的时候一定要穿刺抽羊水化验排除这个可能性。如果发现这种情况，家长可以选择要这个孩子或者不要，要的话要考虑好未来的情况，而且在孩子出生之后，要抽脚后跟上的一滴血进行化验。现在很多罕见遗传病都可以这样化验出来。于大夫还说，苯丙酮尿症可以早知道早介入。

那个时候于大夫还给李鹏总理写信，建议对新生儿筛查进行立法。现在锦牵已经二十五岁了，新生儿筛查还是没有立法，只是一个工作方法。这意味着锦牵这样的小孩儿还是有可能出现。从北京回来之后，我就在想：我们国家的很多政策，包括计划生育产检、社会保障等方面，缺陷很大。所以，我现在致力于做这一块儿的推广。

问：如果是夫妻双方要求医院做这个检查，医院可以做吗？

吴母：可以，医院是可以做遗传筛查的。于大夫就让我们宣传：大家一定要主动地去做筛查。《云南日报》、我们省委党校的学报、云南电视台都报道过我们家的情况，都是为了向社会宣传遗传病筛查的重要性。当时那些记者就给我说，“周老师，看了这类家庭的情况，我们自己如果结婚，会非常注重做遗传筛查。”记者现在是有这个意识了，但是对于很多学历不高的普通人来说，有这个意识的并不是很多。随着社会的发展，我相信更多的人会有这个意识。

我现在还是担忧我的兄弟姊妹的孩子在谈朋友的时候受锦牵这个情况的影响。为什么中国人会特别在意这些呢？就是因为我们的社会制度并不健全。如果是在发达国家，像锦牵这种情况，只要孩子一落地就会发现，然后进行苯丙酮尿症的治疗，吃特制的食品，包括把苯丙氨酸剔除出来的奶粉。

问：如果从出生就治疗，这个病会不会治好呢？

吴母：如果从出生就控制的话，这个孩子至少可以叫“爸爸”“妈妈”，可以背着书包正常地去上学。中日友好医院现在有一个课题组在研究这个病，然后向社会宣传，还让我们去北京市几个有苯丙酮尿症孩子的家庭去参观，让我们学习他们的做法：那些孩子的小便要闻味道，同时要进行滴血化验，就是滴一点血到试纸上，然后把试纸寄到北京去检查血液里面的苯丙氨酸浓度，一个月检查一次。那些孩子的家长做得比较好，所以孩子可以背着书包去上学，和同龄儿童并没有明显的差距。锦牵是比较失败的案例，因为我们没有一开始就介入，后来也只能进行控制。现在昆明慧灵[①]里面有一个二十八岁的姑娘，也是苯丙酮尿症，她的基本生活完全可以自理，可以自己坐车到慧灵，可以自己发短信、自己吃饭，只是不喜欢与人交流。

不过，治疗这个病费用很大，对一般家庭来说是非常大的负担。可以说，那些年因为给锦牵治病，基本上是家徒四壁了。那时，单位同事还给我们募捐了将近两万块钱。我拼命地接课赚课时费，周末也去代课挣钱；平时节衣缩食，早点不吃，肉基本不买，菜也省着买，把省委党校里边长的一种小瓜拿来炒菜吃，衣服都是朋友给我买了带过来。

1999—2007 年，他去过一些机构，没上过正常的学校

问：锦牵有没有上过学？

吴母：他一岁九个月开始治疗，两岁之后送到爷爷奶奶那边让他们来带。爷爷奶奶带孙子就是那个样子，天天喂饭，不去教他什么，所以两至四岁这个黄金阶段是错过了。我们当时也没有想到要康复介入，要训练他自理，所以到现在也没有给他培养出来一种很好的自理能力。等到他八岁之后就想送他上学，尝试过让他去读幼儿园，但是园长不敢要，毕竟孩子是这样一个情况。后来，我们让他去过一些机构，没上过正常的学校。

问：阳光家园这些地方您送孩子去过没？

吴母：阳光家园是这几年才有的，以前什么机构都没有，只有昆明市五华区新萌学校、云南华夏中等专科学校这些。锦牵七八岁的时候，我们找到西山区残联，问有哪些学校适合他，残联告诉我：“没有。”我们就开始找社会上的康复学校去学习。

问：有没有带他去做过生活训练？

吴母：他不到七岁的时候，我就带他去培训学校。那里的老师非常有经验，当时孩子不会大小便、不会吃饭，老师就一点一点训练。学校教育和家长有不同，老师能狠下心来去训练孩子，我们家长很多舍不得去训练他，爷爷奶奶当然更舍不得了。那会儿，我们就不舍得训练锦牵，而学校里面是你不吃就让你饿着，饿的时候你肯定会自己想办法吃饭的。我当时会不时找个时间偷偷

---

① 昆明慧灵：全称为“昆明市西山区慧灵心智障碍者服务中心”，是昆明市心智障碍人士家长联合创办的心智障碍者温馨家园，于 2015 年 3 月成立。

地去看一下老师是怎么对待他的，还去质问过老师："为什么不让给孩子吃东西?"老师解释说是为了训练他自己吃饭，让家长一定要配合。我当时不太理解老师。这就是教育观念上家长和老师的不同。老师很有耐心地拿小本子记孩子今天吃了多少饭、吃的什么菜，有哪些进步。经过两年的训练，他已经很有成效了：第一，他很乖了，性格上也听话多了，会配合了；第二，他会自己穿衣服自己吃饭了；第三，他与其他小朋友相处得挺好的。我觉得他那两年进步非常大。

那两年我们也蛮辛苦的。我们上下班是朝九晚五坐交通车，要先送锦牵到康复学校怎么办?我们就请了一个钟点工来接送他。我调到昆明后在省委党校的公务员培训部当组织员，就是当班主任，后来培训部搬到昆明梁家河职工生活教育基地去了，我为了方便照顾锦牵，就调到了科研处，不用天天去上班，每周一、三、五请钟点工接送锦牵，二、四、六我去接送。有一天早上起来，我要让他坐到自行车上去送他，他不听话，不坐，时间不早了，我就着急，拿了一个棍子来打他，别人看到了骂我，我挺心酸的。我把他放到自行车后座上，他不开心就会拿头砸我的后背。这两年有苦有乐，接送孩子的心情和正常孩子的父母是一样的。后来因为这个学校只是一个试读班，八岁以上的孩子不接收，锦牵不能再去了。

问：后来怎么办的呢?

吴母：当时碰到了冰箱厂的一个退休工人翁老师，他听说我家情况之后就来跟我谈，说他懂得一点训练孩子的方法，他来给我带孩子，就在他家里面带。他家里有个女孩儿会弹古筝和钢琴，到现在还是锦牵的姐姐。她后来结婚生子，我们都带锦牵过去。这个家庭把锦牵带到了十二岁，教他学会了刷牙洗脸，对我们帮助很大。难得有一个家庭会对他这样帮助，对他有那么多爱和耐心。他们家条件比较一般，住一间房，很小的一个房子，锦牵睡在过道上的高低床上。

问：锦牵会不会做一些家务?

吴母：他没做过，现在也不会。国家规定九年义务教育，但是能有幸进入到特殊教育学校的每年只有一百多人。云南省现在有 33.7 万智力残障人士，光昆明市就十一万。有幸进入学校进行技能训练的，能学会拿着钱买菜、会找零钱、会炒菜，和人交往没有太多障碍。等到他们十六岁之后，学校就不接收了，这些孩子就回到家庭由爷爷奶奶带，或爸爸妈妈其中一个人带，大部分都是妈妈带。如果家庭不是特别配合，孩子在家三个月，在学校学的技能就退化了。锦牵就是这种情况，我到现在才理解。当时翁老师教会了他一些技能，十二岁之后我们就没有再送到翁老师家了，毕竟翁老师也需要休息。我们只好把锦牵往老家送，又送回大理给爷爷奶奶带，爷爷奶奶宠他，他又不会那些技能了。

另外，那段时间我在想：爷爷奶奶老了，我不能把这种负担再放到老人身上。奶奶虽然不会写字，但很懂道理，从来对我们就没说过一个“不”字，从来都是说：“我来帮你带。”我觉得老人有老人的生活，我们还是自己想办法吧。我们找到了昆明市残联和一个医药公司合办的主要针对聋哑儿童的机构，把锦牵在里面放了半年。那个机构是封闭式的，我也不清楚它怎么样。不过，有一次我去看，发现锦牵睡在地板上，有几个聋哑的小孩在欺负他。我特别难过，感觉机构管理不是很正规，老师不懂专业的东西，而且没人监督，管账的老板娘经常向家长要钱。同时，锦牵在那里有攻击性了，肯定是因为本能，那些聋哑小孩去打他，他肯定要反抗。我觉得那地方不理想，他们也不想要锦牵，觉得重度的孩子不好带，是个负担。过了一段时间，我们就把锦牵接出来了，又送到爷爷奶奶家去了。后来这个学校也倒闭了。

没办法，我们就在网上查看全国哪里有专业的机构，觉得专业机构的教育和训练是不能断的。2006 年，锦牵十四五岁的时候，我们把他送到了广东汕头的康复中心——名扬语言训练中心。这是大学学社工的徐老师和他和几个同学合办的，一个月要一千五百块钱，在一个全封闭的六层楼里。我们感觉还可以，就把孩子送去了。徐老师挺有方法的，毕竟是特教老师。在那里，锦牵很快学会了上下楼梯，每天自己去一楼吃饭。他往往下午四点钟就想去吃晚饭了，因为他饿得快。和同龄人住在一起，平时有不少娱乐项目，培养了他的群体合作意识和集体意识。后来，这个康复中心因为没有跟残联签合同，一年多之后不办了，打电话让我们把孩子接回来。我们只能又把锦牵送到爷爷奶奶家。但爷爷已经病重了，没过多久爷爷去世了，奶奶自己一个人是带不了的，所以我马上请假把孩子又接了回来。

他在广州慧灵度过了非常开心快乐的两年

吴母：当时昆明没有机构接受大龄的智障者，我和他爸爸还不到退休年龄，就只能继续找学校。我在网上找到了一家叫广州慧灵的专业社工服务机构，马上打电话过去，他们让我们打电话给重庆慧灵。但是，重庆能力有限，只接收重庆市的人，不接受外地的。

我抽了一个空，以志愿者的身份去了广州慧灵，目的是去看看这个机构。我去了以后，发现机构就在一个小区里面，租了两栋相接的楼的一层，然后把两栋楼之间围起来建了一个小操场；卫生间很人性化，二十四小时一直会有热水；有按摩间，每天洗过澡之后有人做专门的按摩；有音乐教室，对这些孩子进行音乐调理，音乐教室里的墙全是软的，因为那些孩子喜欢砸头，以免伤到他们，地上铺的地毯，音乐从地毯下面放出来，孩子们在教室里面都非常放松，是一种很好的情绪调理；有电脑室；有健身房、跑步机；他们训练孩子们学会扫地和洗碗，还会给一点钱当作奖励。我很喜欢那里，也开了眼界，认识了这种社区化的服务模式。因为锦牵，我 2000 年专门去北大进修了社会学专业。有了这些专业的理论视角后，我发现慧灵做得非常规范和人性化。

那次在广州慧灵，我看到一个有暴力倾向的孩子被用铁链子拴着。老师告诉我：你不要看这个孩子是这个样子，在他父母眼里，他是心头肉，是他们的宝贝。老实说，老师这句话对我触动很大。我决定一定要把锦牵送到这里接受正规的训练，而不是放在家里溺着宠着。我和爸爸商量之后，很快就把锦牵送了过去。他在广州慧灵度过了非常开心快乐的两年。

问：你那天做的志愿者是干什么？

吴母：我那天一过去，老师就给了我一张表，让我进入一个志愿者团队，这个团队带着所有的孩子坐大巴去广州市一个很大的农场休闲一天。大巴车是广州慧灵提供的，志愿者给孩子们提供一对一的服务，我算是生活老师。到了农场大门口，志愿者和每个孩子身上都贴了一个数字标签，标签是一对一的，比如说我服务的孩子是 1 号，我的标签也就是 1 号，我全程陪着 1 号孩子。在农场里碰到的人知道我们是志愿者，都表扬我们，冲我们竖大拇指，所以我觉得在广州，人的意识非常好，素质也高。我要感谢我儿子，当时是因为他，我才有机会去广州最大农场陪着孩子们玩一天。（笑）那个时候流行 QQ 农场偷菜，那个农场里边就有专门一块儿菜地让人们在里面种菜收菜。

很让我感动的是现场可以拍卖孩子们的画作，卖得的钱投到机构里面，用作孩子们的活动经费。农场里面有舞台，我们和农场的人商量说想用一下舞台来拍卖孩子们的画，农场的人看到我们是志愿者领着一群智力障碍的孩子，非常支持我们，把舞台让给了我们。孩子们上了舞台先是手舞足蹈地跳舞唱歌，然后才拍卖。除了一些现场的观众买孩子们的画之外，买画最多的是志愿者团队的人。那个志愿者团队叫愿景志愿者，我后来才知道它是从美国引进的志愿者培训机构，最初是为了帮助二战之后美国有战争后遗症、找不到工作的老兵。现在这个志愿者机构在中国的总部位于深圳，广州有分部，招募社会上有空闲时间、经济条件相对宽裕的人进行培训，然后做公益活动。我参加的那次公益活动就是他们组织的。

问：锦牵在那里呆到了什么时候？

吴母：待了差不多两年半，2008 年到 2010 年 2 月。

问：其间你们有没有去看望过他？

吴母：我们当时有过自驾去看他。我们买了第一辆车，带他到厦门去旅游。他从小就喜欢水，小时候爸爸带他回到大理看洱海，他就自己往水里面跳。在海边，他也喜欢自己坐着玩水。那是我们全家第一次自驾车出去玩，当然是非常快乐的。

问：既然广州慧灵这么好，为什么 2010 年把他接了回来呢？

吴母：慧灵是一家非常好的公益机构。公益机构为了减轻家庭的负担肯定会少收费，当时我们把锦牵送过去是一千五百块钱，而且我们半年才去看他一次。广州慧灵当时硬性规定，家长至少要半年来看孩子一次，因为孩子们是有感情需求的。老师说："你们不要以为这些孩子不懂感情。"有些孩子的家长就想着过年的时候多给点钱，让慧灵帮着带孩子。慧灵是绝对不干的。每个孩子都需要父母的爱。我们假期去看他，房子租金是一笔很大的负担，那边的房租很贵，还有我们两个的飞机票。开车过去也挺贵的，不能每次都自驾。我们去陪他，差不多是倾其所有了，也是节衣缩食，甚至借钱。

慧灵是专门服务心智障碍大龄孩子的一个专业机构，开始的负责人是孟老师，我们喊他孟校长，他找的是国外的资源，主要是国外的基金会在赞助，而且广州是经济发达地区，社会募捐可以募到一些。后来，东南亚金融危机，好多国外的赞助机构中断了资助，慧灵的资金少了很多，想跟国内的残联合作，但是国内在这方面的资金不是很充足。为了继续运营，慧灵只好提高收费，要从每月一千五百元涨到两千五百元。当时跟我们说涨价，我们吓坏了，因为我们本身已经没钱了。一涨价，广州慧灵三分之一的孩子就被领回家了，还有三分之一在观望，剩下三分之一就多交了点钱。那些观望的人就在想着还能不能再便宜一些，后来明确告诉我们要涨价，我们没办法，只好把锦牵接了回来。

刚接回来，他爸爸陪着他睡觉，我说要不要给孩子放音乐听，他爸爸说不要。我不听，我知道他最喜欢腾格尔的《天堂》，我就给他放，他听到这首歌就泪流满面，放声大哭。我们才感觉到，他也有很大的情感需求，需要进行情感的宣泄。

2010—2014这几年对他的心灵和精神都造成了很大的伤害

问：回来之后又怎么做了呢？

吴母：从慧灵回来，没地方送，因为爷爷走了三年之后，奶奶也走了。他们走之前很牵挂锦牵，特别是爷爷。有一次爸爸领着锦牵出去散步，爷爷在沙发上坐着坐着突然哭起来，我当时吓了一跳，就赶紧问老人怎么了，他说以后锦牵怎么办呀。我只能一直安慰他，我在老人面前从来都只会安慰他们，给他们说“不怕啊，不怕，以后总会好的”。我妈，就是锦牵的姥姥，五十八岁就不在了，我感觉也是因为太操心锦牵的原因。

我和他爸爸整天要上班，工作都比较忙，也在事业上升期，工作肯定丢不开的。没办法照顾他，我们就找了一家云南省本地的机构——昆明一家5A级的养老院：看起来硬件设施非常好，可以一个人住一间房，费用一个月一千五百元，我们能承受。我们跟院长、副院长聊天，他们都愿意让我们把孩子送过来。养老院内部的环境很好，里面有一个水池，有树。有精神疾病的被专门关在另外一个区，锦牵和一些普通老年人住在一起，有些老人年龄并不大，只有五六十岁，他们有时可以领着锦牵在院子里散散步。但是卫生条件差一点，没有洗衣机，没有能消毒衣物的地方，每个房间里也没有洗澡设施，孩子的卫生情况跟不上，夏天我进他的房间，有非常多的苍蝇直接从床上飞起来，床单裤子经常是脏的。此外，他有情感需求，需要每天都散步，然而那里面没法保证这点。

孩子从广州慧灵那么人性化的地方出来，怎么会愿意住在这个地方呢？他自己是有感受的，当时我们并不了解这点，只想着把他放在一个地方就行了。第一天锦牵在养老院叫了一晚上，把人家的床板都跳断了，我就赔钱换了一张床。最后，养老院就把他拴在那个床上了。他在那个环境下就被磨成这个样子了：一天等着吃了三顿饭就睡觉，情感给封闭掉了。他现在会不时用头砸自己的肩膀。为什么呢？我到去年才想开。很多人都认为他是自残，一个特教老师告诉我不是。她问我：“锦牵是不是曾经一个人独立待了好长时间？”我说：“是的，有四年他是被关在自己的小屋里面。”她说：“估计他这个用肩膀砸头的动作是为了寻找自我存在感。在小屋里这样扭头，去看周围有什么东西能引起锦牵注意。”我很赞同这个老师的观点，他真的是被关得太久了。

当时有一个大背景，是昆明搞建设大拆大建，为了建盘龙江边的绿化带，所有昆明周边的养老机构拆迁搬走。这个养老院搬到山上之后环境可以，软件依然不行，我们不满意，但是没办法，因为我们也需要一些喘息，周末也需要休息。我们就两个星期去接他一次，因为之前听特教机构的老师说过，这些孩子接受环境需要一个时间，如果每周家长都去接孩子，孩子很难适应环境的变换。我们每次去接他回家，他很高兴，给他洗洗衣服、带他吃点好吃的东西、听听音乐，他心情好很多。

慢慢地，我们发现他在养老院受到虐待。有一次去看他的时候，发现他脱水，身体很干，躺在床上眼睛直勾勾地盯着外面，就像一具骷髅干尸。我们当时吓坏了。可能是为了不让他小便把裤子弄脏，省得给他洗，养老院的人故意不给他喝水。当时我跟他爸爸觉得可能他大限已到，因为有苯丙酮尿症的人在医学理论上只能活到十八九岁。我们赶紧把他弄到车上，把车上所有的矿泉水都给他喝，回到家他又在饮水机上喝了半天，身体才慢慢好了一点，脸色才红润起来。那天回家之后，我给养老院打电话，说要告他们虐待我儿子。院长听了之后求我，我心软了，想想那个养老院里还有那么多老人要照顾呢，就算了。后来自然也不敢再送锦牵过去了。就这样，他在这个了养老院待了两年。这些养老机构，必须要有专业的第三方监管，否则很可能有虐待现象。

问：从养老院出来，谁带孩子？

吴母：我大概请了一个半月的假来照看他，后来又找了昆明市儿童福利院。原来福利院是不对外开放的，只接受那些被遗弃的孩子。为什么会有那么多孩子被遗弃呢？主要是因为我们国家的社会福利保障制度不够完善，对不少残障孩子家庭没有或只有很少一点补助和救助费。昆明这边现在是否救助，是看一个家庭的收入。我们家的收入状况高于昆明市的平均家庭收入，所以我们就没有补助。这是救助制度的一个缺陷。有人问过我们为什么我们没有把锦牵遗弃掉，我说是因为我们这个家庭有爱有责任心，愿意承担起这个责任，但是很多家庭并不愿意承担的。

国家不会拨很多钱给福利院，福利院为了维持下去，就做了一些改革。2012 年的时候，已经可以从外面接收一些智力有障碍或者身体有残疾的孩子了。我去找福利院院长，院长同意我们把孩子送进来。可是，送去第一天他就要逃跑，他拉我到走廊上让我带他走。我狠狠心还是走了，心想慢慢地他的性子就磨下来了。福利院的管理其实也不是特别规范，锦牵是和一群小孩子住在一起，他们是一整个混成的班，有很多孩子，却只有两个老师在照顾。他在福利院天天只躺在床上等着吃三顿饭。他在那里喜欢打自己的头，还出现了一种躁狂现象，晚上不睡觉拼命地砸门，福利院就把他拴在床上和凳子上。后来，我经常发现他身上有很多伤疤，我怀疑他是不是在里面也受到了虐待，就去找监控，监控摄像头没能把视频存下来。之后，我们发现他出了精神问题。

没办法，2014年11月，我们把他又接了回来，一直到现在在家里照顾。2010年到2014年这几年对他的心灵和精神都造成了很大的伤害，我们当时没有意识到。从福利院回来以后，他的情绪和状态明显改善，不安全感明显降低，以前睡到半夜三更因为恐惧和害怕而突然惊厥颤抖的情况也没有再出现。现在每隔一周锦牵要去看精神科，一是因为锦牵需要调节神经递质，二是精神类药物一旦服用，一般来讲有一定依赖性，须终身服用。

精神科医生告诉我们再不能把孩子丢到那种机构里面了。我自己也意识到孩子的状况有我的责任，所以我要弥补他。其实这个建议我父亲在很多年前就提出过，他说："你可以不用上班了，在家好好照顾孩子。"我当时年轻，没听进去；或者说听进去一点，但心里边不太情愿。我不愿意当一个家庭妇女在家天天带孩子，干保姆的事情。我没有意识到孩子情况的严重和陪伴对他的重要性。

因为锦牵每两个星期都要去医院看一次精神科医生，所以我就在单位里调整到了研究所，不用天天去坐班，自己在家写写文章，每年公开发表一篇论文就可以了，我可以有大把的时间陪孩子。到现在快三年了，这三年我的变化也很大，我从他身上也得到了很多。照顾孩子是一个有苦有累但是很快乐的事，让我获得了一种前所未有的平静和幸福感，这是以前拼命工作没有带来的东西。我们每天要带他去散步三次，鞋已经磨坏了三双了，带他逛了好多公园、去了好多地方、看了很多事，也相当于我们在锻炼身体。锦牵出去散步很开心，看他开心快乐我们当然也很快乐。我认识到了带孩子的重要性。父母的陪伴其实对孩子是最好的。亲戚朋友们看到锦牵之后都说他变化很大，比以前懂事很多。

锦牵跟爸爸更亲一点

问：锦牵爸爸现在陪孩子的时间多吗？

吴母：爸爸的工作也经过了调整，现在在老干办，就在我们的楼下面，这样爸爸可以在家多陪陪孩子。我们两个人现在获得的幸福和快乐以前根本没有过。现在我做一些家长的工作，都会告诉他们只有陪伴才是最好的解药，不要去丢包袱，不要把孩子丢给那些机构里面就撒手不管。

问：孩子跟您还是跟爸爸更亲一点？

吴父：他从小喜欢跟我在一块儿玩儿。小时候他在我大理老家那边，跟我姐的关系比较好，他现在还喊我姐叫妈妈。他是两岁才会翻身，三岁才会走路。

吴母：他更喜欢跟爸爸在一起。可能是因为他小的时候我作为母亲的角色有点缺失，而且他觉得跟爸爸在一起是最轻松最安全的，爸爸也更溺爱他一些。很多时候，锦牵会对他爸爸不停地提要求，爸爸也总会满足他。

他性格很温顺，喜欢安静的地方

问：他平时有什么朋友吗？

吴母：他平时交往更多的是家里的亲戚，像他的哥哥姐姐还有弟弟。他有好几个哥哥姐姐都很爱他，会不定期地来看他，找他玩，还陪他一块儿过生日。

问：他跟哥哥姐姐弟弟们一起玩些什么？

吴母：他们来了之后就很自然地坐在一起玩。他的哥哥姐姐们都是低头族，坐在那儿喜欢玩手机，锦牵乖乖地坐在旁边看他们玩，然后拉着他们去散步。其实他们相处没有什么太大的障碍。

问：他现在跟小时候的玩伴或者是机构里面认识的同龄人还有联系吗？

吴母：没有了，这些都很少联系了。

问：你们平时喜欢玩什么？

吴母：过生日、聚会的时候一块儿出去唱歌，开车出去野餐之类。锦牵很喜欢散步，就是纯散步，出去他总是牵着我们的手散步。在家里，他一天大概要出去散步三次，距离大概有一二十公里。如果心情好，就走得远一些；如果心情一般，就在附近转一转。

问：除了散步，锦牵还有哪些兴趣爱好？

吴母：他喜欢听音乐，喜欢蹦蹦跳跳地跟着音乐舞动。他还很喜欢去超市购物。有一天我跟他一块儿去逛超市，他自己选了一个蛋糕，我买给他，他特别高兴。

问：有没有他特别喜欢或者很吸引他的地方？

吴母：他喜欢幽静的山。有一次去西山森林公园，我开着车他不坐，就牵着爸爸走，听鸟叫，我在后面慢慢地开着车跟着他们。他很温顺，喜欢安静的地方，人多嘈杂的地方他不喜欢，比如说婚礼场面。他小时候喜欢上舞台去蹦蹦跳跳，现在不喜欢了。

问：他性格怎么样？

吴母：他的性格总体是温顺的，不会去打别人，偶尔喜欢拿头去砸别人，

奇怪的是他喜欢去砸爸爸，但是很少砸我。（笑）

问：他平时不高兴会发脾气吗？发脾气会有些什么样的表现？

吴母：平时如果他提出的要求大人没有马上满足他会不高兴，或者小便急，示意大人后，大人不搭理，也会使他发脾气，想吃东西，大人没有给他，他也会不满。他发脾气时一般会掐人、丢东西、用头砸人、双手打自己双耳和头部，同时嘴里哼嗯哼嗯发泄自己的不满。

问：穿衣刷牙这些，锦牵能自理吗？

吴母：这些孩子两至四岁是黄金介入康复期，我们当时错过了。大概八至十二岁的时候，我们把他送到机构还有翁老师家里面，他慢慢学会了这些，但是现在退化了，穿衣刷牙还要我们帮助，洗脸也要我给他洗，吃饭他会自己吃一些东西。这些能力要巩固其实挺难的，因为会反复，特别是爷爷奶奶带的时候，他就会很快退化掉这些生活技能。

问：现在锦牵每天的生活安排是什么样的？

吴母：他现在的生活安排非常规律，早上八点左右起床刷牙洗脸换尿布，然后开始吃早点，有时候在家里吃，有时候会带他出去吃。他喜欢出去喝豆浆，会站在卖早点的小店门口不动，或者直接去拿食品，我就赶紧付钱。他也喜欢吃烧饵块、包子、馒头之类的，或者麦当劳的早餐套餐，所以每天早上他就要求我领着他出去吃。他不太愿意坐那儿吃，每回买了东西都是拉着我回家，边走边吃。吃过早点就吃药。吃过药通常去周围公园、盘龙江边、菜市场、超市、商城散步一到两个小时，五到七公里左右，边散步边听手机音乐，转回来时顺路帮助我买菜。回到家，锦牵坐在沙发上看电视，或者静静地躺在床上自己玩耍，或者听听故事，或者在客厅走去走来，靠在冰箱上柜子旁左顾右盼。肚子饿了就坐在餐桌边等待或者进厨房张望。他吃饭可以自己用右手握勺子吃，偶尔会拿勺子去舀自己喜欢吃的菜。午饭后会午睡一到两个小时，下午三四点出门散步个把小时，走三到四公里，然后回家。晚饭后看电视或者玩耍。晚上八点前后再主动找大人带他出门散步，时间也是一到两个小时，五到七公里。

他回到家就不愿意穿袜子也不愿意穿鞋，所以我们都喊他叫“赤脚大仙”。给他穿上他会想尽办法脱掉，所以冬天来了就有点怕他着凉。

他爸爸更溺爱孩子一些

问：你们带他出去散步有没有害怕受到嘲笑？

吴母：我从来没有怕被别人嘲笑的心理，很愿意带锦牵到各种场合，游泳、逛街、郊游、交际等等都愿意带上他。爸爸刚开始不愿意带他出去，总说累，偶尔才跟锦牵和我出一次门，现在爸爸好多了，基本都能满足锦牵出门的愿望。锦牵最喜欢爸爸，非常依恋和依赖爸爸，会拿爸爸的衣服和帽子给爸爸，要求一起出门散步，也喜欢和爸爸一起唱歌哼哼，喜欢伴着爸爸给的节奏表现欢乐的情绪。

问：他爸爸跟您在孩子生活和教育上有没有什么分歧？

吴母：当然有啊，我们因为这个吵过很多次架。比如，有一个特教老师会定期上门对我们做一个支持，让我们按他的要求培养锦牵的生活自理能力，说刷牙就让他自己学会刷。老师告诉我们方法之后，我就一直按照老师的方法来教他，但是他爸爸不怎么听，他更溺爱孩子一些，觉着顺其自然就行。这方面我们的分歧是最大的。其实我很纠结，我觉得老师说的是对的，锦牵现在二十五岁了，如果让他学会一些自理能力，能够减轻我们的负担。他爸爸有时候会把饭端到床上去喂他。我两边倒，有时候觉得喂他饭是最省事的，因为不用洗被饭弄脏的衣服，饭渣也不会掉到地上，有时候我又觉得应该培养他自己吃饭的意识和能力。我们偶尔因为这个会争执一下。

孩子的教育方面，我们需要告诉他克制自己。孩子呢有点任性，想要干什么就会撒娇，或者是找爸爸带他去。他知道爸爸更容易答应他的要求，所以每次会去找爸爸。他在外面见到人喜欢拉别人，我就打他手，要教他不能那样。

很多家长，特别是爷爷奶奶，因为孩子是残疾人有智力障碍，就溺爱，反倒会害了孩子。我们现在也对家长做一些关于教育孩子的培训。我会有意培养锦牵的耐心：如果他要我带他出门，我需要带钱包、换衣服，就告诉他："等我，别乱跑。"有一次出门，我着急忘了带钱，买了东西之后发现没有钱，店家看到锦牵是这样的孩子，说："不用给了。"店家很有爱心不会计较那一点钱，但是我觉得不能不付钱。

他有一点两性交往的需求

问：锦牵对两性交往有什么需求吗？

吴母：我很鼓励他去交一些异性朋友。他有一点这方面的需求。他喜欢游泳，我们带他去，他在游泳池里面喜欢抓女生的头发。现在我们慧灵有三个女老师，有两个短头发的、一个是长头发的，他到我们机构里喜欢找长头发女老

师，我们就知道他原来喜欢长发的女性。(笑)

有一段时间他对异性特别敏感，很喜欢抓着女孩子去亲。心智障碍人群的性需求，是很严肃的问题，是需要探讨的。我给锦牵洗澡、换尿片，我觉得很自然，但是我嫂子，比我要年轻一些，有点顾忌这些，告诉我她可以领锦牵散步，但是不会给他换尿片的。还有家长提醒我："你天天在家带儿子，如果他爸爸也在家，你应该让他爸爸给洗澡。"当时我有点懵：为什么她会对我这样说？后来我反思，她可能觉得我应该注意到孩子的性意识，应该明白男孩子大了妈妈要避嫌。换个角度，如果我是爸爸，我们的孩子是个女孩儿，我就应该回避一些事情。

锦牵十四岁的时候，我们带他去厦门玩，租了一个公寓，一家三口睡一张大床，晚上我发现他在板床，他是为了满足性需求。那次把我和他爸爸都吓着了。此前，我和他爸爸作为家长根本没想过这些，以为他作为一个智力障碍的孩子没有这方面的需求，就把这问题简单化了，没想到他的生理发育是正常的。我们赶紧打电话问慧灵的老师怎么办，老师告诉我们第一分床睡，第二要做正确的引导。回来之后我们就给他分床了。他有一段时间甚至不管家里有没有人，就在客厅的沙发上做那些事情，我们看不下去，引导他回自己屋子里去，然后告诉他："你如果有需求，我们可以给你提供私人空间。"说实话，一开始我们挺尴尬的，后来跟他爸探讨，他爸也说儿子不太懂我们的话，只能耐心地引导他。其实每个智力障碍孩子的家长都要面对这个问题。后来，锦牵吃精神科的药物对性欲有一定抑制作用，这种情况就很少出现了。

在国外的不少地方，会有专门满足残疾人性需求的志愿者。我们慧灵也探讨过这个问题。慧灵总部请了老师过来对家长进行过一些关于大龄心智障碍者的性需求的讲座，提到在澳大利亚有一个为残疾人服务的性从业者，是一个女大学生。但在中国，很多人是不愿意讨论这个问题的，如果对智障者家庭做这方面调研，可能不少家庭不愿意去谈。

问：据您的了解，其他的心智障碍孩子到了青春期，家长是如何解决孩子性方面的需求的？

吴母：我跟有些家长聊过这个问题。有些孩子是女生，进入经期后，父母就会告诉她怎么处理，如果孩子不懂，家长就只能多照顾她，基本上是把孩子保护起来，不让她接触陌生人。有一个家长说，她发现女儿特别喜欢找他们小区里的一个老头，家长很奇怪，悄悄观察，发现女儿会自己跑出去找那个老头，毕竟女儿已经二三十岁了，老头对这个女孩进行性骚扰和猥亵。她不准女儿去找那个老头，但是她女儿精神上有些问题，硬是要去找，家长也很痛苦，很为难。

我们机构里有个男孩，喜欢去摸别的女生。我们严厉制止他，告诉他不能随便摸别人。可是他父母对他的行为不设限，纵容他，不配合我们，我们只能把他劝退，不再收他。

问：异性心智障碍者之间会有感情吗？

吴母：他们还是会有的，说起喜欢谁还是会笑会害羞的。我们机构通过安排丰富多彩的活动转移他们的注意力。但是，我们会担心他们在自己坐公交车回家途中受到性伤害，就告诉他们身体有哪些地方不能让别人随便摸，陌生人提的要求一定要告诉爸爸妈妈。

很多这样的孩子后来结婚了，生的小孩是正常的。这种家庭不少：两个心智障碍的成年人在一起，有了宝宝之后，两家老人帮着带。台湾有鼓励智力障碍的人群在一起生活，政府给他们提供廉租房，让他们能够独立生活。我知道其中有一家，孩子爸爸可以做简单的工作赚些钱，孩子妈妈呢就在家看孩子，平时社工和双方父母会来帮着照看孩子；并且智障人士的孩子受教育免费或者是有所减免。这主要是政府支持很到位，同时有社工上门来帮助。这正是我们现在最需要的。如果这两方面的支持不到位，就算鼓励智障人士正常的交往交际，组建家庭也会困难重重。

目前在中国，社工这个专业从业面很窄，工资待遇也相对比较低。国家应该对社工进行经济上的补助，减轻我们这样的机构运营的经济压力。2001 年我在北京进修社工专业的时候，全国只有八万社工，现在已经翻了十倍了。虽然学这个专业的人明显增多，但真正从事这个行业的人并不多。希望以后这个现象会慢慢改善，毕竟国内有很多需要帮助的困境家庭。

问：那您有没有考虑过锦牵未来的感情或者说婚姻上的事？

吴母：因为他是重度的，所以说婚姻我们没有怎么考虑过，只希望他在同类群体中能交到朋友，多一些空间，多一点快乐就好。

我们是想过再要一个健康宝宝

问：知道锦牵生病后，你们有没有考虑过再要一个孩子呢？

吴母：说实话，是想过再要一个健康宝宝。我们努力过，怀孕过两次，但总是质量不好，后来都流了。一直努力到 2007 年，就是十年前才下决心不要了，统一思想，说好好照顾锦牵就行了。

问：您当时有没有担心会再出现锦牵这种情况？

吴母：那会儿其实还好，医院专门做遗传学的专家告诉我是可以再要一个健康宝宝的。我流产了两次，可能是毕竟有锦牵这样一个孩子，我们经济压力比较大，正常工作之外，我拼命地上课，去做家教，晚上要坐一个多小时公交车，如果没有公交车了，我就在朋友家借宿；此外，心理上也有些担忧和害怕，因为医生说在母体做穿刺并不是百分之百能查出来先天性遗传病，只有等到孩子出生后亲自验血才能准确检测出来。

我其实对我妈很内疚

问：你前面说，你妈妈反对你和锦牵爸爸结婚，那后来你父母怎么看待你们俩的婚姻？

吴母：上大学时我们谈恋爱，大学快毕业的时候，我把锦牵爸爸带到我老家给我妈看。我妈喜欢看面相，觉着从面相上他不好相处，怕我嫁给他之后受气，坚决反对我们在一起。而且，我妈跟我爸长期两地分居，我爸在个旧，我妈在建水，她体会到女人一个人带娃娃太辛苦，不希望我再走她的老路。再说，他家是纯农村户口，我家虽然也在农村，但是农转非，我爸爸是工人，工资比较高，家里生活水平不错，我从小到大基本没吃过苦。我妈实际上吃苦最多，我妈的两个姊妹嫁的是农民，但是当她们搬到新房子去的时候，我家住的还是旧房子。我妈特别爱干净，做事情从来都一丝不苟；家里虽然没有桌子，但是凳子擦得干净得都发白了；她坚信衣服可以破，但不能脏。我妈对我的期望，一是一定要好好读书，二是我能去建水一中教书。我算满足了她两个愿望，所以我妈最宠我，不允许我跟锦牵爸爸结婚。

我爸和我妈不同，他只问："这个男孩是不是党员？"我说："是啊！"我爸说："那可以嫁了。"（笑）我爸十六岁就去工厂做工了，是共产党一手培养起来的工人干部，他很正直，我们家整修老房子的时候他正好在单位管后勤，我妈让他从公司拿几根铁管，我爸坚决不答应，包括工厂招工也从来没照顾过我家的亲戚。我大学入党就是我爸写信让我入。他是那种真的有信仰、公私特别分明的老党员，最喜欢穿着中山装，胸前的口袋插三支钢笔。

我妈不同意，但是我偏要嫁给锦牵爸爸，整天还跟我妈吵架。最后，我妈拗不过我，我还是结婚了。我怀孕的时候我妈照顾我非常周到；孩子刚出生没发现有病的时候，她也非常开心；孩子半岁多发现有病之后，我妈睡不着觉了就哭，就说："小波你以后怎么办呀？你以后怎么过呀？"每次我们回家，我妈都是把自己省下的钱拿给我们。我妈一辈子没正式工作，后来开了一个馆子卖米线。她做的米线非常好吃，在建水城很有名。她的店开在西门，每天早上两个住在东门的老板开着豪车过来专门吃我妈做的米线。我妈有高血压、心脏病，为了锦牵劳累了很多，后来锦牵五岁的时候，她脑溢血三个半小时之后就不在了，才五十八岁。

当时正好1997年香港回归放七天假，我在建水，锦牵在大理，我回去陪我妈。我陪她去散步，她跟我说："小波，我最放心不下的就是你啊！"没想到说完这句话第二天早上六点半我妈发病，九点就去世了。我妈说走就走了，不过，我后来想明白：走得快的人是有福气的人。

从情感的角度讲，我其实对我妈很内疚。我妈一辈子很好强，她心里也许想说："我叫你不要嫁你偏要嫁，最后生了一个这样的孩子！"她自己是解不了这个心结的。我想，每个人作为个体来讲，必须要承受自己面对的苦难，也要去超越这种苦难。超越苦难是要有一些东西能触动你，可能是一句话，可能是一件事，也可能是一种东西让自己打开心结；否则很可能走不出来。

命运安排给我们的最好礼物就是锦牵

问：您当时是如何解开锦牵生病这个结的？

吴母：所有这些家庭都是先哭过之后才开始慢慢接受孩子，心结难解的漫漫长路是每个这种家庭的必经之路。前面说到，锦牵一岁九个月时去北京看病，我在于大夫诊室里发现有很多跟我们一样的家庭，这次触动让我的心结解开了一半。还有一次是带他去爷爷的老家玩，爷爷有一个亲妹妹在那边，对我们非常好。那边有一个云龙桥，是铁索桥，下面是澜沧江，江水湍急。有一天，锦牵早早起来沿着江边小路散步，往云龙桥方向走，我在后面跟着他，想看看他到底去哪里。锦牵喜欢听声音，听到江水的声音就往前走，走到江边拉着铁栏杆听江水的声音，我没打扰他，远远地坐在一块石头上看着他。那一刻，我的心结完全打开了：孩子是上帝送给我的一份礼物，来带我欣赏青青的山、静静的路、湍急的江水，我一定要珍惜我的孩子。

孩子的爸爸一开始没有走出来，锦牵一直是他的心结。那次从云龙桥回来，我跟爸爸讲了我的感触，爸爸被"锦牵是上帝送给我们的礼物"这句话触动了。作为党员，我们没有“上帝”这个信仰，所以现在我们叫“命运的安排”。命运安排给我们的最好礼物就是锦牵，他让我们那么敏感，让我们的人生变得丰富，让我们去体验人性的东西，还有人世间的是是非非与温暖。我们是不幸的家庭，但从人生经历来说，我们也是幸运的家庭，因为我们更懂得爱与被爱，我们会对生命有更多体验。另外，他爸爸看到我们很多同龄人的孩子努力上学，考到了什么好学校被送出国了，父母生病了孩子远在国外也没法回来陪；爸爸说看我们家孩子多有孝心，天天陪着我们。这种陪伴是相互的，我们陪伴他，他也在陪伴我们，锦牵是我们生命中非常重要的一部分。

问：那您家里其他人是怎么走出来的呢？

吴母：我爸爸也是在我讲了我和锦牵去云龙桥的经历以后，把锦牵看成了一个礼物而不是嫌弃的对象。我母亲信佛教，我结婚前她为我的婚姻去庙里算过两次命，一次是拿我和锦牵爸爸的生辰八字算我俩是不是合适结婚，另一次是带我们去当地最大的庙里抽签，没想到我们正好抽到了一个下下签。因为这些，我母亲对我们结婚更不支持了。不过，老岳母看姑爷越看越喜欢，我们结婚后，他在我家吃饭，每次吃加肉的米线，我母亲都给他加的肉最多。锦牵生病之后，我母亲又去算命，回来告诉我们：“原来你是逃不过啊，你们两个上辈子是江洋大盗，在路上堵着锦牵把他的头给砍了，这辈子你们是来还债的。”我妈给我们算了这个命之后就解开了心结，心里轻松了许多。

锦牵一直是爷爷奶奶心上解不开的结。爷爷那时有一点老年痴呆了，走路不太方便，但还是领着锦牵出去散步，摔倒后把腿摔伤了，做了一次手术，不久就去世了。家里人都告诉我是爷爷自己摔倒的，不是锦牵推的。但是，爷爷是带着锦牵出去散步的呀，无论是不是被推倒的，都是因为锦牵，爷爷才受伤的。

爷爷走了之后，我把奶奶接到昆明，让她下楼去散步她不愿意出去，说是怕别人问她锦牵的事。我叫同事的父母过来喊她一块儿去买菜，可是她哪儿都不愿意去，她就喜欢一个人独来独往。之后奶奶的身体不太好了，晕倒摔到头部就不行了。爷爷去世三年之后，奶奶也去世了。

更多的帮助来自家庭和家族

问：你们在给锦牵治病的过程中遇到那么多困难，有没有得到过外界的帮助？

吴母：社会上有不少爱心人士。那年六一儿童节的时候，电视台报道了锦牵的情况后，社会上很多人给我们寄钱，爸爸把帮助我们的人的名字拿毛笔记录下来，现在还保存着。我们单位工会也给过我们资助。救助这类孩子要花很多的金钱，社会应该有个救助体系，但是现在我们国家对于罕见病的救助还没有很好的支持力度。我现在在做一些相关政策研究，包括写一些提案。

更多的帮助来自家庭和家族。我们两边的亲戚都很好，知道孩子这个情况之后，都凑钱帮我们。像我哥我嫂子经常帮助我们。奶奶把钱存在罐子里面，我们一去就塞给我们。锦牵在爷爷奶奶家待了将近四五年，全家人对他非常好，包括他的表弟表姐，他动手打他们，他们都不会还手的。家里面人可以说对他有一种溺爱。家族的支持、家族的爱是我们走出来的一个重要原因。

问：我们从资料上看到，国家好像是对这样的困难家庭会进行救助和补助的。云南的情况怎样？

吴母：我在省残联坚持了五年，每次开会都把残疾人救助这个事情提出来。经过我们多年的努力，2017 年云南开始实施重度五类残疾人救助，全面覆盖了一二级重度残疾人。锦牵是重度二级残障，一个月补助四十块钱。

问：40 块钱对于这些家庭来说应该是杯水车薪吧？

吴母：省残联的管理方式叫“属地管理”，残联出台政策，各个区自己救助。我们属于盘龙区，省残联出台政策后，盘龙区一个月给我们四十元。如果我们在官渡区，经济发达一点，补助会多一些。如果父母不在了，这些孩子就算是孤儿，也是低收入或无收入家庭，会进入到政府的民政救助里，补助更多。

现在像我们家这种情况，父母还在，而且有收入的，补助力度很小。毕竟在全国来看，云南并不是很发达地区。那几年，像锦牵这样的孩子送到机构，最低也要一个月一千五百到两千元，再加上尿片钱、衣服钱，都是不小的开销。以前他还要吃药，吃的都是进口药，一盒一百六十七元的药只够吃半个月，还有些其他的药加一块儿也挺贵的。我工资的一大半都要支持他，所以我们家在经济上一直差一口气。现在我们看着有车有房，但是是开着车的月光族，我们想要去旅游都很难，第一是平时要带着锦牵，第二是经济状况不允许。我们家现在这个房子的十五万装修款全是借的钱，现在要还借款，每个月基本上是省吃俭用。孩子爸爸说至少要过三四年才能把借款还完，那个时候家里的车肯定需要换了。我说：“哪天能出去旅游？”他爸爸说：“那就只能再往后推了。”这种经济上的困境是明明白白能看得到的。

我和爸爸都不敢有事、不敢病、不敢死

问：你有没有想过孩子以后怎么办?

吴母：这个我当然想过，但是我一直没敢问孩子爸爸。爸爸从来不认为儿子是有病的，一直说孩子是正常的，但是我们不可否认他有苯丙酮尿症，这个病从理论上来讲大概只能活十八九岁。对于锦牵来说，他的生命已经算一个奇迹了，周围人都觉得我们很伟大。我们曾经挂过一个杨建忠老医生的号，他给我们说："我的医疗生涯里从来没有发现过有苯丙酮尿症的人活到这个年龄的，很多是从小就放弃治疗，或者到十八九岁已经不在了。你们太难得了，孩子二十五岁了还好好的。"我给锦牵爸爸讲："我们现在已经胜利了，孩子活一天就是赚了一天。"他的二十岁生日，还有昨天二十五岁生日，我们都进行了庆祝。我感觉我们家现在的状态是最好最圆满的，也是最快乐最幸福的，虽然也会累一点、苦一点。

问：你们老了之后，这个孩子怎么办?

吴母：我们这个家庭属于老残一体的家庭，我们的年纪会越来越大越来越老。打个比方，孩子现在二十五岁，如果还有二十五年，到时候我就七十七岁了。我还能照顾他吗?爸爸有高血压，还有一些心脏病，我现在很担心爸爸，我出差每天都会让爸爸给我报平安，早上起来也要跟我说一声，担心爸爸突然有一天早上没醒来怎么办啊，毕竟是有这种可能性的。

昆明这边一个妈妈在照顾一个智障的孩子，有一天早上妈妈突然去世了，三天后才被发现；孩子一直坐在妈妈身边，身上特别脏。也有的家庭在照顾孩子中会有虐待现象：被锁在铁笼里面的、被打的……我们家里还好一些，是充满爱的，毕竟是两个人替换着照顾。有一天我在外面吃饭，爸爸重感冒了起不来，给我打电话，我只能让他先坚持一下。晚上七点钟我回到家，爸爸躺在床上，孩子乖乖地坐在旁边守着爸爸。我当时心酸地哭了。我和爸爸都不敢有事、不敢病、不敢死。

父母去世，孩子怎么办?我们也在考虑这种问题。我曾经见到过一个家庭，父亲八十多岁，老伴不在了，父亲一个人照顾着六十多岁的智障孩子。社会上这样的事情不少。政府层面是管不到的，毕竟残联的工作人员就那么几个，所以我们需要一个社会支持体系。

这种孩子是拥有生命权的，他们应该受到尊重，不应该被排除在国家的救

助体系之外。从生命规划来讲，从他们出生那一刻，就要形成一个支持网：孩子出生前，应该有医疗机构告诉孩子的妈妈怀的孩子有什么问题，自己决定要不要孩子；要了，政府肯定要给一些支持，一是经济上的，二是政策上的，三是教育上的；十六岁之后，要有一些社会机构来接纳他们，直到他们的生命历程结束。像我的孩子锦牵，明摆着就是白发人送黑发人，到那一刻时，我们这些困境家庭的父母的心理安慰，或者叫临终关怀谁来做呢？有一年我们回大理老家，孩子爸跟我说："我们在老家给孩子找一块地。"我听到那句话，心就落下来了，明白爸爸已经做好送走孩子的心理准备了。说起来是伤心事，但是我觉得爸爸做好准备了，我也做好准备了。其实我自己说是做好准备了，但还是很怕那一刻发生，怕自己受不了。

以后剩下我们老两口了，我们就想着不要在家里去世了没人知道就好了。我们这边楼上有个老人八十多岁，自己一个人住，儿子来看父亲，发现父亲早已经去世了。国家应该有社区服务机构，在社区有社工或者助残的机构定期上门到困难家庭或独居家庭，至少每天打个电话，问一下家庭有没有什么需要帮助的，如果不需要，就不用过来了，如果有需要，就过来，这是我的梦想。必须要有这种专业的助残机构，把每个社区的困难家庭或者双老家庭全覆盖；而且，上门服务的社工需要有资质，要经过训练，服务也要有监督。现在关键问题是这些社工的工资谁来开？我那年在北大进修，学了社会学也学了社工，回来就有了这个想法。2001 年我在云南师大读了社会学的硕士，这种社工的理念更清楚了，也知道了一些社工机构。

2015 年慧灵落地昆明，我是法人

吴母：我把锦牵从广州慧灵接回来之后，一直没有跟慧灵断联系，从 2005 年开始追随了十年，在我的努力下，2015 年昆明开办了慧灵大龄心智障碍者服务中心，做朝九晚五的日间服务，让这个品牌落地云南西山区。我是这个机构的法人，我们有三个老师，注册的有四十多个孩子，经常来的有十几个。我最初以为锦牵可以适应里面的节奏，就送锦牵过去，但他不太愿意去，他跟不上里面的管理节奏，他要不时地出来散步，而且慧灵要经常深入社区，定期去外面唱歌吃饭，锦牵接受不了外边比较嘈杂的环境。

问：您现在要带孩子还要管理机构，时间是怎么协调的？

吴母：2014 年我把锦牵接回家，2015 年在广州慧灵总部的资助下慧灵落

地昆明。2015 年，我基本上就没睡过一天午觉，天天带着锦牵去忙昆明慧灵的筹备。慧灵有一个行政主任，相当于 CEO，负责全盘管理，包括项目服务发展等；我是兼职的法人和理事长，只负责制定管理制度，也不用每天都去，所以大多数时间还是在家照顾锦牵。但我是法人，要担风险，如果慧灵的孩子出了什么危险，我要担法律责任。慧灵是全开放式机构，大铁门绝对不会锁起来，门每天都是开的，第一对所有程度的智障孩子零拒绝，第二欢迎社区居民来参观，因为我们要用社区资源来建立服务体系，要让孩子们融入社会。社区居民有时候会帮助我们包粽子、包饺子、唱歌、跳舞。我们也支持孩子们的自主决策，星期一早上孩子们开会商量这一周主要干什么。除了我们的调理课、音乐课、画画课，其他的活动内容孩子们都可以自主选择，比如自己是不是要去唱歌，要去逛公园还是去博物馆。孩子们还参与一些社区活动。昆明慧灵现在是西山区的优秀社工培训基地。

这种开放式也有困难的时候，毕竟这些孩子管控情绪的能力比较低。有一天，有个孩子走到外面，看到一对老两口，那个孩子冲上去就咬那个老太太。还好，老两口脾气都比较好，马上到我们机构，负责人赶紧给我打电话，我让他们赶紧把老人带到附近医院做一个鉴定，然后安抚一下孩子。等我赶过去，老人已经从医院回来了，担心会不会有什么传染病。毕竟有些人一辈子都没有见过这些智障的大龄孩子。我赶紧告诉老人不用害怕这些孩子，同时道歉，给他们付了医药费，留下联系电话让他们后面如果有问题来找我们。我解释了半天，老人比较通情达理，说算了算了。

另外，慧灵楼上住了一个老人，年轻时是艺术团的，孩子们在下面一闹，老人就受不了嘈杂，让我们关门关窗。我告诉老人，我们关门是不太可能的，这是我们的管理规定，但是，您休息时间我们声音小一点。十二到十四点老人的午休时间，孩子们自由选择，想玩手机的玩手机，想看书的看书，想睡觉的睡觉；十四点以后孩子们开始跳舞唱歌。后来，老人慢慢理解了我们。

问：家长对你们的机构评价怎么样？

吴母：家长都可高兴了，这让他们得到了喘息，而且我们的机构费用不高，一个月只收九百块钱，还管一顿中午饭。里面的孩子大部分是轻度的，读过特教学校，能唱歌跳舞，有一定自理能力，只是跟人沟通交流会慢一些、会有些情绪，我们的日间服务很适合他们。家长都说：“幸亏这个机构，否则我们这些孩子都没地方去。”

慧灵的引进我坚持了十年，这十年当中不自觉地非常自然地追随它的理念，因为云南有33.7万智力残疾人，却没有一个大龄智障人士的服务机构。同时，我从2013年开始做智协工作，从小爱到大爱，除了关心锦牵以外，也在关心他们这样一个群体，希望更多的人来关注、关心、支持他们。现在社会对这个群体的支持体系还没有做好。我一个人看到这一点不行，要让更多人看到。

问：慧灵的老师是从哪里招来的？

吴母：是社会招募。他们都是专业社工师。

现在我们昆明慧灵已经陷入一个困境，收不抵支了

问：除了家长交的费用、慧灵总部给予的资金，社会和政府有没有给予你们经济上的帮助和扶持？

吴母：现在我们昆明慧灵已经陷入一个困境，收不抵支了。因为我们是一个公益机构，肯定要秉承公益机构的理念：家长、政府、社会募捐各承担运营成本的三分之一。一个孩子一个月的日常消费成本是两千六百块钱，三分之一就是不到九百块钱。我们是品牌机构，都要按规定来做。在云南，一是政府购买不到位，2016年政府只购买了1%，政府这块儿可以说是基本缺失的。社会募捐非常难，前一段时间九九公益日募捐了一部分，我们找遍了身边所有熟人和关系。没钱怎么办？下个月我都很难发出员工工资了，有可能要关门了，要不就是涨价。我们给家长提前说了一声，他们都唉声叹气的。怎样把钱的缺口补上？最近我们在开会商量这个事儿。我们辛辛苦苦引进慧灵，而且填补了云南省的空白，特教学校很多孩子十六岁之后就来联系我们，那些校长也说他们那些娃娃到十六岁之后就交给我们了。但是政府支持不到位，昆明公益氛围也不浓。我除了带锦牵，还有很多其他的工作，所以平时没法完全投入到这个机构中。云南心智障碍的人挺多的，其实我们很多人可能都会有一些障碍，所以要平等对待每一个生命，包容每一个生命。

问：政府有没有给一些政策上的帮助？

吴母：从政府层面来说，是政府拿出钱购买公益机构的服务。这几年政府就在推广这个。但是在云南，政府购买对障碍人士的服务还在很低的阶段。我们机构所在的西山区这次购买服务名额非常有限，而且政府购买服务有时间限制，半年、一年之后就结束了，不是持续的。我们机构虽然是落地西山区，可是我们能服务整个昆明市。如果以昆明的名义来注册也不行，因为昆明的政府

购买服务是下放到各区的，这就有很多障碍。

问：有没有其他途径解决这些问题呢？

吴母：这个需要多方面的努力。从政府方面来说，先要让这些官员知道我们是个很好的机构。像上一次，一个新上任的残联理事长来我们机构参观，很多理念他都不懂，我们要给他扫盲。以前的老理事长知道我们机构的情况，想多给我们一点钱，但是新来的理事长要重新了解，所有机构都是要进行竞争的。西山区这次政府购买服务的机构大多是医疗服务机构，政府更愿意把钱投到那些大医院。所以，我们现在就要让残联的工作人员和领导明白：智障人士家庭和群体不愿意到医院的康复中心，因为那些所谓的硬件设施很好的机构并不利于智障人士的生活发展；我们机构更注重的是软件，提供的是软性的人性化服务。

当时锦牵到养老院为什么会受虐待，还会脱水？到福利院为什么会精神躁狂？因为没有社工介入对养老院和福利院进行监督、对他们的行为进行规范。我们慧灵对每个孩子制定一套治疗规范，对他们进行准确定位。上次广州慧灵的专家来给我们的孩子逐个进行了定位，比如目前锦牵的状态以休闲生活为主，以能力提升为辅，不时让他去慧灵跟同龄的孩子一起玩耍，让他能处于一个群体中。

我们参加过特奥活动，也给了我很大的感触

问：您和锦牵接触到特奥活动吗？

吴母：我们参加过特奥活动，也给了我很大的感触。我是在做智协工作时了解到特奥魅力的。我们家两口子年轻时候都算体育健将，如果早在二十多年前我们知道特奥运动，锦牵可能就不是现在这个状态，很可能会是一个优秀的特奥运动员，因为毕竟有基因在这儿嘛。（笑）后来我了解到国际特奥运动会甚至可以专门为一类孩子设立一个项目，比如说锦牵喜欢游泳，就可以专门为他这类喜欢游泳的孩子设一个游泳项目，所以我觉得特奥特别人性化。

后来智协告诉我们有特奥运动或联谊活动，就让我去带队。2014 年我带着云南队到四川成都去参加特奥联谊活动。那是中国智协在国际特奥会东亚区的支持下做的一个品牌活动，举行的是大型运动会。这么好的活动需要普及到这类家庭和孩子身上，让所有的家庭都可以来参加。

问：您第一次知道特奥是什么时候？

吴母：2014 年初带队去参加那个活动的时候。

问：锦牵有没有去参加这个活动？

吴母：我当时就是带着锦牵去参加了这个活动，参加的是跳远项目。他稍微跳了一下，就给了一个第三名。（笑）我们还参加过政府筹办的一些活动，有一次活动参加人员很广泛，云南来了八个州的人，也有其他地方的人，一般都是特教学校带过来的学生，也有家长陪同的。

2015 年，我又带锦牵参加了迪庆州的特奥活动。那个活动办得挺大，东亚区的特奥负责人也来了，还有一些知名的专家和运动员。为什么在迪庆州搞呢？因为云南省有一个智障的孩子从小参加特奥训练，后来成了特奥选手中的一个领袖。这个孩子在特奥训练中受益非常大，家长就成了铁杆的特奥运动粉丝，也是特奥活动的推广者。这个家长是做生意的老板，就自己出钱出力搞了那一次邀请赛，邀请我和锦牵一定要过来。当时爸爸还在上班，我犹豫我一个人能不能带着锦牵去。这个家长一直鼓励我，要我去见证特奥的魅力。后来，我发现特奥运动果然对这类孩子帮助很大。那次活动中，锦牵参加定点投篮比赛，他在人多的地方会很紧张，还没有投就跑出去了；后来，还是给他颁发了一个奖——体育道德风尚奖，因为他是那次活动中智力障碍最严重的孩子。他自己上去领的奖。他拿到奖牌的时候特别高兴，一直捧着在照相。

问：您以后还希望锦牵多参加这种活动吗？

吴母：当然希望多参加了，因为最适合他们的就是体育运动和音乐，不仅能让他感受到快乐，而且会增强他的社会交际交往能力。遗憾的是，大型的特奥活动在云南还是空白，我们往往只是选几个种子选手去参加比赛，是去拿奖牌的，覆盖面很广的联谊活动很少。那次去成都，发现四川有专门的特奥运动场，云南没有。另外，云南特奥运动的教练太少了，只有几个特教学校的体育老师。从成都回来之后，我给云南省残联写了建议。

我能感受到前所未有的平静和幸福

问：您是怎么接触到智协工作的呢，做这份工作有什么感受吗？

吴母：我和锦牵爸爸曾经带着孩子到省委党校所属的昆明市西山区残联找相关领导反映孩子义务教育就读无门的情况，所以西山区残联的工作人员认识我。出于我为人热情、在省委党校工作、有较高的学历、家庭情况符合要求等等，2005 年西山区残联推荐我兼职做智协工作。2005 年 11 月 29 日西山区残联第四次代表大会上，我当选为西山区智协主席。后来，我又担任过昆明市智协副主席，现在是云南省智协主席。在做智协工作过程中，我逐步了解到云南省有智力障碍人士 33.7 万人，占残疾人总数的比例高达 11%，我利用在省委党校做研究工作的专长，撰写了多篇调研报告，上交了多个提案，参与有关政策的制定。十多年来的智协工作，既是一个从自助到助人并得到他助的过程，也是一个个人境界从小我到大我、从小爱到大爱逐步升华的过程。

问：据我所知，很多有这样孩子的家庭，夫妻感情会受到很大的影响。你们有过这样的经历吗?

吴母：很多这样的家庭中，夫妻会有一方逃避责任，选择离婚，把孩子留给另一方。我和锦牵爸爸也曾经为生活所迫，想过下海经商，也曾经为孩子吵过、闹过离婚，后来我们体会到生活就是不断地妥协，两个人逐渐取得共识，齐心协力互相鼓励，共同照顾锦牵，虽苦犹甜，也收获了和谐温馨快乐的家庭氛围。

问：您能详细说说照顾锦牵的苦和乐吗?

吴母：我是从 2014 年 11 月开始正式带锦牵的，其中有不少艰辛。服侍锦牵吃喝拉撒是无法回避的日复一日的事情。最辛苦的是锦牵的大小便问题，一不注意，锦牵就会把大小便拉在身上或者床上、沙发上，虽然使用尿片、尿裤，但是有时候会掉落，或者被锦牵脱掉、扯掉，所以洗裤子、洗床单是常态。锦牵有些挑食、拣嘴，我们一日三餐洗洗煮煮也比较辛苦。此外，每天要陪伴他散步多次，我的身体出现腰椎劳损、腿部静脉曲张、网球肘等。偶尔锦牵熬夜不睡，我也就睡眠不足。我被锦牵困住，自由的时间和空间很少。

不过，在陪伴锦牵的辛苦中，我也感受到许多以前没有感受过的快乐：是锦牵带我去逛公园，欣赏景色；陪伴锦牵看电视、听音乐，让我放慢了生活的脚步，去审视自己的内心，从而知道什么东西是重要的。锦牵的喜怒哀乐也是我的喜怒哀乐，总体上说，一天当中锦牵高兴和快乐的时间远远多于发怒的时间，所以我能感受到前所未有的平静和幸福。

只要简单快乐，像现在这样就挺好的——吴锦牵父亲口述

口述者：吴锦牵父亲，1966 年生于云南大理，现为云南省委党校干部
访谈者、撰稿者：魏冕，男，1995 年生，昆明理工大学 2017 级研究生
访谈时间：2017 年 11 月 15 日
访谈地点：吴锦牵家

问：吴老师您好！您是哪一年出生的？

吴父：我是 1966 年 8 月出生的，属马。

问：您家里有几个兄弟姐妹？

吴父：我家有六个兄弟姐妹，我是老三，我上面有一个姐一个哥，下面有三个妹妹。

问：我听您的爱人周老师讲，1994 年之前，您在昆明工作，周老师在建水一中工作，当时您是如何协调工作和照顾锦牵这两个事情的呢？

吴父：我在云南省委党校工作。党校和大学一样都有寒暑假，每年大概有总共 80 天左右的集中休息时间。孩子是 1992 年出生的，半岁左右发现可能是生病了，为了方便照顾锦牵，1994 年周老师也调到了省委党校。所以，小孩出生后，其实我们两个人不在一起的时间就一年多。

问：把周老师调到昆明，主要是因为您当时想着两个人一起照顾孩子会更好一些？

吴父：小孩生这个病呢比较麻烦，在建水小县城求医问药不方便。当时交通状况不是很好，我每次坐车去建水要很长时间，下午两点多的汽车要坐到晚上的两三点；到建水以后，想着太晚了不好去打扰我爱人的家人，建水一中围墙太高了，也没法翻进去去她宿舍，所以我一般会在外面待到天亮才进家门。为了赶上周一上班，我周日又得往昆明赶。

问：您知道锦牵患苯丙酮尿症的时候，内心有什么感受？

吴父：当时我们觉得这个病是可以医治好的。那时在儿童医院通过把锦牵的小便滴到三氯化铁里做实验，确认是这种病了，但是昆明没有地方可以医治。1994 年锦牵一岁多的时候，我们在报纸上得知北京的医院可以医治，就

去北京求医。我们到北京其实没有什么痛苦与不痛苦的，就是当时比较忙，工资也比较低。我的工资才两百七十六块一个月，我和周老师工资加一块儿才五百块，但是锦牵一桶奶粉就要四百五十块钱，一个月要两千多。我们俩一个月的工资只能买一桶奶粉，还差三桶奶粉的钱。还有，他每天吃饭，比如说土豆只能吃多少、白菜要多少、米饭只能吃多少，是有比例的，不能吃瘦肉、鸡、鸭、鱼、蛋、奶这些，只能吃一点肥肉和猪油。我们每天就忙着他的吃饭，没有那么多时间去考虑太多。

问：您是怎么接受孩子生病这个现实的？

吴父：1994 年六一儿童节的时候，我们领养了普洱市景东县的一个孤儿，是一个失去父母的小女孩，《春城晚报》的记者觉得我们这样的家庭还领养别的孩子，就做了报道，把我们家给宣传出去了。其实其中我和周老师的一个目的是让云南省有锦牵这样小孩的家庭，能通过我们知道在哪儿可以求医问药、小孩需要吃什么东西。因为当时好多有这个病的家庭不知道可以去哪里医治。后来云南这边一些家长打电话或者直接带着孩子跑到我们单位找我们，问这些小孩儿要吃什么药、去哪儿买，我们帮他们解释这个病的情况，把我们知道的信息都告诉他们。他们也都很痛苦，承受能力可能比我们低一点。在帮助和疏导他们的过程中，我们慢慢地走了出来。再加上，我的老岳母去算命，说是前世我们欠了锦牵一条命，这一世我们要还锦牵。老人家说："这就是命吧！"这个也有助于我们接受现实。

问：像您这种家庭，计划生育政策允许再要一个孩子，您有没有过这样的考虑？

吴父：我们也考虑过。最初我们不在这边住，1999 年才搬到这边。当时这边都是农田。为什么要搬到这边呢，就是因为这边有很好的小学和幼儿园，我们想着生个老二读幼儿园和小学很方便。后来，我们又想还是不要了吧。因为我们再生小孩，还是有四分之一的概率会出现锦牵这样的情况；更何况我们两个人都要上班，再带一个小孩不方便，父母身体也不是很好，帮我们带锦牵已经很吃力了。

当时把锦牵丢给爷爷奶奶那么久，我们已经很内疚了。爷爷生病去世，和锦牵是有一点关系的。他爷爷年轻时候当过兵，膝盖不好，但是锦牵喜欢散步，天天拉着他爷爷去散步，一出去就是一两个小时，有一次散步回来到家门口，他爷爷站不住了，直接就跪下了，骨头出现了问题，去医院做了一个手术，术后消化道内出血，出院回来便血，没抢救过来。

问：为什么锦牵好像对您更亲一点？

吴父：他从小就跟我比较亲一点，也可能是我带他多一点吧。他两岁半才会翻身，三岁才会走路，所以他小时候我背着抱着的时候多一些，应该有这方面的原因。

问：那个时候照顾锦牵是不是比较累？

吴父：我们两个人身体都比较好，以前在大学的时候都是田径队的，她是搞铁饼标枪的，我是搞铁饼和铅球。照顾锦牵不算怎么累，只是比正常的家庭对外交往的时间少了一些，比如说有朋友约啊，要出去玩，对我来说不可能。要是参加谁的婚礼，我们两个人中只能去一个。其实我那些朋友和同学都理解我们，也得到了他们很多鼓励。

问：带锦牵的过程中，是不是也获得了一些普通家庭没有得到的东西？

吴父：确实带锦牵有苦有乐的，我们还是会往乐观的方面想。比如说，普通人家有一个小孩，要读书求学，要去外面工作或者是出国，不在父母身边，但是我们家锦牵会二十四小时陪着我们，给我们很多快乐。说到艰辛，其实我们已经习惯了，知道他每天要干什么，有时候呢肯定会稍微烦一点，但是大部分时间呢是比较好的。如果他不在身边，或者把他送出去，我们还会不习惯呢。(笑)

问：您对锦牵未来有什么规划？

吴父：最早的时候我们走入过一个误区：在北京的医院，医生说锦牵一年两年可能就会治好，可以正常地读小学，我们对锦牵充满了信心，当时想着他能够读小学、读中学，甚至是上大学，以后可以找一个工作。事实上，现在整体医疗条件还不行。我们三四年前把锦牵的小便和血液寄到台湾、上海检查，结果证明他还是有苯丙酮尿症。上海的研究还发现锦牵的病有一些变异。所以，现在我家儿子的病情还没有搞清楚。锦牵八岁之后吃治苯丙酮尿症的药不起作用了。

对他的规划，其实我们没有想过，只要简单快乐，像现在这样就挺好的，每天都高高兴兴。也不知道他哪一天可能就不在了，也许是我和周老师先走，也许是他先走，但是看他的身体感觉比我们还要好。(笑) 我们带着他去检查内脏之类的器官，都没有问题，他每天吃饭、睡觉、精力都好得很，所以呢，我们两个锻炼好身体能够多陪陪他就好了。我们最初想过，如果他十八岁或者到三十岁不在了，我们两个都是读师大的，退休之后就去山村教教书。

问：您对整个社会帮助残障人士有没有什么想法？

吴父：对于这些弱势群体的帮助，主要看国家，国家富强了，对于这些弱势群体帮助和扶持政策就会比较多。广州、汕头、深圳、上海这些经济条件相对较好的地方，对弱势群体的帮助就比较大。我们云南属于相对落后的西南部地区，有一个逐步改善的过程。

问：在事业方面，您支持和帮助周老师吗?

吴父：在党校的工作上，她走的是专业技术，我是公务员，我们俩不算一个方面的。她要开会、写文章、调研的时候，我就照顾孩子多一点，我工作忙的时候，她会照顾孩子多一点。周老师做昆明慧灵，我从内心是比较支持的，只要我有空，就会请个假帮她带锦牵，或者去慧灵做一些力所能及的事。

问：最后，想让您对周老师说句话。知道您比较内向，平时有些话可能不怎么说得出口，今天您可以大胆地说一些话。

吴父：老夫老妻了，也没什么可说的了。（笑）周老师挺辛苦的。以前收入比较低，我们为了赚六块钱的课时费要起早贪黑地出去。作为女性，她肯定更苦一点。不论怎么说，一家三口能够在一起我就很满足了。

吴锦牵观察日记

观察时间：2017 年 11 月 15 日

观察地点：吴锦牵家

观察者、撰稿者：魏冕，男，1995 年生，昆明理工大学 2017 级研究生

时间	观察内容
10:05	吴锦牵的母亲周波老师很热情地招呼观察者进家门；吴锦牵已吃过早饭，在他自己卧室的床上躺着
10:28	周老师边和观察者聊天边收拾屋子，锦牵父亲吴利新老师也从卧室出来聊天，锦牵在家里随意走动
10:55	锦牵坐在家门口准备出门，吴老师给他换鞋
11:02	锦牵和父亲一同出门去散步
11:08	锦牵搂着父亲在大街上散步
11:15	锦牵有时会用手打一下自己或者吴老师
11:31	锦牵好像是饿了，准备和吴老师往回走
11:52	锦牵和吴老师回到小区门口
12:05	锦牵和吴老师一起进了家门
12:25	周老师给锦牵脱下散步穿的鞋子，将他带到卧室
12:33	周老师给锦牵喂药
12:52	周老师给锦牵带围巾、拿碗筷，准备吃午饭
13:34	锦牵自己吃饭，周老师一边吃饭一边照顾锦牵
13:50	锦牵吃完饭，周老师带他去洗了手，然后送他去卧室午睡
14:05	锦牵开始午睡。观察者和周老师、吴老师一同收拾午餐碗筷，然后坐下来聊天
15:13	锦牵从卧室出来去上厕所，然后又回到床上
15:20	锦牵起床，周老师给他喂水喝

（续表）

时间	观察内容
15:48	锦牵坐在沙发上看电视听歌，周老师给锦牵削苹果吃
16:22	锦牵又想出去散步了，自己坐在门口换鞋的地方等着父母给他换上外出的鞋
16:30	锦牵和吴老师一同出门散步

图书在版编目(CIP)数据

这一次　请听我说.安养卷/李巧宁主编.—上海：
上海人民出版社，2020
（特奥口述史/廖梅总主编）
ISBN 978-7-208-16311-9

Ⅰ.①这…　Ⅱ.①李…　Ⅲ.①人物-访问记-中国-
现代　Ⅳ.①K820.7

中国版本图书馆 CIP 数据核字(2020)第 023794 号

责任编辑　李　远
封面设计　陈酌工作室

特奥口述史
廖　梅 总主编
这一次　请听我说·安养卷
李巧宁 主编

出　　版　上海人民出版社
（200001　上海福建中路 193 号）
发　　行　上海人民出版社发行中心
印　　刷　上海商务联西印刷有限公司
开　　本　720×1000　1/16
印　　张　24
插　　页　3
字　　数　410,000
版　　次　2020 年 6 月第 1 版
印　　次　2020 年 6 月第 1 次印刷
ISBN 978-7-208-16311-9/K·2927
定　　价　98.00 元